NAÇÕES NEGRAS E CULTURA

Dados Internacionais de Catalogação na Publicação (CIP)
(Câmara Brasileira do Livro, SP, Brasil)

Diop, Cheikh Anta

    Nações negras e cultura : da antiguidade negro-egípcia aos problemas culturais da África negra de hoje / Cheikh Anta Diop ; tradução de Monica Stahel. – Petrópolis, RJ : Vozes, 2025. – (Coleção África e os Africanos)

    Título original: Nations nègres et culture

    Bibliografia.

    ISBN 978-85-326-7101-1

    1. Egito – História 2. Negros – História I. Título. II. Série.

24-228696   CDD-305.896

Índices para catálogo sistemático:

1. Negros : Sociologia   305.896

Cibele Maria Dias – Bibliotecária – CRB-8/9427

NAÇÕES NEGRAS E CULTURA

Da antiguidade negro-egípcia aos problemas culturais da África negra de hoje

CHEIKH ANTA DIOP

Tradução de Monica Stahel

EDITORA VOZES

Petrópolis

Tradução do original em francês intitulado *Nations nègres et culture: De l'antiquité nègre égyptienne aux problèmes culturels de l'Afrique Noire d'aujourd'hui*.

Direitos de publicação em língua portuguesa – Brasil:
2025, Editora Vozes Ltda.
Rua Frei Luís, 100
25689-900 Petrópolis, RJ
www.vozes.com.br
Brasil

CONSELHO EDITORIAL

Diretor
Volney J. Berkenbrock

Editores
Aline dos Santos Carneiro
Edrian Josué Pasini
Marilac Loraine Oleniki
Welder Lancieri Marchini

Conselheiros
Elói Dionísio Piva
Francisco Morás
Teobaldo Heidemann
Thiago Alexandre Hayakawa

Secretário executivo
Leonardo A.R.T. dos Santos

PRODUÇÃO EDITORIAL

Aline L.R. de Barros
Anna Catharina Miranda
Eric Parrot
Jailson Scota
Marcelo Telles
Mirela de Oliveira
Natália França
Priscilla A.F. Alves
Rafael de Oliveira
Samuel Rezende
Verônica M. Guedes

Editoração: Editora Vozes
Diagramação: Sheilandre Desenv. Gráfico
Revisão gráfica: Nilton Braz da Rocha/Fernando Sergio Olivetti da Rocha
Capa: Editora Vozes

ISBN 978-85-326-7101-1 (Brasil)
ISBN 978-2-7087-0688-0 (França)

Este livro foi composto e impresso pela Editora Vozes Ltda.

SUMÁRIO

Nota à edição brasileira

Esta edição foi padronizada em sua citação bibliográfica, com a inclusão de referências.

As ilustrações passaram a ser aglutinadas, formando caderno iconográfico. Como na edição francesa, elas são remissíveis ao longo do texto. Assim, durante a leitura é possível ter acesso às ilustrações referentes aos assuntos tratados.

A datação segue a publicação francesa de 1954.

Editora Vozes

LISTA DAS ILUSTRAÇÕES
(CADERNO ICONOGRÁFICO)

APRESENTAÇÃO À EDIÇÃO DE BOLSO (1979)

Depois de 25 anos percebe-se que os grandes temas desenvolvidos em *Nações negras e cultura*, além de não terem envelhecido, caíram todos no âmbito dos lugares-comuns, ao passo que na época essas ideias pareciam tão revolucionárias, que pouquíssimos intelectuais africanos ousavam aderir a elas. Cabe aqui homenagear a coragem, a lucidez e a honestidade do genial poeta Aimé Césaire: depois de ler, numa noite, a primeira parte da obra, percorreu toda a Paris progressista da época em busca de especialistas dispostos a, com ele, defenderem o novo livro, mas em vão! Fez-se um vazio à sua volta.

Independência da África: criação de um Estado Federal Continental Africano; origem africana e negroide da humanidade e da civilização; origem negra da civilização egipto-núbia; contribuição dessa civilização – portanto, do pensamento negro – para a civilização ocidental nas ciências, nas letras e nas artes; identificação das grandes correntes migratórias e formação das etnias africanas; parentesco linguístico entre o Egito e a África negra; verdadeira origem do mundo semítico; delimitação da área cultural do mundo negro que se estende até a Ásia Ocidental no Vale do Indo; caracterização das estruturas políticas e sociais africanas; formação dos estados africanos em todo o continente – depois do declínio do Egito – e continuidade do vínculo histórico-cultural – até a aurora dos tempos modernos; descrição do universo artístico africano e de seus problemas – escultura, pintura, música, arquitetura, literatura etc.; demonstração da aptidão de nossas línguas para darem suporte ao pensamento científico e filosófico e, por conseguinte, à primeira transcrição africana não etnográfica dessas línguas etc.: estes são os grandes capítulos desta obra que já não faz os intelectuais africanos estremecerem. Mais ainda, sabe-se que há mais de dez anos [sic] a Unesco incorporou boa parte dessas ideias referentes à história africana e ao desenvolvimento de nossas línguas nacionais.

Não nos pareceu útil aperfeiçoar este livro fundador ao longo de suas sucessivas reedições. Ele deve permanecer como é, como testemunho permanente de nossos primeiros esforços para circunscrever os problemas africanos. O desenvolvimento das teses e os diversos aprimoramentos encontram-se nas obras posteriores, tais como *Antériorité des civilizations Nègres: mythes ou vérité historique?* (Paris: Présence Africaine, 1967), *Parenté génétique de l'égyptien pharaonique e des langues négro-africaines* (Dakar: Ifan-Nea, 1977) etc.

Possam os jovens que lerem este livro encontrar nele razões para ter esperança, avaliando o caminho percorrido desde que ele foi escrito.

Cheikh Anta Diop

Prefácio à edição de 1964

Este livro foi escrito durante os anos difíceis (1948-1953) de luta anticolonialista em que era comum dar livre-curso às paixões.

Alguns percebiam, então, uma atitude tendenciosa, mas que qualificavam de compreensível, visando estimular os povos culturalmente deserdados durante a fase de luta pela independência.

A formação intelectual dos africanos, que estava apenas começando, era, em geral, demasiado inconsistente para lhes permitir que formassem uma opinião pessoal sobre a tese sustentada, sem se apoiarem previamente na opinião de uma autoridade sacrossanta.

Hoje, tanto uns como outros são capazes de julgar melhor a objetividade de nossa posição de então.

Ao ler este livro, depois de dez anos, é possível constatar a ausência de vestígios de ódio ou de racismo reverso. Com certeza eu gostaria de rever muitas imperfeições contidas nele, sobretudo de detalhes, se houvesse tempo. Mas não renego nenhum dos temas principais desenvolvidos a respeito da origem negra das civilizações etíope e egípcia, da extensão e da antiguidade do substrato negro da humanidade, da anterioridade da cultura meridional em torno do Mediterrâneo, do parentesco cultural dos povos africanos, da possibilidade que esses povos têm de construir uma cultura moderna beneficiando-se das aquisições da humanidade etc.

Além do mais, a egiptologia está começando a flertar com a África negra. Tanto melhor para sua fecundidade; mas o elemento decisivo será a entrada em cena dos pesquisadores africanos. Começa a surgir essa categoria de indivíduos capazes de julgar por si mesmos sobre suas próprias coisas, sem o apoio intelectual dos outros; categoria que não existia há dez anos.

É preciso reconhecer que no momento oportuno foram feitas tentativas – e isso continua – de condicionar esses futuros pesquisadores, de canalizá-los para uma via média, simpática e medíocre, culturalmente inofensiva; em suma, dotada de todas as virtudes. Entretanto, está na ordem das coisas que esse esforço colossal seja vão.

Tende-se a acreditar que todo pensamento e toda atividade intelectual que contribuam para o despertar da consciência cultural de um povo devem necessariamente errar no terreno científico. Haveria um meio de evitar essa doença infantil da pesquisa cultural no quadro de nossa empreitada. Bastaria admitir que cada povo tem um passado, por mais modesto que seja, que é relativamente possível descobri-lo por meio de uma pesquisa adequada. Mas seria preciso, então, um entendimento sobre a importância dos fatores. Se nossos historiadores, etnólogos e sociólogos tradicionais tivessem compreendido plenamente, como seria justo esperar, que o essencial para um povo é, menos do que poder vangloriar-se de um passado mais ou menos grandioso, descobrir e tomar consciência da continuidade desse passado, seja ele qual for, eles não se deixariam levar a uma interpretação falsa. Este fator é determinante, por si só, para o revigoramento da consciência nacional. Ora, para alcançar um objetivo como esse não é preciso alterar conscientemente os fatos. Quando, ao longo de nossas pesquisas, chegamos à certeza de que o Egito antigo faz parte do mundo negro, isso nos deslumbrou e, ao mesmo tempo, criou muitas dificuldades. Entretanto, eu não podia deformar a verdade histórica por complacência, inventando outras origens para os povos africanos para dar a impressão de um trabalho mais "sério", mais "científico", sobretudo mais aceitável aos olhos dos numerosos especialistas que, quando reportam a origem da raça negra há alguns milênios, acreditam fazer uma concessão importante. Foi, portanto, um verdadeiro diálogo de surdos.

Falta-me tempo para tentar uma reformulação de *Nações negras*. Assim, a 2ª edição é idêntica à 1ª. No entanto, eu teria gostado de modificar o sistema de transcrição empregado na segunda parte, dedicada às línguas africanas, para torná-la mais acessível. No que se refere à primeira parte, em *Antériorité des civilizations nègres: mythe ou vérité historique* encontra-se a maioria das alterações que eu teria feito, de forma mais desenvolvida. O primeiro prefácio que foi mantido hoje parece anacrônico, pois desde então chegamos à independência e não é preciso discutir para saber se ela está na nossa frente ou atrás de nós. Esse prefácio reflete, entretanto, as dificuldades que as próprias gerações que lutariam para libertar a África teriam para formular corretamente os problemas políticos e culturais do continente.

PREFÁCIO À EDIÇÃO DE 1954

Atualmente tem-se o hábito de fazer perguntas de todo tipo; também é preciso questionar se era necessário estudar os problemas tratados nesta obra. Uma análise, mesmo que superficial, da situação cultural na África negra justifica a empreitada. De fato, a julgar pelas obras ocidentais, seria inútil procurar, até o âmago da floresta tropical, uma única civilização que, em última análise, fosse obra de negros. As civilizações etíope, egípcia, apesar do testemunho formal dos antigos, as de Ifé e do Benim, da Bacia do Chade, a de Gana, todas as chamadas neossudanesas (Mali, Gao etc.), a do Zambeze (Monomotapa), as do Congo em pleno Equador etc., segundo os cenáculos dos cientistas ocidentais, foram criadas por brancos míticos que depois desapareceram como num sonho para deixar os negros perpetuarem as formas, organizações, técnicas etc. que eles tinham inventado.

A explicação da origem de uma civilização africana só é lógica e aceitável, só é séria, objetiva e científica quando, por um atalho qualquer, defronta-se com o tal branco mítico, cuja chegada e instalação naquelas regiões ninguém se preocupa em justificar. É fácil compreender como os cientistas deviam ser levados ao fim de seus raciocínios, de suas deduções lógicas e dialéticas à noção de "brancos de pele preta" (p. 178), muito difundida nos meios dos especialistas da Europa. Tais sistemas, evidentemente, não têm futuro, no sentido de que não têm absolutamente nenhuma base real. Explicam-se apenas pela paixão que corrói seus autores, que se revela sob a aparência de objetividade e serenidade.

Entretanto, todas essas teorias "científicas" sobre o passado africano são eminentemente lógicas; são utilitárias, pragmáticas. A verdade é o que serve e, neste caso, o que serve ao colonialismo:

o objetivo é chegar, cobrindo-se com a manto da ciência, fazendo o negro acreditar que ele nunca foi responsável por nada que tivesse valor, nem mesmo pelo que existe em sua terra. Facilita-se assim o abandono, a renúncia a qualquer aspiração nacional entre os hesitantes e são reforçados os reflexos de subordinação entre os que já eram alienados. Por esta razão há muitos teóricos a serviço do colonialismo, uns mais hábeis do que os outros, cujas ideias são difundidas, ensinadas à escala do povo, à medida que são elaboradas.

O uso da alienação cultural como arma de dominação tem a idade do mundo; todas as vezes que um povo conquistou o outro, ele a utilizou. É edificante sublinhar que são os descendentes dos gauleses, contra quem César empregara essa arma, que hoje a empregam contra nós. "Ao valor singular de nossas tropas, os gauleses opunham invenções de todo tipo; pois eles são muito engenhosos e muito hábeis em imitar e reproduzir tudo o que lhes é mostrado" (Jules César, 1926, livro III, § 22).

Bem se vê que o conquistador romano negava aos gauleses rebeldes qualquer capacidade de criação – ou seja, o que constitui o valor supremo do homem – e só reconhecia neles as qualidades de imitação, consideradas inferiores.

Atualmente encontramos uma situação idêntica na África e em todos os países colonizados. Compreende-se o perigo que há em, sem espírito crítico, instruir-se sobre nosso passado, nossa sociedade, nosso pensamento, por meio das obras ocidentais.

Diante dessa atitude generalizada dos conquistadores era previsível uma reação de autodefesa no seio do povo africano, reação que tendia, evidentemente, a sustar o mal cotidiano que nos fazem essas armas culturais temíveis a serviço do ocupante. Havia apenas uma maneira de agir: levando em conta o que precede – *a priori* essas teorias são falsas, porque não procuram chegar à verdade. Se alguma delas tivesse essa preocupação, uma educação ocidental deturpada há muitas gerações a privaria da força necessária para consegui-lo.

Torna-se indispensável, portanto, que os africanos se debrucem sobre sua própria história e sua civilização e as estudem para se conhecerem melhor; chegarem assim, pelo verdadeiro conhecimento de seu passado, a tornar obsoletas, ridículas e por conseguinte inofensivas essas armas culturais. Entretanto, essa ideia, que deveria ser lugar-comum, está longe de ser evidente para todos os africanos, sendo possível distinguir várias tendências a esse respeito.

1º) Os cosmopolitas-cientistas-modernizantes – Esta categoria reúne todos os africanos que raciocinam da seguinte maneira: vasculhar os escombros do passado para encontrar neles uma civilização africana é perda de tempo diante da urgência dos problemas atuais, é uma atitude no mínimo antiquada. Devemos romper com todo esse passado caótico e bárbaro e, à velocidade do elétron, ir ao encontro do mundo moderno técnico. O planeta vai se unificar: é preciso colocar-se na vanguarda do progresso. Em breve a ciência resolverá todos esses grandes problemas e tornará caducas essas preocupações locais e acessórias. Não se podem ter outras línguas de cultura que não as da Europa, que já se comprovaram eficazes: entende-se com isso que elas dão suporte ao pensamento científico moderno e já são universais.

Esse grupo, que inclui variantes, é o mais interessante de ser analisado, porque contém os indivíduos mais atingidos pela alienação cultural. Como se vê, para eles não há outra saída senão a assimilação. Sua atitude – quando são sinceros – provém de uma cegueira cultural ou de sua incapacidade para propor soluções concretas, válidas, para os problemas que é preciso resolver, a fim de que a assimilação deixe de ser uma necessidade aparente; nega-se então a existência, a objetividade desses problemas: faz lembrar o avestruz. No fundo, essa atitude não passa de um imobilismo perigoso, pois dá a ilusão de avanço a passos de gigante; ela mascara a tendência a depreciar tudo o que emana de nós. O veneno cultural ciosamente inoculado desde a mais tenra infância tornou-se parte integrante de nossa substância e se manifesta em todos os nossos julgamentos.

Tais indivíduos seriam coerentes consigo mesmos e teriam um bom argumento em favor de sua posição se pudessem constatar uma atitude análoga à sua por parte nos hipercivilizados que lhes servem como ponto de apoio: os europeus ocidentais; se tivessem constatado por parte destes últimos um desprezo e uma renegação de todos os seus valores passados para se tornarem mais modernos. Mas é justamente o contrário: são esses hipercivilizados, sejam quais forem suas tendências políticas ou filosóficas, os mais preocupados em salvaguardar suas respectivas culturas nacionais. Vê-se, então, que "modernismo" não é sinônimo de ruptura com as fontes vivas do passado. Ao contrário, quem diz "modernismo" diz "integração de elementos novos" para colocar-se no nível dos outros povos; mas quem diz "integração de elementos novos" supõe um meio integrante, que é a sociedade baseada num passado, não em sua parte morta, mas na parte viva e forte de um passado suficientemente estudado para que todo um povo possa reconhecer-se nele. Encorajar a alma nacional de um povo num passado pitoresco e inofensivo, porque suficientemente deturpado, é um procedimento clássico de dominação. Mas, quando se quer chegar mais longe, quando se quer apagar um povo para tomar seu lugar em algumas décadas, é preciso conseguir desintegrar sua sociedade; ou seja, levar a elite – ou aqueles que a massa considera pertencerem a ela – a participar de maneira criminosa ou inocente na desintegração da sociedade, na pulverização da parte viva do passado, a deixar perecerem os valores fundamentais (história, línguas etc.) que constituíam o cimento da sociedade. Por esta razão os marxistas mais avisados, mesmo em meio à luta mais dura pelo pão cotidiano e pelo acesso ao poder político, zelam pela manutenção integral e pelo fortalecimento constante desses fatores, pois sabem que, se não protegerem assim toda a cultura nacional que garante a sobrevivência da sociedade pela qual se batem, sua luta não terá eficácia.

Um adepto desse grupo, para chegar a uma convicção, poderia fazer o seguinte raciocínio, que, sem ser brilhante, apresenta a vantagem de levar a uma verdade certa: "Uma vez que dou crédito ilimitado a esses hipercivilizados, cuja esfera de ideias constitui meu sistema de referência, toda ideia válida contida nessa esfera também o é para mim. Ora, são eles que, cuidando escrupulosamente de sua história, glorificando-a a cada dia, empenham-se em deturpar sistematicamente a minha. Portanto, posso deduzir da atitude deles, sempre coerente, que para um povo é de interesse inestimável conhecer sua verdadeira história". A humanidade não deve se fazer pelo apagamento de uns em proveito dos outros; renunciar prematuramente e de maneira unilateral à sua cultura nacional para tentar adotar a de outros. Chamar isso de simplificação das relações internacionais e de senso de progresso é condenar-se ao suicídio. Qual o pobre de espírito que hoje não seria capaz de bancar o Júlio Verne e profetizar, à maneira de Renan, sobre o ano de 2000 e os progressos que a ciência e a sociedade realizarão até lá [sic] e, portanto, sobre o caráter transitório de todas as nossas preocupações?[1] Esquece-se, apenas, que o povo que não tem plena consciência do único caminho histórico que leva a esses apogeus de perfeição, a essa era de humanidade sem cor etc., corre o risco de se extraviar e de na época estar ausente do concerto das "nações"...

Como se vê, não é possível compartilhar a atitude desse primeiro grupo, que consiste em negar a eficácia e a utilidade da luta contra a alienação cultural; ou seja, em negar a existência desta última, ao passo que ela justifica três quartos de nossa conduta.

Não é de surpreender que a maioria desse grupo não seja composta por cientistas. Claro, será preciso que a África assimile o pensamento científico moderno o mais depressa possível; deve-se até esperar mais dela: para compensar o atraso que vem acumulando nesse domínio já há alguns séculos é preciso que ela entre

---

1. Longe de nós a ideia de assemelhar Renan e Júlio Verne a pobres de espírito.

no palco da emulação internacional e contribua para o avanço das ciências exatas em todas as áreas, com a contribuição de seus próprios filhos. Mas não tenhamos muitas ilusões: tal empreitada só se realizará plenamente no dia em que a África for totalmente independente. Para o regime colonialista seria um suicídio permitir, nos países dominados, a formação de quadros técnicos a um ritmo eficaz. A esse respeito, os programas se estendem por um tempo suficiente para que, paralelamente, o meio e a relação numérica entre colonos e indígenas tenham se transformado o bastante para que a África já não seja dos africanos. Cada vez que os colonialistas nos convidam a uma colaboração para um progresso comum de nossos dois povos, eles têm as segundas intenções de, com o tempo, chegar a nos suplantar. É por isso que a única coisa que nos oferecem é uma grande miragem que pode ludibriar um povo inteiro graças à cumplicidade de alguns. Assiste-se, no máximo, à emergência de algumas individualidades brilhantes; mas André Siegfried logo dirá que não se pode julgar um povo com base na realização de alguns indivíduos, quase esquecendo, assim, as bases teóricas do individualismo burguês ocidental que atribui o progresso da humanidade a alguns gênios.

Torna-se claro, portanto, que é apenas a existência dos estados africanos independentes federados no seio de um governo central democrático, das costas líbias do Mediterrâneo ao Cabo, do Oceano Atlântico ao Oceano Índico, que permitirá aos africanos se desenvolverem plenamente e mostrarem do que são capazes nas diferentes áreas da criação, fazerem-se respeitar – até estimar –, matarem todas as formas de paternalismo, fazerem que uma página da filosofia seja virada, fazerem a humanidade progredir possibilitando uma fraternização entre os povos, que se tornará então ainda mais fácil porque será estabelecida entre estados com o mesmo grau de independência, e não mais entre dominantes e dominados.

Também os partidários do progresso e do modernismo abstratos, que evitam colocar o problema dessa maneira, que evitam mencionar que o progresso ao qual parecem aspirar não é possível no regime colonial em que se encontram – na medida em que não são simplesmente irresponsáveis –, não podem deixar de avaliar a importância de sua atitude.

Em conclusão, pode-se citar a resposta dada por Lenin em circunstâncias semelhantes. Durante sua luta pelo acesso ao poder, o Partido Comunista Bolchevique conheceu as mesmas dificuldades, e viram-se oportunistas desenvolverem a ideia do progresso técnico e da formação de quadros como o primeiro objetivo a ser alcançado. Lenin replicou: Por que não conquistar primeiro o poder político, em seguida calçar botas de sete léguas e andar com passos de gigante?

2º) O intelectual que se esqueceu de cuidar de sua formação marxista ou aquele que estudou rapidamente o marxismo em abstrato, sem nunca ter analisado a aplicação ao caso particular que é a realidade social de seu país.

Os elementos dessa tendência normalmente qualificam nossa atitude de reacionária, burguesa, racista, nazista...[2]

No fundo, eles pensam que os resultados alcançados são bons demais para serem exatos e têm dificuldade em admiti-los.

Convém lembrar, aqui, o que acaba de ser escrito sobre a necessidade de um povo conhecer sua história e salvaguardar sua cultura nacional. Se estas ainda não foram estudadas, é um dever fazê-lo. Não se trata de criar toda uma história mais bonita do que a dos outros, para estimular o povo moralmente durante o período de luta pela independência nacional, mas de partir da ideia óbvia de que cada povo tem uma história. Para um povo orientar melhor sua evolução é indispensável que ele conheça suas origens, sejam elas quais forem. Se porventura nossa história é mais bonita do que se esperava, trata-se de um detalhe feliz que já não deve

---

2. É possível conjecturar, também, que façamos geopolítica ou social-darwinismo.

incomodar, desde que se tenham apresentado provas suficientes que a apoiem, o que não deixará de ser feito neste caso.

Enquanto os alicerces dos teóricos do marxismo não resistirem à menor análise objetiva dos fatos, muitos especialistas combaterão os fatos trazidos com argumentos evasivos que não satisfarão nem mesmo às exigências intelectuais de um leigo.

Pode-se também citar Lenin para levar à reflexão aqueles que temem uma atitude burguesa:

> Mas vocês cometerão um erro enorme se concluírem que é possível tornar-se comunista sem ter assimilado o que os conhecimentos humanos acumularam. Seria errôneo pensar que basta assimilar as palavras de ordem comunistas e as conclusões da ciência comunista sem assimilar a soma de conhecimentos de que o próprio comunismo é consequência [...].
>
> A cultura proletária não surge pronta sabe-se lá de onde, não é uma invenção de homens que se qualificam de especialistas na matéria. Puro absurdo. A cultura proletária deve aparecer como o desenvolvimento natural da soma de conhecimentos elaborados pela humanidade (02/10/1920).

Estas reflexões gerais sobre a cultura proletária são aplicáveis ao caso particular de cada povo.

É de questionar o que pensam nossos intelectuais diante da atitude da China comunista, que, preocupada em salvaguardar a cultura nacional, rejeita a ideia de substituir sua escrita hieroglífica pelos caracteres fenícios universais.

Na medida em que se tratava de refutar ideias como a de que a civilização egípcia é de origem branca, asiática ou europeia, tornava-se necessário – para evitar qualquer equívoco sobre o conteúdo dos termos – recorrer a frases como: Não, ela é de origem negra africana. Pois o uso apenas da expressão "povo africano" levaria à falta de precisão: o leitor não deve, portanto, ver no emprego do termo "negro" uma intenção racista; que se veja nele apenas a preocupação de clareza do autor. Os racistas conscientes ou inconscientes são aqueles que nos obrigam a refutar seus escritos por termos como este.

3º) Os antinacionalistas formalistas – São aqueles que poderiam ser ofuscados pelo título *Nações negras e cultura*. O primeiro título considerado – que se tornou subtítulo, por ser muito longo – era: *Da antiguidade negro-egípcia aos problemas culturais da África negra de hoje*; sem dúvida, ele já não é satisfatório. Pode-se fazê-los notar que não é por ter escrito *O marxismo e a questão nacional e colonial*, livro cujo título contém o termo "nacional", que Stalin foi nacionalista. Devem-se reter do "nacionalismo" apenas os dois temas considerados pelos marxistas:

a) a cultura nacional;

b) a independência nacional.

Alguns se lançam imediatamente numa sofística economista para demonstrar – melhor dizendo: constatar – que, nessa era de interdependência econômica, é inútil falar em independência nacional. Estes, se estão sendo sinceros, bem mostram que não enxergam claramente a natureza dessa interdependência. De fato, a era das pequenas economias nacionais fechadas acabou e constata-se a existência de um mercado internacional alimentado por produtos de todos os continentes, graças à aquisição da velocidade, que reduziu as distâncias; são ideias correntes que ouvimos serem expostas todos os dias.

Qual o problema econômico que teria de ser resolvido por um Estado africano poderoso que se estendesse por quase todo o continente, cujas fronteiras fossem do Mediterrâneo líbico ao Cabo e do Oceano Atlântico ao Oceano Índico? Ele teria de vender no mercado internacional seus produtos excedentes e comprar aquilo de que mais necessitasse, evitando sofrer a pressão de um monstro econômico qualquer. Considerando o grau de poder que tal Estado alcançaria, ele só dependeria economicamente dos

27

outros na medida em que estes dependessem dele. Essa deve ser nossa concepção da interdependência econômica: evitar a todo custo depender dos outros mais do que eles dependem de nós, pois disso se seguiriam, automaticamente, vínculos unilaterais de colonização e de exploração. É isso que torna imperiosa a ideia de federação de todos os estados negros do continente.

É fácil argumentar para provar que a independência das pequenas colônias do Senegal, da Costa do Marfim, do Togo, do Daomé etc. seria apenas ilusória, uma vez que elas logo sofreriam todos os tipos de pressões exteriores e cairiam automaticamente, pelo jogo de forças econômicas, na órbita de uma grande potência. A solução federal destrói essa objeção.

Pergunta-se às vezes o que na África seria assimilável a nações. Seria viável aplicar a definição de Stalin aos etíopes, bambaras, uolofes, zulus, iorubas etc. No Sudão, Costa do Marfim, Togo, Senegal, Guiné, Nigéria, Quênia, África do Sul, Sudão denominado Anglo-egípcio, existem núcleos de nações que se consolidarão na luta pela independência. Enquanto já se pode prever, para cada uma dessas regiões – com pouca probabilidade de erro –, quais são as línguas que vão se impor; enquanto a comunidade de cultura, história, psiquismo não suscita nenhuma dúvida, embora o meio geográfico apresente uma certa unidade, seria inútil tentar determinar, hoje, quais serão as fronteiras exatas dessas nações. O problema se resolverá como está acontecendo na Índia; ou seja, as fronteiras atuais traçadas em função da comodidade da exploração colonialista – quando não ao acaso – não são necessariamente invioláveis, e devemos educar nossa consciência para que se torne capaz de aceitar uma futura mudança.

Na realidade, os formalistas simplesmente têm medo de não estarem na ordem do dia. Sua atitude dissimula um certo esnobismo intelectual; se fosse consequente – no sentido do interesse do povo –, ela os conduziria ao progressismo, o que não é o caso, nem de longe.

Os meios colonialistas fazem uma campanha orquestrada contra o nacionalismo nos países dominados, tentam tomar a frente para fazê-lo abortar por todo lado; pois nosso nacionalismo, mesmo o mais chauvinista, tem consequências temíveis para eles: pulveriza seus privilégios e varre sua dominação com a violência de uma torrente.

Assim, é possível constatar que aqueles que nos mostram que o nacionalismo está ultrapassado são:

a) Nacionalistas metropolitanos burgueses que, depois de terem lutado em seu país e realizado suas próprias aspirações, ficariam incomodados com uma ação semelhante de nossa parte. Poderiam nos dizer também: "Mas o que será de nós se vocês fizerem o mesmo?"

b) Nacionalistas metropolitanos burgueses que se ignoram. Não chegam a se desfazer da ideia de que a pátria francesa deve, de um modo ou de outro, conseguir manter suas colônias. Também se perguntam o que seria da França sem suas possessões: acham possível encontrar uma forma viável de união francesa e buscam uma fórmula de emergência. Para mostrar melhor a anomalia dessa justaposição de uma metrópole e suas colônias, suponhamos o fato generalizado na África: ela seria condenada a estar eternamente fragmentada entre a França, a Inglaterra, Portugal, Espanha, a África do Sul do Dr. Malan etc. Se acaso se conseguisse dissimular tal fragmentação da África sob a expressão "progresso e democracia", nosso território seria vítima da democracia mundial, no sentido de que permaneceria dividido e explorado de maneira unilateral.

Temos, portanto, um dever a cumprir com respeito à Europa: devemos ajudá-la a se curar dos velhos hábitos contraídos por causa do exercício do colonialismo, levá-la a captar o verdadeiro sentido de seus interesses, que ela já nem consegue localizar. A Europa sozinha é fraca demais e precisa de ajuda para ser capaz de se recompor. Ora, ela se recomporá imediatamente e em bases realmente democráticas no dia em que se persuadir da perda definitiva da África; então, uma federação europeia surgirá como única solução para todos aqueles que, até então, se perguntavam o que seria de seu país sem suas colônias.

4º) Poderia existir um grupo composto de elementos que pensassem que só a luta pelo pão de cada dia é que importa, e que tudo o mais é apenas preocupação de intelectual: é preciso evitar enredar-se em falsos problemas. Poderíamos então citar como exemplo o caso do Vietnã, obrigado a resolver seus "falsos problemas" na selva, em que foi preciso instituir um ensino em língua vernácula para a formação dos quadros. Por outro lado, tudo o que foi dito mostra que só nos ocupamos desses problemas de cultura para conferir a essa luta toda a eficácia para transformá-la numa luta de independência nacional.

* * *

Esta obra não é uma "invenção" sobre determinadas questões: quem quiser utilizar o marxismo como guia de ação em terreno africano chegará mais ou menos às mesmas conclusões.

Mas que fique entendido: empenho-me em dizer que não estou fazendo nenhuma alusão à veracidade da religião muçulmana ou cristã. Penso que, atualmente, todo africano sério que deseja ser eficaz em seu país evitará entregar-se a críticas religiosas. A religião é questão pessoal. Aqui trata-se unicamente dos problemas concretos que devem ser resolvidos para que cada crente possa praticar sua religião livremente em melhores condições materiais. Seria uma improbidade, portanto, ler este livro com a intenção secreta de encontrar nele uma única palavra que permitisse rejeitá-lo, acusando-o de blasfêmia.

Preâmbulo

Esta obra divide-se em duas partes: a primeira trata da história africana e a segunda dos outros aspectos da cultura nacional.

Como se coloca o problema da história africana?

Enquanto o europeu pode remontar o curso de sua história até a antiguidade greco-latina e as estepes eurasiáticas, o africano que por meio das obras ocidentais tenta remontar seu passado histórico para na fundação de Gana (século III a.C. ou III d.C.). Para além desse ponto, essas obras lhe ensinam que há só escuridão. O que seus ancestrais faziam no continente desde a pré-história? Por que razão esperaram tanto para surgir da sombra com uma organização social aperfeiçoada? Sempre habitaram a África ou vieram de outro lugar?

Enquanto o cidadão da África Ocidental pode contemplar, assim, 2 mil anos de história, os das outras regiões são "menos favorecidos": nas bacias do Congo, do Zambeze, na região dos Grandes Lagos, os manuais ocidentais não permitem remontar – sem solução de continuidade – para além de alguns séculos.

Esses buracos na história africana permanecem inexplicáveis por tanto tempo, que o problema é abordado erroneamente: tentou-se buscar no interior do continente, no próprio local, a estratificação das sucessivas civilizações. O problema geral que então se coloca para a história africana é o de conseguir, por meio de pesquisas férteis – não de maneira hipotética, mas efetiva –, ligar todos esses fragmentos de passado a uma antiguidade, a uma origem comum que restabeleça a continuidade. Portanto, cabe mostrar que, levando a sério os depoimentos unânimes de toda a antiguidade erudita

31

e filosófica, que testemunham que os etíopes e os egípcios eram negros, como todos os nativos da África, é restabelecida a clareza sobre um ponto da história que só se tornou realmente obscuro há um século, com o apogeu do imperialismo. Se os antigos não foram vítimas de uma miragem, deve ser fácil extrair uma outra série de argumentos e de provas da comparação da história e das sociedades etíopes, egípcias e daquelas do resto da África. Uma vez a história africana assim vinculada à do Egito e da Etiópia, tudo se recompõe, e vê-se que Gana surgiu no interior do continente no momento do declínio do Egito e de Cartago, assim como no Ocidente os impérios nasceram com o declínio de Roma.

Toda essa primeira parte, intitulada "O que eram os egípcios?", trata unicamente da origem negra destes últimos e lembra que o mesmo vale para os etíopes. Mostra-se também como a África foi povoada a partir do Vale do Nilo. Finalmente, lembra-se a contribuição da Etiópia e do Egito para a civilização e o benefício moral que os africanos podem extrair disso.

A segunda parte é dedicada à solução de problemas práticos, os que será preciso resolver para que uma cultura nacional exista: multiplicidade das línguas, falta nelas de um vocabulário técnico, científico e filosófico, desconhecimento de sua gramática, inexistência de obras escritas nessas línguas, barreiras étnicas, estratificação da sociedade em castas, estruturas econômicas na origem dessas estratificações, o que é nossa arte e nossa literatura, o que podemos extrair delas.

O êxito deste estudo só seria possível se o problema fosse localizado num contexto suficientemente conhecido. Era preciso, entre as línguas africanas que têm possibilidade de se tornar nacionais, escolher uma como exemplo de estudo e abordar todos os problemas linguísticos indicados, mostrar de maneira concreta a solução das questões que se colocam. Escolheu-se o uolofe, e o leitor não deve considerá-lo mais do que um exemplo válido para cada nacionalidade: é evidente que, se for possível indicar uma solução para o problema das minorias no quadro da nacionalidade uolofe, expressar na língua conceitos matemáticos, físicos etc., traduzir textos de todos os tipos, o exemplo vale necessariamente para as línguas das outras nacionalidades.

Embora nos tenhamos empenhado ao máximo em eliminar os aspectos fastidiosos da linguística, a leitura dessa segunda parte não é comparável à de um romance. O parentesco uolofe-diola-se-rere-peúle-baguirmiano-ronga-egípcio-sara, longe de espantar o leitor, deve revelar-lhe uma profunda identidade de origem cultural que faz com que as línguas africanas formem uma grande família, comparável à família indo-europeia.

Diante dos exemplos selecionados, um intelectual urbano poderá reagir desfavoravelmente ao constatar que levará horas para compreender os textos traduzidos em uolofe e que, por-tanto, tal tentativa nada tem de prática. Nesse momento ele está esquecendo que seu caso é apenas uma exceção e que 99,9% do povo uolofe, que vive no interior do país e com o qual ele não tem nenhum contato, se tivessem sua formação ou se pelo menos conhecessem os caracteres fenícios utilizados, leriam esse texto com facilidade desconcertante. Esse intelectual, então, aparece como o termômetro que nos permite medir o grau do perigo de alienação cultural que estamos sofrendo. Portanto, ele deve fazer como os intelectuais irlandeses mencionados nesta obra, que, para escaparem desse tipo de ameaça, restringiram-se a reaprender sua língua materna.

* * *

O conjunto desta obra é apenas um esboço, desprovido de quaisquer aprimoramentos minuciosos. Seria uma tarefa huma-namente impossível para apenas um indivíduo; esse trabalho só poderá ser de várias gerações africanas. Temos essa consciência, e nossa necessidade de rigor é vítima disso; entretanto, as linhas são sólidas e as perspectivas são legítimas.

INTRODUÇÃO

Suponhamos, de acordo com a egiptologia moderna, que os egípcios tenham sido de raça branca. Tiveram contemporâneos muito próximos deles, gregos e romanos. Estes tinham o espírito científico e filosófico, tal como os ocidentais modernos: escreveram sobre todos os acontecimentos de sua época, falaram particularmente de sua própria história e de sua raça, assim como daquelas dos outros povos contemporâneos. Estavam aptos, portanto, para informar a posteridade sobre as características étnicas dos povos que viviam em torno do Mediterrâneo, e não deixaram de fazê-lo.

O conjunto desses testemunhos pareceu tão correto, após verificação, que ao redigir a história da Antiguidade quase só se reproduziram os antigos: Heródoto, Diodoro, Estrabão, Plínio, Tácito etc.

Ora, esses autores, cujos escritos revelaram-se de uma exatidão surpreendente a respeito de acontecimentos e de questões às vezes muito delicadas e complexas, foram unânimes em nos informar sobre um fato que para eles era tão evidente e sobre o qual não era possível estarem enganados: a raça dos egípcios. Todos dizem que os egípcios eram negros, tal como os etíopes e os outros africanos; que o Egito civilizou o mundo. Se tivesse fundamento a ideia dos modernos de que os negros sempre viveram sob a dominação dos brancos e nunca tiveram um papel na história, ela deveria ser mais verdadeira ainda na Antiguidade. O complexo de superioridade do ancestral branco do egiptólogo moderno decerto era então muito mais acentuado, e nenhum erro, nenhuma confusão, nenhum acaso deveria permitir que se encontrassem em seus escritos tais testemunhos sobre o povo egípcio. Não se pode tentar, seriamente, atenuar o valor desses testemunhos, pois os antigos – como *enfants terribles* – os repetiam incessantemente como uma evidência em que se apoiavam para justificar a origem de determinado costume que os gregos teriam absorvido dos negros do Egito. A atitude atual não consiste em se servir desses testemunhos como primeiro material da ciência egiptológica, mas em fazer a "ciência" começar pela refutação, a qualquer preço, desses "disparates": essas frases são "absurdas". É como se de repente os especialistas perdessem o sentido das palavras, como se estas tivessem espontaneamente adquirido um sentido esotérico. Isso explica a sensação de vazio que se apodera do leitor – apesar da complicação erudita das obras – diante dos capítulos que tratam da origem dos egípcios. Alguns até se afastam conscientemente do sentido do original e entregam ao público traduções em que se tenta atenuar o sentido das palavras substituindo "negro" por "pardo". Não se pode pretender ter espírito científico quando não se é capaz de admitir o inabitual, e uma questão muito grave se coloca: Qual pode ser a atitude dos que rejeitam sistematicamente esses documentos escritos quando encontram no terreno das escavações testemunhos materiais (múmias negras, pinturas etc.) que confirmam as constatações dos antigos? Que destino deram a esses documentos? Milhares de múmias foram destruídas. Como elas eram? Os fatos eram rebeldes demais; foi preciso obrigá-los a se ajustarem no quadro das ideias *a priori*.

Primeira parte[3]

---

3. Ao final desta obra o leitor encontrará as seções "Notas sobre os termos arqueológicos utilizados no texto" e "Notas biográficas".

I

O que eram os egípcios?

Testemunhos dos escritores e filósofos antigos e da Bíblia: seu valor

Esta pergunta nunca se colocou para os contemporâneos dos egípcios antigos que nos deixaram testemunhos sobre eles.

Todas essas testemunhas oculares afirmam formalmente que os egípcios eram negros.

Heródoto, em várias ocasiões, insiste no caráter negro dos egípcios; serve-se disso até para fazer demonstrações indiretas; para provar que as cheias do Nilo não podem ser atribuídas à fusão das neves, dará a seguinte razão relativa ao país do Egito, entre outras que acreditava serem válidas: "A terceira provém de que lá o calor torna os homens pretos [...]" (Heródoto, livro II).

Para demonstrar que o oráculo grego é de origem egípcia, Heródoto dará também o seguinte argumento, entre outros: "E quando acrescentam que aquela pomba era preta, dão-nos a entender que aquela mulher era egípcia [...]" (livro II, 58). As pombas em questão simbolizam duas mulheres egípcias que teriam sido tiradas de Tebas para fundar os oráculos de Dodona e da Líbia (Oásis de Júpiter Amon).

Para demonstrar que os habitantes da Cólquida eram de origem egípcia e que deviam ser considerados uma fração do exército de Sesóstris a ser instalado nessa região, Heródoto dirá: "Os egípcios pensam que esses povos são descendentes de uma parte das tropas de Sesóstris. Conjecturei-o também com base em dois indícios: o primeiro é que eles são pretos e têm cabelos crespos [...]" (livro II, 104).

Finalmente, a propósito das populações da Índia, Heródoto distingue os padeanos de outros indianos: "São todos da mesma cor, que se aproxima muito da cor dos etíopes [...] mas preta como sua pele e se assemelha à dos etíopes [...]. Esses tipos de indianos são muito distantes dos persas; habitam do lado sul e nunca foram submetidos a Dario [...]"[4] (livro III, 101).

Diodoro da Sicília escreve:

> Os etíopes dizem que os egípcios são uma de suas colônias que foi levada ao Egito por Osíris. Até dizem que no início do mundo aquele país era apenas um mar, mas que o Nilo, arrastando em suas cheias muito limo da Etiópia, finalmente o enchera e fizera dele uma parte do continente [...]. Acrescentam que os egípcios mantêm deles, tal como de seus autores e ancestrais, a maior parte de suas leis; foi com eles que aprenderam a honrar os reis como deuses e a enterrar seus mortos com tanta pompa; a escultura e a escrita nasceram entre os etíopes [...]. Os etíopes alegam

---

4. É possível supor que "preta" seja empregado aqui com um sentido atenuado para designar a cor "semita" dos egípcios. Mas, então, a questão que vem à mente é a seguinte: Por que os gregos reservaram, entre todos os semitas, o termo "negro" apenas aos egípcios; por que nunca o aplicaram aos árabes, que são os semitas por excelência? Teriam os egípcios traços "semíticos" tão próximos daqueles dos outros negros da África, a ponto de os gregos acharem natural confundi-los e usarem exclusivamente o mesmo qualificativo étnico (*melanos*), o mais forte que existe em grego para caracterizar um negro? É a raiz à qual se recorre, mesmo atualmente, sempre que se quer indicar sem ambiguidade o tipo negro. Exemplos: Melanina é o pigmento que dá cor à pele do negro; Melanésia é um grupo de ilhas habitadas por negros. Na verdade, os gregos eram muito sensíveis às nuanças de cores e as distinguiam bem quando existiam. Na mesma época, eles designavam os antigos cananeus, então intensamente miscigenados, pelo termo "fenício", que significaria vermelho e seria, assim, um étnico. Estrabão vai mais longe e tenta, em sua *Geografia*, explicar por que os egípcios são mais pretos do que os indianos (a tal raça vermelho-escura dos modernos). Constata-se então que os antigos distinguiam os negros egípcios e etíopes dos semitas e das pretensas raças vermelho-escuras. Por conseguinte, está claro que nenhuma interpretação erudita dos termos permite, aqui, escapar da verdade obscurecendo voluntariamente o que é límpido. Entregando-se a tais acrobacias, para evitar aceitar a simplicidade dos fatos, provocam-se, sem perceber, dificuldades insuperáveis. Enfim, para os próprios semitas (árabes e judeus), os egípcios eram negros.

ainda outras provas de sua antiguidade maior do que a dos egípcios; mas é inútil lembrá-las aqui (Diodoro da Sicília, 1758, livro 3, p. 341).

Se egípcios e etíopes não fossem da mesma raça negra, Diodoro teria sublinhado a impossibilidade de considerar os primeiros uma colônia (ou seja, uma fração) dos segundos e, estes últimos, ancestrais dos egípcios.

Estrabão, em sua *Géographie*, menciona a importância das migrações de povos na história e, acreditando que os movimentos tivessem se efetuado em sentido inverso, observa: "Egípcios estabeleceram-se na Etiópia e na Cólquida" (Estrabão, [s.d.], livro I, cap. 3, § 10).

Mais uma vez é um grego, no entanto chauvinista, que nos diz que egípcios, etíopes e colcos pertencem à mesma raça, confirmando a observação de Heródoto sobre os colcos[5].

A opinião de todos os escritores da Antiguidade sobre a raça egípcia é, de certo modo, resumida por Maspéro:

> Segundo o testemunho quase unânime dos historiadores antigos, eles pertenciam a uma raça africana – entenda-se negra – que, estabelecida primeiro na Etiópia, no Médio Nilo, teria descido gradualmente na direção do mar, seguindo o curso do rio [...]. Por outro lado, a Bíblia afirma que Mesraim, filho de Cam, irmão de Cuche o Etíope e de Canaã, veio da Mesopotâmia para se estabelecer às margens do Nilo com seus filhos (1917, p. 15).

Segundo a Bíblia, o Egito teria sido povoado pelos descendentes de Cam, ancestral dos negros.

> Filhos de Cam: Cuche, Mesraim, Put e Canaã. Filhos de Cuche: Saba, Hévila, Sabata, Regma e Sabataca [...]. Cuche foi pai de Nemrod, o primeiro a se tornar valente

---

5. Os colcos formavam um núcleo de negros entre as populações brancas, perto do Mar Negro. Por isso o problema de suas origens intrigava os estudiosos da Antiguidade.

neste mundo [...]. Mesraim foi pai dos ludeus, anameus, laabeus, neftuenses, fetruseus, caslueus [...]. Canaã foi pai de Sídon, o primogênito de Het [...] (Gn 10,6-16).

Mesraim designa também o Egito para os povos do Oriente Próximo, Canaã, toda a costa da Palestina e da Fenícia. O Sinar, que seria o ponto de partida de Nemrod para a Ásia Ocidental, designa também o reino da Núbia.

O que valem esses testemunhos? Nem uns nem outros podem ser falsos, pois são testemunhos oculares. Heródoto pode estar enganado quando relata os costumes deste ou daquele povo, quando faz um raciocínio um tanto astucioso para explicar um fenômeno incompreensível em sua época, mas admita-se que ele é capaz pelo menos de se dar conta da cor da pele de pessoas que habitam um país que ele realmente visitou. Além disso, Heródoto não foi o historiador crédulo que registrou tudo, sem controle, soube levar em conta as circunstâncias; quando se reportava a uma opinião que não compartilhava, sempre tinha o cuidado de sublinhá-la. Assim, ao falar dos costumes dos citas e dos neuros, ele escreveu a respeito destes últimos:

> Parece que esses povos são feiticeiros. De fato, de acordo com os citas e os gregos estabelecidos na Cítia, todo neuro se transforma em lobo uma vez por ano, por alguns dias, e depois volta à sua forma anterior. Por mais que os citas digam, não me farão acreditar nessas histórias; e não é que não as sustentem, e mesmo sob juramento (livro IV, 105).

Sempre destaca ciosamente a diferença entre o que vê e o que lhe contaram. Assim, depois de sua visita ao labirinto, no Egito, ele escreve:

> Seus compartimentos são duplos, há mil e quinhentos debaixo da terra, três mil ao todo. Visitei os compartimentos de cima, percorri-os; assim, falo deles com certeza e como testemunha ocular. Quanto aos

compartimentos subterrâneos, só sei o que me disseram. Os egípcios governantes do labirinto não permitiram que me fossem mostrados, porque serviam, segundo me disseram, como sepultura dos crocodilos sagrados e dos reis que mandaram construir integralmente aquela edificação. Portanto, falo dos alojamentos subterrâneos apenas com base no relato de outros; quanto aos de cima, eu os vi e considero como o que os homens fizeram de mais grandioso (livro II, 148).

Seria Heródoto um historiador desprovido de lógica, incapaz de compreender os fenômenos complexos? Sua explicação das cheias do Nilo mostra, ao contrário, um espírito cioso de racionalidade e que procurava explicações científicas para os fenômenos naturais. Assim, ele escreve:

> Mas, se depois de rejeitar as opiniões precedentes for necessário que eu declare o que penso sobre essas coisas ocultas, direi que me parece que o Nilo cresce no verão, porque no inverno o sol, expulso de sua antiga rota pelo rigor da estação, percorre a região do céu correspondente à parte superior da Líbia. Esta é, em poucas palavras, a razão dessa cheia; pois é provável que, quanto mais esse deus tenda para um país e se aproxime dele, mais ele o resseque e esgote seus rios.
>
> Mas é preciso explicar isso de maneira mais extensa: o ar é sempre sereno na Líbia Superior[6]; lá sempre faz calor e nunca sopra um vento frio. Ao percorrer essa região, o sol produz nela o mesmo efeito que costuma produzir no verão quando passa pelo meio do céu, atrai os vapores para si e em seguida os repele para os lugares altos, onde os ventos, ao recebê-los, os dispersam e os fundem. Provavelmente é por essa razão que os ventos que sopram dessa região, como o sul e o sudoeste, são os mais chuvosos de todos. Creio, entretanto, que o sol não devolve toda a água do Nilo que atrai anualmente, mas que ele reserva para si uma parte dela.

---

6. Para os gregos, a Líbia designava a África sem o Egito e a Etiópia.

Estes três exemplos revelam que Heródoto não era um relator passivo de contos improváveis e de disparates, "um mentiroso", mas que, ao contrário, era muito escrupuloso, objetivo, científico para sua época. Por que se tentaria desacreditar um historiador como ele, fazendo-o passar por ingênuo? Por que "refabricar" a história a despeito de seus testemunhos formais?

Constata-se obrigatoriamente que a razão profunda que leva a agir assim é que Heródoto, depois de relatar seu testemunho ocular que nos informa que os egípcios eram negros, mostra em seguida, com rara honestidade (quando se sabe que ele era grego), que a Grécia tomou do Egito todos os elementos de sua civilização, até o culto dos deuses, e que o berço da civilização é o Egito.

Aliás, as descobertas arqueológicas dão razão a Heródoto dia após dia, contrariando seus detratores. Assim, Christiane Desroches-Noblecourt, a propósito de escavações em Tânis, escreve: "Heródoto tinha visto as construções exteriores dessas sepulturas e deixara uma descrição delas [trata-se do labirinto descrito anteriormente]. Pierre Montet acaba de provar que, mais uma vez, 'o Pai da história não mentiu'" (1951).

Seria possível objetar que no século V a.C., quando Heródoto visitou o Egito, a civilização egípcia já tinha mais de 10 mil e que a raça que o criara não era necessariamente a raça negra encontrada por Heródoto.

Mas toda a história do Egito – como veremos – mostra que a miscigenação da população primitiva com elementos brancos nômades, conquistadores ou comerciantes, era cada vez mais importante à medida que se aproximava o fim da história egípcia. Segundo M. de Paw, no baixo período o Egito estava como que impregnado de colônias estrangeiras de raça branca: os árabes em Coptos; os líbios na localização da futura Alexandria; os judeus nas imediações da cidade de Hércules (Avaris?); os babilônios (ou persas) abaixo de Mênfis; "troianos fugitivos" na região das grandes pedreiras a oriente do Nilo; carianos, jônicos, na direção do braço

Pelusíaco. Psamético (fim do século VII a.C.) levou ao auge essa invasão pacífica confiando a defesa do país a mercenários gregos.

> Um erro enorme do Faraó Psamético foi confiar a defesa do Egito a tropas estrangeiras e introduzir nele diferentes colônias formadas pela escória das nações (Paw, 1773, p. 337).

> Sob a última dinastia saíta, os gregos se estabeleceram oficialmente em Náucratis, único porto em que os estrangeiros tinham direito de comerciar (Heródoto, livro II, 179).

Depois da conquista do Egito por Alexandre, sob os ptolomeus, a miscigenação entre gregos brancos e egípcios negros adquire a amplitude de uma política de assimilação:

> Em nenhum lugar Dionísio foi mais acalentado, em nenhum lugar encontrou um culto mais adulador e mais rico do que entre os ptolomeus, que reconheceram no seu culto um meio particularmente eficaz de favorecer a assimilação dos gregos conquistadores e sua fusão com os egípcios nativos (Bachofen, 1938, p. 89).

Todos esses fatos demonstram que se o povo egípcio fosse originalmente branco só poderia continuar sendo; se Heródoto ainda o encontrou negro depois de tanta miscigenação com elementos brancos é porque fora essencialmente negro em sua origem.

No que se refere ao testemunho da Bíblia, são necessárias algumas explicações mais precisas.

O que vale o testemunho da Bíblia? Para responder a esta pergunta devemos antes examinar a gênese do povo judeu. O que é o povo judeu, como ele engendrou essa literatura que é a Bíblia, na qual a descendência de Cam, ancestral dos negros e dos egípcios, seria tão maldita? Qual seria a origem dessa maldição?

Aqueles que se tornariam os judeus entraram no Egito, em número de 70 pastores incultos e temerosos, expulsos da Palestina pela fome e atraídos pelo paraíso terrestre, que é o Vale do Nilo.

Embora os egípcios tivessem especial horror à vida nômade e aos pastores, de início eles foram bem acolhidos, graças a José. Segundo a Bíblia, teriam se instalado na terra de Gósen e tornaram-se os pastores dos rebanhos do faraó... Depois da morte de José e do faraó "protetor", e diante da multiplicação dos judeus, surgiram reações entre os egípcios, em circunstâncias ainda maldefinidas. A condição dos judeus se tornará cada vez mais difícil. De acordo com a Bíblia, eles teriam sido empregados em trabalhos de terraplenagem, servindo assim como mão de obra na construção da cidade de Ramsés. Os egípcios teriam tomado medidas para limitar o número de nascimentos e eliminar os meninos, temendo que essa minoria étnica se desenvolvesse e constituísse um perigo nacional que, em período de guerra, poderia aumentar as fileiras de adversários.

> Os israelitas foram fecundos, proliferaram, multiplicaram-se e tornaram-se cada vez mais poderosos, de modo que o país ficou repleto deles. Surgiu um novo rei no Egito, que não tinha conhecido José, e disse a seu povo: "Olhai como a população israelita está se tornando mais numerosa e mais forte do que nós. Vamos tomar precauções para impedir que continuem crescendo e, em caso de guerra, unam-se também eles aos nossos inimigos, lutem contra nós e acabem saindo do país". Estabeleceram, assim, feitores para que os oprimissem com trabalhos forçados na construção das cidades de depósito do faraó: Pitom e Ramsés. Mas, quanto mais os oprimiam, tanto mais cresciam e se multiplicavam, de modo que ficaram obcecados de medo dos israelitas. Os egípcios reduziram os israelitas a uma dura escravidão. Amarguraram-lhes a vida no pesado trabalho do preparo do barro e de tijolos, com toda sorte de serviços no campo; enfim, todos os trabalhos que eram forçados a fazer (Ex 1,7-14).

> Quando assistirdes as mulheres hebreias no parto, prestai atenção ao nascer a criança: se for menino, matai-o; se for menina, deixai-a viver (Ex 1,16-17).

Assim começaram as primeiras perseguições, pelas quais o povo judeu continuará marcado durante toda a sua história (*pogroms*). A minoria judaica viverá, a partir de então, recolhida a si mesma, tornando-se messiânica pelo sofrimento e pela humilhação. Um terreno moral como esse, feito de miséria e de esperança, era favorável à eclosão ou ao desenvolvimento do sentimento religioso. As circunstâncias eram ainda mais favoráveis porque esse povo de pastores, sem habilidades, sem organização social (tendo como única célula social a família patriarcal), armado quando muito de bastões, não podia conceber nenhuma reação positiva diante da superioridade técnica do povo egípcio.

Nessas circunstâncias surgirá Moisés, primeiro profeta judeu, que, elaborando a história do povo hebreu desde sua origem, a apresentará retrospectivamente sob um ângulo religioso. Assim, ele fará Abrão dizer tanta coisa que este não podia provar, tal como a permanência de 400 anos no Egito etc. etc.

Moisés vivia no tempo de Tel-el-Amarna, no qual Amenófis IV (Akhenaton, *c.* 1400 a.C.) tentou renovar o monoteísmo egípcio primitivo, que se desvanecia sob o aparato sacerdotal e a corrupção dos sacerdotes.

Akhenaton, ao que parece, tentou basear o centralismo político – no imenso império que acabava de ser conquistado – num centralismo religioso; o império necessitava de uma religião universal.

Moisés teria se sensibilizado por essa reforma religiosa. Fez-se, a partir de então, o paladino do monoteísmo no meio judeu.

O monoteísmo, em toda a sua abstração, já existia no Egito, que por sua vez o obtivera do Sudão meroítico a Etiópia dos antigos:

> Embora o Deus supremo seja entendido segundo a mais pura das visões monoteístas sob as feições do "[...] único gerador no céu e na terra e que não é engendrado [...] em verdade único Deus vivo [...], o que engendra a si mesmo [...] tudo fez e não foi feito [...]", Amon – nome que significa mistério, adoração – um dia vê-se ao lado de Rá, o Sol [deus Amon-Rá], ou transformado em Osíris ou Hórus (Pédrals, 1950, p. 37).

Na atmosfera de insegurança em que se encontrava o povo judeu no Egito, um Deus promissor de um amanhã seguro era um apoio moral insubstituível. Assim, depois das reticências do início, esse povo, que parecia não ter conhecido o monoteísmo até então – ao contrário da opinião dos que pretendem considerá-lo seu inventor – será levado, no entanto, a um grau de desenvolvimento bastante considerável.

Valendo-se da fé, Moisés conduzirá o povo hebreu para fora do Egito. Este logo teria se cansado desse culto e só aos poucos teria voltado ao monoteísmo (bezerro de ouro de Aarão ao pé do Sinai).

Tendo entrado no Egito em número de 70 pastores organizados em 12 famílias patriarcais, nômades sem habilidades, sem cultura, o povo judeu saiu 400 anos depois, em número de 600 mil, após ter adquirido de lá todos os elementos de sua tradição futura e particularmente o monoteísmo.

Se o povo egípcio fez o povo judeu sofrer tanto quanto a Bíblia diz, e se o povo egípcio é um povo de negros descendentes de Cam, como também diz a Bíblia, já não se podem ignorar, a despeito da lenda de Noé embriagado, as causas históricas da maldição de Cam, proveniente da literatura judaica inteiramente posterior a esse período de perseguição.

Também Moisés, no Livro do Gênesis, atribuirá ao Eterno, dirigindo-se em sonho a Abrão, as seguintes palavras: "Fica sabendo que tua descendência viverá como estrangeira num país que não será a dela. Será escravizada e oprimida durante 400 anos[7]. Mas eu castigarei a nação que a escravizará, e depois sairá dali com grandes riquezas" (Gn 15,13).

---

7. Se a versão bíblica está mais ou menos exata, como poderia o povo judeu não ter sangue negro? Durante 400 anos ele teria passado de 70 indivíduos para cerca de 600 mil no seio de uma nação negra que o dominou durante esse período. Se as características negroides dos judeus são hoje menos pronunciadas, isso provavelmente se deve à sua mescla com elementos europeus, a partir de sua dispersão. Atualmente temos quase certeza de que Moisés era egípcio; portanto negro. Cf. Freud, 1990.

Estamos aqui na origem histórica da maldição de Cam.

Não é por acaso que a maldição de Cam, pai de Mesraim, Put, Cuche e Canaã, só recai sobre Canaã, habitante do país que os judeus cobiçaram durante toda a sua história.

De onde viria o nome Cam, de onde Moisés o teria tirado? Do próprio Egito, onde ele nasceu, cresceu e envelheceu até o Êxodo. De fato, sabemos que os egípcios chamavam seu país de Kemet, que significa preto em língua egípcia. A interpretação segundo a qual Kemet designaria a terra preta do Egito, e não simplesmente o preto e, por extensão, a raça preta e o país dos pretos, decorre de uma imaginação gratuita de espíritos conscientes do que implicaria uma interpretação exata desse termo. Assim, é natural encontrar em hebraico: *Kam* = calor, preto, queimado" (Pédrals, 1950, p. 27, citando Morié).

A partir disso, todas as contradições aparentes se desvanecem e a lógica dos fatos aparece em toda a sua nudez. Os habitantes do Egito, simbolizados por sua cor preta (Kemet = Cam da Bíblia), serão amaldiçoados na literatura do povo que oprimiram. Vemos então que essa maldição bíblica da descendência de Cam tem uma origem completamente diferente daquela que lhe conferimos hoje, ostensivamente e sem o menor fundamento histórico. O que não se consegue compreender, ao contrário, é como se pode transformar Kemet (= camita, preto, ébano etc. em egípcio) numa raça branca.

Vemos então que, conforme as necessidades da causa, Cam é maldito, escurecido, e torna-se ancestral dos negros. É o que acontece toda vez que se fala de relações sociais contemporâneas.

Mas ele é embranquecido sempre que se procura a origem da civilização, porque então será encontrado ali, habitando o primeiro país civilizado do mundo. Imagina-se então a noção de camitas orientais e ocidentais, que não passa de uma invenção cômoda para tirar dos negros o benefício moral da civilização egípcia e das outras civilizações africanas, como veremos. A ilustr. 2 (cf.

Caderno iconográfico) permite compreender o caráter tendencioso dessas teorias.

É inviável encontrar uma correspondência entre a noção de camita, tal como nos empenhamos em compreendê-la nos manuais oficiais, e a menor realidade histórica, geográfica, linguística ou étnica[8]. Nenhum especialista é capaz de definir o berço primitivo dos camitas (cientificamente falando), a língua que eles falavam, o caminho que seguiram, as regiões em que se teriam instalado, a forma de civilização que teriam deixado. Todos os especialistas concordam, ao contrário, em reconhecer que esse termo não corresponde a nada sério; entretanto, nenhum deixa de mencioná-lo como uma espécie de chave mestra para explicar qualquer fenômeno de civilização, por menor que seja, na África negra.

---

8. A propósito do sentido étnico de Kem, cf. a continuação deste desenvolvimento nas p. 254-256 desta obra.

II

Nascimento do Mito do Negro

O Egito já perdera sua independência havia um século quando Heródoto o visitou. Conquistado pelos persas em 525 a.C., a partir de então foi incessantemente dominado pelos estrangeiros: depois dos persas foram os macedônios com Alexandre, os romanos com Júlio César (50 a.c.), os árabes no século VII, os turcos no século XVI, os franceses com Napoleão, depois os ingleses no fim do século XIX.

Berço da civilização durante 10 mil anos, enquanto o resto do mundo está mergulhado na barbárie, o Egito, destruído por todas essas sucessivas ocupações, já não terá nenhum papel no plano político, mas nem por isso deixará de continuar iniciando os jovens povos mediterrâneos (gregos e romanos, entre outros) nas luzes da civilização. Durante toda a Antiguidade continuará sendo a terra clássica a que os povos chegarão em peregrinação para haurir nas fontes dos mais antigos conhecimentos científicos, religiosos, morais, sociais etc. que os homens adquiriram.

É assim que em toda a área circundante do Mediterrâneo edificaram-se sucessivamente novas civilizações que, beneficiando-se de múltiplas contribuições favorecidas pela configuração do Mediterrâneo – verdadeiro centro de convergência, o mais bem-situado do mundo –, evoluíram sobretudo para um desenvolvimento material e técnico; evolução em cuja origem deve-se situar o gênio materialista dos indo-europeus: gregos, romanos.

O sopro pagão que animava essa civilização greco-romana esgotou-se por volta do século IV; dois novos fatores, o cristianismo e as invasões bárbaras, vão interferir no terreno já velho da Europa Ocidental para fazer nascer uma nova civilização, aquela que hoje manifesta, por sua vez, sintomas de esgotamento. Esta última civilização, herdeira de todos os avanços técnicos da humanidade, graças a contatos ininterruptos entre os povos, já se encontrava bem-equipada tecnicamente no século XV, o suficiente para lançar-se à descoberta e à conquista do mundo.

Foi assim que, já no século XV, os portugueses chegaram à África pelo Oceano Atlântico; estabeleceram os primeiros contatos modernos com o Ocidente, a partir de então ininterruptos.

Com o que se depararam naquele outro extremo da África? Que populações encontraram? Elas estavam lá desde a Antiguidade ou acabavam de imigrar? Qual era seu nível cultural, seu grau de organização social e política; em suma, seu estado de civilização? Que impressão eles podiam ter dessas populações? Que ideia podiam fazer das capacidades intelectuais e das aptidões técnicas delas? Qual será a natureza das relações sociais que passarão a existir entre a Europa e a África? Em que sentido elas evoluíram constantemente?

A resposta a estas perguntas explicará totalmente a lenda atual do negro primitivo. Para respondê-las é indispensável reportar-se ao Egito no momento em que era submetido ao jugo dos estrangeiros.

A distribuição dos negros no continente africano teria conhecido duas fases. Admite-se geralmente que por volta de 7000 a.C. o ressecamento do Saara se completara. A África Equatorial provavelmente ainda era uma região de florestas densas demais para atrair os homens. Assim, os últimos negros que viviam no Saara o teriam abandonado para emigrar para o Alto Nilo, com exceção, talvez, de alguns pequenos grupos que se dispersaram pelo resto do continente, seja porque emigraram para o sul, seja porque foram para o norte[9]. Talvez os primeiros tenham encontrado no Alto Nilo uma população autóctone. Seja como for, é da adaptação gradual às novas condições de vida que a natureza atribuiu a essas diferentes populações negras que nascerá o mais antigo fenômeno de civilização que a Terra conheceu. Essa civilização, denominada egípcia, se desenvolverá por muito tempo em seu berço primitivo, depois descerá lentamente ao longo do Vale do Nilo para irradiar-se em torno da Bacia do Mediterrâneo. Esse ciclo de civilização, o mais longo da história, teria durado 10 mil anos, sensata média entre a cronologia longa – Heródoto, Maneton, segundo os dados dos sacerdotes egípcios, situam a origem em 17000 a.C. – e a cronologia breve dos modernos, obrigados a admitir que em 4245 a.C. os egípcios inventaram o calendário, o que supõe milênios de desenvolvimento antes de chegarem a tais especulações.

É fácil compreender que durante esse longo período os negros tenham podido novamente se deslocar, de forma gradual, para o interior do continente, constituindo núcleos que se tornaram centros de civilização continental, a serem estudados no capítulo V.

Essas civilizações africanas serão cada vez mais afastadas do resto do mundo; tenderão a viver isoladas em consequência da enorme distância que as separa das vias de acesso ao Mediterrâneo.

---

9. O que se encontra no Saara mostra que ele era habitado por negros. "Corpos femininos esteatopígios, como dizem os etnólogos, ou, nas palavras de Jean Temporal, com as partes de trás muito cheias e rechonchudas [...]" (Monod, 1937, p. 108). "Camponeses, e talvez camponeses negros, inúmeros bois, plantações de sorgo, potes de barro, peixe fresco, caça à vontade e canoas bem vedadas, tudo isso é muito bonito. Mas não duraria muito tempo. O período úmido fora precedido por um episódio desértico; ele daria lugar, muito lentamente, a um novo ressecamento [...] ele [o deserto] vai reconquistar seu reino, consumir os lagos, secar o capim, extinguir o campo. E os camponeses? Problema grave para eles e sérios debates em seu parlamento: deixar-se morrer no lugar em que estavam, emigrar, adaptar-se? Ninguém preconizou o suicídio, a adaptação não teve nenhum voto; levantando as mãos, votaram pelo êxodo" (Monod, 1937, p. 128). Os esqueletos pré-históricos encontrados no Saara são de tipo negro: o homem de Asselar, sul do Saara.

Quando o Egito tiver perdido sua independência, seu isolamento será completo.

A partir de então, separados da pátria-mãe invadida pelo estrangeiro, recolhidos a si mesmos num contexto geográfico que exige um mínimo esforço de adaptação e beneficiando-se de condições econômicas favoráveis, os negros se orientarão para o desenvolvimento de sua organização social, política e moral, mais do que para uma pesquisa científica especulativa que o meio, além de não justificar, impossibilitava. Tanto quanto a adaptação ao estreito vale fértil do Nilo exigia uma técnica complexa de irrigação e construção de diques, cálculos precisos para prever as cheias do Nilo e deduzir suas consequências econômicas e sociais, também era necessário materialmente inventar a geometria para delimitar as propriedades depois das cheias, que apagavam seus limites, e assim separar os coabitantes; também o terreno em longas faixas planas exigia a transformação da enxada paleonigrítica[10] em charrua, primeiro puxada por homens, depois por animais. Tanto quanto tudo isso era indispensável para a existência material do negro no Vale do Nilo, também se tornava supérfluo nas novas condições de vida no interior do continente.

Como a história rompeu seu antigo equilíbrio com o ambiente, o negro encontrou um novo equilíbrio, diferente do primeiro pela ausência da técnica, que já não era de importância vital, ao contrário da organização social, política e moral.

Como os recursos econômicos eram garantidos por meios que não exigiam eternas invenções, o negro gradualmente se desinteressou pelo progresso material.

É nessa nova condição de civilização que haverá o encontro com a Europa. No século XV, quando os primeiros navegadores comerciantes portugueses, holandeses, ingleses, franceses, dinamarqueses, brandeburgueses começaram a estabelecer feitorias na costa ocidental da África, a organização política dos estados

---

10. Paleo + nigrítica, relativo à nigrícia [N.T.].

africanos era igual – e com frequência superior – à dos respectivos estados deles próprios. As monarquias já eram constitucionais, com um conselho do povo em que as diferentes camadas sociais eram representadas, e o rei negro – ao contrário da lenda – não era, e nunca foi, um déspota de poderes ilimitados. Em alguns lugares ele era investido pelo povo, por intermédio de um primeiro-ministro representante dos homens livres. Ele tinha a missão de servir ao povo sabiamente, e sua autoridade era uma função de respeito pela constituição assim estabelecida (cf. o capítulo V da primeira parte).

A ordem social e moral tinha o mesmo nível de perfeição. Em nenhum lugar reinava mentalidade pré-lógica, no sentido em que a entendia Lévy-Brühl, e não é necessário refutar aqui uma tese que o próprio autor renegou. Em contrapartida, por todas as razões já apontadas, o desenvolvimento técnico era menos acentuado do que na Europa. O negro, embora tivesse sido o primeiro a descobrir o ferro, não havia construído canhão; o segredo da pólvora só era conhecido pelos sacerdotes egípcios, que a utilizavam apenas com fins religiosos durante os mistérios de Osíris (cf. Paw, 1773).

A África, portanto, era muito vulnerável do ponto de vista técnico. Tornava-se uma presa tentadora, irresistível para o Ocidente, provido de armas de fogo e de navegação de longa distância.

O florescimento econômico da Europa do Renascimento impeliu, então, à conquista da África, que se fez rapidamente. Passou-se da etapa das feitorias costeiras para a da anexação por acordos ocidentais internacionais, seguidos por uma conquista interior por meio das armas, chamada de "pacificação".

No início desse período a América foi descoberta por Cristóvão Colombo e o excedente do velho continente se escoou para o novo. A valorização das terras virgens necessitava de uma mão de obra barata. A África indefesa apareceu então como o reservatório humano mais indicado, onde se deveria obter essa mão de obra com o mínimo de despesas e de riscos. O tráfico de escravos negros tornou-se então uma necessidade econômica antes do surgimento das máquinas. Ele se prolongará até meados do século XIX.

Essa inversão de papéis, resultante das novas relações técnicas, acarretou, no plano social, relações de senhor com escravo entre o branco e o negro. Já na Idade Média a lembrança de um Egito negro civilizador da terra se apagou em consequência do esquecimento da tradição antiga oculta nas bibliotecas ou soterrada sob as ruínas. Ela se apagará ainda mais ao longo desses quatro séculos de escravidão.

Imbuídos de sua recente superioridade técnica, os europeus tinham, *a priori*, desprezo por todo o mundo negro, do qual só consentiam em obter as riquezas. A ignorância da história antiga dos negros, as diferenças de usos e costumes, os preconceitos étnicos entre duas raças que acreditavam estar se enfrentando pela primeira vez, somados às necessidades econômicas de exploração predispunham o espírito do europeu a deturpar completamente a personalidade moral do negro e suas aptidões intelectuais.

"Negro" torna-se então sinônimo de ser primitivo, "inferior, dotado de uma personalidade pré-lógica". E como o ser humano tem sempre a preocupação de justificar sua conduta, até irão mais longe: a preocupação em legitimar a colonização e o tráfico de escravos – em outras palavras, a condição social do negro no mundo moderno – engendrará toda uma literatura descritiva das pretensas características inferiores do negro. O espírito de várias gerações europeias será, assim, gradualmente desvirtuado. A opinião ocidental se cristalizará e instintivamente admitirá como verdade revelada que negro significa humanidade inferior[11].

Cúmulo do cinismo: a colonização será apresentada como um dever humanitário, invocando a missão civilizatória do Ocidente, ao qual cabe a tarefa de elevar o africano ao nível dos outros homens. A partir de então o capitalismo fica à vontade; poderá exercer as mais ferozes explorações sob a proteção de pretextos morais.

---

11. "Negro/negra (latim *niger* = preto): homem/mulher, de pele preta. É o nome que se dá especialmente aos habitantes de determinadas regiões da África [...] que formam uma raça de homens pretos inferior em inteligência à raça branca, dita raça caucasiana" (Larousse, 1905, p. 516).

No máximo são reconhecidos ao negro dons artísticos ligados à sua sensibilidade de animal inferior. Esta é a opinião do precursor da filosofia dos nazistas, o francês Gobineau, que em seu famoso livro *Essai sur l'inégalité des races humaines* decreta que o sentido da arte é inseparável do sangue dos negros. Mas ele reduz a arte a uma manifestação inferior da natureza humana: particularmente o sentido do ritmo está ligado às aptidões emocionais do negro.

Tal clima de alienação acabou por agir profundamente sobre a personalidade do negro, especialmente do negro instruído, que teve oportunidade de tomar consciência da ideia que o resto do mundo tem dele e de seu povo. Com muita frequência o negro intelectual perde confiança em suas próprias possibilidades e nas de sua raça, tanto que, apesar do valor das manifestações expostas ao longo deste estudo, não será de surpreender que, entre nós, depois de terem tido conhecimento delas, alguns ainda tenham dificuldade em admitir que, de fato, desempenhamos o primeiro papel civilizatório do mundo.

É frequente que negros de elevada intelectualidade continuem sendo vítimas dessa alienação, a ponto de procurar, de boa-fé, codificar essas ideias nazistas de uma pretensa dualidade do negro sensível e emotivo, criador de arte, e do branco constituído sobretudo de racionalidade[12]. É assim que se exprime sinceramente um

---

12. "Se admitirmos, de acordo com os gregos e com os juízes mais competentes na matéria, que a exaltação e o entusiasmo são a vida do gênio das artes, que esse mesmo gênio, quando é completo, confina com a loucura, não será em nenhum sentimento organizador e sensato de nossa natureza que buscaremos a causa criadora, mas no fundo das agitações dos sentidos, nos ambiciosos ímpetos que os levam a unir o espírito e as aparências, a fim de extrair algo que agrade mais do que a realidade [...]. A partir daí apresenta-se a conclusão inteiramente rigorosa de que a fonte da qual as artes brotaram é estranha aos instintos civilizatórios. Está escondida no sangue dos negros [...]. Será dito que se trata de uma bela coroa que estou colocando na cabeça disforme do negro e uma honra muito grande para ele o fato de agrupar a seu redor o coro harmonioso das musas. A honra não é tão grande assim. Eu não disse que todas as piérides estão lá reunidas; faltam as mais nobres, as que se baseiam na reflexão, as que desejam a beleza de preferência à paixão [...]. Traduzam-se para ele os versos da Odisseia, e em especial o encontro de

poeta negro africano num verso de admirável beleza: "A emoção é negra e a razão, helênica" (Léopold Sédar Senghor).

Assim, criou-se aos poucos uma literatura negra de "complementaridade", pretendendo-se infantil, pueril, bem-comportada, passiva, resignada, choramingas. Desse modo, o conjunto das criações artísticas negras atuais, muito apreciadas pelos ocidentais,

---

Ulisses com Nausícaa, o sublime da inspiração refletida: ele dormirá. Em todos os seres, para que a simpatia se manifeste é preciso que antes a inteligência tenha compreendido, e aí está o que é difícil com o negro [...]. A sensibilidade artística desse ser, em si mesma de uma força além de toda expressão, permanecerá necessariamente limitada aos mais miseráveis empregos [...]. Assim, entre todas as artes preferidas da criatura melânica, a música está em primeiro lugar, uma vez que acaricia sua orelha com uma sucessão de sons e nada exige da parte pensante do cérebro. O negro a aprecia muito, desfruta dela em excesso; entretanto, como permanece estranho às convenções delicadas pelas quais a imaginação europeia aprendeu a enobrecer as sensações! / Na encantadora ária de Paolino em *Matrimônio secreto* (*Pria che spunti in ciel l'aurora* etc.) a sensualidade do branco esclarecido, dirigida pela ciência e pela reflexão, vai, já nos primeiros compassos, fazer-se, por assim dizer, um quadro [segue o quadro]. Sonho delicioso! Nele os sentidos despertam lentamente o espírito e o acalentam nas esferas ideais em que o gosto e a memória lhe oferecem a parte mais primorosa de seu prazer. O negro não enxerga nada disso. Não entende sequer a mínima parte; no entanto, que se despertem seus instintos: o entusiasmo e a emoção terão uma intensidade bem diferente de nosso embevecimento contido e de nossa satisfação de pessoas honradas. Parece-me ver um bambara assistindo à execução de uma das melodias que lhe agradam. Sua fisionomia se inflama, seus olhos brilham. Ele ri, e sua boca, cintilante no meio da face tenebrosa, mostra os dentes brancos e pontiagudos. Vem o gozo... Sons desarticulados esforçam-se para lhe sair da garganta, que comprime a paixão; grandes lágrimas rolam pelas bochechas proeminentes; mais um instante e ele vai gritar: a música para, ele está vencido pelo cansaço. / Em nossos hábitos refinados, a arte tornou-se para nós algo tão intimamente ligado com o que as meditações do espírito e as sugestões da ciência têm de mais sublime, que é só por meio de abstração e com um certo esforço que conseguimos estender sua noção à dança. Para o negro, ao contrário, a dança é, com a música, objeto da mais irresistível paixão. É porque a sensualidade está em tudo, quando não em tudo, na dança [...]. / Assim, o negro tem no mais alto grau a faculdade sensual, sem a qual não há arte possível; e, por outro lado, a ausência das aptidões intelectuais torna-o completamente impróprio à cultura da arte, até mesmo à apreciação do que essa nobre aplicação da inteligência dos seres humanos pode produzir de elevado. Para valorizar suas faculdades é preciso que ele se alie a uma raça com dons diferentes [...]. / O gênio artístico, igualmente estranho aos três grandes tipos, só surgiu depois do casamento dos brancos com os pretos" (Gobineau, 1853-1854, cap. VII).

nem por isso deixa de constituir um espelho em que estes, levados por uma sensibilidade paternalista, podem contemplar o que acreditam ser sua superioridade. As reações seriam completamente diferentes se os mesmos juízes estivessem diante de uma obra negra primorosa, mas que, saindo desse quadro, rompendo com os reflexos de subordinação e com os complexos de inferioridade, se colocasse naturalmente num plano de igualdade. Tal obra correria o grande risco de, para alguns, parecer pretensiosa e pelo menos exasperante e intolerável.

A lembrança da escravização de que a raça negra foi objeto, habilmente mantida na memória dos homens e em especial na dos negros, muitas vezes afeta a consciência destes últimos de maneira negativa. A partir dessa escravização houve um esforço para construir, obviamente a despeito de toda verdade histórica, a lenda segundo a qual o negro sempre foi reduzido à escravidão pelas raças brancas superiores com que viveu, onde quer que fosse, o que permite facilmente justificar a presença de negros no Egito ou na Mesopotâmia, ou na Arábia, já na mais remota antiguidade, decretando que eles eram escravos. Embora tal afirmação seja apenas um dogma destinado a deturpar a história e cuja falsidade não escapa aos que o sustentam, ela não deixa de contribuir para alienar a consciência negra. Um outro grande poeta negro, talvez o maior de nosso tempo, Aimé Césaire (1948, p. 66) escreve no poema intitulado *Depuis Akkad, depuis Elam, depuis Sumer*

> Maître des trois chemins tu as em face de toi un homme qui a beaucoup marché.

> Maître des trois chemins, tu as en face de toi em homme qui a marché sur les mains, marché sur les pieds, marché sur le ventre, marché sur le cul.

> Depuis Elam, depuis Akkad, depuis Sumer[13.]

---

13. Senhor dos três caminhos, tens diante de ti um homem que pisou muito chão. / Senhor dos três caminhos, tens diante de ti um homem que pisou mãos, pisou pés, pisou ventre, pisou bunda. / Desde Elam, desde a Acádia, desde a Suméria.

Em outro lugar ele escreve:

> Ceux qui n'ont inventé ni la poudre, ni la boussole,
>
> Ceux qui n'ont jamais su dompter ni la vapeur, ni l'électricité,
>
> Ceux qui n'ont explore ni la mer, ni le ciel...[14]

No decorrer dessas transformações das relações do negro com o resto do mundo, tornava-se cada dia mais difícil e até inadmissível, para os que ignoravam sua grandeza do passado – e para os próprios negros –, que estes pudessem estar na origem da primeira civilização que tinha se expandido na terra e à qual a humanidade deve essencialmente seu progresso.

A partir de então, embora as provas se acumulem diante dos especialistas, eles passarão a recordá-las apenas através de viseiras e sempre as interpretarão erroneamente. Arquitetarão as teorias mais improváveis, sendo que qualquer improbabilidade lhes parecerá mais lógica do que a verdade contida no mais importante documento histórico que ateste a primazia civilizatória dos negros. Antes de abordar a análise das contradições correntes na época moderna e que resultam de tentativas cujo objetivo é provar a todo custo que os egípcios eram de raça branca, vamos destacar o espanto de Volney, um cientista de boa-fé que, depois de se ter imbuído de todos os preconceitos de que acabamos de falar a propósito do negro, foi para ao Egito entre 1783 e 1785 – ou seja, em pleno período de escravidão negra – e fez as seguintes constatações sobre a raça egípcia, a mesma de que se originavam os faraós: os coptas.

> [...] todos têm o rosto inchado, os olhos intumescidos, o nariz achatado, o lábio grosso; em suma, um verdadeiro rosto de mulato. Estava tentado a atribuí-lo ao

---

14. Aqueles que não inventaram nem a pólvora nem a bússola, / Aqueles que não souberam dominar nem o vapor, nem a eletricidade, / Aqueles que não exploraram nem o mar, nem o céu... • Esta citação não diminui em nada a profunda admiração que tenho pelo poeta.

clima quando, ao visitar a Esfinge, seu aspecto me deu a solução do enigma. Vendo aquela fisionomia com todos os traços caracteristicamente negros, lembrei-me da notável passagem de Heródoto, em que diz: "Por mim, estimo que os colcos são uma colônia dos egípcios, pois, como eles, têm a pele preta e os cabelos crespos": significa que os antigos egípcios eram verdadeiros negros da espécie de todos os nativos da África; e daí se explica que seu sangue – havia muitos séculos aliado ao dos romanos e ao dos gregos – deve ter perdido a intensidade de sua cor primitiva, conservando no entanto a marca de sua matriz original. Pode-se até conferir a essa observação uma extensão muito geral e afirmar, em princípio, que a fisionomia é uma espécie de monumento próprio, em muitos casos, para constatar ou esclarecer os testemunhos da história sobre a origem dos povos [...].

Volney, depois de ilustrar essa proposição citando o caso dos normandos, que 900 anos depois da conquista da Normandia ainda se parecem com os dinamarqueses, acrescenta:

Mas, voltando ao Egito, o fato que ele restitui à história oferece muitas reflexões à filosofia. Que objeto de meditação ver a barbárie e a ignorância atual dos coptas, resultantes da aliança do gênio profundo dos egípcios com o espírito brilhante dos negros; pensar que essa raça de homens pretos, hoje nossa escrava e vítima de nosso desprezo, é a mesma a quem devemos nossas artes, nossas ciências e até o uso da palavra; imaginar, enfim, que foi entre os povos que se dizem os mais amigos da liberdade e da humanidade que se sancionou a mais bárbara das escravidões e se questionou se os homens pretos têm uma inteligência da mesma espécie que a da inteligência dos homens brancos! (Volney, 1797, p. 74-77).

III

Deturpação moderna da história

Não há como colocar melhor do que Volney o problema da mais monstruosa deturpação da história da humanidade pelos historiadores modernos. Não há como, mais do que ele, fazer justiça à raça negra reconhecendo seu papel de mais antigo guia da humanidade no caminho da civilização no pleno sentido da palavra. As conclusões de Volney deveriam ter impossibilitado a invenção posterior de uma hipotética raça branca faraônica que teria importado da Ásia a civilização egípcia no início da era histórica. De fato, tal hipótese não se ajusta à realidade da Esfinge de fisionomia negra e imagem do faraó que se impõe aos olhos de todos e que dificilmente se pode destruir como documento não típico ou relegar ao acervo de um museu para subtraí-lo às meditações perigosas dos que seriam suscetíveis a aceitar a evidência dos fatos.

Depois de Volney, outro viajante, Rienzi, no início do século XIX, chega, a respeito da mesma raça egípcia, a conclusões que vão mais ou menos ao encontro daquelas de Volney.

> É verdade que na mais remota antiguidade a raça vermelho-escura hindu e egípcia dominou, pela civilização, as raças amarela e preta, e mesmo a raça branca; ou seja, nossa raça que na época habitava a Ásia Ocidental, raça então mais ou menos selvagem e às vezes tatuada, tal como a vi representada no túmulo de Ousiré I no Vale de Biban-el-Moluk, em Tebas, a cidade dos deuses (Rienzi, 1836).

Veremos que, quanto à raça vermelho-escura, trata-se simplesmente de um subgrupo da raça negra representada nos monumentos da época. Na realidade, não existe raça vermelho-escura; existem, de fato, três raças nitidamente definidas: a branca, a preta e a amarela, e as pretensas raças intermediárias resultariam unicamente do cruzamento das primeiras[15].

A estátuas que aparecem em preto e branco na ilustr. 3 mostram que a cor chamada vermelho-escura dos egípcios é simplesmente a cor natural do negro.

Se Rienzi fala em raça vermelho-escura em vez de raça preta é porque era impossível para ele se desprender totalmente dos preconceitos de sua época. Seja como for, a constatação que ele faz da condição da raça branca, então selvagem e tatuada, no momento

---

15. A raça amarela, por sua vez, seria resultado de um cruzamento de pretos e brancos numa época muito antiga da história da humanidade. Os amarelos, de fato, têm a pigmentação dos mestiços, tanto que uma análise bioquímica comparativa não poderia revelar uma grande diferença de quantidade de melanina. Até hoje não se fez o estudo sistemático dos grupos sanguíneos dos mestiços. Ele teria permitido uma comparação interessante com o dos amarelos. Os traços étnicos dos amarelos (lábios, nariz, prognatismo) são os dos mestiços. Sua fácies (pômulos salientes, pálpebras infladas, prega epicântica, olhos oblíquos, depressão da raiz do nariz) poderia ser apenas o resultado do efeito milenar do clima de ventos frios no rosto. A crispação do rosto sob efeito do vento seria suficiente para explicar os pômulos salientes e os olhos inflados que constituem dois traços étnicos correlatos. O vento que bate no rosto em tempo frio só pode escapar pelo canto do olho por uma resultante oblíqua ascendente, em consequência do aquecimento das moléculas de ar. Essa força mecânica produziria a longo prazo uma deformação do olho no mesmo sentido. Essa ação do clima seria mais profunda ainda num organismo jovem, como o das crianças. Esta explicação supõe, evidentemente, a hereditariedade das qualidades adquiridas. Sabe-se, por outro lado, que esses traços chamados mongólicos se alteram, do norte para o sul da Ásia, seguindo, de certo modo, uma curva climática. Constata-se que, onde quer que haja amarelos, encontram-se ainda núcleos de pretos e de brancos, que parecem ser os elementos constitutivos residuais da raça. Isso ocorre em todo o sudeste da Ásia: os mois nas montanhas do Vietnã, onde aliás se encontram curiosamente os nomes Kha, Thai e Cham, os negritos e ainus no Japão etc. Um provérbio japonês diz: "Para que um samurai seja valente é preciso que ele tenha um pouco de sangue preto". Segundo os cronistas chineses, existia um império negro no sul da China, na aurora da história do país. Protoariano + protodravidiano + frio = amarelo (?).

em que as raças vermelho-escuras já eram civilizadas, deveria ter impossibilitado qualquer tentativa de explicar pela primeira a origem da civilização egípcia. Champollion se estenderá mais, com constrangimento, sobre esse atraso da raça branca no tempo em que a civilização egípcia já era mil vezes milenar.

Em 1799, Bonaparte empreende a Campanha do Egito. Os hieróglifos são decifrados em 1822 por Champollion o Jovem, que morreu em 1832, deixando como "cartão de visita" uma gramática egípcia e uma série de cartas dirigidas a seu irmão, Champollion--Figeac, durante sua viagem ao Egito (1828-1829). Essas cartas foram publicadas em 1833 por Champollion-Figeac. A partir de então o muro hieroglífico desmorona, revelando, até os menores detalhes, riquezas surpreendentes.

Os egiptólogos ficaram siderados de admiração diante do passado de grandeza e perfeição que descobriram então e que, aos poucos, reconhecem como sendo o da mais antiga civilização que engendrou todas as outras.

Graças ao imperialismo, tornava-se cada vez mais "inadmissível" continuar aceitando a tese, até então evidente, de um Egito negro.

O nascimento da egiptologia será caracterizado, portanto, pela necessidade de destruir da maneira mais completa, a todo custo e em todas as mentes, a lembrança de um Egito negro. A partir de então o denominador comum de todas as teses dos egiptólogos, seu íntimo parentesco, sua profunda afinidade, será resumido numa tentativa desesperada de refutar a tese de um Egito negro. Quase todos os egiptólogos afirmam, *a priori*, a falsidade da tese do Egito negro. Todas as tentativas de refutação seguem a seguinte linha de exposição.

Como não se consegue encontrar nenhuma contradição nos testemunhos formais dos antigos por meio de um confronto objetivo com toda a realidade egípcia, e portanto não se consegue refutá-los, eles são silenciados ou rejeitados dogmaticamente com indignação, lamentando-se que pessoas normais, como eram os antigos, tenham se extraviado a tal ponto e, assim, criado tantas dificuldades e problemas delicados para os especialistas modernos.

Depois disso há um esforço vão para encontrar uma origem branca para a civilização egípcia: recorre-se então a interpretações subjetivas dos fatos e dos documentos históricos. Acaba-se por atolar nas próprias contradições, escorrega-se nas dificuldades do problema depois de tantas acrobacias intelectuais tão complicadas quanto gratuitas, repetindo o dogma inicial, julgando assim ter demonstrado aos olhos de todas as pessoas de bem a origem branca da civilização egípcia.

É o conjunto dessas teses que me proponho expor sucessivamente; mas, por zelo de objetividade, vejo-me obrigado a expor integralmente cada ponto de vista, para ser honesto com o autor e permitir que se tome conhecimento diretamente das contradições e de outros fatos que eu poderia apontar.

Vamos começar pela mais antiga dessas teses, a de Champollion o Jovem, exposta na 13ªcarta dirigida a seu irmão. Ela diz respeito aos baixos-relevos da tumba de Ousiré I, também visitada por Rienzi. Eles datam do século XVI a.C. (18ª dinastia) e representam as raças de homens conhecidas pelos egípcios. Esse monumento é o mais antigo documento etnográfico completo que conhecemos. Eis o que o autor diz:

> No Vale de Biban-el-Moluk propriamente dito, admiramos, como todos os viajantes que nos precederam, o espantoso frescor das pinturas e o refinamento das esculturas de vários túmulos. Lá mandei desenhar a série de *povos* representada em baixos-relevos. De início eu acreditara, de acordo com as cópias desses baixos-relevos publicadas na Inglaterra, que esses povos, de raças bem diferentes, conduzidos pelo deus Hórus, segurando o cajado pastoral, fossem as nações submetidas ao cetro dos faraós; o estudo das lendas me ensinou que esse quadro tem um significado mais geral. Pertence à 3ª hora do dia, a hora em que o sol começa a fazer sentir todo o ardor de seus raios e aquece todas

as regiões habitadas de nosso hemisfério. Desejou-se representar nele, segundo a própria lenda, os habitantes do Egito e os das regiões estrangeiras. Portanto, temos aqui diante dos olhos a imagem de diversas raças de homens conhecidas pelos egípcios e, ao mesmo tempo, ficamos conhecendo as grandes divisões geográficas e etnográficas estabelecidas naquela época remota. Os homens guiados pelo pastor dos povos, Hórus, pertencem a quatro famílias bem distintas. *A primeira* (n. 1 de nossa prancha), *a mais próxima do deus, é de cor vermelho-escura*, talhe bem proporcionado, fisionomia doce, nariz levemente aquilino, longos cabelos trançados, vestido de branco; as legendas designam essa espécie pelo nome de *Rôt-em-ne-Rôme, a raça dos homens*, os homens por excelência; ou seja, os egípcios. Não pode haver nenhuma incerteza quanto à raça do que vem depois (n. 2 de nossa prancha); pertence à raça *dos negros*, que são designados pelo nome geral de *nahasi*. O seguinte apresenta um aspecto bem diferente (n. 3 da prancha): pele cor-de-carne puxando para o amarelo, ou tez bronzeada, nariz fortemente aquilino, barba preta, cerrada e terminada em ponta, veste curta de cores variadas; estes levam o nome de *namu*.

Enfim, o último (n. 6 da prancha) tem a cor de pele que chamamos cor-de-carne, ou pele branca do mais delicado matiz, o nariz reto ou ligeiramente encurvado, os olhos azuis, barba loira ou ruiva, talhe alto e muito delgado, vestido com couro de boi ainda com os pelos, verdadeiro selvagem tatuado em várias partes do corpo; são chamados *tamhu*.

Apressei-me em procurar o quadro correspondente a este nas outras tumbas reais e, encontrando-o de fato em muitas, as variações que observei me convenceram plenamente de que pretendeu-se representar aqui os habitantes das quatro partes do mundo, segundo o sistema egípcio, a saber: 1º) os habitantes do Egito que, por si só formavam uma parte do mundo, segundo o uso muito modesto dos velhos povos; 2º) os habitantes próprios da África, os negros; 3º) os asiáticos; 4º) enfim (e me envergonho de dizer, pois nossa raça é a última e a mais selvagem da série), os europeus, que, naqueles tempos remotos, é preciso ser justo, não faziam muito bonito neste mundo. Cabe entender aqui todos os povos de raça loira e pele branca que habitavam não só a Europa mas também a Ásia, seu ponto de partida. Tanto esta maneira de considerar esses quadros é a verdadeira que, nas outras tumbas, os mesmos nomes genéricos apareciam, e constantemente na mesma ordem. Encontram-se nelas também *os egípcios e os africanos, representados da mesma maneira*[16], o que não podia ser diferente: mas os namu (os asiáticos) e os tamhu (as raças europeias) oferecem variantes curiosas e interessantes.

Em lugar do árabe ou do judeu (n. 3) vestido tão simplesmente, representado num túmulo, a Ásia tem como representante em outras tumbas (a de Ramsés Meriamon etc.) três indivíduos sempre de tez bronzeada, nariz aquilino, olhos pretos e barba cerrada, mas vestidos com rara magnificência. Em um, são evidentemente *assírios*: seu traje, nos menores detalhes, é perfeitamente semelhante ao dos personagens gravados nos cilindros assírios; no outro, os povos *medas* ou habitantes primitivos de alguma parte da Pérsia, sendo que sua fisionomia e seu traje encontram-se também, idênticos, nos monumentos ditos *persopolitanos* (n. 4 da prancha). Portanto, representava-se a Ásia por um dos povos que a habitavam, indiferentemente. *O mesmo ocorre com respeito a nossos bons e velhos ancestrais*, os tamhu (n. 6 da prancha); seu traje às vezes é diferente; suas cabeças são mais ou menos cabeludas e carregadas de ornamentos diversificados; seu traje selvagem varia um pouco quanto à forma; mas a tez branca, os olhos e a barba conservam a característica de uma raça à parte. Mandei copiar e colorir essa curiosa série etnográfica. Certamente eu não esperava, ao chegar a Biban-el-Moluk, encontrar esculturas que pudessem servir como ilustrações da história dos habitantes primitivos da Europa, se alguém jamais tiver a coragem de lembrá-la. Sua visão, todavia, tem

---

16. Sublinhado por mim.

algo de lisonjeiro e consolador, pois nos faz apreciar o caminho que percorremos desde então (Champollion--Figeac, 1839, p. 30-31)[17].

Escolhi esse excerto, tal como foi publicado por Champollion--Figeac, em vez de extraí-lo da "nova edição" da Lettres realizada, pelo filho de Champollion o Jovem (Chéronnet-Champollion), e isso por uma razão: os originais foram efetivamente remetidos para Champollion-Figeac, o que torna sua publicação mais autêntica.

Qual a importância desse documento para o conhecimento da raça egípcia? Por sua antiguidade, ele traz um testemunho fundamental que deveria evitar todas as conjecturas que se fizeram sobre o tema. Já naquela época muito antiga, da 18ª dinastia (situada entre Abraão e Moisés), os egípcios tinham o hábito de representar, de uma maneira que não permitia nenhuma confusão com as raças brancas e amarelas da Ásia e da Europa, os dois grupos da raça deles: negros civilizados do vale e negros de determinadas regiões do interior da África. A constância da ordem em que sempre são representadas essas quatro raças, em relação ao deus Hórus, confere a essa ordem caráter de hierarquia social – como finalmente reconheceu Champollion, ela afasta também qualquer ideia de uma convenção pictórica que confundisse dois planos distintos e, assim, colocasse Hórus no mesmo plano que os personagens, embora, na verdade, ele esteja diante de todos eles. É típico o fato de os egípcios terem se representado numa cor oficialmente denominada "vermelho-escura". Na verdade, cientificamente falando, não há

---

17. Os monumentos egípcios mais antigos que representam todas as raças da terra – baixos-relevos de Biban-el-Moluk, p. ex. – mostram-nos que naqueles tempos remotos só a raça hoje denominada nórdica era tatuada. Nem os negros egípcios nem os outros negros da África praticavam a tatuagem, de acordo com todos os documentos conhecidos. A tatuagem, originalmente, só tinha sentido numa pele branca em que produzisse uma diferença de cor. Foi introduzida na África com os líbios brancos, e só tardiamente passou a ser imitada pelos negros; então, uma vez que o contraste azul-branco ou outro são impossíveis de realizar numa pele preta, recorreu-se às escarificações. Infelizmente não pudemos publicar uma reprodução desse baixo-relevo por Champollion.

raça vermelho-escura. O termo só foi lançado para provocar confusão de ideias. Não há preto no sentido exato da palavra. A cor do negro puxa para o marrom, sem que se possa aplicar-lhe um qualificativo exato, ainda mais porque ela apresenta conotações diferentes, conforme as regiões. Nota-se, assim, que os negros que vivem em regiões calcárias têm uma tez menos escura do que os das outras regiões.

Então é muito difícil reproduzir a cor do negro na pintura, que se limita a matizes próximos. A cor dos dois homens que seguem Hórus não é mais do que a expressão de dois matizes de negros. Se hoje um uolofe representasse um bambara, um mossi, um ioruba, um tuculor, um fang, um mangbetu ou um baúle, ele o faria com tantas nuanças de cores, ou mais, quantas há entre os dois negros do baixo-relevo. Acaso os uolofes, os bambaras, os iorubas, os tuculores, os fangs, os mangbetus, os baúles deixariam, por isso, de ser todos negros? Desse modo, é legítimo compreender a diferença de cor que há entre os dois homens do baixo-relevo. Nos baixos-relevos egípcios não é possível encontrar uma só pintura em que os egípcios tenham se representado com uma cor diferente daquelas de povos negros como os bambaras, os añi, os iorubas, os mossis, os fangs, os batutsis, os tuculores etc.

Se os egípcios fossem brancos, todos esses povos negros citados acima e muitos outros da África também o seriam; chega-se à conclusão absurda de que os negros, no fundo, são negros.

Segundo esses numerosos baixos-relevos, vemos que até sob a 18ª dinastia todos os espécimes de raça branca vinham depois dos negros: particularmente a "besta loira" de Gobineau e dos nazistas, selvagem tatuado e vestido de couro de animal que, longe de estar na origem de qualquer civilização, ainda lhe era essencialmente refratário e ocupava o último degrau da humanidade. Champollion não deixou de constatá-lo na citação acima, com surpresa e humilhação, encontrando como único consolo a consideração do caminho que essa raça percorreu desde então.

A conclusão de Champollion a esse respeito é típica, quando, depois de ter dito que essas esculturas poderão servir de ilustrações para a história dos habitantes primitivos da Europa, ele acrescenta: "se alguém jamais tiver a coragem de lembrá-la". Enfim, depois dessas constatações, Champollion o Jovem dará sua opinião positiva sobre a raça egípcia, nos seguintes termos:

> As primeiras tribos que povoaram o Egito – ou seja, o Vale do Nilo entre a catarata de Siena e o mar – vieram da Abissínia ou do Senaar. Os antigos egípcios pertenciam a uma raça de homens totalmente semelhantes aos kennous ou aos barabras, atuais habitantes da Núbia. Não se encontra [acrescenta] entre os coptas do Egito nenhum dos traços característicos da antiga população egípcia. Os coptas são resultado da mistura confusa de todas as nações que, sucessivamente, dominaram o Egito. É um erro querer encontrar entre eles os traços principais da antiga raça (Champollion--Figeac, 1839, p. 27).

Assistimos aqui às primeiras tentativas de vincular os egípcios a outra raiz que não a dos coptas, confirmada por Volney. A nova raiz que Champollion o Jovem acreditou descobrir não é melhor: de ambos os lados o erro é o mesmo. Foge-se de uma raiz negra (os coptas) para cair em outra, igualmente negra (núbios e abissínios).

De fato, as características negras da raça etíope – ou seja, dos abissínios – foram bastante afirmadas por Heródoto e por todos os antigos para que não seja necessário voltar a elas. Os núbios são os ancestrais da maioria dos negros da África, a ponto de as palavras "núbios" e "negros" serem sinônimas. Etíopes e coptas são duas raízes negras miscigenadas posteriormente com elementos brancos diferentes em climas diferentes: os negros do Delta misturaram-se gradualmente com todos os brancos mediterrâneos que se infiltraram no Egito em todas as épocas, o que resultou no ramo copta, composto por elementos frequentemente atarracados, que viviam numa região mais ou menos pantanosa. No substrato negro da Etiópia veio enxertar-se um elemento branco por infiltrações provenientes da Ásia Ocidental, de que trataremos adiante, o que, numa região de planaltos, resultou numa raça mais atlética.

Apesar dessas miscigenações constantes e muito antigas, nem uns nem outros perderam ainda as características negras da raça egípcia primitiva; a cor de sua pele ainda é nitidamente preta e muito distante da cor de um mestiço com 50% de sangue branco. Na maioria dos casos, ela revela no máximo 10% de sangue branco e, com frequência, não se distingue da cor dos outros negros da África. Compreende-se, assim, que os coptas, e sobretudo os etíopes, muitas vezes tenham traços que se afastam ligeiramente daqueles dos negros isentos de mestiçagem com raças brancas. Acontece, particularmente, seus cabelos serem menos crespos. Embora tenham se mantido essencialmente prognatas, tentou-se considerar todos eles como pseudorraças brancas, com base no fato de seus traços serem relativamente finos. São pseudobrancos, uma vez que são nossos contemporâneos e sua realidade étnica nos impede de lembrá-los brancos verdadeiros; mas os esqueletos de seus ancestrais encontrados nas tumbas saem completamente embranquecidos das mensurações dos antropólogos. Veremos (p. 173ss.) como, por tais mensurações, pretensamente científicas, chega-se a não mais distinguir um esqueleto etíope, ou seja, negro, daquele de um germânico; quando se pensa na diferença que na realidade separa essas duas raças, entende-se o grau de gratuidade e de confusão dessas medidas.

Essa opinião de Champollion o Jovem sobre a raça egípcia foi registrada numa memória destinada ao paxá do Egito, a quem ele a enviou em 1829.

Vejamos agora se as pesquisas do irmão de Champollion o Jovem, pai da egiptologia, fizeram a questão progredir. Eis como ele a introduz:

> A opinião segundo a qual a antiga população do Egito pertencia à raça negra africana foi um erro por muito tempo adotado como verdade. Os viajantes que

71

iam para o levante a partir do renascimento das letras, pouco capazes de apreciar exatamente as noções que os monumentos do Egito forneciam sobre essa questão importante, contribuíram para propagar essa ideia falsa, e os geógrafos não deixaram de reproduzi-la, mesmo na nossa época. Uma autoridade importante também se declarara a favor dessa opinião e, por assim dizer, tornara popular esse erro. Esse foi o efeito do que o célebre Volney publicou sobre as diversas raças de homens que havia observado no Egito. Ele disse em seu *Voyage*, que está em todas as bibliotecas, que os coptas são os descendentes dos antigos egípcios; que os coptas têm o rosto rechonchudo, os olhos inflados, o nariz chato e o lábio grosso, como os mulatos; que se parecem com a Esfinge das pirâmides, que é uma cabeça de negro muito característica, e daí concluiu que os antigos egípcios eram negros verdadeiros, da espécie de todos os nativos da África. Para sustentar sua opinião, Volney invoca a de Heródoto que, a propósito dos habitantes da Cólquida, lembra que os egípcios tinham a pele preta e os cabelos crespos. Mas essas duas qualidades físicas não bastam para caracterizar a raça negra, e a conclusão de Volney relativa à origem da antiga população egípcia é, evidentemente, forçada e inadmissível (Champollion-Figeac, 1839, p. 26-27).

Depois de lamentar, de certo modo, que o livro de Volney esteja em todas as bibliotecas, Champollion-Figeac encontra como argumento decisivo para refutar a tese desse estudioso – e de todos os seus predecessores – o de que a pele preta e os cabelos crespos são duas qualidades físicas que "não bastam para caracterizar a raça negra".

Nunca é demais insistir no fato de que foi à custa dessas manipulações das definições básicas que se conseguiu embranquecer a raça egípcia.

Eis, então, que já não basta ser preto da cabeça aos pés e ter os cabelos crespos para ser negro! Seria de acreditar que estamos num mundo em que as leis físicas foram derrubadas e, pelo menos, estamos muito longe do espírito analítico cartesiano.

No entanto, são essas definições e manipulações dos dados iniciais que se tornarão as pedras angulares sobre as quais se edificará a "ciência egiptológica".

O advento da egiptologia, por intermédio da erudição científica, é marcado, portanto, por deturpações grosseiras e conscientes que acabamos de tocar. Essa é a razão pela qual os egiptólogos evitarão, cada vez mais ciosamente, dissertar sobre a origem da raça egípcia. Também para tratar da questão da raça egípcia fomos obrigados a desenterrar velhos textos de autores famosos em seu tempo, mas que se tornaram quase anônimos.

As alterações de Champollion mostram como é difícil provar o contrário da realidade mantendo-se inteligível. Quando esperávamos uma refutação lógica, objetiva, encontramos a palavra a partir de então típica, "inadmissível", que não é sinônimo de demonstração.

Champollion-Figeac prossegue:

> De fato, hoje em dia é fato reconhecido que os habitantes da África pertencem a três raças, em todos os tempos muito distintas uma da outra: 1ª) os negros propriamente ditos no Centro e no Ocidente; 2ª) os cafres, na costa oriental, os quais têm um ângulo facial menos obtuso do que o dos negros e o nariz alto, mas os lábios grossos e os cabelos crespos; 3ª) os mouros, semelhantes pela estatura, pela fisionomia e pelos cabelos às nações mais bem-constituídas da Europa e da Ásia Ocidental, só diferindo delas pela cor da pele, que é bronzeada por causa do clima. É a esta última raça que pertencia a antiga população do Egito; ou seja, à raça branca. Para convencer-se disso basta examinar as figuras humanas que representam os egípcios nos monumentos e sobretudo o grande número de múmias que foram abertas. Com exceção da cor da pele, escurecida pelo calor do clima, são os mesmos homens que os da Europa e da Ásia Ocidental; os cabelos crespos e lanuginosos são as verdadeiras características da raça negra; ora, os egípcios tinham cabelos longos e da mesma natureza que os da raça branca do Ocidente (Champollion-Figeac, 1839, p. 27).

Retomemos, ponto por ponto, a série de afirmações de Champollion-Figeac. Os cafres, ao contrário do que ele pensa, não constituem uma raça: a palavra cafre vem de uma palavra árabe que significa pagão, por oposição aos muçulmanos. Quando os árabes entraram na África Oriental pelo Zanzibar, foi por esse termo que eles designaram as populações que encontraram na região e que praticavam uma religião diferente da deles. Quanto aos mouros, eles descendem diretamente dos invasores árabes pós-islâmicos, que do século VII ao século XV conquistaram, a partir do Iêmen, o Egito e a África do Norte, a Espanha, de onde refluíram para a África. Por conseguinte, os mouros são essencialmente árabes muçulmanos, cuja instalação na África é muito recente. Os numerosos manuscritos conservados nas principais famílias mouras da atual Mauritânia, nos quais estão registradas minuciosamente suas árvores genealógicas ininterruptas desde a saída do Iêmen, atestam essa origem. Os mouros são, portanto, um ramo do que se convencionou chamar de semitas. Ora, o que será dito sobre esses semitas (p. 129ss.) destrói qualquer possibilidade de lembrá-los da civilização egípcia; sem contar o fato de que os mouros, tal como os berberes, são refratários à arte escultórica, ao passo que a civilização egípcia dá grande importância a essa manifestação artística. No mesmo capítulo será sublinhado o caráter de mestiçagem dos semitas; é a ele que se deve atribuir a cor dos mouros, mais do que à ação do clima. Aliás, não há comparação possível entre a pele dos mouros, mesmo bronzeada pelo clima, e a pele preta, negra, dos egípcios, quer se trate de múmias ou de vivos.

Mas Champollion, para nos convencer de sua ideia, convida-nos a examinar as figuras humanas que representam egípcios nos monumentos. Toda a realidade da arte egípcia simplesmente contradiz Champollion-Figeac. Ele parece não levar em conta as observações típicas de Volney sobre a Esfinge, embora acabe de lembrá-las. Contrariando Champollion-Figeac, pode-se dizer, com base nas mesmas representações de que ele fala, que de modo geral, percorrendo-as desde Menés até o fim do Império Egípcio, desde as camadas baixas do povo até o faraó, passando pelos dignitários da corte e pelos altos funcionários, é impossível encontrar seriamente um indivíduo de raça branca ou de raça semítica; só é possível encontrar negros da mesma espécie que todos os nativos da África (cf. ilustr. 4-35). Reproduzimos, com esse fim, uma série de monumentos representando as diferentes camadas sociais da população egípcia, incluindo principalmente os faraós; intercalamos indivíduos de raça negra e de raça branca para que o parentesco ou a diferença étnica se evidenciem mais. Nota-se curiosamente, comparando essas séries de ilustrações, que a arte egípcia é, com frequência, mais negra do que a arte negra propriamente dita.

Aproximando essas imagens, confrontando umas com as outras, é de indagar, com espanto, como foi possível, a partir dessas representações, chegar à ideia de uma raça branca.

Enfim, Champollion-Figeac, depois de dizer que a pele preta e os cabelos crespos não bastam para caracterizar a raça negra, se contradiz 36 linhas adiante, escrevendo: "os cabelos crespos e lanuginosos são as verdadeiras características da raça negra"[18].

Ele chega a dizer, então, que os egípcios tinham cabelos longos e que, por conseguinte, eram de raça branca. Depreende-se desse texto que os egípcios seriam brancos de pele preta e cabelos longos. Embora não tenhamos conhecimento da existência de brancos assim, podemos tentar ver como o autor conseguiu chegar a essa conclusão. O que foi dito dos etíopes e dos coptas mostra que eles podiam ter cabelos menos crespos do que outros negros; há, entretanto, uma raça preta, completamente preta, que tem cabelos longos: a raça dravidiana, considerada uma raça de negros na Índia e que, na África, se quer embranquecer.

---

18. Figeac ignorava que todo cabelo crespo é lanuginoso. É a queratina, elemento constitutivo da lã, que torna os cabelos crespos. Portanto, o argumento é inválido.

Nos monumentos os egípcios se representaram com cabeleiras artificiais idênticas às que se usam por toda parte na África negra e da qual se falará ao analisar a Paleta de Narmer (p. 107s.).

O autor termina afirmando que os cabelos dos egípcios eram da mesma natureza dos cabelos dos brancos do Ocidente. Também não se pode dar atenção a essa observação, uma vez que os cabelos dos egípcios, no caso de serem menos crespos do que os dos outros negros, são de uma espessura e de um preto que afasta toda possibilidade de comparação com os cabelos finos e leves dos ocidentais. Enfim, é curioso que sejam mencionados apenas os egípcios "de cabelos longos", quando se sabe que Heródoto lhes atribuía cabelos crespos e que, já na 11ª dinastia, em Tebas viviam negros, brancos e amarelos, como hoje, em Paris, os estrangeiros.

> Quando o tebano deseja para sua múmia um caixão luxuoso, um tronco de árvore toma a forma humana e a tampa representa o rosto do morto. Uma cor amarela, branca ou preta esconde as feições. A escolha desse colorido mostra que em Tebas, sob a 11ª dinastia, vivam homens amarelos, brancos e pretos, aos quais era admitido viverem como concidadãos e que, ao morrerem, eram recebidos na necrópole egípcia (Fontanes, [s.d.], p. 169).

Cabe indagar, então, por que só as múmias de cabelos longos subsistiram. Por que razão não se mostram as múmias negras mencionadas por Fontanes nem se fala nelas? O que foi feito delas? Os testemunhos de Heródoto não permitem que se ponha em dúvida sua existência. Terão sido consideradas tipos estrangeiros sem interesse para a história do Egito e, por conseguinte, destruídas ou relegadas às reservas dos museus? Esta questão é de extrema gravidade.

Mas o texto de Champollion-Figeac continua:

> O Dr. Larrey fez pesquisas curiosas sobre essa questão no próprio Egito; desnudou um grande número de múmias, estudou seus crânios, fez um reconhecimento

de suas principais características, tentou encontrá-las nas diversas raças que viviam no Egito, e conseguiu; os abissínios pareceram-lhe reunir todas elas, com exceção principalmente da raça negra. O abissínio tem olhos grandes, olhar agradável, seu ângulo interno é inclinado; os pômulos são salientes; as bochechas formam um triângulo regular com os ângulos pronunciados do maxilar e da boca; os lábios são grossos, mas não revirados como os dos negros; os dentes são bonitos, pouco proeminentes; enfim, a tez é apenas acobreada: assim são os abissínios observados por M. Larrey, geralmente conhecidos pelo nome de berberes ou *barabras*, atuais habitantes da Núbia (Champollion-Figeac, 1839, p. 27).

Champollion acrescenta que o Sr. Cailliaud, que viu os berberes, descreve-os "como homens laboriosos, sóbrios, de temperamento seco [...] seus cabelos são meio crespos, curtos e presos por fivelas ou trançados, como os dos antigos egípcios, e habitualmente oleados".

Essa descrição, mais uma vez, não nos distancia das características étnicas da raça negra. Lábios grossos, dentes pouco proeminentes – mais claramente, prognatismo –, cabelos meio crespos, pele acobreada são as características essenciais da raça negra.

É curioso notar que Champollion-Figeac fala da tez "apenas acobreada" dos abissínios e que, no mesmo capítulo, duas páginas adiante, ele escreve a respeito das múltiplas nuanças de cor dos negros:

Longas guerras puseram o Egito em contato com o interior da África; assim, distinguem-se nos monumentos egípcios várias espécies de negros, diferentes entre si pelos traços principais que os viajantes modernos também indicaram como dessemelhanças, seja quanto à tez, dos negros pretos ou dos negros acobreados, seja quanto a outras formas não menos características (Champollion-Figeac, 1839, p. 29-30).

Essa nova contradição escrita pela mesma pena vem confirmar o que dissemos dos dois homens que vinham imediatamente após

77

o deus Hórus; ou seja, o egípcio e o negro. Esses dois homens pertencem à mesma raça; não há mais diferença de cor entre eles do que entre um bambara e um uolofe, ambos negros. A pretensa cor "vermelho-escura" do primeiro, a tez "apenas acobreada" do abissínio e a tez "acobreada" do negro são uma única e mesma tez.

Vale sublinhar que a descrição do autor detém-se em detalhes não significativos, tal como "o olhar agradável" etc.

É preciso destacar a confusão reinante com respeito ao termo berbere. Este é um epíteto aplicado impropriamente a populações do Vale do Nilo que nada têm em comum com o que se convencionou denominar berberes e tuaregues. Não há berberes no Egito; sabemos, em contrapartida, que a África do Norte era designada pelo nome Berbéria: os estados barbarescos. Essa região é o único *habitat* real dos berberes. A seguir o termo foi aplicado impropriamente a outras populações. A raiz dessa palavra, cujo uso remonta à Antiguidade, seria de origem negra, e não indo-europeia. De fato, ela corresponde à repetição, sob forma onomatopeica, da raiz Ber. Essa forma de intensificação do radical é geral nas línguas negras e particularmente na língua egípcia.

Por outro lado, a raiz Bar significa em uolofe "falar rapidamente", e Bar-bar poderia designar um povo que fala uma língua desconhecida; portanto, um povo estrangeiro.

Particularmente em uolofe o adjetivo gentílico se forma pela duplicação do radical. Por exemplo: Djoloff-Djoloff = habitante do Djoloff.

M'Berad-M'Berad é a forma do substantivo *barbar* em uolofe. Ao reproduzir o baixo-relevo de Biban-el-Moluk, segundo o desenho de Champollion o Jovem, Champollion-Figeac não respeitou as cores do original. Ele hachurou o corpo do negro para lembrar sua cor nos baixos-relevos, mas evitou fazer o mesmo no egípcio, deixando-o completamente em branco. Talvez seja uma maneira de embranquecer este último, mas não está de acordo com o documento.

Chérubini, companheiro de viagem de Champollion o Jovem, utiliza o mesmo documento de Biban-el-Moluk para caracterizar a raça egípcia. Antes, ele insiste na anterioridade da Etiópia em relação ao Egito e lembra a opinião unânime dos antigos, segundo a qual o Egito é apenas uma colônia etíope; ou seja, sudanesa meroítica. Na Antiguidade até se acreditava que a humanidade nascera no Sudão meroítico, e davam-se as seguintes razões:

> Lá a raça humana devia ser considerada espontânea e como tendo nascido nas regiões superiores da Etiópia, onde os dois princípios da vida, o calor e a umidade, encontram-se combinados no mais alto grau. Também é nessa região que os primeiros lampejos da história nos mostram a origem das sociedades e o foco primitivo da civilização. Já numa antiguidade que se antecipa aos cálculos comuns da crítica histórica aparece uma organização social completamente regrada, com sua religião, suas leis e suas instituições. Os etíopes vangloriavam-se de ter sido os primeiros a estabelecer o culto da divindade e a prática do sacrifício. Também lá teria sido acesa a chama das ciências e das artes. É àquele povo que deveria ser atribuída a invenção da escultura, o emprego dos caracteres de escrita e finalmente a origem de todos os desenvolvimentos que constituem uma civilização avançada. [...].

> Eles se vangloriavam de ter precedido os outros povos da terra, e a superioridade real ou relativa de sua civilização, enquanto a maioria das sociedades estava ainda na infância, parecia justificar suas pretensões. Nenhum testemunho, aliás, atribuía outra fonte ao início da família etíope; uma convergência de fatos muito importantes, ao contrário, muito cedo pareceu conferir-lhe origem local [...] (Chérubini, 1847, p. 2-3)[19].

---

19. Chérubini faz alusão a esta passagem de Diodoro da Sicília: "Os etíopes se dizem os primeiros de todos os homens e disso dão provas que lhes parecem evidentes. Concorda-se geralmente que, nascidos na região, e não chegados a ela de outro lugar, devem ser chamados de autóctones; e é provável que, estando situados diretamente na rota do sol, tenham saído da terra antes dos outros homens. Pois, se o calor do sol encontrando a umidade da terra dá a

A Etiópia foi considerada um território à parte; dessa fonte, de certo modo celeste, parecia emanar o princípio da vida, a origem dos seres [...].

Com exceção de algumas informações dadas pelo pai da história sobre os etíopes chamados macrobianos sabia-se confusamente que a Etiópia produzia homens que ultrapassavam o resto da espécie humana, por sua estatura elevada, pela beleza de suas formas e pelo seu tempo de vida. Todavia reconheciam-se duas grandes nações indígenas da África, os líbios e os etíopes. Sob esta última denominação compreendiam-se os povos mais meridionais e de raça preta; distinguiam-se assim

---

si mesmo uma espécie de vida, os lugares mais próximos do Equador devem ter produzido seres vivos antes que os outros. Os etíopes também dizem que foram eles que instituíram o culto dos deuses, as festas, as assembleias solenes, os sacrifícios; em suma, todas as práticas pelas quais honramos a divindade. É por isso que são considerados os mais religiosos dos homens e que acreditam que seus sacrifícios são os mais agradáveis aos deuses. Um dos poetas mais antigos e o mais estimado da Grécia dá-lhes este testemunho ao introduzir na *Ilíada* Júpiter e os outros deuses indo à Etiópia para assistir ao banquete e aos sacrifícios anuais que os etíopes preparavam para todos eles: Júpiter hoje seguido de todos os deuses / Dos etíopes recebe os sacrifícios (Homero. *Ilíada*, I, 422). Eles dizem que os deuses recompensaram sua piedade com vantagens consideráveis, como a de jamais terem estado sob dominação de nenhum grande príncipe estrangeiro. De fato, eles sempre mantiveram sua liberdade pela grande união que sempre reinou entre eles; e vários príncipes muito poderosos que quiseram subjugá-los fracassaram em sua empreitada. Quando Cambises veio atacá-los com numerosas tropas, seu exército todo pereceu e ele mesmo correu risco de vida. Semíramis, a rainha cuja habilidade e façanhas a tornaram tão famosa, mal entrara na Etiópia e já sentiu que sua intenção não seria realizada. Baco e Hércules, tendo atravessado a terra toda, abstiveram-se de combater apenas os etíopes, seja pelo temor que tinham de sua força, seja pela veneração que tinham por sua piedade. / Os etíopes dizem que os egípcios são uma de suas colônias que foi levada ao Egito por Osíris. Até pretendem que esse país, no início do mundo, era simplesmente um mar, mas que o Nilo, arrastando em suas cheias muito limo da Etiópia, finalmente o encheu e o transformou numa parte do continente [...]. Acrescentam que os egípcios mantêm deles, assim como de seus autores e de seus ancestrais, a maior parte de suas leis; foi com eles que aprenderam a honrar os reis como deuses e a sepultar seus mortos com tanta pompa; a escultura e a escrita nasceram entre os etíopes [...]. / Os etíopes alegam ainda outras provas de sua antiguidade maior do que a dos egípcios; mas é inútil lembrá-las aqui. 'Ontem, para visitar a sagrada Etiópia / à beira do oceano, Júpiter se dirigiu' (Homero. *Ilíada*, I, 4). – Considerando-se que Homero seja o autor da *Ilíada*" (cf. Diodoro de Sicília, 1758, livro 3, p. 337-341).

dos primeiros que, ocupando o norte da África, eram por conseguinte menos queimados de sol. Estas são as informações gerais que os antigos nos legaram [...] (Chérubini, 1847, p. 28-29).

Há fundamento para supor, sem muita temeridade, que em nenhum outro ponto da terra se encontraria uma civilização cujo avanço fosse revelado pelos próprios contemporâneos dessas experiências primitivas, de seu progresso e de sua maturidade, e então que ela parecesse ter-se adiantado em muito à maioria das civilizações nos caminhos sociais. Sabe-se, de fato, que os primeiros lampejos da história mal iluminavam o início dos impérios mais poderosos da Ásia quando uma organização madura, completamente regrada, já florescia havia muito tempo às margens do Nilo, onde as outras nações vinham sucessivamente buscar luzes, fruto de uma longa experiência, e recolher instituições e lições de sabedoria consagradas pela sanção do tempo.

De acordo com os monumentos originais, os escritos da antiguidade erudita e filosófica testemunham autenticamente essa anterioridade; talvez não haja na história das sociedades primitivas um fato cuja evidência se baseie numa unanimidade mais completa e decisiva (Chérubini, 1847, p. 73).

Mais uma vez, um moderno nos faz lembrar que os antigos, os mesmos que nos transmitiram a civilização atual, reconhecem unanimemente estudiosos e filósofos, desde Heródoto até Diodoro de Sicília – em outras palavras, desde a Grécia até Roma –, que eles hauriram essa civilização dos negros das margens do Nilo, quer se trate dos etíopes ou dos egípcios.

Depreende-se deste texto que os antigos nunca disputaram com os negros o papel de primeiros iniciadores da civilização. Entretanto, nem por isso Chérubini deixa de interpretar os fatos à sua maneira. Baseando-se nos baixos-relevos de Biban-el-Moluk, depois de Champollion o Jovem e de Champollion-Figeac, ele não traz nenhum elemento novo concernente à raça egípcia, a não ser uma falsa interpretação das cores.

Ele diz que, se Rot-en-ne-Rome (o homem por excelência) é representado na cor marrom-avermelhada (!), é para se distinguir dos demais homens; portanto por pura convenção:

> Nessa classificação dos homens dos tempos antigos que nos foi legada por eles mesmos, vemos a população africana do Vale do Nilo propriamente dito formar por si só uma das quatro divisões da espécie humana e ocupar o primeiro lugar junto à divindade, segundo uma ordem invariável, reproduzida em vários outros lugares, que não parece dever-se ao acaso [...].

> Para tornar mais evidente a distância que os separava do resto dos homens, atribuíram a si mesmos e à divindade encarnada sob forma humana uma cor de pele marrom-avermelhada talvez um pouco exagerada, mas que não deixava dúvida alguma quanto à originalidade de sua raça. Eles a caracterizavam, aliás, nos monumentos de sua civilização antiga, por traços particulares, mas que revelam uma origem certamente africana (Chérubini, 1847, p. 30).

A cor aqui designada por marrom-avermelhado, que Champollion chamava de "vermelho-escura" e que é simplesmente "cor de negro", não pode ser uma cor convencional, como pretendia Chérubini. De fato, seria a única cor convencional nesse baixo-relevo, ao passo que todas as outras são naturais: não há dúvida alguma quanto à realidade da cor dos trajes brancos do primeiro homem, à da pele "cor-de-carne puxando para o amarelo" ou da tez bronzeada do terceiro, quanto à realidade da "pele branca do mais delicado matiz", da barba loira e dos olhos do quarto. Entre tantas cores naturais não se compreende por que só uma seria convencional. Seria menos compreensível ainda o fato de ela ser uma cor negra mais do que qualquer outra, enquanto, segundo o próprio Chérubini,

> eles [os egípcios] forçaram seu sistema descritivo – ou melhor, o orgulho de sua extração – a ponto de estabelecer as mais nítidas diferenças entre eles e os indígenas da África, seus vizinhos, tal como as popu-

lações de raça negra com quem não tinham nenhuma intenção de ser confundidos e que classificaram numa divisão à parte (Chérubini, 1847, p. 30).

Os egípcios foram ainda mais longe e representaram seu deus com cor-de-negro; ou seja, à sua imagem, em preto-carvão. A ideia de uma convenção, portanto, deve ser pura e simplesmente rejeitada.

Assim, depois de Champollion-Figeac, é Chérubini quem en-xerga o mesmo documento de Biban-el-Moluk através de viseiras. Cabe lembrar aqui o que foi dito antes: os especialistas, fugindo da evidência de uma origem negra, caem em improbabilidades e contradições insolúveis.

Só essa cegueira pode explicar que Chérubini tenha considerado cabível o recurso a tal convenção pictórica que, segundo a própria ideia que ele tem dos egípcios, deveria ser inadmissível para eles.

O autor invoca os baixos-relevos do templo de Ibsambul (Núbia Inferior), em que estão representados os prisioneiros capturados por Sesóstris depois de uma expedição ao sul, para tentar demonstrar que os egípcios e os negros pertenciam a duas raças diferentes.

> Vemos o Rei Sesóstris voltando de uma expedição con-tra esses meridionais; vários cativos precedem seu carro. Mais longe, o monarca apresenta às divinda-des locais dois grupos de prisioneiros que pertencem, evidentemente, a um desses povos selvagens: oferenda consagrada aos poderosos protetores das civilizações que favoreceram o castigo de seus inimigos [...] esses homens, reunidos por uma mesma amarra e quase in-teiramente nus, com exceção de uma pele de pantera que lhes cinge os rins, distinguem-se pela pele, inteira-mente preta de alguns ou de matiz marrom-escuro de outros; o ângulo facial alongado, a parte superior da cabeça intensamente amolgada, a combinação entre traços dos mais grosseiros e uma constituição geral-mente franzina, aliás, caracteriza um tipo à parte, uma raça no último grau da espécie humana (cf. ilustr. 33). Os esgares hediondos e as contorções que contraem as fisionomias e os membros desses homens revelam

neles atitudes selvagens; a estranheza dessa raça, na qual o moral parece pouco desenvolvido, tenderia a situá-la num estado, por assim dizer, intermediário entre o homem e o animal. Esses fatos destacam-se ainda mais diante da atitude nobre e grave dos egípcios.

Esse contraste tão impressionante é suficiente para demonstrar que a antiga população das margens do Nilo distanciava-se da espécie tanto dos africanos meridionais quanto dos povos asiáticos. Ele destrói os sistemas que até agora tentavam estabelecer sua origem puramente negra (Chérubini, 1847, p. 32).

Para além dos qualificativos pejorativos de Chérubini, busquemos em que os prisioneiros descritos por ele diferem etnicamente do egípcio. Observe-se, antes de tudo, que em sua descrição não há termo científico suscetível de chamar a atenção. Em contrapartida, o caráter desmedido das injúrias que constituem a essência dessa descrição, por parte de um homem que pertence ao povo pelo qual o senso de medida é considerado uma virtude nacional, denota a irritação de alguém que não consegue demonstrar o que desejaria.

Ele chega a esquecer a ordem objetiva do quadro de Biban-el-Moluk sobre o qual discorreu longamente.

De fato, se a raça negra está no "último grau da espécie humana", uma vez que nesse baixo-relevo ela vem, apesar de tudo, antes da "besta loira" de Gobineau e numa ordem que se repete constantemente em todos os monumentos, onde se situaria, então, esta última?

A ilustr. 33 reproduz o desenho mencionado por Chérubini. Nesses rostos, em que se reconheceria a manifestação de baixeza moral? Em que esses traços são distintos dos traços dos egípcios? (Cf. tb. as ilustr. 34 e 35.)

O próprio Chérubini diz que a tez às vezes "tem matiz marrom-escuro", ou seja, a mesma cor de pele (marrom-avermelhado) que ele reconheceu nos egípcios dos monumentos. Portanto, o único traço étnico válido que ele se dignou a nos mostrar é comum às duas raças.

A cor de pele dos prisioneiros de Ibsambul mostra que a afirmação de que os egípcios só descobriram os negros na época da 18ª dinastia e os representaram com uma cor distinta da cor deles próprios tem a ver com a imaginação, e não com documentos.

Os corpos, longe de serem franzinos, acaso não são, ao contrário, essencialmente atléticos? As "contorções" e "contrações" da fisionomia dos personagens do primeiro plano e a resignação desdenhosa dos do segundo plano não implicam a ideia de uma elevada concepção da dignidade mais do que uma baixeza moral para quem tem a força de interpretá-las objetivamente?

Tentou-se insinuar também que, se Sesóstris e os faraós de maneira geral foram combater as populações negras no sul da Etiópia, é porque não eram da mesma raça negra. É como se disséssemos que, uma vez que César fez expedições pela Gália, os gauleses e os romanos não eram da mesma raça branca e que, se os romanos eram brancos, é porque os gauleses eram amarelos ou negros...

Os negros que viviam no interior da África eram, às vezes, muito belicosos e frequentemente se lançavam em incursões pelo território egípcio. Constituíam, assim, uma perpétua ameaça para o sul e eram objeto de expedições punitivas (Estela de Philae).

É no contexto dessas repressões que se situa a intervenção de Sesóstris, comemorada pelo baixo-relevo de Ibsambul. Aliás, essa expedição situa-se no último período do Império Egípcio (18ª dinastia).

Foi assim que os filhos de Cam foram levados a aplicar a expressão "maus filhos de Cuche" a seus irmãos mais distantes do sul[20].

Mas quem os egípcios execravam acima de tudo eram os pastores asiáticos de todos os tipos, desde os "semitas" até os indo-europeus; não tinham epítetos suficientemente injuriosos para designá-los.

Tratavam-nos de "asiáticos ignóbeis" (segundo Maneton). De *Hyk* (= rei, na língua sagrada) e *Sos* (= pastor, na língua popular) veio o nome hicsos, dado aos invasores.

---

20. *Nahas*: Patife em uolofe, e *nahas-vi*: os patifes.

Tratavam-nos também de "malditos", "pestíferos", "leprosos", "saqueadores", ladrões", daí *Sati* = arqueiros... (?) (cf. Fontanes, [s.d.], p. 219). Em uolofe, a palavra significa "ladrão".

Também chamavam os citas de "praga de Schéto" (cf. Chérubini, 1847, p. 34).

Os baixos-relevos que os egípcios nos deixaram e que comemoram as expedições faraônicas contra as pragas moventes da Ásia representam, em contrapartida, personagens cuja diferença étnica em relação aos egípcios é detectável à primeira vista, sem discussão possível. Para destacar melhor a característica semita, ariana, estrangeira desses inimigos do Egito, em oposição à identidade de traços dos egípcios com os prisioneiros de Ibsambul, reproduzimos na ilustr. 36 os cativos asiáticos e europeus gravados nos rochedos do Sinai e no templo de Medinet Habu.

Portanto, ao contrário do que pensa Chérubini, ele está longe de destruir "os sistemas que, até agora, tentavam estabelecer" a origem puramente negra dos egípcios.

Pela incoerência e pela fraqueza do que acreditou serem argumentos sólidos, ele confirmou, ao contrário, mais do que ninguém, essa origem negra.

Em seu livro *Les Egyptes*, publicado por volta de 1880, Marius Fontanes aborda o mesmo problema:

> Em seus monumentos, como os egípcios sempre se coloriram de vermelho, os partidários da "origem meridional" tiveram de destacar um número muito grande de particularidades interessantes, suscetíveis de preparar a solução do problema etnográfico. Na região do Alto Nilo, atualmente entre os fulbes, que têm a pele de uma cor amarela muito característica, os que seus contemporâneos consideram de raça pura são, antes, vermelhos; os bisharis, por sua vez, são exatamente da cor de tijolo que aparece nos monumentos egípcios. Esses "homens vermelhos" seriam, para outros etnógrafos, etíopes modificados pelo tempo e pelo clima, negros que chegaram à metade do período

necessário para que a pele de um negro se torne branca? Constatou-se que nas "regiões calcárias" o negro é menos escuro do que nas "regiões graníticas e plutônicas". Houve até quem acreditasse notar que o tom da pele se modificava conforme a estação. Os núbios, nesse caso, seriam simplesmente antigos negros, mas apenas quanto à pele, sua osteologia tendo permanecido absolutamente nigrítica.

Os negros representados nas pinturas faraônicas, tão nitidamente determinados pelos gravadores e que os hieróglifos denominam *nahasou* ou *nahasiou*, não têm afinidade com os etíopes que desceram primeiro ao Egito. Estes últimos, portanto, seriam negros atenuados, núbios? O cânone conhecido como de Lepsius, que dá, em escala, as proporções do corpo do egípcio perfeito, tem os braços curtos, é negroide ou nigriciano. Do ponto de vista antropológico, o egípcio vem depois dos polinésios, dos samoiedas, dos europeus, e é imediatamente seguido pelos negros da África e pelos tasmanianos. Há uma tendência científica, aliás, de encontrar na África, no fundo, obviamente deixando de lado influências estrangeiras, do Mar Mediterrâneo ao Cabo, do Oceano Atlântico ao Oceano Índico, apenas negros ou nigricianos diversamente coloridos? Os antigos egípcios seriam negros, mas negros do último grau (Fontanes, [s.d.], p. 44-45).

O ponto de vista de Fontanes, que poderia dispensar comentários, confirma, mais uma vez, a impossibilidade de deixar de lado a realidade de um Egito negro, por menos que se aceite ater-se aos fatos; é assim que Lepsius, limitando-se a mensurações objetivas, chega à conclusão formal e capital de que o egípcio perfeito é um nigriciano. Ou seja, sua osteologia é nigrítica, e por essa razão as obras dos antropólogos não se prolongam sobre a osteologia egípcia.

Em seguida, Fontanes passa em revista a tese segundo a qual o Egito teria sido civilizado pelos berberes ou líbios vindos da Europa pelo oeste:

Se está demonstrado que a civilização se fez do norte para o sul, do Mediterrâneo para a Etiópia, sucessivamente, disso não resulta que essa civilização seja asiática; ela ainda pode ser africana, mas vinda do oeste, e não do sul. Nesse caso os berberes, ou bérberes, da África Setentrional é que teriam "civilizado" o Egito.

Entre os berberes atuais, um bom número tem uma osteologia essencialmente egípcia. O antigo berbere teria sido preto, e é à influência da raça europeia, à imigração dos "homens do norte" que deveria ser atribuída esta descrição dos tamahu, dos líbios da 19ª dinastia, "de face pálida, branca ou ruça, de olhos azuis". Esses brancos, contratados pelos faraós como mercenários, miscigenaram intensamente o egípcio, e também o líbio; é preciso então abstraí-los e voltar ao líbio preto, ao verdadeiro berbere, para encontrar o povo que teria civilizado o Egito primitivamente. É uma tarefa de peso, pois os berberes africanos desaparecem cada vez mais na Argélia; no Egito, o tipo berbere só se encontra muito miscigenado. Segundo essa teoria, o berbere africano do oeste, o líbio preto, teria povoado a Vale do Novo Nilo; mas quase imediatamente, ou pouco depois, uma invasão de europeus que miscigenou o líbio do norte da África, o líbio miscigenado, "de pele branca e olhos azuis", teria vindo modificar o egípcio primitivo. Esse egípcio, pelo sangue vindo da Europa, viria da raça indo-europeia, teria nele algo do ária? (Fontanes, [s.d.], p. 47-48).

Essa tese é a obra-prima das explicações provenientes da pura imaginação; ou seja, baseia-se apenas na afetividade. Só a citei por sua engenhosidade e seu objetivo de conseguir, a todo custo, demonstrar que os egípcios tinham, de um modo ou de outro, algo do ária...

Ária, termo ao qual era preciso chegar. Citei-a também porque, ao contrário das teses precedentes, ela é explícita. É fruto das especulações gratuitas de especialistas intimamente convictos de que tudo o que existe de válido só pode provir de sua raça e que, investigando bem, deve-se inevitavelmente conseguir prová-lo.

Uma explicação só é completa quando atinge esse objetivo. Então, pouco importa que a demonstração não seja apoiada pelos fatos, ela basta a si mesma, seu critério válido confunde-se com seu objetivo.

A confusão das ideias sobre a noção de berberes já foi apontada; portanto, não é necessário voltar a ela. O líbio preto, verdadeiro berbere, protótipo de uma raça branca, é tão real quanto as sereias. Por outro lado, se nos ativermos estritamente aos documentos arqueológicos, a África do Norte nunca foi ponto de partida de uma civilização. Ela só começou a contar na história com a colônia fenícia de Cartago; ou seja, quando a civilização egípcia já tinha vários milênios. Se a população egípcia tivesse vindo da Europa Meridional, conforme supõe Maspéro (1917, p. 19), se tivesse "se introduzido no vale pelo oeste ou pelo sudoeste" para levar a ele os elementos da civilização[21], não se entende por que não teria deixado vestígios em seu berço primitivo e em seu caminho. É difícil compreender que essa raça branca, propagadora da civilização, tenha deixado um berço tão propício a seu desenvolvimento, como a Europa, sem a ter criado lá, que tenha atravessado as planícies ricas do Tell e toda a enorme extensão que separa a África do Norte do Egito – quando este ainda não era desértico –, que tenha atravessado a região então pantanosa e insalubre do Baixo Egito, atravessado o Deserto da Núbia, subido até os altiplanos da Etiópia, transposto assim milhares e milhares de quilômetros, para ir criar a civilização, sabe-se lá por que espírito fantasista, numa região tão excêntrica, a fim de que essa civilização, em seguida, voltasse gradualmente a descer o Nilo.

Até mesmo supondo que tivesse sido assim, como admitir que a fração dessa raça, permanecendo no lugar, num meio favorável à eclosão da civilização, tenha se mantido primitiva até os séculos que precedem a era cristã?

---

21. Maspéro observa que essa também é a hipótese de naturalistas e de antropólogos como Hartmann, Morton, Hamy e Serguy.

Em oposição às hipóteses segundo as quais a África do Norte teria sido habitada, na Antiguidade, por uma raça branca, podem--se invocar os documentos arqueológicos e históricos que provam unanimemente que a região sempre foi habitada por negros. Furon nos diz que, no fim do Paleolítico, na Província de Constantina, encontraram-se cinco jazigos de homens fósseis em que "se constatam alguns negroides que têm afinidade com os núbios do Alto Egito" (Furon, 1943, p. 178).

Na época histórica os documentos latinos atestam ainda a existência dos negros em todo o norte da África:

> Os historiadores latinos nos deram indicações sobre as populações, mas com muita frequência são nomes que não nos dizem muito.

> Pode-se deduzir que havia pelo menos uma população importante de negros, os etíopes de Heródoto, cujos sobreviventes seriam os haratines do Alto Atlas marroquino (Furon, 1943, p. 371).

Esta última citação prova que até hoje há negros nessa região. A única civilização pré-histórica que se teria irradiado a partir dali, até o Egito, seria devida a negros:

> Na época, na África e no Oriente, que ignoram solutreano e magdaleniano, os aurignacianos negroides prolongam-se diretamente numa civilização chamada capsiana, cujo centro parece ser a Tunísia. De lá, ela teria alcançado, de um lado, a África do Norte, a Espanha, a Sicília e o sul da Itália, disputando assim a Bacia do Mediterrâneo com os caucasianos e mongoloides; de outro lado, a Líbia, o Egito e a Palestina. Por fim, teria submetido parcialmente à sua influência o Saara, o Sudão, a África Central e até a África do Sul.

> Essa civilização capsiana chega a um florescimento artístico comparável, quanto a seus desenhos rupestres, ao alcançado na Europa pela civilização magdaleniana.

> Mas a arte capsiana tende à abstração, à estilização esquemática das figuras que será, talvez, a origem da escrita.

É verdade que não há uma concordância absoluta com respeito à data desses desenhos encontrados em vários pontos do Saara e até no Hoggar. Alguns veem neles a expressão de uma civilização capsiana, ao passo que outros o atribuem a um período mais tardio, o neolítico (Furon, 1943, p. 14-15).

O surgimento do carneiro com um disco ou uma esfera entre os chifres ligaria essa civilização saariana aos cultos egípcios pré-dinásticos. É Amon, o deus-carneiro, que vemos nascer, assim, naquele Saara então povoado por pastores levando carneiros e bois para pastar, onde hoje se estende-se apenas um deserto (Furon, 1943, p. 15).

A análise dos documentos atesta, portanto, já na pré-história, a presença de uma civilização negra no próprio lugar de onde se pretende que tenha partido a origem da civilização egípcia.

Anteriormente ao capsiano e ao magdaleniano, os fatos constatados revelariam, antes, uma invasão da Eurásia pelos negros, que teriam então conquistado o mundo.

Assim, fazendo alusão ao início do pleistoceno, Dumoulin de Laplante escreve:

> Foi então que uma migração de negroides do tipo hotentotes, partindo da África Austral e Central, teria invadido a África do Norte, Argélia, Tunísia, Egito e levado à força, para a Europa Mediterrânea, uma nova civilização: a aurignaciana. Esses bosquímanos são os primeiros a gravar desenhos grosseiros nos rochedos e a talhar estatuetas de calcário representando mulheres grávidas adiposas, monstruosas. A bacia interior do Mediterrâneo deveria a esses africanos o culto da fecundidade e da deusa-mãe? [...]
>
> Essa hipótese de uma invasão das duas margens do Mediterrâneo por negros africanos esbarra, no entanto, em algumas objeções. Por que, fugindo do sol, aqueles homens teriam buscado o frio? O fato de se encontrarem utensílios aurignacianos na França, na

Itália, na Espanha não deixa de ser plausível, uma vez que se admita a suposição de uma emigração vinda da África. Mas, encontrar esses utensílios na Boêmia, na Alemanha, na Polônia, já torna a hipótese mais frágil. Enfim, existem em Java utensílios aurignacianos. São encontrados também na Sibéria, na China! Ou os negros conquistaram o mundo, ou seria de supor "trocas culturais" entre os diversos povos do planeta (Dumoulin de Laplante, 1947, p. 13).

Diante dos mesmos testemunhos arqueológicos, Furon adota a ideia de um culto da fecundidade para não chegar às mesmas conclusões:

> Como todas as estatuetas têm um "ar de família" é preciso admitir a ideia do culto da fecundidade, pois seria inacreditável que a França, a Itália e a Sibéria tivessem sido povoadas por gente da mesma raça, negroides, cujas mulheres fossem todas esteatopígias (Furon, 1943, p. 151).

Admitir o culto da fecundidade é, na realidade, persistir na hipótese da invasão negra, atestada, além do mais, pelos crânios aurignacianos, os esqueletos de Grimaldi.

O papel civilizador da África, já mesmo na pré-história, é atestado, cada vez mais, pelo testemunho dos maiores estudiosos.

> Por outro lado, cada vez parece mais provável que, mesmo na época de antiguidade centenas de vezes milenar da pedra talhada, a África, além de conhecer estádios de civilização antiga comparáveis aos da Europa e da Ásia Menor, talvez seja a fonte de várias dessas civilizações cujos grupos alcançaram, rumo ao norte, esses países clássicos (Breuil, 1951).

E a opinião do grande estudioso vai mais longe. Parece cada vez mais evidente que foi mesmo na África que a humanidade nasceu. De fato, foi na África do Sul que se encontrou o que é, até hoje, o mais importante acervo de ossadas humanas. Embora não seja o local onde se fizeram mais escavações, é o único ponto do mundo em que as ossadas encontradas permitem reconstituir a árvore genealógica da humanidade desde a origem até nossos dias, sem interrupção.

> Embora a questão não seja do domínio da arqueologia, falarei antes do problema da origem do tipo humano, questão que avançou muito neste país, graças às descobertas do Dr. Dart, em Taungs e Makapan, e às do Dr. Broom, em Sterkfontein, Kromdraai e Swartkrans. Lá, antes do homem, houve antropoides bípedes de muitas e variadas formas, mas que acumulavam caracteres hominíneos, de tal modo que é possível começar a acreditar que tenha sido o lugar em que o tipo humano se elaborou. Cada vez mais a atenção de todos os especialistas é atraída por essas descobertas magníficas que se multiplicam quase de mês em mês (Breuil, 1951).

Existe quase uma concordância sobre o fato de que até a 4ª glaciação só havia platirrinos negroides. Um estudioso da África do Sul declarou muito recentemente que os primeiros homens eram pretos, intensamente pigmentados, de acordo com as provas que ele tinha em mãos. Apenas ao longo dessa 4ª glaciação, que durou 100 mil anos, se faria a diferenciação dessa raça negroide em raças distintas, na sequência de uma longa adaptação da fração que estava isolada e aprisionada no gelo: retração das narinas, despigmentação da pele, das pupilas...

Um único fato, portanto, fica atestado pelos documentos, na tese "líbia" (ária, *apud* Fontanes): é a utilização pelos faraós negros desses brancos, loiros de olhos azuis, tatuados, como mercenários. Essas tribos, denominadas líbias, formavam hordas selvagens na região ocidental do Delta, onde sua presença só foi reconhecida historicamente na 18ª dinastia.

Os egípcios sempre consideraram os líbios verdadeiros selvagens, rebeldes à civilização, e faziam questão de não serem confundidos com eles. Concediam, no máximo, considerá-los mercenários. Nunca deixaram de mantê-los fora de suas fronteiras por meio de expedições constantes, e só por volta do baixo período o Egito gradualmente absorverá líbios, meio-civilizados, que se instalarão na região do Delta.

A descrição de Heródoto mostra-nos que, até o fim da história egípcia, os líbios permaneceram no último degrau da civilização e que o termo civilizado – seja qual for o sentido amplo que se confira a ele – não lhes pode ser aplicado. A respeito da tribo líbia dos adirmáquidas, o pai da história escreve: "Suas mulheres levam, em cada perna, uma argola de cobre, deixam crescer os cabelos; se são mordidas por um piolho, elas o pegam, mordem-no por sua vez e em seguida o jogam fora" (Heródoto, livro IV, 168).

Portanto, são de pasmar as tentativas de imputar aos líbios a civilização egípcia.

Em consequência dessa hipótese tentou-se aproximar a língua berbere da egípcia, postulando que o bebere é descendente do líbio. Mas o berbere é uma língua curiosa, suscetível de ser aproximada de todos os tipos de língua.

> Por outro lado, foram identificadas na língua berbere afinidades com a língua dos gaels, dos celtas e dos cimbros. Mas os beberes empregam palavras tanto egípcias quanto africanas e, conforme o ponto de vista adotado, sua raiz torna-se indo-europeia, asiática ou africana. As línguas líbicas são na verdade africanas e por elas os lígures e os sículos, que chegaram à Europa vindos da África Setentrional, teriam importado uma língua africana da qual o basco seria um dos representantes (Fontanes, [s.d.], p. 60-61).

O mesmo ocorre quanto à gramática berbere. Os especialistas da língua berbere evitam afirmar seriamente o parentesco do berbere com o egípcio.

É o caso do Prof. Basset, que exige mais fatos probatórios para que a hipótese camito-semítica (parentesco berbere-egípcio, particularmente) seja admissível. Sabe-se que ambos expressam o feminino acrescentando o sufixo *t* ao nome. Mas sabe-se que também é assim no árabe. Pelo que se conhece do povo árabe e dos berberes, é possível indagar, como Amélineau (1916), por que não se trataria de uma influência em sentido inverso, o que estaria de acordo com a própria relação histórica desses povos.

Não é só isso. Analisando bem, vê-se que também em alemão os nomes femininos são essencialmente terminados em *t* e *st*. Caberia concluir daí que os berberes sofreram influência do alemão, ou vice-versa? Essa hipótese, *a priori*, nada teria de particularmente improvável, pois sabe-se que tribos germânicas se deslocaram no século V (429) para a África do Norte, pela Espanha, e lá estabeleceram um império que administraram durante 400 anos (Genseric, *apud* Hardy, p. 28-29).

A partir dessa conquista, os vândalos, que permaneceram no local, juntaram-se à população; uma parte deles, conduzida por Genseric, tentara conquistar Roma passando pela Sicília, mas, ao fracassar, voltara à África do Norte.

Por outro lado, o plural de 50% dos substantivos berberes se forma pelo acréscimo do sufixo *en*, tal como os substantivos femininos em alemão, ao passo que 40% formam o plural em *a*, como os substantivos neutros em latim[22].

Como se sabe que os vândalos conquistaram a região aos romanos, por que não buscar as explicações para a questão berbere desse lado, no que diz respeito tanto à língua quanto ao aspecto físico dessas populações: cabelos loiros, olhos azuis etc.?

Porém, os historiadores decretam, apesar de todos esses fatos, que não houve influência dos vândalos e que não se pode partir de sua ocupação para justificar seja o que for na Berbéria.

Por mais bárbaros que fossem, por mais imperfeita que possa ter sido sua administração, seu número e sua posição de conquistadores impedem que se suponha que tenham abandonado espontaneamente sua língua para adotar a do lugar; nenhum texto latino comprova

---

22. Essas duas formas de plural, em *n* e em *a*, também existiam no alto-germânico antigo (século X).

esse fato. Em geral, as relações sociais são muito mais complexas, e essa complexidade se reflete no domínio linguístico. Assim, mesmo quando uma língua desaparece, ela reage sobre a língua vitoriosa, transformando-a, de modo que esta última já não seja de modo algum o que era antes[23].

É difícil compreender, portanto, que o berbere atual esteja isento de qualquer influência dos vândalos. Mais difícil ainda é conceber que o berbere atual não seja descendente dos vândalos, sobretudo por ele ter olhos azuis e cabelos loiros.

O tratado de Ibn Kaldun sobre os berberes não passa de uma série de citações taxativas[24]. O fato de não haver berberes no Egi-

---

23. Genseric conquistara toda a África do Norte, inclusive a Argélia e a Tripolitânia; sua frota era senhora de todo o Mediterrâneo Ocidental e mantinha sob ameaça as costas da Grécia, da Sicília e da Itália. Em 468 ele destruiu no Cabo Bon as frotas coligadas do imperador do Oriente e do Ocidente e completou a anexação a seu império, já vasto, das ilhas do Mediterrâneo Ocidental: Sardenha, Córsega, Baleares, Pitiusas. O imperador de Constantinopla, Zenon, houve por bem fazer as pazes com ele e reconheceu todas as suas conquistas. Genseric tomou todas as disposições para facilitar a consolidação, a organização e a administração do império para seu sucessor (cf. Halphen, 1930, p. 37-38). É difícil conceber, portanto, que os vândalos não tenham deixado vestígios na África do Norte.

24. O *Tarikh es Soudan* nos fornece informações interessantes sobre a origem dos tuaregues: "Os tuaregues são os messufas que relacionam sua genealogia aos senhadja, que por sua vez remetem sua origem a Himyar – tal como está dito na obra intitulada *El Holel el Mououachiya Fi dikr el Akhbâr el Merrâkochiya* [...]. São nômades que se afundam no Saara (ou nos desertos); nunca podem permanecer no lugar e não têm nenhuma cidade onde se refugiar. Seus percursos pelo Saara estendem-se até a dois meses de caminhada entre a região dos pretos e a do islã. / Os senhadja remetem suas origens a Himyar. Só têm vínculo de parentesco com os berberes por parte de suas mulheres. Vieram do Iêmen e chegaram ao Saara, sua pátria atual, ao Magrebe. Caminhando de uma região para outra, de um lugar para outro, durante uma série de dias e de épocas, chegam ao extremo do Magrebe, o território dos berberes. Lá se instalam como numa nova pátria [...]. Sua língua adquiriu analogias com o berbere, em consequência do contato que tiveram com os berberes entre os quais viveram e com os quais se aliaram por meio de casamentos. / Foi o Emir Abu Békr ben Omar ben Ibrahim ben Touariqit, o Lamtuni, fundador da cidade vermelha de Marrakech, que expulsou essas populações do Magrebe para o Saara na época em que os djedala saquearam os lemtuna, e ele designou como seu lugar-tenente no Magrebe seu primo Youssef Ben Tachfine" (Ibn Kaldun, 1900).

to, exceto em imaginação, de havê-los apenas na Tunísia e de seu número ir crescendo de leste para oeste para alcançar o máximo no Marrocos, parece confirmar a hipótese de uma origem vândala.

Todos esses fatos não detêm a atenção dos historiadores porque é preciso que os berberes tenham uma antiguidade suficiente para justificar a civilização egípcia. Ora, as vinte frases berberes que se identificam nos textos árabes remontam apenas ao século XII, ao passo que a escrita tifinagh e os caracteres ditos líbicos, que ainda não foram decifrados, parecem dever-se a uma influência da colônia fenícia negroide de Cartago, cujo veículo seria o elemento autóctone, anterior à chegada dos vândalos.

Então, a estratificação da população na África do Norte, desde a pré-história até os nossos dias, seria a seguinte:

- negros e cromagnons (extintas há 10 mil anos);
- negros no capsiano;
- negros na época fenícia;
- indo-europeus a partir de 1500 a.C. e que se teriam miscigenado com os negros;
- negros no tempo dos romanos, com ampla fração de mestiços;
- vândalos;
- árabes.

O que há de mais natural, então, do que o acervo do vocabulário berbere pertencer alternadamente ao indo-europeu, ao semita ou ao africano, conforme o ponto de vista adotado?

Seguindo a gênese da egiptologia, chega-se a Maspéro, que, no primeiro capítulo de seu *Histoire ancienne des peuples de l'Orient*, refere-se às origens dos egípcios nos seguintes termos:

> Os egípcios parecem ter perdido cedo a lembrança de suas origens. Vinham do centro da África ou do interior da Ásia? Segundo o testemunho quase unânime dos historiadores antigos, eles pertenciam a uma raça africana que, inicialmente estabelecida na Etiópia

no Médio Nilo, teria descido gradualmente na direção do mar, seguindo o curso do rio. Para demonstrá-lo, baseavam-se nas analogias evidentes que os costumes e a religião do reino de Meroé apresentavam com os costumes e a religião dos egípcios propriamente ditos. Sabe-se hoje, sem nenhuma dúvida, que a Etiópia, pelo menos a que os gregos conheceram, longe de ter colonizado o Egito no início da história, foi colonizada por ele a partir da 12ª dinastia e que esteve por séculos incluída no reino dos faraós (Maspéro, 1917, p. 15).

Antes de continuar expondo a tese de Maspéro vamos identificar já nas poucas frases do início o que parece ter se alterado. Parece inaceitável que os egípcios tenham esquecido sua origem. Maspéro, pelo visto, confunde duas noções de origem que são muito diferentes: o berço primitivo de onde teria partido um povo e a origem étnica relativa à cor da raça.

Esta última – aliás, assim como a primeira – os egípcios nunca esqueceram[25]. Ela se expressa em toda a sua arte, em todas as suas manifestações culturais, em suas tradições e em sua linguagem, a ponto de seu país ser designado, por analogia à sua própria cor – e não por analogia à cor da terra – pelo nome *Kemit*, que se confunde com *Cam*, ancestral dos negros, de acordo com a Bíblia.

Dizer que *Kemit* designa a cor da terra do Egito, e não o país por analogia à cor de pele da raça, acarretaria fazer um raciocínio análogo com respeito às expressões *África negra* e *África branca*.

Maspéro lembra o testemunho unânime dos historiadores antigos referente à raça egípcia, mas fazendo desaparecer propositalmente a precisão. O que já sabemos desse testemunho dos antigos prova que eles não usaram o termo vago *raça africana*, mas que, sempre que trataram do povo egípcio, definiram bem, desde Heródoto até Diodoro, citados pelo próprio Maspéro, que se tratava de uma raça negra.

---

25. Segundo Amélineau, os egípcios designavam o centro da África pelo nome *Amami* = país dos ancestrais (*Mamyi* = ancestrais, em uolofe).

Seguimos aqui a evolução dessa alteração gradual dos fatos expressos nos manuais, que formarão a opinião escolar e universitária; isso é ainda mais grave porque a importância dos conhecimentos a serem adquiridos no mundo moderno não deixa tempo às jovens gerações – sem contar os profissionais – para remontarem às fontes e entenderem a distância entre a verdade e o que lhes ensinaram. Ao contrário, uma certa tendência à preguiça leva a que se contentem com esses manuais e neles busquem as opiniões estereotipadas de uma "autoridade infalível", como num catecismo.

Se o raciocínio empregado por Maspéro fosse aplicado para refutar as ideias de Diodoro com respeito à anterioridade da Etiópia, chegar-se-ia à conclusão de que, como Napoleão conquistou e anexou a Itália no século XIX, Roma jamais civilizou a Gália, o que seria um erro histórico evidente. "Por outro lado, a Bíblia afirma que Mesraim, filho de Cam, irmão de Cuche o Etíope, e de Canaã, veio da Mesopotâmia para se estabelecer às margens do Nilo com seus filhos" (Maspéro, 1917, p. 16).

Maspéro deixa de acrescentar que Cam, Mesraim, Canaã e Cuche são negros, de acordo com essa mesma Bíblia que ele cita; isso equivale a dizer, mais uma vez, que o Egito (Cam, Mesraim), a Etiópia (Cuche), a Palestina e a Fenícia de antes dos judeus e dos sírios (Canaã), a Arábia feliz de antes dos árabes (Put, Hévila, Saba) eram regiões ocupadas por negros que nelas criaram civilizações milenares e que se mantiveram em relações de parentesco.

O autor continua:

> Ludim, o mais velho deles, personifica os egípcios propriamente ditos, os rotu ou romitu das inscrições hieroglíficas. Anamim representa bastante bem a tribo dos anus, que fundou Onou do Norte (Heliópolis) e Onou do Sul (Hermontis) nos tempos ante-históricos. Lehabim é o povo dos líbios que vivem no ocidente do Nilo, Naftuhim (No-Ftah) se estabelece no Delta, ao sul de Mênfis; enfim, Patrusim (Patorosi, terra do sul) habitou o atual Said, entre Mênfis e a primeira catarata. Essa tradição que leva os egípcios da Ásia, pelo Istmo de Suez,

não era ignorada pelos autores clássicos, pois Plínio o Velho atribui a árabes a fundação de Heliópolis; mas ela jamais teve a popularidade da opinião que os derivava dos altiplanos da Etiópia (Maspéro, 1917, p. 16).

Essa identificação que Maspéro extrai da obra de Rouget [s.d.] é mais ou menos gratuita. Torna-se uma contradição quando se conseguem identificar líbios que se diz terem olhos azuis e cabelos loiros com Lehabim, filho de Mesraim, ambos negros.

A outra contradição é que Maspéro parece, em certos momentos, dar importância à tese de uma origem asiática dos egípcios e lembra, a esse respeito, a opinião de Plínio o Velho, que atribui a fundação de Heliópolis a árabes; e, no mesmo texto, ele atribui a fundação dessa cidade aos anus, que identifica com Anamim, filho de Mesraim, que é negro. Mas o que diremos dos árabes no próximo capítulo exclui qualquer possibilidade de situá-los na origem da fundação de Heliópolis, sobretudo se esta ocorreu nos tempos "ante-históricos", como afirma o autor no mesmo texto.

Compreende-se assim que a opinião de Plínio não tivesse desfrutado, entre os antigos, da popularidade que Maspéro desejaria.

E este último prossegue:

> Atualmente, a proveniência e as afinidades etnográficas da população forneceram matéria para longas discussões. Em primeiro lugar, os viajantes dos séculos XVII e XVIII, enganados pela aparência de alguns coptas abastardados, afirmaram que seus predecessores da era faraônica tinham o rosto cheio, olho saliente, nariz achatado, lábio carnudo. E que tinham vários traços característicos da raça negra. Esse erro, comum no começo do século, desapareceu irreversivelmente quando a Comission Française publicou sua grande obra (Maspéro, 1917, p. 16-17).

Se alguém lesse esta afirmação de Maspéro sem antes ter tomado conhecimento do testemunho de Volney e de sua apresentação explicativa, relativa aos efeitos climáticos que poderiam modelar os rostos das raças, sem ter entendido assim a grande preocupação de explicação científica, objetiva, a sutileza de espírito da observação desse estudioso poderia tender a acreditar, fiando-se nas alegações de Maspéro, que esses viajantes de séculos passados pudessem deixar-se levar pelas aparências e enganar-se facilmente.

Levando em conta tudo o que foi exposto sobre a infiltração gradual de elementos brancos no Egito – sobretudo no baixo período –, no Delta, se abastardamento houvesse, só poderia ser no sentido de um branqueamento, e não de um enegrecimento que tornasse antigos brancos irreconhecíveis para observadores desavisados.

Vejamos como desapareceu irreversivelmente, de acordo com Maspéro, esse "erro comum", pelo que nos informa a "grande obra" publicada pela Comission Française.

> Examinando as inúmeras reproduções de estátuas e de baixos-relevos que há em abundância, reconheceu-se que o povo representado nos monumentos, longe de oferecer as particularidades ou o aspecto geral do negro, tinha a maior analogia com as belas raças brancas da Europa e da Ásia Ocidental. Hoje, depois de um século de pesquisas e escavações, já não temos dificuldade em evocar diante de nós, não direi o contemporâneo de Psamético e de Sesóstris, mas o de Quéops, que contribuiu, por sua parte, para a construção das pirâmides. Para isso, basta entrar num museu e examinar as estátuas de estilo antigo lá reunidas. À primeira vista, sente-se que o artista buscou, na reprodução da cabeça e dos membros, a semelhança exata de seu modelo. Depois, ao afastar as nuanças próprias de cada indivíduo, depreendem-se sem dificuldade as características gerais e os tipos principais da raça. Um deles, atarracado e pesado, corresponde bastante bem a um dos que prevalecem entre os felás atuais. O outro, o que distinguia os membros de alta classe, mostra-nos um homem alto, magro, esguio. Tinha os ombros largos e cheios, os peitorais proeminentes, o braço vigoroso, torneado, terminado por uma mão fina, o quadril pouco desenvolvido, a perna magra; os

detalhes anatômicos do joelho e os músculos da panturrilha são intensamente pronunciados, como os da maior parte dos povos andarilhos; os pés são longos, finos, achatados na extremidade pelo hábito de andar descalço; o rosto, com frequência muito grande para o corpo, geralmente mostra uma expressão de doçura e de tristeza instintiva. A fronte é quadrada, talvez um pouco baixa, o nariz é curto e carnudo; os olhos grandes e arregalados, as bochechas arredondadas, os lábios grossos, mas não revirados; a boca, um pouco rasgada demais, mantém um sorriso resignado e quase dolorido. Esses traços comuns à maioria das estátuas do antigo e do médio impérios se perpetuam em todas as épocas. Os monumentos da 18ª dinastia, as esculturas saítas e gregas, tão inferiores em beleza artística aos monumentos das velhas dinastias, transmitem-se sem alteração notável o tipo primitivo. Hoje, embora classes superiores tenham se desfigurado por repetidas alianças com o estrangeiro, os simples camponeses conservaram quase por toda parte o aspecto de seus ancestrais, e um felá contempla com admiração as estátuas de Quéfren ou os colossos de Senusret que passeiam, através do Cairo, com quase 4 mil anos de existência, a fisionomia desses velhos faraós (Maspéro, 1917, p. 17-18).

Esse é o eixo da demonstração de Maspéro. Não omitimos uma só palavra. O que ela nos prova? O que nos informa a "grande obra"?

O autor nos informa que a egiptologia já é uma ciência muito antiga; durante um século os especialistas escavaram e pesquisaram; agora se conhece o protótipo da antiga população egípcia em seus mínimos detalhes étnicos. O artista a reproduziu à "semelhança exata de seu modelo". Graças a essa arte realista é possível reconstituir etnicamente os membros da classe alta. Segundo as próprias constatações de Maspéro, eles tinham o nariz "curto e carnudo", a "boca um pouco rasgada", os "lábios grossos", os olhos "grandes e arregalados", as "bochechas arredondadas", a "fronte "um pouco baixa", os ombros "largos e cheios", a mão "fina", o quadril "pouco desenvolvido", a "perna magra". Esses traços comuns que se perpetuaram durante o antigo e o médio impérios, "longe de oferecer as particularidades ou o aspecto geral do negro, tinham a maior analogia com as belas raças brancas da Europa e da Ásia Ocidental".

Esta conclusão dispensa comentários.

Depois de uma confirmação tão solene da tese de uma origem negra por um autor, cuja demonstração tinha por objetivo justamente destruí-la, constata-se mais uma vez a impossibilidade de provar o contrário da verdade.

Maspéro é um estudioso a quem se devem várias traduções de textos egípcios; ele tinha, portanto, a formação técnica necessária para estabelecer tudo o que era demonstrável. Seu fracasso, apesar de sua ciência, assim como o dos estudiosos que o precederam e sucederam, a respeito do mesmo problema, constitui de certo modo a mais sólida prova negativa da origem negra.

Chego à tese de Amélineau, grande egiptólogo do qual não se fala com frequência. Ele fez escavações em Om El'Gaab, perto de Abidos, e descobriu uma necrópole real onde pôde identificar 16 nomes de reis que seriam anteriores a Menés. Encontrou, especialmente, as tumbas de quatro reis: *Ka, Den*, o rei-serpente *Djet* (estela do Louvre) e um outro cujo nome não foi decifrado.

Houve tentativas de incluir esses reis no período histórico; Amélineau nos diz: "O Sr. Maspéro, na sessão da Académie des Inscriptions et Belles Lettres, quis reportar esses reis à 12ª dinastia [...] depois atribuiu-os à 18ª [...] depois à 5ª [...] depois à 4ª [...]" (Amélineau, 1899, p. 248).

Depois de mais uma refutação do ponto de vista de seus detratores, Amélineau concluiu: "Estas são razões que não me parecem desprezíveis, mas, ao contrário, parecem dignas de ser levadas em séria consideração por todos os estudiosos de boa-fé, pois os outros não contam para mim" (Amélineau, 1899, p. 271).

Também é a ele que se deve a descoberta do túmulo de Osíris em Abidos, graças à qual Osíris já não seria um herói mítico, mas um personagem histórico, um primeiro ancestral dos faraós, ancestral de raça negra, assim como sua irmã Ísis.

Compreende-se, assim, que os egípcios tenham sempre pintado seus deuses de preto-carvão, à imagem de sua raça, do começo ao fim de sua história. Seria paradoxal e absolutamente incompreensível que um povo de raça branca nunca tivesse pintado deuses de cor branca, que, ao contrário, para representar os seres mais sagrados que pudesse conceber, tivesse escolhido a cor negra, que sempre foi a de Ísis e de Osíris nos monumentos egípcios. Isso revela uma das contradições dos modernos, quando decretam o dogma de uma raça branca criadora da civilização egípcia e uma raça negra subjugada que teria vivido ao lado da primeira. O fato de, para representar os deuses, ter sido escolhida a cor dos escravos e não a cor dos senhores e dos civilizadores, é no mínimo inadmissível e deveria chocar um espírito lógico imbuído de objetividade.

Ao contrário – e nunca é demais repetir –, o conjunto dos fatos, desde os mais até os menos importantes, testemunha, sem a menor contradição, quando não são interpretados com parcialidade, a favor de um Egito negro que civilizou a terra. Assim Amélineau, depois de suas escavações enormes e de um estudo aprofundado da sociedade egípcia, chega às conclusões seguintes, de importância capital para a história da humanidade:

> De diversas lendas egípcias pude concluir que as populações estabelecidas no Vale do Nilo eram de raça negra, uma vez que se diz que a deusa Ísis nasceu sob a forma de uma mulher vermelha e preta; ou seja, tal como expliquei, da cor café-com-leite que apresentam certos indivíduos de raça negra, cuja pele parece ter reflexos metálicos de cobre (Amélineau, 1916, p. 124).

Amélineau designa pelo nome *anu* a primeira raça negra que teria ocupado o Egito. Mostra que ela gradualmente desceu o Nilo e fundou as cidades de Esneh, Erment, Qouch e Heliópolis, pois, diz ele:

Todas essas cidades têm o sinal característico que serve para escrever o nome anu[26]. É também num sentido étnico que deve ser explicado o epíteto Anu aplicado a Osíris.

De fato, num capítulo que serve como introdução aos hinos a Rá e contém o capítulo XV do *Livro dos mortos*, está dito, com referência a Osíris: "Salve tu! ó deus Ani na terra montanhosa de Antem, ó grande deus, gavião da dupla montanha solar".

Se Osíris fosse de origem núbia, ainda que nascido em Tebas, seria fácil compreender por que os eventos da luta entre Seth e Hórus se desenrolam na Núbia. Seja como for, chama a atenção que a deusa Ísis, segundo a lenda, tenha precisamente a cor de pele que os núbios sempre têm, que o deus Osíris tenha por epíteto[27] o que me parece um étnico que indica sua origem núbia, observação que julgo ainda não ter sido feita (Amélineau, 1916, p. 124-125).

Esses anus, que Maspéro pretendeu considerar árabes, por terem fundado a cidade de On – Heliópolis em grego –, cidade dos anus do norte, aparecem então essencialmente como negros se nos ativermos aos testemunhos de suas próprias criações: o *Livro dos mortos*, entre outros...

Em apoio à tese de Amélineau pode-se observar que *an* significa homem em diola. Assim, *anu* poderia significar, na origem, simplesmente: os homens.

É possível apontar ainda as seguintes correspondências:

• *Añi*, nome de um povo da Costa do Marfim (cujos reis levam o título Amon);

• *Oni*, título do rei da Nigéria;

• *Ani* ou *Oni*, epíteto de Osíris, deus egípcio.

---

26. ⬆ Sinal hieroglífico representado por uma flecha com empenagem de duas penas ou juncos.

27. *Id.*

Segundo Amélineau, essa raça negra dos anus é que teria criado, no tempo ante-histórico, todos os elementos da civilização egípcia que permanecerão até seu fim sem mudanças notáveis. Esses negros teriam sido os primeiros a praticar a agricultura, irrigar o Vale do Nilo, erigir diques, inventar as ciências, as artes, a escrita, o calendário. Foram eles que criaram a cosmogonia registrada no *Livro dos mortos*, cujos textos não deixam nenhuma dúvida quanto ao caráter negro da raça que concebeu suas ideias.

> Esses anus, nós o vimos pela tábua do Cairo. Eram uma população agrícola e praticavam a pecuária em grande escala ao longo do Nilo, nas cidades muradas em que se encerravam para se defender. É a essa população que se podem atribuir, sem receio de errar, os livros mais antigos do Egito, o *Livro dos mortos* e os *Textos das pirâmides*; por conseguinte, todos os mitos ou ensinamentos religiosos – eu quase diria os sistemas filosóficos já conhecidos e que continuam sendo chamados de egípcios. Conheciam, evidentemente, os ofícios necessários a toda civilização e, por conseguinte, as ferramentas que supõem; por conseguinte ainda dominavam o uso dos metais, pelo menos dos metais elementares. Já tinham feito os primeiros ensaios de escrita, pois toda a tradição egípcia atribui essa arte a Thot, o grande Hermes, que era um anu, tal como Osíris que, com propriedade, é chamado de "o oniano "no capítulo XV do *Livro dos mortos* e nos *Textos das pirâmides*. É certo, portanto, que esse povo já conhecia as principais artes; deixou provas disso na arquitetura das tumbas de Abidos, especialmente a de Osíris, e nessas tumbas foram encontrados objetos trazendo a marca indelével de sua origem, como os marfins esculpidos, a pequena cabeça de núbia encontrada numa tumba vizinha à de Osíris, os pequenos recipientes de madeira ou de marfim em forma de cabeça de felino. Todos esses documentos foram publicados no primeiro volume de meu *Fouilles d'Abydos* (Amélineau, 1916, p. 257-258).

E Amélineau formula:

> A conclusão que se depreende dessas considerações é a de que o povo conquistado dos anus foi o iniciador de seus conquistadores, pelo menos numa parte dos caminhos da civilização e da arte, e essa conclusão, veremos facilmente, é das mais importantes para a história da civilização humana; por conseguinte, da religião. A civilização egípcia – isso também se deduz perfeitamente do que precede – não é de origem asiática, mas de origem africana, de origem negroide, por mais que essa afirmação possa parecer paradoxal. Não se tem o hábito, de fato, de atribuir muita inteligência à raça negra ou às raças vizinhas, nem mesmo inteligência suficiente para terem sido capazes de fazer as primeiras descobertas necessárias à civilização. No entanto, não há uma só das tribos que habitam o interior da África que não tenha possuído e que não possua ainda qualquer uma dessas primeiras descobertas! [...] (Amélineau, 1916, p. 330).

Amélineau supõe que um Egito negro já civilizado pelos anus tenha sido invadido por uma raça branca primitiva, a qual teria vindo do interior da África e conquistado o vale gradualmente, até o Baixo Egito. Essa raça branca inculta teria sido civilizada pela raça negra dos anus, que, entretanto, ela teria destruído em grande parte. O autor se baseia na análise das cenas representadas na Paleta de Narmer, descoberta em Hieracômpolis por Quibell (ilustr. 37, 38a, 38b). Hoje a opinião é unânime em reconhecer que os prisioneiros de nariz aquilino figurados na Paleta de Narmer representam invasores asiáticos derrotados e castigados pelo faraó, cuja capital, naquela época remota, era no Alto Egito.

Essa concepção é confirmada pelo fato de os personagens que estão andando na frente do faraó e que faziam parte de seu exército vitorioso são núbios e levam insígnias núbias, tais como a insígnia do chacal e a do gavião, que diríamos ser totens da Núbia. Por outro lado, os dados arqueológicos não permitem manter a hipótese de uma raça branca originária do centro da África.

A cauda de touro usada pelo faraó da Paleta de Narmer, e que será usada por todos os faraós e sacerdotes do Egito, ainda é usada por ocasião das cerimônias, nas mesmas circunstâncias oficiais, pelos chefes religiosos da Nigéria. O mesmo ocorre quanto à tanga usada pelo faraó; o saquinho de amuletos que ele leva no peito, e que nunca desaparecerá na história egípcia, é o mesmo que encontramos no peito de todo chefe negro que assume responsabilidades e que, em uolofe, denomina-se *dakk*.

O criado segura as sandálias do faraó, idênticas aos *voganti* dos negros; andando atrás do rei com uma chaleira na mão, ele tem a atitude típica do criado negro atual, ou *bek-neg*, comparado com *bak*, que em egípcio significa criado.

O fato de o rei tirar as sandálias sugere que ele está prestes a cumprir um sacrifício num lugar sagrado, e que antes deve purificar os membros com abluções, com água da "chaleira" (= *satala*, em uolofe). Sabe-se que os egípcios praticaram abluções milhares de anos antes do islã.

Assim, a Paleta de Narmer representaria uma cena de sacrifício ritual depois da vitória. Esses sacrifícios humanos ainda eram praticados na África negra em época muito recente: Daomé.

Acima da vítima, a cena que representa o gavião Hórus, segurando o que se acreditou ser uma corda passando pelas narinas de uma cabeça cortada, simbolizaria essas próprias vidas sacrificadas a Hórus escapando pelo nariz das vítimas e das quais Hórus se apossa. Essa ideia se ajusta à crença negra de que a vida escapa pelas narinas; tanto que vida e nariz são sinônimos em uolofe: com frequência chama-se vida de nariz.

A que raça pertencem os personagens representados na face da paleta que considero a frente, e não o verso, conforme parece admitido? Direi que todos pertencem a uma mesma raça negra. O rei tem os lábios grossos – e até revirados –, a posição de perfil não consegue disfarçar seu nariz carnudo; o mesmo ocorre com todos os outros personagens dessa face, até os derrotados da cena inferior, que estão em fuga. Estes últimos, assim como a vítima que vai ser imolada, têm cabelos artificiais, em camadas, como ainda se vê na África negra; esse toucado usado pelas moças chama-se *djmbi*; ligeiramente modificado e usado por mulheres casadas torna-se o *djerê*, que desapareceu há 15 anos no Senegal. Entre os homens, o islã fez desaparecer o costume muito recentemente. Encontram-se toucados como esses apenas os sereres não islamizados até a circuncisão e os peúles: uma forma especial desses toucados nessa população chama-se *ndjumbal*. Os cabelos do rei e do criado são escondidos por seus barretes, mas sabe-se que no Egito o uso dessa peruca era comum em todas as classes da sociedade. O barrete do rei ainda é o que todos os circuncisos do Senegal usam, mas sabe-se que esse costume tende a desaparecer sob a influência do islã. Ele é confeccionado unindo-se com uma costura duas elipses de tecido branco, exceto numa extremidade, em que se enfia a cabeça; uma armação de bambu lhe dá a forma da coroa do faraó do Alto Egito. Quando esse barrete é usado pelos homens de idade madura não há a armação de bambu e a parte oblonga geralmente é menor: tem-se então a forma do barrete denominado frígio, que os gregos transmitirão ao Ocidente. Marcel Griaule publicou, em *Dieu d'eau* (1948), fotografias desses barretes usados pelos dogons.

Aqui cabe observar que o rei só leva como arma uma clava na mão direita; a mão esquerda, sem nenhuma arma, segura a cabeça da vítima. A clava pode ser considerada, portanto, um atributo do Alto Egito, assim como a coroa branca. Nessa primeira cena o rei estaria iniciando a conquista do Vale do Nilo. Seria o momento em que ele submeteu a seu domínio os homens de sua raça.

O verso começa com uma cena típica: o derrotado pertence à cidade dos "abomináveis", conforme indica o caráter hieroglífico assinalado por Amélineau. Essa cidade ameada seria uma cidade do Baixo Egito, habitada por uma raça nitidamente diferente da raça negra da frente, uma raça branca asiática. A cabeleira do derrotado é longa e natural, sem camadas, o nariz é desmedidamente longo e aquilino, os lábios completamente retraídos. Em suma, todos os traços étnicos da raça do verso são diametralmente opostos aos da raça da frente. Não é demais insistir no fato de que essa raça do verso é a única que tem os traços semíticos (ilustr. 37, 38a, 38b).

Depois dessa segunda vitória, a unificação do Alto e do Baixo Egitos se faria; seria simbolizada pela cena que ocupa o meio do verso: a simetria dos dois felinos de cabeça de leão ameaçadora, que entrariam em conflito se estivessem soltos, mas que são mantidos afastados e impossibilitados de fazer mal um ao outro; graças às cordas amarradas em seus pescoços e seguradas por personagens simétricos, simbolizaria essa unificação segundo uma representação bem característica dos egípcios e dos negros em geral.

Na cena superior o rei está com a coroa do Baixo Egito, o que mostra que ele acaba de conquistá-lo. A segunda etapa da conquista do Vale do Nilo, portanto, está terminada para o faraó; ele segura agora nas duas mãos o que se pode considerar os atributos do Baixo e do Alto Egitos. Também aqui o rei descalçou as sandálias, levadas pelo criado que vai atrás dele, tal como na cena do verso, com o mesmo recipiente. Assim, é possível acreditar que o lugar seja sagrado e que as vítimas tenham sido imoladas ritualmente, e não massacradas.

Na frente do rei encontram-se cinco personagens, quatro dos quais levam estandartes com totens. Os três primeiros são claramente do Alto Egito: gavião, chacal... O último não representa um animal, mas um objeto não identificado, e bem poderia ser o emblema do Baixo Egito, que acaba de ser conquistado.

Por todas essas razões, a interpretação dada por Amélineau dessa paleta parece inaceitável. A opinião que considera asiáticos todos os prisioneiros representados parece uma generalização que não leva muito em conta o detalhe da paleta, assim como também parece errônea a opinião de Amélineau, que considera núbios todos os derrotados. O fato de os derrotados representados no verso serem realmente núbios pode ter levado Amélineau a deixar de dar importância à diferença étnica entre estes últimos e o derrotado esmagado pelo touro. Este, segundo a própria reprodução de Amélineau, não tem cabelos em camadas como os núbios da frente, também não tem os outros traços étnicos deles, como acaba de ser destacado. Só fazendo abstração – de boa-fé – desses detalhes ele pôde concluir pela invasão de uma raça branca que teria vindo do centro da África, sem cultura, e teria conquistado o vale sobre a população totalmente negra dos anus.

Na realidade, mesmo que tenha havido infiltração de asiáticos ou de protoeuropeus nessa época da pré-história, os negros do Egito nunca deixaram de ter a situação nas mãos, conforme indicam as numerosas estatuetas amracianas encontradas e que representam uma raça estrangeira derrotada. J. Capart (1904) reproduz uma estatueta que representa um cativo de raça branca, de joelhos, com as mãos amarradas para trás, uma longa trança descendo pela nuca (ilustr. 14).

Encontram-se também, na mesma época, protocariátides sob forma de pés de móveis, que representam o tipo da raça branca derrotada (cf. Amélineau, 1916, p. 413).

Em contrapartida, veem-se negros representados como cidadãos livres andando por seu próprio território:

> Veem-se quatro mulheres vestidas com longas saias, semelhantes em tudo às negras ainda representadas nas tumbas da 18ª dinastia, especialmente no túmulo de Rekhamara. Embora estejam muito apagadas, parecem levar na mão um objeto que se julgou ser uma orelha de vaca (!); tendo muito a considerá-lo como a primeira aparição da cruz ansata, símbolo que logo depois entrou na semiologia egípcia para nunca mais sair. Vê-se então que as mulheres de origem negra não estavam deslocadas no meio dos animais de seu território, e novamente se coloca a questão: Como os egípcios da época podiam conhecer os animais especiais do centro da África, assim como os habitantes dessa África Central, se eles eram asiáticos, semitas que entraram no Vale do Nilo pelo Istmo de Suez? A presença constatada dos animais acima citados e dos negros nos marfins que acabo de descrever não será uma prova convincente de que os conquistadores do Egito tinham vindo do centro da África? (Amélineau, 1916, p. 425-426).

Vê-se, portanto, que os mais antigos documentos que temos sobre a história egípcia e a do mundo, contrariando as ideias difundidas, representam os negros como cidadãos livres, senhores do país e da natureza, e junto deles, os poucos protótipos de raça branca então conhecidos, provindos de infiltrações protoeuropeias ou asiáticas, são representados como cativos, de mãos amarradas para trás, ou esmagados sob o peso de um móvel que estão carregando. – Essa seria, diga-se de passagem, a origem distante das cariátides do Erectéion do século V, imitadas pelos gregos milhares de anos depois.

A civilização egípcia pode ser originária do Delta?

Para explicar o povoamento do Egito e sua civilização os especialistas invocam quatro hipóteses, correspondentes aos quatro pontos cardeais, sendo que a mais contestada é a mais natural de todas: a de uma origem local. Essa origem, por sua vez, poderia estar localizada em dois lugares diferentes: o Alto ou o Baixo Egitos. No último caso seria o que se chama de "preponderância do Delta".

Não se entenderia por que um egiptólogo, partidário da origem local, se empenharia em querer provar a "preponderância do Delta", a despeito da ausência de qualquer documento histórico, não fosse esse um caminho deturpado para estabelecer a origem mediterrânea branca da civilização egípcia. Assim, esse ponto de vista, que em geral é o de todos aqueles que situam o berço da civilização egípcia no exterior – seja na Ásia, seja na Europa –, é também o de Moret, que, no entanto, é aparentemente pela origem local, mas branca.

Para os primeiros, a ideia é lógica em si: é uma afirmação que vem acrescentar-se a uma outra, igualmente desprovida de fundamento histórico, por pura preocupação de explicação lógica. De fato, se os portadores da civilização vêm do exterior – Ásia ou Europa –, obrigados geograficamente, portanto, a passar pelo Delta, seria lógico que o Delta fosse civilizado antes do Alto Egito e que a civilização se irradiasse a partir daquele ponto. Se os partidários de uma origem exterior tivessem podido demonstrar, apoiados em argumentos dignos do nome, a anterioridade do Delta no caminho da civilização, isso teria constituído um argumento sólido em favor de sua tese e daria pelo menos uma aparência de verdade às ideias contraditórias que sustentam.

De fato, é impossível demonstrar essa tese e até mesmo conferir-lhe um caráter de seriedade com base em documentos históricos válidos. Nenhum documento depõe em favor dessa anterioridade. Foi no Alto Egito que se encontraram, desde o Paleolítico até os nossos dias, os testemunhos materiais das etapas sucessivas de civilizações: tasianos, badarianos, amracianos, protodinásticos.

Não há vestígio algum de evolução contínua no Delta, ao contrário do Alto Egito. O centro de Merinde desapareceu no fim do tasiano; não há nada ao norte de Badari (cf. Childe, 1935, p. 87-98). As estatuetas de marfim, de cabeça triangular, encontradas na época chamada gerzeana, correspondem às que são encontradas em Creta na época de Menés (cf. Capart, 1904). Essas estatuetas de marfim não podem ser anteriores à época de Hieracômpolis (época amraciana, para Capart).

Entre S.D. 39 e S.D. 79[28] decretou-se que houve uma civilização gerzeana no Baixo Egito:

> O Baixo Egito tornou-se finalmente a sede de uma civilização mais elevada, com afinidades nitidamente asiáticas (no sentido de opostas às afinidades africanas), e essa civilização, no final das contas, se estenderá até o Alto Egito. Na realidade, ela só é diretamente conhecida por esta última região, mas pode-se afirmar tranquilamente que existiu no norte. No Alto Egito, não há ruptura [...] entre a civilização amraciana e a civilização gerzeana [...] que se infiltrou gradualmente, misturan-

---

28. S.D. (Sequence Dates), Datas de Sequência. Trata-se de uma escala numérica baseada na sequência de acontecimentos das culturas antigas. Criada pelo arqueólogo e egiptólogo Sir William Matthew Flinders Pétrie (1853-1942), ela vai de 30 até 80, compreendendo principalmente o período pré-dinástico [N.E.].

do-se aos elementos mais antigos, dominando-os [...]
até os expulsar [...] (Childe, 1935, p. 87).

Admite-se de modo geral que os novos elementos que
distinguem a cultura do Alto Egito, durante a fase pré-
-dinástica média, provêm do norte ou do nordeste.
Além do mais, é quase certo que os autores dessas ino-
vações tenham tido contato com o Alto Nilo durante
um lapso de tempo considerável, anteriormente a S.D.
39, uma vez que os vasos pintados isolados caminha-
ram para o Alto Egito (Childe, 1935, p. 98).

Essa civilização gerzeana, que se diz ter caráter asiático, só é
conhecida – cúmulo do paradoxo, uma vez que ela teria nascido
no Baixo Egito – pelos vestígios que se encontram dela no Alto
Egito (os quais, aliás, são idênticos aos vestígios da própria civilização amraciana, nascida da evolução da civilização badariana,
resultante da tasiana).

Entretanto, embora não se encontrem vestígios de civilização
gerzeana e esta seja diretamente conhecida pelo Alto Egito, "pode-se afirmar tranquilamente que ela existiu no norte", ou seja,
no Delta. Em termos mais claros, isso equivale a dizer: tudo o que
encontro aqui (Alto Egito) provém de onde não encontro nada ou
quase nada (Baixo Egito); embora eu não possa provar e não tenha
nenhuma esperança de que algum dia seja provado, embora lá eu
não encontre quase nada, julgo que é assim, porque não pode ser
diferente. Isso não é fazer história.

Alega-se que o Delta é uma região úmida e conserva mal os
documentos. É impossível que os tenha conservado tão mal que
não se encontrem nem vestígios deles, nem blocos disformes resultantes de sua decomposição química sob efeito da umidade.
Na realidade, o solo do Baixo Egito devolveu, bem ou mal, tudo
o que lhe foi entregue. Prova disso são todas aquelas obras – até
mesmo de madeira – do antigo império, desde a 3ª dinastia. Se
ele não restituiu documentos mais antigos, é mais lógico acreditar
que seja porque nunca os conteve.

Se o Delta tivesse realmente tido o papel que se pretende lhe atribuir na história do Egito, seria possível constatá-lo de outra maneira. A história do Alto Egito, considerada independentemente do Delta, apresentaria lacunas. Ora, não é isso que acontece: a história do Alto Egito (ou seja, a história egípcia) não apresenta dificuldades insuperáveis; a explicação histórica só se torna impossível quando se pretende, na ausência de qualquer documento histórico, atribuir ao Delta um papel que ele jamais teve.

Parece que esse é o caso de Moret, quando escreve:

> Não sabemos nada da história desses primeiros reinados. Entretanto, a tradição pretende que os reis do norte tenham tido preponderância sobre o resto do Egito no início dos tempos. Nenhum texto permite delimitar sua zona de influência, mas a religião da época posterior indica que essa influência foi forte. Isso se explica pela fertilidade particular do Delta. A partir do momento em que foi possível aproveitá-la para a cultura, com grande reforço de diques, canais de drenagem e de irrigação, essa região de húmus constantemente renovada pelo limo do Nilo ofereceu uma área mais extensa, um solo mais rentável, um *habitat* mais favorável ao desenvolvimento de uma raça prolífica do que o estreito vale do Alto Egito. Daí uma prosperidade material precoce, um desenvolvimento intelectual atestado pelo fato de os grandes deuses do Delta terem se imposto, a seguir, ao resto do Egito. O sol Rá teve seu primeiro culto em Heliópolis; Osíris, que personifica o Nilo e a vegetação; Ísis e Hórus são os deuses de Busíris, Mendes, Buto. A extensão de seu culto a todo o vale, já em tempos muito antigos, indica uma influência política correspondente do Delta (Moret, 1923, p. 153-154).

Até aqui Moret referiu-se a Maspéro. Afasta-se dele, todavia, a propósito do caminho seguido pelos Shemsu-Hor[29], para se conformar inteiramente à sua teoria da preponderância do Delta.

---

29. Seguidores de Hórus: reis, sacerdotes e eruditos egípcios considerados semideuses [N.T.].

Em seu livro *Le Nil et la civilization egyptienne* (1926), ao contrário de Maspéro, que diz que os Shemsu-Hor (predecessores de Manés) são "ferreiros negros" que conquistaram o Vale do Nilo e estabeleceram forjas até o Delta, Moret afirma que os "Shemsu--Hor e seus antecessores [...] vêm do Delta (1926, p. 118).

O autor constata uma transformação profunda na época que precede Menés, marcada pelo surgimento do cobre, do ouro e sobretudo da escrita. Como essa transformação só se manifestou no Egito, Moret faz a seguinte pergunta: "Por quem o Alto Egito foi influenciado, a não ser pelo Baixo Egito, que terá evoluído durante milênios inscritos sob dinastias divinas do Delta?" (Moret, 1926, p. 120).

Moret cita a invenção do calendário, que teria ocorrido sob a latitude de Mênfis. Por outro lado, o autor afirma que os deuses egípcios Osíris, Ísis e Hórus são originários do Delta. Ele recorre, portanto, a esse argumento, que supõe correto, para levar adiante seu raciocínio e torná-lo convincente:

> Outro fato apoiará essa argumentação. Muito antiga-
> mente, os dias epagômenos estiveram sob a patrona-
> gem dos deuses que nasceram nos cinco dias situados
> no início do ano (cf. Plutarco). Textos egípcios e gre-
> gos concordam em chamar esses deuses de Osíris e
> Ísis, Seth e Néftis, Hórus. Uma vez que no início do
> ano, que se abre com o levantar simultâneo de Sótis,
> de Rá e do Nilo, é Osíris, deus do Nilo e da vegetação,
> que se escolhe como patrono – ele nasce supostamen-
> te no primeiro dos cinco dias epagômenos –, pode-se
> concluir que os adoradores de Osíris tinham poder em
> Heliópolis quando os astrônomos dessa cidade estabe-
> leceram o calendário[30].

---

30. Plutarco, em *Isis et Osiris*, relata que esse deus nasceu no primeiro dos cinco dias epagômenos, conforme escreve Moret; ou seja, no 361º dia do ano, o que corresponde – levando em conta a reforma do calendário – a 26 de dezembro. O Papa Júlio I (século IV) fixou o nascimento de Cristo em 25 de dezembro, mas sabemos que Cristo não teve registro civil e que ninguém sabe sua data de nascimento. O que terá inspirado o Papa Júlio I para escolher

Assim, tal como o calendário, o Baixo Egito impõe ao Alto Egito a autoridade de Osíris e de Rá, a supremacia do Nilo e do Sol. Os "civilizados do Delta" conquistaram o Alto Egito (Moret, 1926, p. 122).

Quando se encontram ideias tão importantes – e até de certa gravidade – escritas por uma tal autoridade, têm-se razões para acreditar que elas se fundamentam em documentos probatórios. Ora, não é o que acontece quando se consideram essas afirmações em seu conjunto.

O autor coloca como sendo conforme à tradição egípcia a origem nórdica dos deuses egípcios; em outras palavras, Osíris, Ísis, Hórus, todos seriam deuses do Delta. A partir dessa afirmação, ele tira as conclusões importantes citadas a propósito da invenção do calendário egípcio e da origem da civilização egípcia em geral.

Ora, o que nos informa a estrita tradição egípcia, considerada na época a mais antiga que é possível remontar? Essa tradição, registrada no *Livro dos mortos*, cuja doutrina é anterior a toda história escrita do Egito, diz que Ísis é uma negra, que Osíris é um negro – ou seja, um anu –, tanto que seu nome, nos mais antigos textos que existiram no Egito, é acompanhado por um étnico que indica sua origem núbia. Isso se sabe desde Amélineau.

---

essa data – que é, com um dia de diferença, a do nascimento de Osíris – se não a tradição egípcia perpetuada pelo calendário romano? Isso se torna evidente quando se associa ao nascimento de Cristo a ideia de uma árvore; tudo isto seria eminentemente arbitrário se não se soubesse que Osíris era também o deus da vegetação – às vezes até era pintado de verde, à imagem dessa vegetação, cujo renascimento ele simbolizava. Seu símbolo é uma árvore com os galhos cortados, erigida para anunciar a ressurreição da vida vegetal. Havia, portanto, um rito agrário muito marcado que caracterizava uma sociedade sedentária. Esse símbolo vegetal de Osíris chamava-se Djed em egípcio; em uolofe tem-se Djed a= em pé, ereto, plantado reto; Djed-Djed-âral = bem em pé (intensificação de Djed); Djan = vertical; Djen = uma estaca. Essa seria, então, a origem distante da árvore de Natal; e mais uma vez, remontando o curso do tempo, vê-se que vários vestígios da civilização ocidental, cuja origem está esquecida, só perdem seu caráter injustificável quando vinculados à sua raiz negro-egípcia. Inspirando-se em Plutarco, seria possível também estabelecer uma relação evidente entre o nascimento de Néftis, que vem ao mundo através das costelas de sua mãe, e Eva, tirada de uma costela de Adão.

117

Amélineau informa, aliás, que nenhum texto egípcio diz que Osíris e Ísis nasceram no Delta. Portanto, Moret não extrai essa afirmação de nenhum documento. Pode-se até acrescentar que a lenda situa o nascimento de Ísis e Osíris no Alto Egito: Osíris nascido em Tebas e Ísis em Dendera. Ela situa também na Núbia o primeiro palco da luta entre Seth e Hórus, e Amélineau diz:

> As partes da lenda que se referem ao Delta são evi-
> dentemente acrescentadas à lenda primitiva, salvo a
> estada de Ísis em Buto. Na verdade, o episódio de Ísis
> em Biblos não se ajusta à estada da deusa em Buto; a
> meus olhos, trata-se apenas de uma interpretação de
> origem grega, ou quase grega, para explicar a ado-
> ção do culto de Osíris em Biblos, ou antes os mitos
> similares de alguma divindade local, como Adônis ou
> Tamuz; é um dos pontos, aliás, ao qual os documentos
> egípcios nunca fizeram alusão. Do mesmo modo, o
> caixão de Osíris levado pelo Nilo até o mar e do mar
> até Biblos me parece uma daquelas impossibilidades
> evidentes na qual penso que é muito difícil os egípcios
> terem caído [...] porque os documentos egípcios nada
> dizem a esse respeito. Ora, não se deve esquecer que a
> lenda de Osíris foi estabelecida e fixada no Egito, salvo
> as partes concernentes ao Delta e à Ásia Menor, antes
> da época de Menés, de modo que é muito difícil enten-
> der como é possível que uma lenda nascida no Delta
> tenha se desenvolvido completamente fora dele, quase
> localizada no Alto Egito, e só tenha aparecido como
> relacionada ao Delta em certos acréscimos claramente
> posteriores (Amélineau, 1916, p. 203).

Também, se Íris e Osíris tivessem nascido no Baixo Egito, seria difícil compreender que suas relíquias fossem totalmente açambar-cadas pelo Alto Egito. O esqueleto inteiro de Osíris é tomado pelas cidades do Alto Egito, de modo que nada resta para as do Baixo Egito. Amélineau refere-se nesse ponto ao *Dicionário Geográfico*, de Karl Heinrich Brugsch (*Hieroglyphisch-demotisches Wörterbuch*); mas uma rivalidade entre as cidades pela atribuição das relíquias gerou tal confusão que, à primeira vista, parece difícil determinar a que cidade pertence autenticamente tal relíquia, agora reivindicada por várias outras. Amélineau julga que há como decidir, e de modo geral em favor do Alto Egito, todas as vezes que a rivalidade opõe cidades do Baixo e do Alto Egitos: "Não sou dessa opinião e creio que um fato pode fazer a balança pender em favor do Alto Egito; encontro esse fato na atribuição da cabeça de Osíris ao Alto Egito e à cidade de Abidos" (Amélineau, 1916, p. 104).

Esse fato não seria importante se Amélineau não tivesse descoberto o túmulo de Osíris e, dentro de um pote, a cabeça do ancestral divinizado. Pode-se pôr em dúvida a autenticidade dessa descoberta. No entanto, Amélineau escreve: "Eu mesmo encontrei outros [relicários] durante as escavações preliminares que levaram à necrópole real, antes de encontrar o relicário em que estava conservado o crânio do deus que acreditei ter encontrado" (Amélineau, 1916, p. 104).

Amélineau reporta-se em seguida ao papiro do Museu de Leide, citado por Brugsch, em que é mencionado expressamente que a cabeça do deus estava conservada em Abidos, num lugar indicado no papiro por um nome que, para os egípcios, significa "a necrópole de Abidos". Quanto a esse ponto, Amélineau pediu uma confirmação a E. Revillou a respeito da validade do documento escrito em demótico. Recebeu a confirmação de que a cabeça de Osíris era mesmo mencionada como estando em Abidos. A descoberta da cabeça de Osíris por Amélineau, em 1898, receberia nova confirmação no texto geográfico sobre Edfu, escrito por Brugsch em seu *Dicionário*: "Lá está mencionado que a cabeça do deus estava no relicário de Abidos" (Amélineau, 1916, p. 105).

Mas Amélineau constata: "Depois que Brugsch o copiou, o texto desapareceu, pelo menos de acordo com a publicação do Templo de Edfu, iniciada nas Memórias da Missão do Cairo [...]. Seria interessante constatar se essa inscrição desapareceu completamente" (Amélineau, 1916, p. 106).

Finalmente Amélineau constata outro fato importante: o trono de Osíris é descrito, nos *Textos das pirâmides*, tal como ele "encontrou o leito funerário que fora colocado em seu túmulo de Abidos" (Amélineau, 1916, p. 102).

E Amélineau indaga, com justa razão:

> Por que as cidades do Alto Egito teriam reivindicado para elas as partes mais importantes do corpo de Osíris, se Osíris tivesse nascido no Delta, reinado no Delta, morrido no Delta, se tivesse sido o deus local de um pequeno cantão do Delta? Não vejo nenhuma razão para isso (Amélineau, 1916, p. 102).

O fato de Amélineau ter efetivamente descoberto, ou não, o túmulo e a cabeça de Osíris não tem aqui importância alguma. O essencial é que os textos mencionam que estão em Abidos.

Portanto, vê-se que, ao contrário do que Moret afirma, a tradição egípcia autêntica – aquela cuja antiguidade se perde na noite dos tempos e que está registrada nos *Textos das pirâmides* e no *Livro dos mortos* – informa, em termos inequívocos, que os deuses egípcios são de raça negra e originários do sul. Aliás, no Mito de Osíris e de Ísis encontra-se um traço cultural característico da África negra. Trata-se do culto dos ancestrais, que está na base da vida religiosa negra e na base da vida religiosa egípcia, tal como afirma Amélineau.

Cada ancestral morto torna-se objeto de um culto; os mais distantes, cujos ensinamentos no âmbito da vida social – ou seja, no domínio da civilização – revelaram-se eficazes, tornam-se aos poucos verdadeiros deuses – os ancestrais míticos de Lévy-Bruhl. Estão, assim, totalmente desligados do plano humano, o que não significa que nunca tenham existido. Tornam-se deuses situados num plano diferente daquele do herói grego; é isso que levou Heródoto a pensar que os egípcios não tinham herói[31].

---

31. *Mam y alla*: ancestral deus (uolofe). Embora a palavra árabe *alla* tenha substituído o termo africano primitivo, essa expressão ainda revela a concepção de um deus ancestral.

O argumento invocado por Moret a respeito da invenção do calendário na latitude de Mênfis sofre uma grave distorção quando examinado de perto. O autor diz que só sob a latitude de Mênfis é possível observar um despontar helíaco de Sótis. Daí conclui que o calendário egípcio, cuja base é o ciclo dessa estrela (Sírius) e cujo despontar coincide com o do sol a cada 1.461 anos, foi inventado em Mênfis[32].

Ora, o calendário estava em uso em 4236 a.C. Esta data é a mais antiga que se conhece, com certeza, na história da humanidade. Heródoto diz, por outro lado, que Mênfis foi criada por Menés depois que este desviou o curso do rio e tornou mais salubre e mais habitável a região lodosa do Baixo Egito: "Menés, o primeiro rei, mandou construir, segundo relato dos mesmos sacerdotes, a cidade que hoje se chama Mênfis, no próprio local de onde ele desviara o rio e que transformara em terra firme" (Heródoto, livro II, 99).

Segundo esse testemunho, o local de Mênfis, portanto, estava debaixo das águas antes de Menés. Admitindo-se que o advento de Menés data de 3200 a.C., Mênfis não existia quando o calendário foi inventado.

Aliás, o importante para os partidários da anterioridade do Delta seria que o despontar helíaco de Sótis pudesse ser observado não sob a latitude de Mênfis, mas sob a de Heliópolis, cidade de Rá, onde, para esses mesmos teóricos, teriam nascido toda a astronomia

---

32. Moret pretendia provar que o calendário egípcio foi inventado em Heliópolis. Os documentos existentes atestam o contrário: "Os sacerdotes de Tebas são considerados os mais versados em astronomia e em filosofia. É deles que vem o uso de acertar o tempo, de acordo não com a revolução da lua, mas com a do sol: aos 12 meses de 30 dias cada um, acrescentam 5 dias por ano; e, como ainda resta uma certa porção de dia para completar o tempo do ano, eles formam um período composto por um número redondo de dias e de anos para que as partes excedentes, sendo acrescentadas, formem um dia inteiro" (Estrabão, [s.d.], livro 17, cap. 1, § 22, p. 816). É essa porção de dia (1/4 de dia) que, adicionada, dá um dia a cada quatro anos, um ano a cada 1.460 anos. Daí o período de 1.461 ao fim do qual o ano comum recomeçava com o ano solar (ciclo sotíaco).

e a astrologia egípcias. Seja como for, tudo indica que Heliópolis ou On do Norte foi fundada pelos anus, a quem deve seu nome.

Podem-se fazer observações análogas a respeito do argumento de que o Egito teria sido civilizado pelos invasores vindos do norte, porque em egípcio o oeste seria designado pela direita e o leste pela esquerda; daí se deduziria a prova de uma marcha para o sul.

Há várias maneiras de designar o leste e o oeste em egípcio. Mas, ao que parece, a explicação dessas noções deveria ser buscada na orientação primitiva do casal divino Geb e Nut e na de Shu que os separa. Isso seria legítimo, pois em serere há um ponto cardeal que se chama *Ben Rog* = o ventre do deus.

Por outro lado, a arte divinatória levava a uma divisão do céu em regiões, com fins de observação. O resultado era uma orientação especial, fazendo coincidir determinado ponto cardeal com a esquerda ou a direita. Isso era praticado no Egito e em todo o Mediterrâneo egeu, que sofrera a influência egípcia, particularmente na Etrúria.

A explicação de Naville é mais edificante ainda:

> De que região vinham os conquistadores? Parece-me que não pode haver dúvida de que vinham do sul. Ao consultarmos a lenda, tal como foi conservada por uma série de grandes quadros que ornamentam um dos corredores do Templo de Edfu e que são da época ptolomaica, vemos que o deus Harmáquis reina na Núbia; por conseguinte, a montante do Egito. É de lá que ele parte com seu filho Hórus, deus guerreiro que conquista para si todo o país até a cidade de Zar, hoje Kantarah, fortaleza construída no braço mais oriental do Nilo, o braço pelusíaco que fechava a chegada do lado da Península do Sinai e da Palestina. Nas principais cidades do Egito os conquistadores regulam o que diz respeito ao culto; em várias localidades, Hórus estabelece seus companheiros que são chamados de ferreiros. Assim, a introdução do trabalho com metal está ligada, pela lenda, à conquista [...].

Parece-me que há razões para levar em conta essa lenda, que deve ser uma antiga tradição. Ela está completamente de acordo com aquilo que os historiadores gregos nos dizem, que o Egito era uma colônia da Etiópia. Assim, os egípcios, ou pelo menos os que se tornaram egípcios faraônicos, teriam seguido o curso do grande rio. Temos a confirmação disso em algumas características da religião ou dos costumes. O egípcio se orienta olhando para o sul; o Ocidente fica à direita e o Oriente à esquerda. Não consigo acreditar que isso queira dizer que ele caminha para o sul. Ao contrário, ele se volta para o seu país de origem, olha para a direção de onde veio e de onde pode esperar socorro. Foi de lá que partiu a força conquistadora; é de lá também que as águas benfazejas do Nilo trazem a fertilidade e a riqueza. Além disso, o sul sempre está de frente para o norte; a palavra rei quer dizer, em primeiro lugar, rei do Alto Egito, e antes de ter reunido sob o mesmo cetro as duas metades do país, os reis foram os do sul e de uma parte do Médio Egito. Seu rei nos indica o caminho que eles seguem. A divindade que caminha diante deles tem a forma de um chacal ou de um cão; é o deus Upuaut, o que mostra o caminho. Não é um deus sedentário, pelo menos da época mais antiga. É um deus que caminha na direção do norte. Ele vem do sul, não remonta o curso do rio (Naville, 1913).

Enfim, às tentativas feitas para apresentar o Delta como uma região mais favorável do que o Alto Egito à eclosão de uma civilização é importante responder pelo que de fato sabemos do Delta. É universalmente reconhecido que o Delta é o foco permanente da peste no Oriente Próximo. Foi o ponto de partida de todas as epidemias de peste que assolaram a região no decorrer da história.

Pode-se avançar mais e afirmar sem temeridade que o Delta como tal não existia, mesmo no tempo de Menés, uma vez que Mênfis estava à beira do mar. A região do Baixo Egito era totalmente insalubre e quase inabitável; atolava-se em lama. Foi a partir dos trabalhos executados por Menés que a região se tornou menos insalubre.

Quanto ao Delta Ocidental, cabe indagar o que ele era antes de Menés, pois sabe-se que o curso do rio não era o mesmo de hoje e que foi esse primeiro faraó que lhe conferiu a trajetória atual, mandando executar trabalhos de construção de diques e de aterro. Antes o rio corria para o Ocidente:

> Menés, que foi o primeiro rei do Egito, mandou fazer diques em Mênfis, segundo os sacerdotes. O rio, até o reinado desse príncipe, corria ao longo da montanha arenosa, que fica do lado da Líbia, mas, tendo preenchido o cotovelo formado pelo Nilo do lado sul e construído um dique por volta de cem estádios acima de Mênfis, ele secou seu antigo leito e o fez seguir seu curso por um novo canal, para que corresse a igual distância das montanhas: e ainda hoje, sob o domínio dos persas, dá-se atenção especial àquele mesmo cotovelo do Nilo, cujas águas retidas pelos diques correm de outro lado, e tem-se o cuidado de reforçá-los todos os anos. De fato, se o rio viesse a rompê-los e a se espalhar daquele lado pelas terras, Mênfis correria o risco de ser totalmente submersa (Heródoto, livro II, 99).

Se os diques se rompessem, Mênfis seria submersa pelas águas do Nilo, essa é a prova de que o local dessa cidade foi realmente conquistado das águas, mais ou menos como os pôlderes. A capital dos primeiros reis egípcios era no sul, em Tebas, e Mênfis foi fundada principalmente por necessidades militares. Foi uma praça forte no ponto de junção da rota de infiltração dos pastores asiáticos do leste com a dos nômades do oeste, que os egípcios chamavam de *rebu* ou *lebu*, daí os líbios (18ª dinastia).

Mais de uma vez esses bárbaros tentaram penetrar violentamente no Egito, atraídos pelas riquezas que lá se acumulavam, mas quase todas as vezes, depois de duros combates, foram completamente arrasados e repelidos para fora das fronteiras do país. O caráter dessas coalisões dos povos do norte e do leste na região do Delta, o caráter feroz das lutas que lá se desenrolaram, justificando a fundação de Mênfis como fortaleza avançada construída para a segurança do reino egípcio, devia evitar qualquer confusão entre as raças que lá se confrontavam. Tratava-se de verdadeiras coalisões de raças brancas contra a raça negra do Egito, como prova esta passagem de Moret:

> Por volta de abril de 1922, Merneftá ficou sabendo em Mênfis que o rei dos líbios, Meryey, estava chegando da região de Tehenu com seus arqueiros e uma coalisão de "povos do norte" composta por shardanes, sículos, aqueus, lícios e etruscos, levando a elite dos guerreiros de cada território; seu objetivo era atacar a fronteira ocidental do Egito, nas planícies de Perir. O perigo era ainda mais sério porque a própria Província da Palestina era atingida pela agitação; ao que parece, os hititas tinham sido arrastados à tormenta, embora Merneftá continuasse a exercer seus bons ofícios para com eles, enviando-lhes trigo por meio de seus navios, por ocasião de uma escassez, pela sobrevivência do país de Khati (Moret, 1923, p. 389)[33].

Depois de uma batalha violenta, que durou seis horas, os egípcios infligiram uma punição exemplar a essa coalisão de hordas bárbaras, desmantelando-a completamente. Os sobreviventes guardaram do episódio uma lembrança de pavor, transmitida por gerações:

> A batalha durou seis horas, durante as quais os arqueiros do Egito executaram um massacre entre os bárbaros: Meyey fugiu a toda, abandonando suas armas, seu tesouro, seu harém; inscreveram-se no quadro, entre os mortos, 6.359 líbios, 222 sículos, 742 etruscos, milhares de shardanes e aqueus; mais de 9.000 espadas e armaduras e um grande butim foram capturados no campo de batalha. Merneftá gravou um hino de vitória em seu templo funerário, em Tebas, em que descreve a consternação de seus inimigos; entre os líbios, os

---

33. Esses povos do norte são os atlantes do Pastor Jurgen Spanuth. As escavações posteriores provarão se o sítio de Heligoland é, ou não, simplesmente uma escala fenícia, um prolongamento da rota de estanho dos hiperbóreos.

jovens dizem uns aos outros, a propósito das vitórias: Não as tivemos desde os tempos de Rá; e o velho diz a seu filho: Ai de ti, pobre Líbia! Os tehenu foram consumidos em um só ano. E também as outras províncias exteriores do Egito foram reduzidas à obediência. Tehenu é devastada, Khati é pacificada; Canaã é pilhada, Ascalon é despojada, Gezer é tomada, Yanoam é aniquilada, Israel está desolada e já não tem sementes, Khru torna-se como uma viúva sem apoio diante do Egito. Todos os territórios são unificados e pacificados (Moret, 1923, p. 389).

É importante reter desta citação que a vitória foi obtida em Mênfis, mas comemorada em Tebas, no templo funerário de Merneftá. Esse fato confirma o que foi dito anteriormente; o Faraó Merneftá só se detém em Mênfis por necessidades militares, mas será enterrado em Tebas, como a quase totalidade dos faraós egípcios. Mesmo quando um faraó morria em Mênfis, no Baixo Egito, tinha-se o cuidado de transportar seu corpo para o Alto Egito e de enterrá-lo nas cidades sagradas da Tebaida: Abidos, Tebas, Karnak. Nessas cidades do Alto Egito os faraós tiveram túmulos ao lado de seus ancestrais. Para eles sempre enviaram oferendas quando vivos, mesmo que levassem a existência em Mênfis.

Depois da revolução que marca o fim do antigo império, quando o povo teve acesso ao privilégio da morte osiriana – ou seja, à possibilidade de desfrutar de uma vida eterna no céu, depois do julgamento no Tribunal de Osíris –, todos os seus elementos eram enterrados simbolicamente na Tebaida, com a instalação de uma estela em nome do morto. Portanto, para todo o povo egípcio, sem exceção, a região sagrada por excelência era a Tebaida, no Alto Egito. Seria um sacrilégio por parte do povo egípcio se a civilização e a tradição religiosa egípcias tivessem realmente nascido no Delta. Se fosse assim, nessa região é que se deveriam encontrar as cidades sagradas, as tumbas ancestrais, os principais lugares de culto e de peregrinação etc., e não é isso que acontece.

Tantos argumentos deveriam ser suficientes para impedir que se sustentasse, sob qualquer forma que fosse, a anterioridade de uma pretensa civilização do Delta.

Essa coalisão de povos do norte e do leste na época de Merneftá é simplesmente um episódio da história egípcia. Ao longo de toda essa história houve guerras semelhantes, de maior ou menor importância, no nível dessa região. Porém, salvo no baixo período, os negros do Vale do Nilo sempre superaram os bárbaros. Testemunhos disso são os inúmeros baixos-relevos que se encontram desde as falésias do Sinai até os templos de Medinet Habu e de Tebas, depois da Paleta de Narmer; ou seja, desde a época pré-dinástica até a 18ª dinastia. Conforme admitem os próprios líbios, de acordo com o texto egípcio, eles nunca obtiveram vitória desde a origem dos tempos; ou seja, desde o tempo de Rá. Nenhum fato, nenhum testemunho, nenhum texto vieram infirmar essa constatação. E o próprio Moret escreve:

> Nas proximidades dos campos férteis do vale, esses líbios e trogloditas davam a impressão de vizinhos famélicos e saqueadores, sempre perscrutando a oportunidade de roubar os felás egípcios, pacíficos e ligados aos trabalhos de cultivo e pecuária. Eles nunca foram muito perigosos para os egípcios, porque ainda não tinham montarias velozes e capazes de carregar fardos; o burro, seu único animal de carga, não é veloz nem leva cargas pesadas [...]. Diante desses nômades, o Egito se ateve, pois, a uma atenção vigilante, a operações de policiamento, nas quais empregava os próprios líbios; várias tribos, como a dos mashauasha, puseram-se a seu serviço, como mercenárias; ele também recrutou excelentes tropas entre os mazoi. Os faraós houveram por bem garantir-se assim contra os riscos de roubo pagando, sob forma de soldo, um prêmio aos saqueadores incorrigíveis. Foi só nos últimos tempos do Império Tebano que os líbios, agrupados numa espécie de federação e movidos pelas migrações de povos, tornaram-se para o Egito um perigo sério que os meios de fortuna não eram suficientes para conjurar (Moret, 1923, p. 197-198).

Esse testemunho de Moret resume o que se sabe de concreto e tangível sobre os líbios. A história ensina que eram ladrões famélicos que viviam na periferia do Egito, na região ocidental do Delta; que serviram como mercenários, que se instalaram na região do Delta no baixo período; que eram de raça branca, com exceção do tehenu[34], e essencialmente refratários à civilização no momento em que o mundo negro já era civilizado. É isso que os documentos históricos nos ensinam sobre os líbios, fora sua distribuição geográfica na costa setentrional da África, dada por Heródoto.

Cabe perguntar: Qual invenção teria levado a se colocarem esses povos, sob todos os pontos de vista diferentes dos egípcios, na origem da civilização destes últimos, até o ponto de considerá-los, cúmulo da contradição, seus supostos primos selvagens ou menos civilizados? Esses líbios se fixarão no Delta como mercenários, com parcelas de terra concedidas pelo faraó, no baixo período. O Egito será então impregnado de estrangeiros, e é a essa miscigenação que se deve o clareamento relativo da tez dos coptas.

Assim, o Delta só teve lugar na história egípcia no baixo período. Se o Egito jamais foi uma potência marinha, isso talvez se explique pelo próprio fato de a civilização ter nascido no interior do continente, ao contrário da civilização dos outros povos, na área em torno do Mediterrâneo.

Segundo Plutarco (em *Ísis e Osíris*), os egípcios consideravam o mar "uma secreção corrompida", concepção incompatível com a ideia de uma origem litorânea.

---

34. Com exceção do tehenu ou lebu negro, que seria ancestral do lebu atual da Península de Cabo Verde; os negros precederam os temehu ou líbios brancos (povo do mar) nessa região do Delta Ocidental. A existência desse primeiro habitante negro, o tehenu, deu margem à confusão do termo *líbio* "*marrom*"; embora designando na realidade um negro que só se distinguia dos outros egípcios por seu grau de civilização, ele servirá, nos manuais oficiais, para designar um ancestral hipotético do berbere. Tahanu ou Tehenu evoca Takanu; em uolofe, "lugar onde se busca madeira morta".

A civilização egípcia pode ser de origem asiática?

Aqui, como em tudo o que se disse antes, é importante distinguir o que se pode deduzir da análise estrita dos documentos históricos daquilo que se postula para além desses documentos – e em oposição ao seu testemunho.

Para que a civilização egípcia possa ser de origem asiática, ou de uma origem exterior qualquer, é indispensável que seja possível demonstrar a existência anterior de um berço de civilização fora do Egito. Ora, nunca será demais insistir no fato de que essa condição elementar – e indispensável – jamais foi preenchida.

> Em nenhum outro lugar as condições naturais favoreceram tanto quanto no Egito o desenvolvimento de uma sociedade humana; também em nenhum lugar se encontra uma indústria eneolítica de técnica comparável. Aliás, na Síria e na Mesopotâmia, além de algumas estações neolíticas da Palestina, de idade imprecisa, não há qualquer vestígio humano anterior a 4000 a.C. Nessa data, os egípcios estavam quase entrando no período histórico da civilização. Portanto, cabe atribuir ao gênio próprio dos primeiros habitantes do Egito e às condições excepcionais apresentadas pelo Vale do Nilo seu desenvolvimento precoce; nada prova que este se deva a uma invasão de estrangeiros mais civilizados, cuja própria existência, ou pelo menos civilização, esteja por ser demonstrada (Moret, 1923, p. 140).

Estas observações de Moret ainda hoje são irrefutáveis em seu conjunto. O autor faz alusão à data de 4241 a.C., na qual o calendário, com certeza, estava em uso no Egito.

O período do calendário egípcio é de 1.461 anos, intervalo de tempo que separa dois despontares helíacos da estrela Sótis ou Sírius. Esse fato e o conhecimento de duas referências, uma na história egípcia e a outra na história romana, permitiram remontar, com precisão matemática, a essa data de 4241, ou 4236 após correção de um pequeno erro dos primeiros cálculos.

Para inventar esse calendário, cujo período é de 1.461 anos, foram necessários milênios de observações ao longo de uma vida sedentária. Atendo-se estritamente aos fatos, vê-se como é impossível deter-se nos excessos dogmáticos dos inventores da cronologia curta e ultracurta que estabelecem 3200 a.C. ou 2800 a.C. como início da história egípcia: as considerações de "solidariedade" que levam a formular essas hipóteses serão expostas adiante.

Portanto, é no Egito que se encontra, com certeza matemática, a mais antiga data histórica da humanidade.

O que encontramos na Mesopotâmia? Nada que seja suscetível de ser datado com certeza; na Mesopotâmia as construções eram feitas com tijolos crus, secados ao sol; eram tijolos feitos de argila, que a chuva transformava numa massa de lama.

Nas pirâmides do Egito, em seus templos, obeliscos, em suas florestas de colunas de Luxor e Karnak, suas aleias de esfinges, seus colossos de Mêmnon e outros, seus rochedos esculpidos, seus templos subterrâneos de colunas protodóricas (Deir el-Bahari) de Tebas, em toda essa realidade arquitetônica palpável nos dias de hoje, em todos esses testemunhos históricos que nenhum dogma consegue volatilizar, correspondem, no Irã (Elam) e na Mesopotâmia até o século VIII (época dos assírios), túmulos de argila informes.

Decreta-se que esses túmulos são os restos de templos e torres desmoronados em vias de reconstituição. Assim, um arqueólogo estadunidense, Seton Lloyd, reconstitui o interior de um hipotético templo babilônio do 2º ou 3º milênios, reproduzido por Breasted (1945, p. 123, ilustr. 57); essa reconstituição seria feita segundo escavações empreendidas pelo Instituto Oriental da Universidade de Chicago. Tais reconstituições – inclusive a da Torre de Babel (ilustr. 39) – são de extrema gravidade para a história da humanidade, em razão da ilusão que podem criar. "Os restos dessas torres babilônias voltaram à poeira, no mais das vezes, por causa da falta de solidez do tijolo cozido ao sol empregado na sua construção. Os arqueólogos tampouco estão de acordo a respeito dos detalhes de sua forma" (Breasted, 1945, p. 122, nota 1).

No Egito, o estudo da história é amplamente apoiado por documentos escritos, tais como: a Pedra de Palermo, as Tábuas reais de Abidos, o Papiro real de Turim, a Crônica de Maneton. A todos esses documentos autênticos cabe acrescentar o conjunto dos testemunhos de escritores da Antiguidade, desde Heródoto até Diodoro, sem falar dos *Textos das pirâmides*, do *Livro dos mortos* e das milhares de inscrições nos monumentos.

Na Mesopotâmia seria inútil buscar algo semelhante. As tabuinhas cuneiformes geralmente trazem apenas contas de comerciantes: recibos, faturas redigidas brevemente. Os antigos nada dizem sobre a pretensa civilização mesopotâmica de antes dos caldeus. Aliás, estes últimos eram para eles simplesmente uma casta de sacerdotes astrônomos egípcios, ou seja: negros (cf. Diodoro de Sicília, 1758, livro 1, seção 1, p. 56-57).

> Em Diodoro, segundo os egípcios, os caldeus eram uma colônia de seus sacerdotes que Belus transportara pelo Eufrates e organizara segundo o modelo da casta matriz, e essa colônia continua a cultivar o conhecimento das estrelas que trouxera de sua pátria (Hoefer, 1852, p. 390).

Assim, "caldeus" é a raiz da palavra grega que significa astrólogo. A Torre de Babel, pirâmide em degraus semelhante à de Sacara, também conhecida pelo nome de Birs Nemrod e Templo de Baal, seria o observatório astronômico dos caldeus.

Tudo, então, volta à ordem, pois Nemrod, filho de Cuche, neto de Cam, ancestral bíblico dos negros, é o símbolo do poder temporal:

> Cuche foi pai de Nemrod, o primeiro a se tornar valente neste mundo. Era um caçador valente diante do Senhor. Por isso é que se diz: "Caçador valente diante do Senhor, como Nemrod". As capitais de seu reino foram: Babel, Arac, Acad e Calane, na terra de Senaar. Dali se originou Assur [...] (Gn 10,8-11).

O que há de mais normal, portanto, do que a existência de pirâmides de degraus em Sacara, na Babilônia (cidade cuchita de Bel), na Costa do Marfim (sob forma de pesos de bronze) e no México, onde a emigração negra, pelo Atlântico, é atestada pelos próprios escritores e arqueólogos mexicanos?

Sendo a Ásia Ocidental o berço dos indo-europeus, se uma civilização comparável à do Egito tivesse se desenvolvido nessa região, anteriormente ao período caldeu, sua lembrança, por mais vaga que fosse, deveria nos ter sido transmitida pelos antigos, que são um ramo de indo-europeus, os mesmos que nos transmitiram tantos testemunhos concordantes sobre a civilização negra egípcia. Segundo a cronologia curta, em 3200 a.C. o Egito foi unificado num reino por Menés.

Na Ásia Ocidental nada haverá de semelhante. Em vez de um reino poderoso e unificado encontram-se apenas cidades: Susa, Ur, Lagash, Mari, Sumer, por vezes atestadas por tumbas anônimas decretadas "tumbas reais", sem nenhuma prova.

Elevam-se, assim, à categoria de rei personagens que, no caso de não serem fictícios, não passavam de patriarcas de aldeias ou cidades. Hoje, no Senegal, em cada aldeia encontra-se uma família que reivindica sua fundação. Com frequência, a pessoa mais velha de uma família como essa é patriarca da aldeia em questão e objeto de certa deferência por parte dos habitantes. Entretanto, seria engraçado conferir-lhe o título daqui a 2.000 anos e falar do rei de Koki Kad, Koki Gouy, Koki Dahar etc.

A propósito do significado das tumbas de Ur – decretadas reais –, Georges Contenau escreve:

> Diante das sepulturas das "tumbas reais" coube indagar se de fato se tratava de reis e se essas tumbas não deveriam estar ligadas ao culto do princípio de fertilidade. O que chama a atenção, na verdade, é que os ocupantes dessas tumbas são, por assim dizer, anônimos:[...] M.S. Smith julga que essas tumbas podiam conter não reis verdadeiros, mas atores do drama sagrado que se representava por ocasião de festas e em que se sacrificava o protagonista [...]. Seu inventor

[das tumbas], Sir L. Wooley, nega-o absolutamente [...].
Ao descrever essa descoberta sensacional das tumbas
reais, eu observava, conforme naturalmente vem à
mente, que os citas, bem mais tarde, praticaram ritos
análogos. [...] Embora nunca se tenha tido a sorte de
encontrar uma tumba mesopotâmica intacta, além das
tumbas reais de Ur, e embora nunca se tenham encontrado documentos explícitos sobre a continuidade
do rito funerário que as tumbas de Ur revelaram, algumas tabuinhas, no entanto, lançavam um pouco de
luz sobre a persistência, pelo menos atenuada, dessa
prática. Uma carta do período assírio dos sargônidas
nos informa que o filho do governador de Acádia e outros lugares "foi a seu destino", assim como sua Dama
do Palácio, e que ambos foram enterrados (Contenau,
1947, p. 1.850-1.958).

É lamentável que os vagos documentos de que se dispõe sejam
de época tão tardia. Não menos lamentável é que a comparação
"que naturalmente vem à mente" nos remeta aos costumes citas, tal
como descritos por Heródoto no século V. De fato, reportando-nos
às próprias descrições de Heródoto citadas pelo Dr. Contenau
(1943, p. 1.556), damo-nos conta de que é impossível ser mais
selvagem e mais bárbaro do que os citas.

Estamos, portanto, longe dos vestígios de uma população que
se poderia decretar mãe da civilização egípcia. O termo "inventor"
empregado pelo autor com respeito a Sir L. Wooley, que descobriu
essas tumbas, é prova suficiente de que o qualificativo "reais" que
lhes é aplicado não tem justificativa legítima, a não ser a de uma
hipótese de trabalho.

Em contrapartida, os reis mais antigos que se encontram em
Elam são incontestavelmente negros, como provam os monumentos
exumados por Dieulafoy.

Muitas outras maravilhas seriam trazidas à luz do dia,
e caminhava-se de uma surpresa para outra. Na demo-
lição de um muro sassânida construído com materiais
locais mais antigos foram encontrados monumentos
que remontam ao período elamita da história de Susa;

133

ou seja, anteriores à tomada dessa fortaleza por Assurbanipal. Mas aqui vamos dar a palavra a Dieulafoy: "Retirando uma tumba colocada atravessada num muro de tijolos crus, fazendo parte das fortificações da porta elamita, os trabalhadores puseram à mostra uma urna funerária, e em torno desta uma proteção de alvenaria composta de tijolos esmaltados. Eles provinham de um painel no qual era representado um personagem magnificamente vestido com uma túnica verde, sobrecarregada de ornamentos amarelos, azuis e brancos, com uma pele de tigre, levando um bastão ou uma lança de ouro. O mais singular é que o personagem, do qual reconheci a parte de baixo do rosto, a barba, o pescoço e a mão, é preto. O lábio é fino, a barba cerrada, os ornamentos das roupas, de caráter arcaico, parecem obra de operários babilônios".

Em outros muros sassânidas construídos com materiais anteriores encontraram-se tijolos esmaltados que forneciam dois pés calçados de ouro, uma mão muito bem-desenhada; o punho era coberto de pulseiras, os dedos segurando o longo bastão que, sob os aquemênidas, tornou-se o emblema do poder soberano; um pedaço de túnica com o brasão de armas de Susa (ou seja, uma vista da cidade de estilo assírio) parcialmente escondido sob uma pele de tigre. Finalmente, um friso com florões de fundo marrom. Mãos e pés eram pretos. Era até evidente que toda a decoração fora preparada em vista de combiná-la com o tom escuro do rosto. Os personagens poderosos eram os únicos a terem o direito de portar longos bastões e pulseiras; o governador de uma praça de guerra podia mandar bordar sua imagem em sua túnica. Ora, o proprietário do bastão, o senhor da cidadela, é preto: há, portanto, mais probabilidade de que Elam tenha sido o apanágio de uma dinastia negra e, por referência às características da imagem já encontrada, de uma dinastia etíope. Tratar-se-ia de um daqueles etíopes do Levante de que fala Homero? Os nakuntas eram os descendentes de uma família principesca aparentada com as raças negras que reinaram no sul do Egito? (Lenormant, 1890, p. 96-98).

Meio século depois, as constatações do Dr. G. Contenau vêm confirmar as conclusões de Dieulafoy concernentes ao papel da raça negra na Ásia Ocidental. Primeiramente ele lembra a opinião de Quatrefages e Hamy sobre os tipos étnicos representados nos monumentos assírios.

O susiano, especialmente, "provável produto de alguma mestiçagem de cuchita e negro, com seu nariz relativamente chato, narinas dilatadas, pômulos salientes, lábios grossos, é um tipo de raça bem-observada e bem-descrita" (Contenau, 1927, p. 97).

Em seguida ele cita a classificação de Houssaye relativa à população atual. Esta se comporia de três camadas, uma das quais é descrita da seguinte maneira:

> Ariano-negroides correspondentes aos antigos susianos, que pertenciam em grande parte aos negritos, raça preta de baixa estatura, pequena capacidade craniana. Os ariano-negroides são braquicéfalos e não dolicocéfalos, como os negros de alta estatura; são encontrados no Japão, nas ilhas da Sonda, nas Filipinas e na Nova Guiné.

> Embora essa classificação possa sofrer alguns retoques, o lugar que ela dá aos negroides deve ser registrado. É por sua existência que pode ser explicada a presença, entre os arqueiros persas representados com tijolos coloridos, de guerreiros pretos que, entretanto, não têm as características étnicas dos negros. Sem exagerar a importância desse elemento, parece impossível colocá-lo em dúvida na constituição do antigo Elam (Contenau, 1927, p. 98).

A base negra primitiva do antigo Elam traz nova luz a determinados versos da *Epopeia de Gilgamesh*, poema babilônio (ou seja, cuchita) e a outros poemas:

Em francês
Père Enlil, Seigneur des pays
Père Enlil, Seigneur à la parole fidèle
Père Enlil, Pasteur des têtes noires.
Lamentation au dieu Enlil, *apud* Zervos, 1935.

135

Em português
Pai Enlil, Senhor das terras
Pai Enlil, Senhor da palavra fiel
Pai Enlil, Pastor das cabeças pretas.

Na *Epopeia de Gilgamesh, Anu*, o deus primitivo, pai de Ishtar, tem um nome negro que também era o de Osíris o Oniano: "A deusa Ishtar tomou a palavra e falou assim ao deus Anu, seu pai [...]" (versos 92-93 da *Epopée de Gilgamesh, apud* Contenau, 1939).

Já vimos que, segundo Amélineau, os *anus* foram os primeiros negros que habitaram o Egito, dos quais uma parcela permaneceu, durante a história do Egito, na Arábia Petreia. O *anu* negro é, portanto, um fato histórico, e não uma visão mental ou uma hipótese de trabalho.

Cabe assinalar também a existência, até hoje, de um povo *ani* na Costa do Marfim, cujos reis têm os nomes precedidos pelo título Amon, como vimos acima.

Aliás, a cronologia de M. Christian, que se apoia nos cálculos astronômicos de Kugler, considera que a primeira dinastia de Ur partiu de 2580 a.C. a 2600 a.C., que seria também a data das tumbas chamadas "reais", ao passo que a data oficial admitida até aqui, sem muita razão, oscila entre 3000 a.C. e 3100 a.C.

Na verdade, a data de 3100 a.C., escolhida como início do período histórico na Mesopotâmia, decorre unicamente da necessidade de fazer a cronologia egípcia e a mesopotâmica se ajustarem a todo custo. Ora, como a história no Egito, segundo as estimativas mais moderadas, começa em 3200 a.C., torna-se indispensável, "por solidariedade", fazer a história mesopotâmica começar por volta da mesma época, embora os fatos históricos conhecidos até hoje nessa região possam se encaixar num período de tempo bem menor. O Dr. Contenau, fazendo alusão à cronologia de M. Christian, escreve: "O que cabe pensar desses novos números? Em si mesmos, eles parecem atribuir um lapso de tempo suficiente para os elementos históricos" (Contenau, 1943, p. 1.563).

No entanto, o Dr. Contenau se abstém de adotar essa cronologia por duas razões:

A primeira é que o cálculo dos fenômenos astronômicos citado anteriormente, que deveria ser uma base indiscutível, é sujeito a variações [...]. A segunda razão é que a cronologia excepcionalmente curta não leva em conta civilizações vizinhas; é difícil explicar que a civilização egípcia, que os egiptólogos consideram começar, nas estimativas mais moderadas, por volta de 3100 antes de nossa era, tenham precedido em 600 anos o início da história na Mesopotâmia. As relações existentes entre a Ásia e o Egito na época proto-histórica são ponto pacífico; então, elas se tornam inexplicáveis, como seria o avanço da civilização minoica caso se adotassem esses novos números. A afirmação parece pouco aceitável. Creio, portanto, que o estudo interessantíssimo de M. Christian chega a uma conclusão só admissível se um trabalho paralelo for capaz de baixar igualmente a data de início das civilizações do Egito e do Egeu (Contenau, 1943, p. 1.563).

Em outra obra, Dr. Contenau escreve:

As incertezas da cronologia oriental incitam-me a dizer algumas palavras sobre datas que serão mencionadas neste estudo. Temos assistido há alguns anos a uma redefinição da cronologia mesopotâmica. Uma data de início da época histórica, fixada por volta de 4000 e tanto antes de nossa era, veio justamente a ser substituída pela de cerca de 3000 a.C., resultante da supressão, na lista das dinastias, dos anos de algumas delas que não eram sucessivas, mas contemporâneas, e do estabelecimento, graças aos astrônomos modernos, da data de eclipses de que se faz menção a propósito de certos reinados. Mas, desde então, uma revisão mais rigorosa dos acontecimentos históricos e dos cálculos astronômicos tende a baixar ainda mais o início do período histórico. M.V. Christian, de Viena, sugere para a primeira dinastia de Ur, na Suméria, a primeira dinastia verdadeiramente histórica, a data de 2620 a.C. Se apenas a civilização mesopotâmica estivesse em jogo, nada se oporia a uma compressão dessa ordem. [...]

Há, entretanto, uma solidariedade geral que deve ser levada em conta. O período histórico inicia-se aproximadamente na mesma data para o Egito e a Mesopotâmia. Ora, os egiptólogos geralmente se recusam a baixar a data de Menés, fundador da primeira dinastia, para menos de 3200 antes de nossa era (Contenau, 1934, p. 48-49).

Depreende-se claramente destes textos que a sincronização das histórias egípcia e mesopotâmica é uma necessidade decorrente das ideias, e não dos fatos. A ideia diretriz, atualmente, é chegar a explicar o Egito pela Mesopotâmia; ou seja, a Ásia Ocidental, berço dos indo-europeus.

Tudo o que precede mostra que, se nos ativermos unicamente ao quadro dos fatos probatórios, seremos obrigados a considerar a Mesopotâmia uma filha do Egito nascida tardiamente. As relações da proto-história não implicam necessariamente a sincronização do início da história nos dois países.

Pode-se pensar, concluindo este capítulo, nesta passagem de Lovat Dickson, que cita Marcel Brion: "Há trinta anos, o nome Suméria não significava nada para o público. Hoje, há algo denominado *o problema sumeriano*, que, para os arqueólogos, é objeto de controvérsias e de especulações constantes" (Brion, 1948, p. 65).

No que concerne aos monumentos persas, Diodoro informa que foram construídos por trabalhadores egípcios, tomados à força por Cambises o Vândalo:

> Cambises mandou incendiar todos os templos do Egito; foi então que os persas, transportando todos os tesouros para a Ásia e levando com eles até mesmo trabalhadores egípcios, mandaram construir os famosos palácios de Persépolis, de Susa e de algumas outras cidades da Média (Diodoro da Sicília, 1758, livro 1, seção 2, p. 102).

Segundo Estrabão, Susa fora fundada por um negro, Titon, rei da Etiópia, pai de Mêmnon: "De fato, diz-se que Susa foi fundada por Titon, pai de Mêmnon, e que sua cidadela chamava-se Memnonium. Os susianos chamam-se também cissianos, e Ésquilo chama a mãe de Mêmnon de Cissia" (Estrabão, [s.d.], livro XV, cap. 3, p. 728). Cissia lembra Cissê, nome próprio africano.

Uma das razões que levaram os persas a escolherem Susa como capital foi o fato de ela nunca ter tido papel importante na história, o que contradiz as teorias atuais:

> Ela [a Susiana] tem como capital Susa [...]. Os persas, tornando-se senhores da Média [...] fizeram de Susa a capital de seu império, em consideração à sua importância [...] e porque ela nunca empreendera nada de grande por si mesma, sendo sempre submetida a outros povos e vista como pertencente a um corpo mais considerável; exceto, talvez, nos tempos heroicos (Estrabão, [s.d.], livro XV, cap. 3, p. 728).

A Fenícia

O homem encontrado em Canaã na pré-história, o *natufiano*, era um negroide. A indústria capsiana, que teria se irradiado a partir da África do Norte até essa região também seria negroide. Segundo a Bíblia, quando as primeiras raças brancas chegaram aos locais, lá encontraram uma raça negra: os cananeus descendentes de Canaã, irmão de Mesraim o Egípcio, e de Cuche o Etíope, todos filhos de Cam, ancestral bíblico dos negros.

> O Senhor disse a Abrão: "Sai de tua terra, do meio de teus parentes, da casa de teu pai e vai para a terra que te mostrarei". Abrão partiu como o Senhor lhe havia dito, e Ló foi com ele. [Abrão levou] consigo sua mulher Sarai, o sobrinho Ló e todos os bens que possuíam, além dos escravos que haviam adquirido em Harã, Abrão partiu rumo à terra de Canaã, aonde chegaram. Abrão atravessou o país até o lugar santo de Siquém, até o carvalho de Moré. Naquele tempo, os cananeus viviam no país (Gn 12,1-6).

139

Depois de múltiplas peripécias os cananeus e as tribos de raça branca, simbolizadas por Abrão e sua descendência (linhagem de Isaac), fundiram-se para se tornarem, com o tempo, o povo judeu atual:

> Hemor e Siquém foram até às portas da cidade e falaram com os concidadãos, dizendo: "Esta gente está em paz conosco. Que se estabeleçam no país e o percorram livremente. Sem dúvida, a terra é bastante espaçosa. Tomaremos as suas filhas por mulheres e lhes daremos as nossas" (Gn 34,20-21).

Estas poucas linhas, tidas como uma artimanha, não traem os imperativos econômicos que na época deviam reger as relações entre invasores brancos e cananeus negros.

A história da Fenícia só é incompreensível, portanto, quando não se levam em conta os dados bíblicos, segundo os quais os fenícios – ou seja, os cananeus – estavam na origem dos negros já civilizados, aos quais, mais tarde, vieram misturar-se tribos nômades e incultas de raça branca.

Então, o termo *leuco-sírios*, aplicado a determinadas populações brancas dessa região, não é contradição, como crê Hoefer, mas uma confirmação dos dados bíblicos.

> O nome dos sírios parece ter se estendido desde a Babilônia até o Golfo de Issus, e até, antigamente, desse golfo até o Ponto Euxino. Também os capadócios, tanto os do Tauro quanto os do Ponto, mantiveram até hoje o nome leuco-sírios [sírios brancos], como se também houvesse sírios pretos (Hoefer, 1852, p. 158).

É dessa maneira que se pode explicar a eterna aliança dos egípcios e dos fenícios. Mesmo nos períodos mais conturbados, nos períodos de grande infortúnio, o Egito podia contar com os fenícios, como se pode, de certo modo, contar com um irmão.

> Entre as narrativas monumentais gravadas nas muralhas dos templos do Egito e relativas às grandes insurreições que, durante esse período de cinco séculos, eclodiram diversas vezes na Síria contra a supremacia

egípcia, por instigação dos assírios (ou rotennou), ou dos heteus setentrionais (ou *khétas*), dos quais os mais tremendos foram dominados por Tutmés III, Seti I, Ramsés II e Ramsés III, nunca vemos figurar na lista dos revoltosos e dos derrotados o nome dos sidônios, de sua capital e de nenhuma de suas cidades. [...].

Um precioso papiro do Museu Britânico contém o relato fictício da viagem à Síria de um funcionário egípcio no fim do reinado de Ramsés II, após a conclusão da paz definitiva com os heteus [...].

Em toda essa região o viajante está em terra egípcia, circula com a mesma liberdade, a mesma segurança com que o faria no Vale do Nilo. Era investido de autoridade (Lenormant, 1890, p. 484-486).

Certamente, não se deve minimizar o papel das relações econômicas entre o Egito e a Fenícia para explicar essa lealdade que parece ter existido entre os dois países.

Compreende-se também que a religião e as crenças fenícias sejam, de certo modo, apenas réplicas das egípcias. A cosmogonia fenícia é revelada pelos fragmentos de Sanconíato, traduzidos por Fílon de Biblos e reportados por Eusébio. Segundo esses textos, havia originalmente uma matéria incriada e caótica, em perpétua desordem (*bohu*), o sopro pairando acima do caos (*rouah*). A união desses dois princípios foi chamada *chaphets*, o desejo que está na origem de toda criação. Chama a atenção, aqui, a similitude dessa trindade cósmica com a encontrada no Egito, tal como relata Amélineau (1916).

Também de acordo com a cosmogonia egípcia, houve na origem uma matéria caótica incriada, o *nun* primitivo (a ser comparado com *nen* = nada, em uolofe). Essa matéria primitiva continha sob forma de princípios – os futuros arquétipos de Platão – todos os seres possíveis. Continha também o princípio, ou deus do devir, *Khepri*.

Quando o *nun* primitivo engendrar o demiurgo *Rá*, seu papel terá terminado. Daí em diante, a filiação será ininterrupta até Osíris, Ísis e Hórus, ancestrais dos egípcios. A trindade primitiva

141

passará então da escala do universo à do homem, como mais tarde no cristianismo.

Por gerações sucessivas na cosmogonia fenícia se chegará ao ancestral dos egípcios, *Misor*, que engendrará *Taaut*, inventor das letras e das ciências (que não é outro senão o *Thot* dos egípcios). Na mesma cosmogonia chega-se a Osíris e Canaã, ancestral dos fenícios.

> E todas essas coisas foram registradas nos livros sagrados, sob a direção de *Taaut* pelos sete Cabires, filhos de Sydyk, e seu oitavo irmão, *Eshmun*. E os que recolheram sua herança e transmitiram sua iniciação a seus sucessores foram Osíris e Canaã, ancestral dos fenícios (Lenormant, 1890, p. 583).

A cosmogonia fenícia revela, mais uma vez, o parentesco dos egípcios com os fenícios, ambos de origem cuchita; ou seja, negra.

Esse parentesco é confirmado pelas revelações dos textos de Ras-Shamra, que situam o berço dos heróis nacionais dos fenícios no sul nas próprias fronteiras do Egito:

> Os textos de Ras-Shamra deram ensejo para estudar novamente a origem dos fenícios. Enquanto as tabuinhas da vida corrente mencionam diversos elementos estrangeiros que participavam dos intercâmbios cotidianos da cidade, as que se referem ao recenseamento dos mitos e das lendas fazem alusão a um passado bem diferente, e embora digam respeito a uma cidade do extremo norte fenício, elas adotam o extremo sul, o Negeb, como cenário dos acontecimentos que descrevem. Atribuem aos heróis nacionais, aos ancestrais, um *habitat* situado entre o Mediterrâneo e o Mar Vermelho. Essa tradição, aliás, foi registrada por Heródoto (século VI a.C.) e, antes dele, por Sofonias (século VII a.C.) (Contenau, 1943, p. 1.791).

Geograficamente, a porção de terra que se encontra entre o Mediterrâneo e o Mar Vermelho é essencialmente o Istmo de Suez; ou seja, a Arábia Petreia, território dos *anus*, negros que fundaram On do Norte (ou Heliópolis) no período histórico.

Por volta do segundo milênio (1450 a.C.), sob a crescente pressão de tribos de raça branca que empurraram os fenícios para o litoral, ocupando o interior, os sidônios fundaram as primeiras colônias fenícias na Beócia, para lá instalar a totalidade da população. Assim criou-se Tebas (e Abidos, no Helesponto), e o nome escolhido para ela confirma, mais uma vez, o parentesco étnico de egípcios e fenícios; sabe-se, de fato, que Tebas era a cidade sagrada do Alto Egito, de onde os fenícios levaram as mulheres pretas que fundaram os oráculos de Dodona, na Grécia, e de Amon, na Líbia[35].

É na mesma época (segundo Lenormant, 1890) que os líbios (Jafé) se instalam na África em torno do Lago Triton, conforme revela o estudo dos monumentos históricos de Seti I.

Cadmo o Fenício personifica o período sidoniano e a contribuição fenícia para a Grécia. Os gregos dizem que foi Cadmo que introduziu a escrita, como diríamos hoje que foi Marianne que introduziu as estradas de ferro na África Ocidental francesa.

As tradições gregas também situam aproximadamente na mesma época a instalação de colônias egípcias na Grécia; Cécrops se fixa na Ática, Dânao, irmão de Egipto, na Argólida: ele ensina aos gregos agricultura e também metalurgia (ferro).

Nessa época sidoniana situa-se a passagem dos elementos da civilização egipto-fenícia para a Grécia. A colônia fenícia, no início, teve a supremacia; porém, muito cedo houve uma luta pela emancipação dos gregos contra os fenícios que, nesse tempo anterior aos "Argonautas", tinham o domínio dos mares e a supremacia técnica.

Esse período de conflito é simbolizado pela luta de Cadmo (o Fenício) contra o filho de Marte (o Grego), a serpente; essa luta durou cerca de três séculos.

---

35. A raiz da palavra Tebas não é indo-europeia; segundo a ortografia grega, a palavra deveria ser pronunciada "Taiba". Ora, observa-se que existem atualmente na África negra, particularmente no Senegal, várias cidades denominadas Taiba. Há razões para crer que essas cidades devem seu nome ao da antiga capital sagrada do Alto Egito.

A discórdia, assim desencadeada entre os autóctones pela chegada dos colonos cananeus, é representada na lenda mítica pelo combate travado, depois da chegada de Cadmo, entre os espartanos nascidos na terra. Então, os espartanos que a fábula diz terem sobrevivido a esse combate e que se tornam companheiros de Cadmo, são os representantes das principais famílias aonianas que aceitaram a dominação estrangeira.

Cadmo não se mantém por muito tempo o pacífico possessor de seu império; logo é expulso e forçado a se retirar para junto dos enquélios. É o elemento indígena que volta a triunfar; depois de aceitar a autoridade dos fenícios, depois de receber deles os benefícios da civilização, ele reage e tenta expulsá-los [...].

Tudo o que se pode discernir nessa parte dos relatos sobre os cadmeus é o profundo horror que sua raça, enquanto estrangeira, e seu culto, ainda marcado por toda a barbárie e toda a obscenidade orientais, inspiravam os gregos pobres e virtuosos, dos quais, entretanto, eles tinham sido os professores. Nas tradições helênicas, um terror supersticioso vincula-se à lembrança dos reis e da raça de Cadmo. São eles que mais fornecem temas para a tragédia antiga (Lenormant, 1890, 497-498).

Trata-se aqui, portanto, de um período de demarcação no qual o mundo indo-europeu se emancipava da dominação do mundo negro egipto-fenício.

Essa luta econômica e política, semelhante em todos os aspectos à que os países coloniais travam atualmente contra o imperialismo moderno, era acompanhada, como hoje, de uma reação cultural devida às mesmas razões. É no contexto dessa opressão cultural que se devem situar a *Oréstia* de Ésquilo e a *Eneida* de Virgílio para compreendê-las. Longe de traduzir, como creem Bachoffen e outros pensadores que o seguiram, a passagem universal do matriarcado ao patriarcado, essas obras marcam o encontro e o conflito de duas concepções diferentes: uma que tem suas mais profundas raízes nas estepes eurasiáticas e a outra que as tem no centro da África. No início, foi esta última (o matriarcado) que triunfou e se difundiu em torno de todo o Mediterrâneo egeu por meio da colonização egipto-fenícia das populações por vezes até brancas, mas cuja inconsistência cultural não permitia, na época, nenhuma reação positiva. Seria esse o caso dos lícios e de algumas outras populações egeias. Mas os autores da Antiguidade são unânimes em dizer que essas ideias nunca penetraram profundamente o mundo branco da Europa Setentrional e que, assim que este teve a possibilidade, rejeitou-as ao longo de uma série de reações nacionais, como sendo ideias estranhas a suas próprias concepções culturais. Esse é o significado da *Eneida*. O imperialismo cultural egipto-fenício não sobreviverá, em suas formas mais estranhas, à mentalidade setentrional, ao imperialismo econômico[36].

---

36. Algumas tribos germânicas conheciam o matriarcado; mas tratava-se de um fato excepcional entre os bárbaros, e Tácito não deixou de enfatizá-lo: "Todavia, nesse país os casamentos são castos; e não há aspectos em seus costumes que mereçam mais elogios. São quase os únicos entre os bárbaros a se contentarem com uma só mulher, com exceção de um imenso número de grandes que tomam várias, não por espírito de devassidão, mas porque várias famílias ambicionam fazer aliança com eles. Não é a mulher, é o marido que traz o dote [...]. O filho de uma irmã é tão caro ao tio quanto ao pai; alguns até acham que o primeiro desses vínculos é o mais sagrado e mais estreito; e, ao receber reféns, preferem sobrinhos, pois inspiram maior apego e envolvem a família mais amplamente. Todavia têm-se como herdeiros e sucessores os próprios filhos" (Tácito, [s.d.], cap. 18 e 20). É bem provável que esse traço de cultura negra tenha sido introduzido entre os germanos, então semissedentários, ao mesmo tempo em que o culto a Ísis, cuja origem estrangeira segura é enfatizada por Tácito. "Uma parte dos suevos também sacrifica a Ísis. Não encontro nem a causa nem a origem desse culto estrangeiro. Apenas a ilustração de uma nau, que é seu símbolo, anuncia que lhes veio de ultramar" (Tácito, [s.d.], cap. 9). César nasceu 155 anos antes de Tácito. Também escreveu sobre os costumes dos gauleses e dos germanos, e em parte alguma menciona o matriarcado nem, aliás, a presença dos sacerdotes e outros fatos religiosos apontados por Tácito: "Os usos dos germanos são muito diferentes; pois eles não têm druidas para presidir ao culto e não lidam com sacrifícios. Como deuses só contam os que vislumbram e cujos benefícios são perceptíveis, o sol Vulcano e a lua; nem mesmo ouviram falar dos outros. Passam a vida caçando ou exercitando a guerra e aplicam-se desde a infância a se tornar resistentes ao cansaço" (Jules César, 1926, livro 6, cap. 21). Isso provaria que se trata de instituições introduzidas tardiamente na Europa, talvez a partir da Bretanha, escala fenícia na rota do estanho: "Sua doutrina [a dos druidas], que se diz ter sido descoberta na Bretanha, foi levada de lá para a Gália, e é lá também que hoje vão estudá-la os que desejam conhecê-la mais a fundo" (Jules César, 1926, livro 6, cap. 13).

A história da humanidade será confusa enquanto não se distinguirem dois berços primitivos em que a natureza moldou os instintos, o temperamento, os hábitos e as concepções morais das duas frações dessa humanidade antes de elas se encontrarem, depois de uma longa separação que data da pré-história.

O primeiro desses berços, como se verá na parte dedicada à contribuição do Egito, é o Vale do Nilo, desde os Grandes Lagos até o Delta, passando pelo Sudão chamado "Anglo-egípcio". A abundância de recursos vitais, o caráter sedentário e agrícola da vida, as condições específicas do Vale do Nilo vão engendrar no homem – ou seja, no negro – uma natureza doce, idealista e generosa, pacífica, imbuída de espírito de justiça, alegre. Todas essas virtudes eram, na maior parte, indispensáveis à coexistência cotidiana.

Através das exigências da vida agrícola nasceram concepções como o matriarcado, o totemismo, a mais perfeita organização social, a religião monoteísta. Elas engendraram outras; assim, a circuncisão decorre do monoteísmo. – Na verdade, a ideia de um deus Amon, incriado e criador de tudo o que existe, que levou à ideia de androginia. Uma vez que Amon não foi criado e está na origem de toda a criação, houve um tempo em que ele era o único a existir. Do ponto de vista da mentalidade arcaica, ele devia então conter em si todos os princípios masculinos e femininos indispensáveis à procriação. Por isso Amon, o deus negro por excelência do Sudão Anglo-egípcio (ou seja, da Núbia) e de todo o resto da África negra, deus egípcio por excelência, aparecerá na mitologia sudanesa como andrógino; a crença na androginia ontológica engendrará, no mundo negro, a circuncisão e a excisão. Seria possível continuar e explicar todas as características fundamentais da alma e da civilização negras a partir dessas condições materiais do Vale do Nilo.

Em contrapartida, a violência da natureza nas estepes euras-iáticas, a infertilidade daquelas regiões, o conjunto das condições materiais naquele berço geográfico forjarão no homem os instintos necessários à sua adaptação ao meio. Nesse caso, a natureza não permite nenhuma ilusão a respeito de sua bondade, é uma natureza implacável e não permite nenhuma negligência: o homem extrairá seu pão de cada dia do suor de sua fronte. Ao longo dessa existência longa e penosa, ele aprenderá antes de tudo a contar com seus próprios meios, com suas próprias possibilidades. Não pode pagar-se o luxo de crer num deus benfeitor que lhe prodigará, em abundância, os meios de existência; seu espírito engendrará sobretudo divindades maléficas e cruéis, invejosas e rancorosas: Zeus, Javé etc.

Na atividade ingrata que o meio físico impunha ao homem já estava implicado o materialismo, o antropomorfismo, que não é mais do que um caso particular dele: o espírito laico. Assim, pouco a pouco o meio forjou esses instintos nos homens que viveram na região, particularmente nos indo-europeus. Todos os povos desse berço, sejam brancos ou amarelos, terão o instinto de conquista, porque tenderão a se evadir de ambiente tão hostil. São expulsos pelo meio, devem ir embora ou sucumbir, tentar conquistar outro lugar ao sol, numa natureza mais clemente, e o transtorno das invasões será incessante, uma vez que um primeiro contato com o mundo negro meridional os informará sobre a existência de terras em que a vida é fácil, as riquezas abundantes, as técnicas florescentes. Assim, de 1950 a.C. até Hitler, passando pelos bárbaros dos séculos IV e V, por Gêngis Khan, pelos turcos, as invasões de leste a oeste ou do norte ao sul são ininterruptas; mais correto ainda seria falar em evasões. O homem dessas regiões manteve-se nômade por muito tempo. Ele é cruel[37].

---

37. César e Tácito descrevem os costumes guerreiros, selvagens dos germanos ainda nômades ou seminômades e que ainda não haviam adquirido o sentido da propriedade fundiária: "Eles ainda não se dedicam à agricultura e vivem principalmente de leite, queijo e carne. Ninguém tem uma parcela de terra própria ou limites determinados. Mas todo ano os magistrados e os chefes atribuem, aos diversos grupos e às famílias que se reuniram, uma determinada extensão de terra e em determinado cantão que julgam adequado, e, no ano seguinte, obrigam-nos a se transferir para outro lugar. Dão para isso várias razões: temem que a força e o atrativo do hábito levem ao abandono do gosto das armas pelo da agricultura [...]. A maior honra para as cidades é terem à sua volta fronteiras devastadas e imensos ermos. Acreditam que é próprio da coragem forçar os povos vizinhos a desertarem seus territórios e não haver ninguém que ouse estabelecer-se perto deles; ao mesmo tempo, julgam estar

O clima frio engendrou o culto do fogo que, desde o fogo de Mitra até a chama do soldado desconhecido do Arco do Triunfo e as tochas olímpicas antigas e modernas, continua vivo. O nomadismo engendrou a incineração: transportavam-se em pequenas urnas as cinzas dos ancestrais. Esse uso perpetuou-se entre os gregos; os arianos o introduziram na Índia depois de 1450 a.C., o que explica a incineração de César e, na nossa época, de Gandhi.

Como vemos, o homem era o pilar daquela vida. O papel da mulher na vida econômica era muito mais reduzido do que nas sociedades negras. A família patriarcal nômade é o único embrião de organização social. O princípio do patriarcado regulará toda a vida dos indo-europeus, dos gregos e romanos ao Código Napoleão, até os nossos dias. É por isso que a participação da mulher nos assuntos públicos será mais tardia nas sociedades europeias do que nas sociedades negras[38]. Se hoje acontece aparentemente

---

assim em maior segurança, sem precisarem temer invasões repentinas [...]. O roubo cometido além das fronteiras da cidade nada tem de vergonhoso: dizem que serve para exercitar os jovens e para diminuir a preguiça" (Jules César, 1926, livro 6, cap. 22-23). "O cúmulo da desonra é ter abandonado seu escudo [...] reportam os próprios ferimentos a uma mãe, a uma esposa; e estas não temem contar as feridas, medir seu tamanho. Em meio ao tumulto, levam aos combatentes alimento e exortações [...]. Se a cidade que os viu nascer enlanguescer no ócio de uma longa paz, os chefes da juventude vão buscar a guerra junto de algum povo estrangeiro, de tanto que tal nação odeia o repouso! Além do mais, é mais fácil ilustrar-se nas vicissitudes, e é preciso ter o domínio da força e das armas para manter um grande número de companheiros [...]. Seria bem mais difícil persuadi-los a lavrarem a terra e esperarem o ano do que a atraírem inimigos e buscar ferimentos. A seus olhos é preguiça e covardia conseguir pelo suor o que podem obter pelo sangue [...]. Também usam peles de animais, mais grosseiras para os lados do Reno, mais rebuscadas no interior, onde o comércio não oferece outras vestes. Os animais são escolhidos e, para enfeitar sua pele, salpicam-na de manchas e a colorem com a pele dos monstros nutridos pelas praias desconhecidas do mais longínquo oceano [...]. Nenhum luxo em seus funerais: só se cuida de queimar com madeira especial o corpo dos homens ilustres" (Tácito, [s.d.], cap. 6-7, 14, 17, 27).

38. "Nossos ancestrais não permitiram que as mulheres tratassem de nenhum assunto, nem mesmo doméstico, sem autorização especial; nunca deixaram de mantê-las na dependência de seus pais, irmãos, maridos. Quanto a nós, se for a vontade dos deuses, logo permitiremos que elas participem da direção

o contrário em certas partes da África negra, isso se deve à sobre-posição da influência islâmica.

Portanto, são esses dois tipos de concepção social que se chocaram e se sobrepuseram em torno do Mediterrâneo. Foi a influência negra que, durante toda a época egeia, precedeu a dos indo-europeus. Todas as populações do contorno do Mediterrâneo eram então negras ou negroides: egípcios, fenícios; quando eram de raça branca, sofriam a influência econômica e cultural egipto-fenícia: Grécia, época dos beócios; Ásia Menor, Troia; hititas, aliados do Egito; etruscos na Itália do Norte, aliados dos fenícios: forte influência egípcia; a Gália, percorrida pelas caravanas fenícias, sob a influência religiosa direta do Egito. Essa influência negra estendia-se até os germanos, dos quais algumas tribos adoravam Ísis a Negra:

> Segundo Tácito (s.d., cap. 9), uma parte dos suevos, povo germânico, sacrifica a Ísis; de fato, foram encontradas inscrições em que Ísis é associada à cidade de Norea divinizada; Norea é hoje Neumarket, na Estíria. Ísis, Osíris, Serápis, Anúbis tiveram altares em Fréjus, Nîmes, Arles, Riez (Baixos Alpes), Parizet (Isère), Manduel (Gard), Bolonha (Haute Garonne), Lyon, Besançon, Langres, Soissons. Ísis era glorificada em Melun, Serápis, York e Brougham Castle, e também na Panônia e na Nórica (Vendyes, 1948, p. 244).

Provavelmente é à mesma época que remonta a origem das Virgens Negras, cujo culto subsiste atualmente na França (Nossa Senhora do Subterrâneo ou a Virgem Negra de Chartres). Esse

---

dos assuntos públicos, frequentem o Fórum, ouçam as arengas, imiscuam--se nas operações das assembleias [...]. As vantagens de cuja ausência hoje elas reclamam são as menores das quais, para seu grande desgosto, lhes é proibido desfrutar de nossos costumes e nossas leis [...]. Enumerai todas as disposições legislativas pelas quais nossos ancestrais trataram de restringir a independência das mulheres e subjugá-las a seus maridos e vede, com todos esses entraves legais, quanto nos é difícil contê-las no dever. Ora!, se as deixardes romper esses laços uns após os outros, libertarem-se de toda dependência e assemelharem-se inteiramente a seus maridos, acaso pensais que lhes será possível suportá-las? Mais do que serem nossas iguais, elas nos dominarão" (Tito Lívio, [s.d.].

culto era tão persistente que a Igreja romana teve de consagrá-lo[39]. O próprio nome da capital da França se explicaria pelo culto de Ísis. "O próprio nome Parisii bem poderia significar "Templo de Ísis", pois havia à beira do Nilo uma cidade com esse nome, e o hieróglifo *per* representa a muralha de um templo de Oise" (Hubac, 1952, p. 170).

O autor faz alusão ao fato de os primeiros habitantes da atual localização da cidade de Paris, que lutaram contra César, tinham o nome de *parisii*, sem que se saiba hoje por quê. Ora, o culto de Ísis, como se vê, era muito difundido na França, particularmente na bacia parisiense. Por toda parte havia templos de Ísis, de acordo com a terminologia ocidental. Porém, seria mais exato dizer "Casa de Ísis", pois esses chamados templos eram denominados *Per* em egípcio, palavra que significa exatamente, em egípcio antigo e em uolofe atual, a cerca que circunda a casa. Paris resultaria da justaposição de *Per-Isis*, palavra que efetivamente designa as cidades no Egito, conforme observa Hubac (segundo Maspéro).

Então, a própria raiz do nome da capital da França seria, quanto ao conteúdo, uma raiz do uolofe atual; e aqui se compreende a que ponto a situação se inverteu!

Há outros traços culturais comuns entre o Extremo Ocidente e a África negra: *Ker* = casa, em egípcio, em uolofe, em bretão; *Dang* = tenso, em uolofe, em irlandês; *Dun* = ilha, em uolofe = lugar fechado, isolado, mas em terra firme, em celta, portanto em irlandês também, daí os nomes de cidades como Ver-Dun, Château-Dun, Lug-Dun-Um (origem de Lyon) etc.

É possível estabelecer outra relação mais curiosa, que mereceria ser aprofundada:

> A relação do singular e do plural é expressa de maneira muito estranha num grande número de substantivos bretões, e encontra-se também em galês algo correspon-

---

39. A intolerância da Igreja na Idade Média não permite que sejam datadas dessa época. Supor sua introdução pelos cruzados equivale a afirmar que os que partiram para combater uma "heresia" retornaram com outra.

dente. Nessas línguas, o singular é formado a partir do plural, e não o inverso, pelo acréscimo do sufixo *enn*. Exemplos: *stered* (estrelas), singular *stered-enn*; *dluz* (trutas), singular *dluz-enn*.

A origem desse sentido particular do sufixo empregado como marca do singular deve ser a busca de uma significação diminutiva (Von Wartburg, 1946, p. 70).

A terminação *enn*, que permite passar de um plural bretão ou galês para um singular, é o termo que expressa a unidade em uolofe, em geral precedido pela consoante inicial da palavra que designa os objetos enumerados, segundo as leis fonéticas que irei expor no capítulo dedicado aos problemas de línguas de classes (p. 464s.). Exemplos:

• *Benn Bant* = uma bengala;

• *M-enn Mûs* = um gato.

Seria igualmente importante estudar a relação das mudanças de consoantes nas línguas bretãs e africanas.

É a essa mesma influência que deve ser atribuída a existência de divindades *Ani* entre os irlandeses e os etruscos. A influência egipto-fenícia sobre os etruscos é muito nítida, assim como sobre os sabinos, cujo nome e costumes evocam as civilizações negras meridionais.

A distinção que acabo de fazer entre os dois berços de civilização permite evitar qualquer confusão e qualquer mistério com respeito à origem dos povos que se encontraram na Península Itálica.

Os sabinos e etruscos praticavam o enterro de cadáver; os etruscos conheciam e utilizavam o sarcófago egípcio. Essas populações eram igualmente agrícolas e sua vida era pautada pelo matriarcado. Foram os etruscos que levaram todos os elementos da civilização egípcia para a Península Itálica: agricultura, artes, religião, arte divinatória. Os romanos assimilarão a substância dessa civilização quando tiverem destruído os etruscos, eliminando dela os elementos mais estranhos a sua concepção patriarcal eurasiática. Assim, depois do período de transição dos tarquínios, os últimos reis etruscos, o matriarcado negro será completamente rejeitado. A *Eneida* de Virgílio é a tomada de consciência nacional dessa demarcação, correspondente à que foi definida na Grécia pela *Oréstia* de Ésquilo.

O fim de um mundo antigo, o início de um mundo novo! A cultura negra foi excluída da bacia setentrional do Mediterrâneo em suas formas mais estranhas às concepções eurasiáticas; ela só sobreviverá, entre os jovens povos aos quais possibilitou ter acesso à civilização, sob a forma de substrato, no entanto tão vivo, que nos permite hoje determinar sua extensão. Pode-se acrescentar a tudo isso que a Loba Romana lembra práticas de totemismo meridional negro e que sabino parece conter a raiz de Sabá.

Assim, portanto, se quiséssemos, a história da humanidade seria muito luminosa. Apesar dos repetidos atos de vandalismo, desde Cambises, os romanos, os cristãos do século VI no Egito, os vândalos etc., temos ainda documentos suficientes para redigir uma história clara da humanidade. O Ocidente atual tem plena consciência disso, mas não tem a coragem intelectual e moral para fazê-lo, e é por isso que os manuais são deliberadamente confusos. Caberá então a nós, africanos, reescrevermos toda a história da humanidade para nossa própria edificação e para a dos outros.

Poderíamos atribuir à mesma influência negra um fato linguístico trazido por Von Wartburg, que insiste em sua generalidade:

> A troca de *ll* por *dd* (som cacuminal no qual a ponta da língua se dobra para tocar a parte superior do palato, às vezes até com a parte inferior da língua) na Sardenha, Sicília, Apúlia e Calábria, não apresenta uma mudança de princípio de importância menor nem de interesse menos considerável. Segundo Merlo, esse modo de articulação particular seria devido ao povo mediterrâneo que viveu na região antes de sua romanização. Embora existam sons cacuminais também em outras línguas, a mudança de articulação funcionou aqui apoiada numa base tão ampla e num domínio que, estendendo-se para além dos mares, tem um caráter tão nitidamente

arcaico que a concepção de Merlo tem toda a aparência de verdade. É verdade que Rohlfs objeta que também em outros lugares se encontram sons cacuminais. Mas são, por um lado, casos que vêm antes confirmar a opinião de Merlo. Assim, Pott e Benfey há muito tempo revelaram que a articulação cacuminal que se introduziu nas línguas arianas faladas pelos invasores do Dekkan provinha das populações dravidianas subjacentes (Von Wartburg, 1946, p. 41).

Como se vê, a introdução de sons cacuminais nas línguas arianas da Índia, no momento em que esse país foi invadido por povos nórdicos primitivos, deve-se à influência dos negros dravidianos. É possível presumir que o mesmo aconteceu na bacia mediterrânea, ainda mais porque o egípcio e as línguas negras em geral têm em profusão esses sons cacuminais.

Por outro lado, no México pré-colombiano, o fato de que os camponeses eram enterrados ao passo que os guerreiros eram incinerados pode ser explicado a partir da distinção já mencionada entre os dois berços primitivos da humanidade. Povos de raça branca vindos pelo norte e negros vindos da África pelo Oceano Atlântico teriam se encontrado no continente americano e se fundido gradualmente para resultar na raça mais amarela dos índios.

Entretanto, é preciso dar aqui um esclarecimento. Quando escrevo que os árabes e os judeus – ou seja, os dois ramos étnicos sob os quais hoje conhecemos os semitas – são mestiços de negros e brancos, trata-se de uma verdade histórica demonstrável e por muito tempo dissimulada. Quando escrevo que os amarelos são mestiços de negros e brancos, trata-se apenas de uma hipótese de trabalho, digna de interesse por todas as razões que mencionei anteriormente.

A hipótese segundo a qual o homem existiu em todos os lugares ao mesmo tempo, embora cientificamente sedutora, permanecerá inadmissível enquanto não se encontrarem homens fósseis na América, continente não submerso no quaternário, quando surgiu o homem, e onde temos todas as zonas climáticas, desde o Polo Sul até o Polo Norte.

Tudo o que precede atesta o interesse que teria um estudo sistemático das raízes que tivessem passado das línguas negras (egípcia e outras) para as línguas indo-europeias durante todo esse período de contato. Seria possível guiar-se por dois princípios: 1º) A anterioridade da civilização e das formas de organização social nos territórios negros, como o Egito; 2º) O fato de um termo que expressa uma ideia de organização social ou outro fato de civilização ser comum ao egípcio e ao latim/grego, sem que seja encontrado nas outras línguas da família indo-europeia.

Exemplo:

- *Maka* = veterano, em egípcio (Pierret, 1885);

- *Mag* = grande, veterano, venerável, em uolofe;

- *Kay Mag* = aquele que é grande, venerável, em uolofe;

- *Kaya Magan* = o grande, o rei (Termo que servia para designar o imperador de Gana, do século III ao ano 1240); A língua era o saracolê (ou uma língua vizinha); seja como for, vê-se que tem parentesco com o uolofe;

- *Magnus* = grande, em latim (Os latinos não contavam na história antes de 500 a.C.);

- *Carle Magnus* = Carlos Magno = Carlos o Grande = primeiro imperador do Ocidente coroado em 800;

- *Mega* = grande, em grego.

Não se encontra a raiz *Magnus* no vocabulário das línguas anglo-saxãs e germânicas, a não ser que seja um empréstimo evidente feito do latim.

- *Mac* = nome próprio escocês, seria apenas uma confirmação do que precede;

- *Kora* = instrumento musical AOF (África Ocidental Francesa); Coro = canto (grego).

- *Rá, Re* = deus egípcio, simbolizado pelo Sol, título do faraó;

- *Rog* = Deus celeste serere, cuja voz é o trovão;

- *Rex* = rei em latim: nas línguas anglo-germânicas só se encontram os termos *king, König*.

Seria possível estudar da mesma maneira o termo *hymen*, que estaria relacionado mais ao matriarcado negro e faz lembrar *men* = descendência matrilinear, em uolofe; *men* = seio, em egípcio e uolofe; designa o primeiro rei do Egito cujo nome deformado é Menés: assim, nesse nome está incluída a ideia de transmissão matrilinear do poder político. Portanto, não seria casual o fato de o rei sudanês que codificou o primeiro culto solar na Núbia ter o nome de *Men-thiou*: ele seria contemporâneo de Menés ou anterior a ele.

O mesmo se dá com o termo *gleba* = torrão de terra, em latim; *Geb* = terra, em egípcio. Também seria possível estudar a etimologia de *tyran* e de muitas outras palavras.

No fundo, quando os nazistas dizem que os franceses são negroides, se descartarmos a intenção pejorativa que orienta tais afirmações, elas continuarão historicamente fundamentadas, na medida em que fazem alusão aos contatos dos povos na época egeia. Mas isso não é verdade apenas para os franceses; é mais verdade ainda para os espanhóis, italianos, gregos etc., todas populações das quais se pretenderia justificar a cor menos branca do que a dos outros europeus por seu *habitat* mediterrâneo. O falso nas teorias nazistas são as questões de superioridade racial, mas o certo é que, desde a quarta glaciação, a raça nórdica, de olhos azuis e cabelos loiros, é a menos miscigenada. Essas próprias teorias nazistas provam o que eu dizia sobre a má-fé dos especialistas. Elas mostram, com efeito, que a influência negra sobre a zona mediterrânea não é segredo para nenhum estudioso. Eles fingem ignorá-la, mas servem-se dela quando necessário.

Segundo Lenormant (1890), no século XIV os filisteus de raça branca jafetita invadiram as costas cananeias. Foram vencidos por Ramsés III, que destruiu sua frota e lhes tirou, assim, qualquer possibilidade de retorno pelo mar. O faraó foi então obrigado a alojar – de certo modo – todo um povo sem meios de saída: deu-lhes terras, nas quais os filisteus se instalaram. Depois de dois séculos de desenvolvimento, eles destruíram Sídon, no século XII, na mesma época em que Troia, socorrida por 10 mil etíopes enviados pelo rei do Egito, foi destruída pelos gregos. Os fenícios fundaram Tiro, que recebeu os refugiados de Sídon e se desenvolveu. Foi a época tiriana das relações com os etruscos, primitivamente chamados de *tirrenos*, daí o nome do mar: Tirreno.

A Espanha torna-se uma escala na rota de Morbihan e das ilhas Sorlingas (Inglaterra, Irlanda), onde os fenícios iam buscar o estanho que utilizavam na fabricação de bronze.

A colonização da Espanha foi rápida; houve então uma tal miscigenação, que a raça da Península Ibérica (*Tarsis*) foi considerada de origem cananeia pelos gregos. Se os espanhóis são hoje os mais morenos dos europeus, é a essa mestiçagem que o devem, mais do que ao contato com os árabes – abstraindo-se os efeitos étnicos que poderiam ter resultado da presença da raça negra de Grimaldi no sul da Europa, no fim do Paleolítico.

> Apenas um século depois da fundação de Gabès, os tirianos dominavam como suseranos incontestáveis as partes mais ricas e mais férteis da Bélgica, todo o Vale do Betis (o Guadalquivir), os turdetanos e os túrdulos, e todo o território dos bástulos. Para que houvesse colonos agricultores, transportaram para lá um grande número de libifenícios da África. Sua raça se mistura tanto à dos indígenas, que no tempo de Estrabão a maioria dos habitantes das cidades da Turdetânia era, segundo o geógrafo grego, de origem cananeia. Os do litoral em torno de Malaca e de Abdera chamavam-se, ainda sob a dominação romana, bastulofenícios ou libifenícios, e as medalhas nos informam que na mesma época o uso da língua fenícia se mantém nas cidades de Gabès, de Malaca, de Sexi e de Abdera (Lenormant, 1890, p. 509-510).

A colonização romana, portanto, simplesmente suplantou a colonização fenícia, primeiro na Itália, onde foi destruído tudo o que poderia perpetuar a lembrança dos etruscos (monumentos, língua...), depois na Espanha e na África, pela destruição de Cartago. Esta era uma das últimas colônias fenícias, fundada na costa da África em 822 a.C. pela Rainha Elissa, da época de Licurgo na Grécia.

Depois de 1450 a.C., líbios brancos, povo do mar, ou *rebu*, tinham invadido o norte da África, a oeste do Egito. Tiveram tempo, antes da fundação de Cartago, de se espalhar ao longo de toda a costa, para oeste, conforme relata Heródoto. O interior de Cartago estava então ocupado por negros autóctones, que lá estavam desde tempos muito antigos, e por tribos líbias de raça branca, como os *massi*. A mestiçagem se fez gradualmente, como na Espanha, e, como se vê, o cartaginês, quer fosse do povo ou da classe dominante, era negroide. Não é preciso ressaltar que Aníbal, que quase destruiu Roma e é considerado um dos maiores chefes militares de todos os tempos, era um negroide. Pode-se dizer que foi com sua derrota que terminou a supremacia do mundo negro ou negroide. A tocha passará a partir de então para as populações europeias do Mediterrâneo Setentrional. Sua civilização técnica se irradiará, a partir de então, do litoral para o interior do continente, ao contrário do que acontecerá na África. O Mediterrâneo Setentrional passará a dominar o Mediterrâneo Meridional, a Europa dominará a África até os nossos dias, com exceção da brecha islâmica, pois pela vitória romana sobre Cartago começará a penetração e a dominação europeia da África, que se completou no fim do século XIX.

Quando se estuda a civilização que se desenvolveu na Bacia do Mediterrâneo, nunca será demais insistir no papel primordial dos negros e dos negroides numa época em que as raças europeias ainda eram selvagens e apenas aptas à civilização.

> Mas eles [os fenícios] as tiveram por toda parte, e essas feitorias exerceram uma influência imensa sobre os diferentes países em que tinham se estabelecido. Todas se tornaram núcleos de grandes cidades, pois os indígenas ainda selvagens vinham rapidamente agrupar-se em torno da feitoria fenícia, atraídos pelas vantagens que lá encontravam e pelas seduções da vida civilizada. Todas também foram centros ativos de propagação da indústria e da civilização material. Um povo selvagem não enceta um comércio ativo e prolongado com um povo civilizado sem absorver aos poucos alguma coisa de sua cultura, sobretudo quando se trata de raças tão

inteligentes e tão aptas ao progresso, como eram as da Europa. Novas necessidades são despertadas, e ele busca com avidez os produtos manufaturados que lhe são trazidos e que lhe revelam tantos requintes de que antes ele nem tinha ideia; mas logo seu desejo de penetrar nos segredos de sua fabricação, de se iniciar nas artes que os produzem, de passar a utilizar os recursos que seu solo lhe fornece, em vez de sempre os entregar àqueles estrangeiros que tão bem sabem aproveitá-los.

Essa influência direta da civilização sobre a barbárie é tão inerente à natureza humana, que ela se manifesta quase inconscientemente e apesar dos atritos, do ódio, da hostilidade ou mesmo das guerras que podem surgir entre os mercadores e os povos que eles frequentam. Foi assim com os fenícios e os gregos; no entanto, as relações estiveram longe de ser amigáveis, pelo menos no início (Lenormant, 1890, p. 543).

É nessa época da predominância fenícia sobre os mares que se situa o comércio de mulheres brancas com o mundo preto, cujo papel no clareamento da tez dos egípcios não pode ser minimizado. A citação que se segue não deixa nenhuma dúvida quanto à realidade e à amplitude desse comércio e também quanto ao contraste de cor que havia entre os egípcios pretos e os brancos das costas setentrionais:

Naus fenícias carregadas de mercadorias de proveniência egípcia e assíria atracam no porto da cidade helênica; expõem sua carga na praia, durante cinco ou seis dias, dando tempo para que os habitantes do interior da terra cheguem, vejam e façam compras. As mulheres do Peloponeso, curiosas e confiantes, aproximam-se dos navios; entre elas, encontrava-se Io, filha do Rei Ínaco. Os corsários, ao sinal combinado, lançam-se sobre as belas gregas e as raptam. Levanta-se âncora sem tardar e abrem-se velas rumo ao Egito: o faraó teve de pagar alto preço por aquelas moças de tez branca, feições tão puras, que tanto contrastavam com o rebanho humano que seus exércitos lhe traziam da Síria (Lenormant, 1890, p. 543).

No mesmo cenário de fatos pode-se citar também o rapto, pelos fenícios, de Eumeia, filha de Ctésio, notável de Siros, e o rapto de Helena por Páris, filho de Príamo, que deve ter acontecido em condições análogas, se pensarmos que o faraó enviou 10 mil etíopes para socorrer Troia, defendida pelo Rei Príamo e seu filho Páris.

Os cananeus decerto se miscigenaram mais rapidamente do que os egípcios, porque eram menos numerosos e encontravam-se, por assim dizer, na rota de evasão desses povos brancos que acabaram por invadi-los por todos os lados. O povo judeu – ou seja, o primeiro ramo dito semita, a partir de Isaac – parece, portanto, ser o produto dessa mestiçagem, como se viu anteriormente. Foi por isso que um historiador latino escreveu que os judeus são de origem negra.

Quanto ao espírito cínico, mercantil, que constitui a própria essência da Bíblia (Gênesis, Êxodo), trata-se do reflexo das condições em que o povo judeu se viu já em sua origem.

A produção intelectual dos judeus, desde sua origem até hoje, explica-se também por essas condições perpétuas nas quais eles viveram; formando ilhas de apátridas no seio das nações, desde sua dispersão, conheceram constantemente uma dupla preocupação: a de garantir sua existência material num meio frequentemente hostil, aquela engendrada pelo receio dos pogroms periódicos. Outrora, nas estepes eurasiáticas, eram as condições físicas que não permitiam nenhuma ilusão, nenhuma letargia, e se lá o homem não criou uma civilização maravilhosa, foi porque o meio era demasiado hostil. Agora, são as condições políticas e sociais que impedem aos judeus qualquer pausa intelectual. Os judeus só começaram a contar na história a partir de Davi e Salomão; ou seja, do início do primeiro milênio, época da Rainha de Sabá. A civilização egípcia já era várias vezes milenar; mais ainda a civilização núbio-sudanesa.

Portanto, é impensável tentar explicar estas últimas por qualquer contribuição judaica que seja. Salomão foi apenas um pequeno rei que reinava sobre uma pequena faixa de terra; ele nunca governou o mundo como as lendas dizem. Distinguiu-se por seu espírito de justiça e por seus talentos de comerciante; de fato, ele se aliara aos comerciantes de Tiro para construir uma frota mercante, tendo em vista explorar os mercados de além-mar. Graças a essa atividade comercial, a Palestina foi próspera durante seu reinado. Até hoje foi o único reinado importante da história judaica.

Mais tarde, o país será conquistado por Nabucodonosor, que efetuou uma transferência de população judia para a Babilônia; foi o período chamado "do cativeiro".

Aos poucos os judeus se dispersaram, o Estado judeu rapidamente se eclipsou, para só ressurgir com o sionismo atual: Ben Gurion.

Ousaram-se fazer algumas pesquisas antropológicas que provam nitidamente que os fenícios nada tinham de comum com o tipo oficial semita: braquicefalia, nariz aquilino ou hitita etc. Uma vez que os fenícios estiveram em todas as partes no Mediterrâneo, procurou-se encontrar seus ossos nos diferentes lugares da bacia. Assim, encontraram-se crânios presumivelmente fenícios a oeste de Siracusa, mas são crânios dolicocéfalos e prognatas; portanto, de afinidades nitidamente negroides.

> Quanto aos crânios de Italia Nicastro, tudo o que se sabe sobre sua morfologia está nas seguintes linhas: os crânios examinados eram comprimidos nas têmporas e de forma quase romboide; o aparelho dentário muito proeminente, inteiro e em boas condições [...] e de forma dolicocéfala e prognata, que caracteriza os crânios da raça enterrada (crânios encontrados a oeste de Siracusa) (Pittard, 1924, p. 108).

Eugène Pittard menciona ainda uma descrição que Bertholon faz dos cartagineses e dos bascos, que este imagina serem um ramo dos cartagineses. Essa descrição é importante no sentido de que o autor, sem se dar conta, na realidade descreve um tipo negro:

160

Dos homens que considerava descendentes atualmente vivos dos antigos cartagineses, ele [Bertholon] ofereceu o seguinte retrato: aqueles indivíduos tinham uma pele muito morena. Isso tem relação com o hábito dos fenícios de colorir suas estátuas de marrom-avermelhado para representar a cor dos tegumentos [...]. O nariz é reto, às vezes ligeiramente côncavo. Com mais frequência é carnudo e às vezes intumescido na ponta. A boca é média, às vezes bem grande. Os lábios são quase sempre grossos, os pômulos só um pouco proeminentes (Pittard, 1924, p. 409).

Apesar dos eufemismos, sentimos que acabamos de ler a descrição de um negro, ou pelo menos negroide.

Outra passagem do mesmo autor mostra que era toda a aristocracia cartaginesa que tinha afinidades negras:

Outras ossadas encontradas na Cartago púnica, expostas no Museu Lavigerie, provêm de indivíduos descobertos nos sarcófagos particulares, provavelmente pertencentes à elite cartaginesa. Os crânios são quase todos dolicocéfalos [...] uma face mais para curta [...] (Pittard, 1924, p. 411).

A dolicocefalia e a face curta caracterizam os negros. Outra passagem ainda mais importante do mesmo autor prova mais uma vez que a classe alta da sociedade cartaginesa era negra ou negroide.

Os que, em seus últimos anos, visitaram o Museu Lavigerie, em Cartago, lembram-se do magnífico sarcófago da sacerdotisa de Tanit, descoberto por P. Delattre. Esse sarcófago, o mais ornamentado, o mais artístico dos que foram encontrados e cuja imagem exterior representa provavelmente a própria deusa, deve ter sido a sepultura de uma altíssima personagem religiosa. Ora, a mulher encerrada nele apresentava características negroides. Era uma africana de raça! (Pittard, 1924, p. 410).

161

A conclusão que o autor tira dessa passagem é a de que várias raças coexistiam em Cartago. Concordamos com isso, pois é o que se depreende de tudo o que precede. Em contrapartida, há uma conclusão que se impõe ainda mais e à qual o autor não chegou: entre as raças presentes, a que era mais elevada, mais considerada, a que detinha as alavancas do comando político, à qual se devia aquela civilização, a julgar pelas provas materiais encontradas, sem as interpretar a partir dos preconceitos de nossa educação, era a raça negroide.

Se uma bomba atômica destruísse Paris deixando intactos os cemitérios, os antropólogos que abrissem os túmulos para determinar qual era a raça francesa também concluiriam que não eram só franceses que viviam em Paris. Por outro lado, seria inconcebível que o cadáver contido no mais belo túmulo, tão excepcional quanto o de Napoleão, fosse o de um escravo ou de um personagem anônimo qualquer!

Portanto, se quisessem, teriam determinado com muito mais precisão a raça fenícia e todas as outras raças negras aparentadas às quais a humanidade deve seu acesso à civilização. Isso poderia até ser feito a partir de considerações puramente antropológicas, embora a experiência prove que nesse domínio é possível sustentar todas as teses que se queiram. Gastam-se milhões para escavar túmulos de argila na Mesopotâmia, na esperança de encontrar documentos que permitam situar com certeza e definitivamente o berço da civilização na Ásia Ocidental.

Embora os que o empreendem alimentem esperanças muito débeis de chegar a seus fins, nem por isso deixam de continuar a fazê-lo, como se a rotina tivesse criado um vezo definitivo. Em contrapartida, sabe-se a localização exata dos túmulos fenícios; basta abri-los para informar-se sobre a raça dos cadáveres que contêm. Mas há grande possibilidade de que ela seja negra, a ponto de ser impossível negá-lo. Então, melhor não tocá-los.

Para informar-se exatamente sobre as características antropológicas dos antigos fenícios seria preciso ter os esqueletos contidos nas sepulturas da época do auge dos fenícios, no próprio litoral em que Tiro e Sídon desenvolveram sua potência de cidade mercantil. Infelizmente, esses documentos importantes ainda não foram postos à disposição dos etnólogos. Certamente o serão algum dia, quando forem empreendidas as pesquisas sistemáticas que conduzirão à conservação simultânea do patrimônio arqueológico e dos esqueletos (Pittard, 1924, p. 407).

Isso foi escrito em 1924. A partir dessa data poucas escavações foram praticadas na região (Ras Shamra, interrompidas em 1939). Muitos documentos foram encontrados por acaso. As tumbas mais antigas encontradas na Fenícia, as de Biblos, que datariam da época eneolítica, descobertas por M.N. Dunand, revelam um tipo humano que o Dr. Vallois classifica na raça "marrom mediterrânea de Sergi". Ora, a denominada raça marrom mediterrânea não é senão a raça negra. Por outro lado, alguns dos crânios apresentam uma deformação que hoje só se encontra entre os negros mangbetu, do Congo.

As ossadas estudadas pelo Dr. Vallois levaram-no a concluir pela presença de dolicocéfalos baixinhos da raça "marrom mediterrânea de Sergi". Alguns crânios apresentam uma deformação proposital, obtida artificialmente por amarrações que tiveram por resultado o alongamento ovalado do crânio da frente para trás, realizando a deformação que, na época de Amarna, tantos monumentos apresentarão, especialmente os personagens da família real (Contenau, 1949, p. 187).

A Arábia

Segundo Lenormant (1890, p. 368ss.), inspirado em Maçoudi (1873), um império cuchita teria se constituído primitivamente em toda a Arábia. Foi a época personificada pelos *aditas* de *Ad*, netos de *Cam*, ancestral bíblico dos negros.

163

Cheddade, filho de *Ad* e construtor do legendário "paraíso terrestre", mencionado no Alcorão, pertence a essa época, chamada de "primeiros aditas".

O império dos primeiros aditas foi destruído no século VIII a.C. por uma invasão de tribos jectânidas de raça branca, incultas, que teriam vindo instalar-se entre os negros. A profecia de *Hud* diz respeito a esse acontecimento.

Entretanto, o elemento cuchita não tardou a se recompor do ponto de vista político e cultural; as primeiras tribos de raça branca foram completamente absorvidas pelo elemento cuchita. É a época denominada "segundos aditas".

> Entretanto, depois do primeiro transtorno da invasão, como o elemento cuchita ainda era o mais numeroso na população, como ele ainda tinha uma grande superioridade de conhecimentos e de civilização sobre os jectânidas, recém-saídos da vida nômade, logo recuperou a supremacia moral e material, o domínio político. Formou-se um novo império, no qual o poder coube ainda aos sabeus, provindos da raça de Cuche. Durante alguns séculos as tribos jectânidas viveram sob as leis desse império, crescendo em silêncio. Na maioria, adotaram os costumes, a língua, as instituições, a cultura, a tal ponto que, mais tarde, quando finalmente passaram a dominar, não resultou nenhuma mudança apreciável; nem na civilização, nem na língua, nem na religião.
> O período desse novo império é, para os narradores árabes, o dos segundos aditas (Lenormant, 1890, p. 260-261).

Esses fatos, sobre os quais os próprios autores árabes estão de acordo, provam, como veremos de maneira mais nítida no que se segue, que a raça árabe não se concebe fora de uma mestiçagem de negros e brancos, que, aliás, prossegue até os nossos dias. Esses mesmos fatos provam que as características comuns à cultura negra e à assim chamada cultura semítica decorrem de empréstimos da primeira para esta última.

O inverso é historicamente falso e seria impossível partir de alguns parentescos gramaticais, como conjugações sufixais e pronomes sufixos, t do feminino, para tentar explicar o mundo negro egípcio pelo mundo chamado semítico.

O mundo semítico, tal como o entendemos sob sua realidade atual, é de formação demasiado recente para que se possa invocá-lo e explicar o Egito. Como já se viu, para além do século VIII a.c., na região da Arábia só se encontram negros; ou seja, cuchitas, na terminologia oficial[40].

Foi durante os primeiros séculos do reinado dos segundos aditas que o Egito conquistou o país, sob a menoridade de Tutmés III. Lenormant acha que a Arábia é a terra de Punt e da Rainha de Sabá. Convém lembrar que a Bíblia localiza no mesmo território um dos filhos de Cam, Put.

No século VIII a.C., os jectânidas, que se tornaram suficientemente fortes, teriam tomado o poder da mesma forma – e por volta da mesma época – que os assírios agindo para com os babilônios, igualmente cuchitas; ou seja, caldeus.

> Mas, apesar de terem os mesmos costumes, a mesma linguagem, os dois elementos que constituíam a população da Arábia Meridional continuavam bem-distintos e com interesses opostos, tal como assírios e babilônios na Bacia do Eufrates, sendo que os primeiros também eram semitas e os segundos cuchitas [...]. Enquanto durou o império dos segundos aditas, os jectânidas foram submetidos aos cuchitas. Mas chegou um momento em que eles se sentiram bastante fortes para, por sua vez, tornarem-se senhores. Atacaram os aditas sob a liderança de *Iârob* e conseguiram triunfar. Geralmente se estabelece a data dessa revolução no início do século VIII a.C. (Lenormant, 1890, p. 373).

---

40. Infiltrações anteriores ao segundo milênio seriam relativamente insignificantes.

Segundo Lenormant, depois da vitória jectânida, uma parte dos aditas transpôs o Mar Vermelho pelo Estreito de Bab el-Mandeb para instalar-se na Etiópia, ao passo que a outra parte permaneceu na Arábia, refugiada nas monstanhas de Hadramaut e outros lugares. Daí o provérbio árabe: "Dividir-se como os sabeus".

Por essa razão a Arábia Meridional e a Etiópia teriam se tornado inseparáveis do ponto de vista linguístico e etnográfico. "Muito tempo antes da descoberta da língua e das inscrições himiaríticas tinha-se notado que o *ghez*, ou idioma abissínio, é um resquício vivo da antiga língua do Iêmen" (Lenormant, 1890, p. 374).

Estas são, portanto, as relações dessas duas regiões. Mas estamos longe da ideia de uma migração de raça branca, civilizadora, que teria se efetuado no período pré-histórico pelo Bab el-Mandeb ou por algum outro lugar. Vê-se como são inadmissíveis as teorias linguísticas alemãs que se baseiam em tal postulado. Também são inadmissíveis as que se fundamentam nesse mesmo postulado (Capart) para explicar a origem da escrita egípcia, cujos sinais constitutivos representam essencialmente a flora e a fauna do centro da África, particularmente as da Núbia, e não as do Baixo Egito. Capart supõe uma raça branca semítica hipotética que teria chegado ao interior da África pelo Bab el-Mandeb; lá teria ficado por muito tempo e ensinado a escrita aos indígenas. Depreende-se do que precede que não há nenhum fato histórico em favor dessa tese.

As migrações conhecidas que se fizeram por esse lugar são muito posteriores à eclosão da civilização egípcia e à invenção da escrita hieroglífica para que seja possível situá-las na origem delas. Mas, uma vez que o objetivo é sempre o mesmo – o de conseguir por todos os meios explicar até os mínimos fenômenos de civilização na África negra pela contribuição de uma raça branca, mesmo que mítica –, utiliza-se um procedimento matemático: o da extrapolação. Pelo fato de uma imigração recente dos aditas (século VIII a.C., segundo Lenormant, 1890) – portanto, de negros – ter se realizado por esse lugar, postula-se que ela deve ter se produzido pelo mesmo lugar das imigrações semíticas, das quais não temos nenhum indício. A hipótese de trabalho se transforma em realidade: tem-se a chave do enigma. É assim que se consegue explicar a civilização egípcia por puras abstrações que nada têm em comum com os fatos históricos. Desse modo, abusa-se da confiança dos profanos.

Instituições e costumes do reino sabeu

Segundo o mesmo autor, o regime de castas, estranho aos semitas, era a base da organização social – tal como na Babilônia, no Egito e na África – no reino de Malabar, na Índia[41]:

41. Os árias não introduziram o sistema de castas na Índia, mas parecem tê-lo adotado, conforme observa Lenormant. Se esse sistema tivesse base étnica, haveria pelo menos o mesmo número de castas que de raças, mas não era esse o caso. Segundo os autores antigos, em especial Estrabão, o sistema emanava diretamente da divisão de trabalho na sociedade, como ocorre entre os outros cuchitas. Estrabão enumera, assim, as sete castas de então: "1) os filósofos; 2) os cultivadores; 3) os pastores e caçadores; 4) os artesãos e operários; 5) os militares; 6) os éforos (os que percorriam o país para informar ao rei tudo o que acontecia; 7) conselheiros e cortesãos do rei" (Estrabão, [s.d.], livro 15, cap. I, § 29-38). Estrabão menciona que não havia misturas intercastas, mas ainda não há a casta dos "párias". Esta parece resultar de uma transformação recente da sociedade indiana, com o declínio da supremacia dravidiana. Os textos que servem de base para que se considere que a casta dos párias remonta à mais remota antiguidade provavelmente são apócrifos. Um dravidiano pode ser brâmane, o que significa que um negro pode pertencer à mais alta casta ou classe da sociedade. E isso continua sendo verdade com respeito ao tempo mais distante a que se possa remontar. É absurdo, portanto, querer conferir uma base étnica ao sistema de castas. Tudo indicaria que Buda foi um sacerdote egípcio expulso de Mênfis pelas perseguições de Cambises (525 a.C.). Essa tradição justificaria a representação do Buda com cabelos crespos. Os documentos históricos não infirmam essa tradição. "Koempfer, em sua *Histoire du Japon*, diz que o Buda Sakya, da Índia, foi um sacerdote de Mênfis que fugiu do Egito para a Índia na época da invasão de Cambises, que aconteceu no ano 525 a.C. [...] Koempfer quis atribuir tudo a uma ideia dominante: a difusão na Ásia das doutrinas egípcias pelos sacerdotes de Tebas e de Mênfis exilados por Cambises ou em fuga de suas perseguições. Um escritor moderno chega por outras vias aos mesmos resultados. M.W. Ward, que há alguns anos publicou uma ampla compilação de documentos diversos sobre a religião, a história e a literatura dos hindus, baseados em excertos de livros sânscritos, cujas passagens ele relata, forneceu sobre Buda uma nota estabelecendo que seu surgimento não pode remontar para além do século VI a.C. [...] Dá-se a

Esse regime é essencialmente cuchita e, em todo lugar onde o encontramos, é fácil constatar que ele procede originalmente dessa raça. Nós o vimos florescer na Babilônia. Os árias da Índia, que o adotaram, tinham-no adquirido das populações de Cuche, que os tinham precedido nas bacias do Indo e do Ganges (Lenormant, 1890, p. 384).

A circuncisão foi praticada.

Lockmân, representante mítico da sabedoria adita, lembra Esopo, cujo nome pareceu a M. Welcker revelar uma origem etíope. Na Índia, também, a literatura dos contos e dos apólogos parece vir dos sudras. Talvez esse modo de ficção caracterizado pelo papel que o animal tem nela nos represente um gênero de literatura próprio dos cuchitas (Renan, *apud* Lenormant, 1890, p. 385).

Convém lembrar, de passagem, que Lockmân, pertencente ao segundo período dos aditas, é também o construtor da famosa Represa do Mareb, cujas águas "eram suficientes para irrigar e fertilizar a planície até sete dias de caminhada em torno da cidade [...]. Ainda hoje existem ruínas consideráveis que vários viajantes visitaram e estudaram" (Lenormant, 1890, p. 361).

Os jectânidas, que, "no momento em que chegaram, ainda se encontravam em estado quase bárbaro (Lenormant, 1890, p. 373), só introduziam, na verdade, o sistema pastoral e a feudalidade militar:

Com esse pano de fundo, ainda conservado, de instituições e de costumes adquiridos dos aditas da raça de Cuche, os jectânidas, uma vez que se tornaram senhores,

---

Buda o nome de Gautama, que é aquele da raça do usurpador [...]" (Marlès, 1828, p. 470-472). Hoje há uma concordância em situar no século VI a.C. não só o Buda, mas todo o movimento religioso e filosófico da Ásia, com Confúcio na China, Zoroastro no Irã, o que confirmaria a hipótese de uma dispersão dos sacerdotes egípcios na época, difundindo suas doutrinas na Ásia. É difícil explicar esse movimento religioso por uma evolução sincrônica dos diferentes países envolvidos.

implantaram uma organização política que lembra a da maioria dos outros povos semíticos e que difere do que vemos nos impérios camíticos no Egito, na Fenícia, na Babilônia, entre os nârikas de Malabar, o sistema das tribos e da feudalidade militar, duas instituições caras a todos os árabes (Lenormant, 1890, p. 385).

A religião também é de origem cuchita e parece emanar diretamente daquela dos babilônios igualmente cuchitas. Continuará a mesma até o islã; os deuses sabeus eram mais ou menos os mesmos que os deuses babilônios e todos pertenciam à mesma família cuchita dos deuses egípcios e fenícios. "Pois é impossível não reconhecer os deuses caldaico-assírios: *Illu Bel, Samas, Istar, Sin, Samadan, Nisruk* nos deuses do Iêmen *Il, Bill, Schams, Athtor, Sin, Simdan, Nasr*" (Lenormant, 1890, p. 392).

O deus *Il* era objeto de culto nacional. Conhecido por toda parte, tinha os seguintes qualificativos: *Dhou-Samawi* = o senhor dos céus (correspondente exato a Baal-Samain da Fenícia); *Rhaman* = o misericordioso etc.

A única tríade venerada era Vênus-Sol-Lua, como na Babilônia. O culto tinha caráter sideral muito marcado, sobretudo solar: faziam-se preces ao Sol nos diferentes momentos de sua trajetória. Não havia nem idolatria, nem imagens, nem sacerdócio.

Dirigia-se uma invocação direta aos sete planetas. O jejum de 30 dias já existia – semelhante aos que se praticavam no Egito. Faziam-se preces sete vezes por dia com o rosto voltado para o norte. Essas preces dirigidas ao Sol nos diferentes momentos de sua trajetória se parecem bastante com as preces muçulmanas, que acontecem nas mesmas fases, mas que foram reduzidas a cinco obrigatórias pelo profeta, "para aliviar a humanidade"; as outras eram facultativas.

Havia igualmente fontes e pedras sagradas, como na época muçulmana: *Zenzen*, fonte sagrada; *Kaaba*, pedra sagrada. A peregrinação a Meca já existia. A *Kaaba* teria sido construída por Ismael, filho de Abraão e de Agar a Egípcia (negra), ancestral histórica de Maomé, segundo todos os historiadores árabes.

Já se acreditava na vida futura, como no Egito. Os ancestrais mortos eram divinizados. Todos os elementos necessários à eclosão do islã já estavam instalados – portanto, mais de mil anos antes do nascimento de Maomé –, e o islã surgirá como uma "depuração" do sabeísmo, pelo "enviado de Deus".

Acabamos de ver que todo o povo árabe, até o profeta, tem miscigenação negra; todos os árabes instruídos têm consciência disso. O próprio herói romanesco da Arábia, *Antar*, é mestiço:

> Apesar do apreço que tinham por sua genealogia e pelo privilégio do sangue, os árabes, sobretudo os habitantes sedentários das cidades, não mantiveram sua raça isenta de miscigenação [...].
>
> Mas a infiltração de sangue negro, que se difundiu por todas as parte da península e parece que um dia deverá modificar completamente a raça, começou já numa antiguidade muito remota. Produziu-se primeiro no Iêmen, cuja situação geográfica e cujo comércio levavam a uma relação contínua com a África [...].
>
> A mesma infiltração foi mais lenta e mais tardia no Hejaz e no Nejd. Mas também aí se produziu numa data mais remota do que geralmente se imagina. O herói romanesco da Arábia anteislâmica, Antar, é filho de mãe mulata; no entanto, sua fisionomia bem africana não o impede de se casar com uma princesa das tribos mais orgulhosas de sua nobreza, pois essas misturas melânicas eram habituais e admitidas nos costumes havia muito tempo, ao longo dos séculos imediatamente anteriores a Maomé (Lenormant, 1890, p. 429-430).

Ao contrário de Lenormant, não fizemos nenhuma diferença entre "cuchita" e "negro", pois, a não ser em afirmações *a priori*, ninguém jamais foi capaz de estabelecer uma distinção legítima entre essas duas noções[42].

---

42. Lenormant se trai quando fala nas relações do Egito com a Etiópia: cuchita é então, para ele, sinônimo de negro; lembremos que Cuch é um termo de origem hebraica e significa "negro"...

Então, é importante rever a noção que temos do semita. Em se tratando da Mesopotâmia, da Fenícia e da Arábia, o semita, na medida em que é entendido sob forma de uma realidade objetiva, aparece como produto de uma mestiçagem de negro e branco. É possível que a raça branca que veio mesclar-se aos negros nessa região da Ásia Ocidental tenha se distinguido por determinados traços étnicos (nariz hitita).

O caráter misto das línguas semitas se explicaria igualmente. Assim, encontram-se raízes comuns às línguas árabe, hebraica, siríaca e germânicas.

Esse vocabulário comum é mais importante do que deixa transparecer esta lista muito curta; nenhum contato entre nórdicos e árabes dentro do período histórico da humanidade permite explicá-lo. É um parentesco original, e não um empréstimo.

Árabe	Inglês	Alemão	Português
ain	Eye	Auge	Olho
ard	Earth	Erde	Terra
asfar	Fair	-	Loiro
beled	Land	Land	país, terra
qasr	Castle	-	Castelo

Obs.: A coluna das palavras em português não faz parte da comparação.

Em contrapartida, certos termos árabes parecem de origem egípcia:

Nabi = o profeta (árabe)	Nab = o mestre, o mestre do saber (egípcio)
Nahâs = cobre (árabe)	Nahasi = tribos sudanesas que conhecem o cobre desde a Antiguidade (egípcio)
Rat = trovão	Rá = Deus celeste atmosférico
El Baraka = a bênção divina	Ba-Rá-Ka = bênção
Etc. etc.	

É mais absurdo ainda explicar a fundação do império de Gana no século III por uma contribuição semita proveniente do Iêmen, pois na época o Iêmen era uma colônia negra etíope e continuou sendo até o nascimento de Maomé.

Seja como for, vemos que, permanecendo no contexto dos fatos probatórios, é impossível provar a anterioridade da civilização de uma dessas regiões com relação à do Egito, a fim de poder explicar esta última por aquela.

Os novos métodos radioativos utilizados para a datação dos monumentos e dos objetos só terão sentido se conseguirem datar o trabalho do homem com a matéria, e não a idade da matéria utilizada; pois seria fácil encontrar, em qualquer região do mundo, um fragmento de vegetal datando da mais remota pré-história.

Fez-se alusão, aqui, ao método americano baseado no período de decrescimento do carbono radioativo C^{14}.

Problema da raça egípcia visto e tratado pelos antropólogos

Seria possível crer que esse problema fosse essencialmente antropológico e que, por conseguinte, as conclusões dos antropólogos dissipariam todas as dúvidas, trazendo verdades certas e definitivas. Não é isso que ocorre, pois o caráter arbitrário dos critérios empregados – para mencionar apenas esse fato –, afastando a ideia de uma conclusão aceitável sem críticas, introduz tantas "complicações científicas", que às vezes é de perguntar se a solução do problema não teria estado mais próxima caso não se tivesse a infelicidade de abordá-lo dessa maneira.

Entretanto, embora as conclusões desses estudos antropológicos estejam aquém da realidade, nem por isso deixam de atestar – e de modo unânime – a existência de uma raça negra desde as épocas mais recuadas da pré-história até o período dinástico. É impossível citar aqui todas essas conclusões: pode-se encontrá-las resumidas no capítulo X de Massoulard (1949). Nós nos limitaremos a citar algumas delas:

> Miss Fawcett estima que os crânios de Negadah formam um conjunto suficientemente homogêneo para que se possa falar de uma raça de Negadah. A altura

total do crânio, a altura auricular, a altura e a largura
da face, a altura nasal, o índice cefálico e o índice fa-
cial indicam que essa raça se aproximaria dos negros;
a largura nasal, a altura da órbita, o comprimento do
palato e o índice nasal indicam que estaria mais próxima dos germanos [...]. Os negadianos pré-dinásticos,
por algumas de suas características, portanto, se as-
semelhariam aos negros; por outras, às raças brancas
(Massoulard, 1949, p. 402-403).

As características que aproximam os negros da raça egípcia
pré-dinástica de Negadah são fundamentais, ao contrário das que
os aproximaria dos germanos. Por outro lado, o "índice nasal" dos
etíopes e dos dravidianos os aproximaria dos germanos, embora
se trate de duas raças pretas.

Essas mensurações que nos deixariam indecisos entre esses
dois extremos, que são a raça negra e a raça germânica, dão uma
ideia da elasticidade dos critérios empregados. Citemos aqui um
desses critérios:

> Thompson e Randall-Mac Iver procuraram definir mais
> a importância do fator negroide na série de crânios
> provinda de El'Amrah, Abidos e Hu. Eles os dividiram
> em três grupos: 1º) Crânios negroides (são aqueles
> em que o índice facial é inferior a 54 e o índice nasal
> superior a 50; ou seja, face baixa e larga e nariz largo);
> 2º) Crânios não negroides (aqueles em que o índice
> facial é superior a 54 e o índice nasal inferior a 50;
> ou seja, face alta e estreita e nariz estreito); 3º) Crâ-
> nios intermediários (os que pertencem a um dos dois
> primeiros grupos por seu índice e ao outro por seu
> índice nasal, assim como os que estão no limite entre
> esses dois grupos). A proporção dos negroides seria,
> no pré-dinástico antigo, de 24% entre os homens e
> 19% entre as mulheres, e, no pré-dinástico recente de
> 25% e 28% (Massoulard, 1949, p. 420-421).

Kieth contestou o valor do critério escolhido por Thompson
e Randall-Mac Iver para separar os crânios negroides dos não
negroides. Ele estima que se fosse examinada pelo mesmo critério

uma série qualquer de crânios de ingleses atuais, seriam encontrados cerca de 30% de negroides.

Seria possível fazer observação inversa à de Kieth, dizendo que, se fossem examinados de acordo com o mesmo critério os 140 milhões de negros que vivem hoje na África negra, um mínimo de 100 milhões sairiam "branqueados" dessa mensuração.

Observemos, por outro lado, que a distinção entre negroides, não negroides e intermediários não está clara; de fato, não negroide não é equivalente à raça branca, e intermediário menos ainda. "Falkenburger retomou o estudo antropológico da população egípcia num trabalho recente em que menciona 1.787 crânios masculinos, cuja idade vai do pré-dinástico antigo até os nossos dias. Ele distingue quatro grupos principais [...]" (Massoulard, 1949, p. 421).

A distribuição dos crânios pré-dinásticos entre esses 4 grupos dá os seguintes resultados, para todo o pré-dinástico:

> 36% de negroides, 33% de mediterrâneos, 11% de cromagnoides e 20% de indivíduos que não entram em nenhum desses três grupos, mas aparentados, seja aos cromagnoides (tipos AC), seja aos negroides (tipo BC). A proporção dos negroides é nitidamente superior à que Thompson e Randall-Mac Iver indicaram e que, Keith, no entanto, acha demasiado elevada.

> Os números de Falkenburger correspondem à realidade? Não nos cabe decidir. Caso sejam exatos, a população pré-dinástca, longe de representar uma raça pura, como disse Elliot-Smith, era composta de pelo menos três elementos raciais diferentes: Mais de um terço de negroides, um terço de mediterrâneos, um décimo de cromagnoides e um quinto de indivíduos mais ou menos miscigenados (Massoulard, 1949, p. 422).

A partir de todas essas conclusões deve-se considerar que sua convergência prova, apesar de tudo, que a base da população egípcia era negra na época pré-dinástica. Elas são, portanto, incompatíveis com as ideias de que o elemento negro só teria se infiltrado no Egito tardiamente. Os fatos provam, ao contrário, que esse elemento foi preponderante do começo ao fim da história egípcia, sobretudo quando se observa também que "mediterrâneo" não é sinônimo de raça branca. Tratar-se-ia, antes, da "raça marrom ou mediterrânea", de Elliot-Smith: "Elliot-Smith considera esses protoegípcios um ramo do que ele chama raça marrom, que não é senão a raça mediterrânea ou eurafricana de Sergi" (Massoulard, 1949, p. 418).

O epíteto marrom, aqui, diz respeito à pele, sendo o "eufemismo" de negro. Vê-se, portanto, que é a totalidade da raça egípcia que era negra, exceto alguma infiltração de elementos nômades brancos na época amraciana.

O estudo de Pétrie sobre a raça egípcia revela uma imensa possibilidade de classificação, que não deixa de surpreender o leitor.

> Pétrie, entretanto, publicou um estudo sobre as raças do Egito no pré-dinástico e o protodinástico, em que só são mencionadas representações. Ele distingue, além da raça esteatopígia, seis tipos diferentes: o tipo aquilino, característico de uma raça líbia de pele branca; o tipo de barba trançada, que pertence a uma raça de invasores vinda, talvez, das margens do Mar Vermelho; o tipo de nariz pontiagudo vindo, decerto, do deserto arábico; o tipo de nariz reto (*titled nose*), originário do Médio Egito; o tipo de barba projetada para a frente, vindo do Baixo Egito; o tipo de septo nasal reto, originário do Alto Egito. De acordo com as representações, portanto, no Egito teria havido, nos períodos considerados, sete tipos raciais diferentes. Veremos nas páginas seguintes que o estudo dos esqueletos não parece autorizar tais conclusões (Massoulard, 1949, p. 391).

Essa classificação dá ideia da leviandade e da gratuidade dos critérios utilizados para determinar a raça egípcia.

Eu tinha a intenção de analisar ao microscópio a densidade dos poros da epiderme das múmias, mas o número restrito delas não teria permitido tirar nenhuma conclusão válida à escala da raça egípcia.

Seja como for, vê-se que a antropologia está longe de ter estabelecido a existência de uma raça egípcia branca; ela tenderia até a estabelecer o contrário. No entanto, nos manuais atuais, o problema é suprimido: no mais das vezes, resolve-se, afirma-se categoricamente que os egípcios eram brancos. Todos os profanos genuínos têm a impressão, então, de que tal afirmação deve necessariamente apoiar-se em trabalhos sólidos estabelecidos anteriormente, ao passo que não é assim, conforme mostra tudo o que precede. Foi assim que se desvirtuou o espírito de tantas gerações:

> Ao sul do grande triângulo do Noroeste vivia, como hoje, o mundo negro da África Central, separado dos brancos pela imensa extensão desértica, que é o Saara. O Vale do Nilo era, para os negros do interior, o único caminho aberto para o norte, às vezes eles o tomavam e vinham até o Egito, mas apenas em pequenos grupos. Impedidos por essa barreira desértica de toda comunicação com a civilização nilótica e vivendo restritos a si mesmos, não foram afetados por ela e, reciprocamente, não lhe ofereceram nenhuma contribuição apreciável. Essa civilização, portanto, é o apanágio exclusivo da raça branca (Breasted, 1945, p. 50).

Esse é o tipo de afirmação corrente que atualmente encontramos nos manuais. O caráter absoluto da afirmação de Breasted é inigualável por sua ausência de fundamento; o autor não tem nenhuma preocupação em controlá-la pelos fatos. Um Saara desértico que sempre separou o mundo negro de um mundo branco do Vale do Nilo é uma visão teórica.

Breasted se enreda em suas próprias contradições, afirmando, por um lado, que o Saara sempre separou os negros do Nilo e, por outro, que o vale desse rio era sua única via de acesso para o norte. Uma olhada no mapa da África mostra que se pode ir de qualquer ponto do continente negro até o Vale do Nilo sem atravessar nenhum deserto.

As ideias de Breasted estão ligadas a uma concepção errônea do povoamento do continente africano. Enquanto sempre existiram negros em todos os pontos do continente, medrando em focos isolados paralelamente ao desenvolvimento da civilização egípcia, uma multidão de fatos inclina a pensar que o povo negro ficou primeiro fervilhando nesse vale até se espalhar em ondas sucessivas por todas as direções do continente. É o que provam também os dados antropológicos já citados, atestando a presença dos negros no Vale do Nilo já na pré-história. Por outro lado, o caráter negro da civilização egípcia, tal como é reconhecido hoje, exclui qualquer "apanágio da raça branca".

Muitos autores, hoje, contornam a dificuldade falando de brancos de pele vermelha ou de brancos de pele preta, sem que seu bom-senso cartesiano se choque; tanto é assim que, quando uma raça engendra uma civilização não há possibilidade de que ela seja negra.

> A África é, no dizer dos gregos, a Líbia, expressão já imprópria, uma vez que há vários outros povos além dos chamados líbios que figuram entre os brancos da periferia setentrional – ou, conforme se queira, mediterrânea – e distintos, por essa razão, para um grande número de frações, dos brancos de pele marrom (ou vermelha) (egípcios)... (Pédrals, 1950, p. 6).

Esta frase está num manual destinado ao sétimo ano: "Um negro se distingue menos pela cor da pele (pois há brancos de pele escura) do que por seus traços: lábios grossos, nariz achatado etc." (Cholley, 1950).

Foi a partir de definições como esta que se conseguiu branquear a raça egípcia, o que é a prova mais evidente de seu caráter negro. A atitude de Breasted diante do problema da raça egípcia é tipicamente a dos egiptólogos atuais que, mais avisados do que seus predecessores, pura e simplesmente se esquivam do problema por meio de algumas afirmações que apresentam aos profanos como sendo baseadas em dados científicos anteriores, o que é uma fraude intelectual.

Aqui termina a parte crítica; em capítulos precedentes passamos em revista os diversos tipos de teses concernentes à origem da raça egípcia. Todas as teses que tratam dessa questão pertencem a algum dos tipos expostos. Conforme tenho por hábito, não as busquei nesta ou naquela autoridade, mas onde foram expostas com o máximo de minúcias, permitindo enfatizar as contradições insuperáveis que todas contêm. Esta revisão é, portanto, bem completa, e o quadro de conjunto que se depreende dela – o fracasso geral de todas as tentativas que não atingiram seu objetivo –, não deverá constituir para o leitor um fator, por menor que seja, suscetível de orientar sua convicção.

Resta agora passar à parte construtiva, trazendo os diferentes fatos que provam a origem negra da raça egípcia.

IV

ARGUMENTOS EM FAVOR DE UMA ORIGEM NEGRA DA RAÇA E DA CIVILIZAÇÃO EGÍPCIAS

Argumentos etnológicos

Totemismo

Moret (1923) insistiu no caráter essencialmente totêmico da sociedade egípcia. Depois sua tese foi combatida: foi dito que se temiam as graves consequências que necessariamente decorreriam dela. Frazer, de fato, é categórico com respeito à origem do totemismo; segundo ele, este só é encontrado entre as populações de cor. Tornava-se então impossível manter essa tese, uma vez que se desejasse demonstrar a origem branca da civilização egípcia.

Tentou-se, portanto, negar o totemismo egípcio buscando encontrar traços dele entre populações chamadas brancas, como os berberes e os tuaregues; o zelo com que se procurou entre estes últimos prova que, caso se tivesse êxito, já não se colocaria em dúvida o totemismo egípcio. Mas a tentativa fracassou: Van Gennep não conseguiu mostrar um totemismo berbere.

A discussão sobre o totemismo acabou desembocando na abstração filosófica: o dado etnográfico concreto se transformou num fenômeno de cogitação, num problema de lógica, em puro pensamento cujos desenvolvimentos já nenhum fato podia atrapalhar por processo de implicação.

É impossível negar, sem cair na filosofia, que o caráter de "tabu" de certos animais e de certas plantas no Egito corresponde ao totemismo, conforme ocorre em todas as regiões – em particular na África negra – onde o totemismo indiscutivelmente existe. Em

179

contrapartida, esses "tabus" eram estranhos aos gregos e a outras populações indo-europeias que ignoravam o totemismo. Os gregos também ridicularizavam a veneração excessiva que os egípcios manifestavam por animais e até por certas plantas.

A partir de determinado grau de desenvolvimento social, que pode ser inferior ao grau de desenvolvimento e de miscigenação alcançado pelo povo egípcio, endogamia e totemismo, longe de se excluírem, coexistem. Assim, encontra-se hoje, na África negra, dois cônjuges com o mesmo nome totêmico: N'Diaye, Diop, Fall etc. Atualmente, nem vem à ideia que essa prática possa ter sido tabu; no entanto, é evidente que cada um dos dois cônjuges que têm o mesmo nome totêmico tem consciência de participar biologicamente da própria essência de seu totem.

Portanto, os dois cônjuges têm absoluta consciência de participar da mesma essência animal, da mesma essência biológica; têm consciência de pertencer à mesma tribo de origem, tanto que frequentemente o dizem para si. Portanto, a ideia de Van Gennep de que os egípcios, que frequentemente se casavam com parentes próximos, em particular com a irmã, não deviam ser totemistas, encontra aqui um desmentido categórico. Esse casamento com a irmã provém de outro traço cultural, igualmente vivo, do mundo negro: o matriarcado, que será abordado nas p. 191-196.

Quando a exogamia passou a vigorar, um parentesco relativo acabou por se estabelecer entre os clãs que contraíam casamentos entre si (entre dois clãs, e também entre três, quatro etc.). A lembrança desse parentesco explicaria hoje, na sociedade uolofe, por exemplo, os kal: parentesco hipotético entre clãs.

Apesar das obras que tentam ampliar a noção de totemismo, pode-se dizer, de acordo com Frazer, que ela está ausente nas populações de raça branca: o contrário nos foi revelado pelas últimas hordas bárbaras de raça branca que irromperam na Europa no século IV. Essas populações se encontram na era etnográfica (clã, tribo), em que o totemismo, se existe, inspira todos os atos da vida e é identificável em todos os níveis da organização social.

Ora, nada na vida dessas hordas refletiu a ideia de um paren- tesco biológico do homem com o animal, nem no sentido individual nem no coletivo. Em contrapartida, não se pode negar que o faraó participava de uma essência animal (falcão) assim como nós, hoje, na África negra.

Circuncisão

Os egípcios eram circuncidados já na pré-história. Foram eles que transmitiram a prática ao mundo semítico em geral (judeus e árabes) e particularmente àqueles que Heródoto chamava de sírios.

Para demonstrar que os colcos eram egípcios, Heródoto invoca estes dois indícios:

> O primeiro é que eles são pretos e têm os cabelos cres- pos, prova bastante equívoca, uma vez que têm isso em comum com outros povos; o segundo, e principal, é que os colcos, os egípcios e os etíopes são os únicos homens que se fazem circuncidar desde tempos imemo- riais. Os próprios fenícios e sírios da Palestina convêm que aprenderam a circuncisão com os egípcios; mas os sírios que habitam as margens do Thermodon e do Parthenius e os macrons, seus vizinhos, admitem que a receberam dos colcos. Ora, esses são os únicos povos que praticam a circuncisão, e nesse aspecto, ao que parece, eles apenas imitam os egípcios (livro II, 104).

Chamo de negro[43], na esperança de estar de acordo com todas as mentes lógicas, um ser humano cuja pele é preta e, com maior razão ainda, quando tem os cabelos crespos.

---

43. A probabilidade de encontrar homens de pele preta e cabelos crespos que não apresentassem as outras características étnicas tocantes aos negros é cientificamente nula. Chamar esses indivíduos de "brancos de pele preta" porque eles têm, diz-se, traços finos é tão absurdo quanto seria chamar de "negros de pele branca" os três quartos de europeus que não têm traços nórdicos. Por isso, essa atitude é pseudocientífica, embora quem a adota a considere rigorosamente científica; consiste em erigir em regra geral exceções ínfimas.

Todos aqueles que aceitam essa definição reconhecerão que, segundo Heródoto, que viu os egípcios, como o leitor está vendo esta folha, a circuncisão é de origem egípcia e etíope, e que egípcios e etíopes não eram mais do que negros que habitavam regiões diferentes.

Compreendemos assim por que os semitas praticam a circuncisão sem que suas tradições ofereçam justificativa válida. A fragilidade dos argumentos dados pelo Gênesis é característica nesse sentido: Deus pedirá a Abraão, assim como a Moisés, que se circuncidem, em sinal de aliança com Ele, sem que se saiba o que, na circuncisão considerada do ponto de vista da própria tradição judaica, poderia levar à ideia de uma aliança. O fato é ainda mais estranho porque Abraão teria 90 anos de idade ao ser circuncidado. Abraão teria se casado, no Egito, com uma negra, a egípcia Agar, mãe de Ismael, ponto de partida bíblico do segundo ramo semítico, os árabes; Ismael seria o ancestral histórico de Maomé. Moisés também teria se casado com uma madianita, e foi em consequência de seu casamento que o Eterno pediu-lhe que se circuncisasse.

O que poderíamos reter, para além dos detalhes legendários, é a ideia de que a circuncisão só foi introduzida entre os "semitas" depois de um contato com o mundo negro, o que está de acordo com o testemunho de Heródoto.

Só entre os negros a circuncisão encontra uma interpretação integrada numa explicação geral do universo; ou seja, cosmogonia. Particularmente, a cosmogonia dogon, relatada por Marcel Griaule em *Dieu d'eau* (1948), diz que a circuncisão, para ter pleno sentido, deve ser acompanhada pela excisão: essas duas operações têm por objetivo tirar do homem o que ele tem de mulher e da mulher o que ela tem de homem. Tal operação, na mentalidade arcaica, visa a fazer triunfar as características de um dos sexos num determinado ser.

Segundo a cosmogonia dogon, o ser que vem ao mundo é, em certa medida, andrógino como o primeiro deus.

Enquanto ele conserva seu prepúcio ou seu clitóris, suportes do princípio de sexo contrário ao sexo aparente, masculinidade e feminidade têm a mesma força. Não é justo, portanto, comparar o incircunciso a uma mulher; ele é, como a menina não excisada, ao mesmo tempo masculino e feminino. Se fosse para essa indecisão quanto a seu sexo perdurar, o ser jamais teria nenhuma vocação para a procriação (Griaule, 1948, p. 187).

Portanto, são razões diversas que explicam a circuncisão e a excisão: necessidade de desvencilhar a criança de uma força má, necessidade que ela tem de pagar uma dívida de sangue e de se inserir definitivamente em um sexo (Griaule, 1948, p. 189).

Para que o argumento da circuncisão seja válido é preciso que a androginia divina, causa tradicional dessa prática na sociedade africana, se encontre na sociedade egípcia. Só nesse caso será legítimo identificar as causas rituais da circuncisão entre os egípcios e no resto da África negra.

Ora, Champollion o Jovem, nas cartas dirigidas a Champollion-Figeac por ocasião de sua passagem pela Núbia, em 1833, fala da androginia divina de Amon, deus supremo do Sudão meroítico e do Egito:

Amon é o ponto de partida e de reunião de todas as essências divinas. Amon-Rá, ser supremo e primordial, sendo seu próprio pai e qualificado de marido de sua mãe (Mut), sua porção feminina encerrada em sua própria essência ao mesmo tempo masculina e feminina.

O Nilo também era representado por um personagem andrógino. Amon é igualmente o deus de toda a África negra. Diga-se de passagem que no Sudão meroítico, na África negra e no Egito Amon está ligado à ideia de umidade, à ideia de água. Seu atributo em todos esses países é o carneiro. Assim, em *Dieu d'eau*, de Marcel Griaule (1948), livro de título significativo que trata, entre outros, do deus dogon Amma, Amon aparece sob a forma de um deus-carneiro, com uma cabaça entre os chifres (os discos de Amon). Na cosmogonia dogon (Sudão francês), Amon desce do céu à terra por um arco-íris, símbolo da chuva e da umidade.

Desde que certos negros abandonaram a circuncisão por esquecimento de suas tradições, ou por razões diversas, tende-se, na África negra, a abandonar cada vez mais a excisão; o fato de a circuncisão egípcia e a circuncisão semítica serem duas operações tecnicamente diferentes não muda em nada a essência do problema.

Mas, para que a identificação seja completa e o argumento da circuncisão seja convincente é necessário que a excisão também tenha existido no Egito. Estrabão nos informa que, efetivamente, isso ocorreu: "Os egípcios cuidam sobretudo, com o maior zelo, de educar todos os filhos que nascem e de circuncisar os meninos e mesmo as meninas, uso comum aos judeus, povo originário do Egito, tal como dissemos no lugar em que se tratou dele" (Estrabão, [s.d.], livro 17, cap. 1, § 29).

Realeza

Da identidade de concepção que em geral existe entre o Egito e o resto da África negra, a concepção da realeza é um dos aspectos mais impressionantes.

Vamos deixar de lado os princípios gerais, tal como o caráter sacrossanto da realeza, para enfatizar apenas uma característica comum, típica por sua singularidade; trata-se da morte ritual do rei.

No Egito, o rei só devia reinar estando na plenitude de sua força. Quando esta declinava, tudo indica que, originalmente, ele de fato era morto. Mas logo a realeza passou a recorrer a diversos expedientes: o rei tratava – e isso se compreende – de se beneficiar das prerrogativas de seu cargo, submetendo-se o menos possível a seus inconvenientes. Assim, ele conseguiu que essa provação se tornasse simbólica: quando ficava velho, era morto apenas ritualmente. Depois dessa provação agora simbólica, chamada "Festival Sed", aos olhos do povo o rei rejuvenescia e voltava a estar apto para assumir suas funções.

O Festival Sed passou a ser, então, a festa de rejuvenescimento do rei: morte ritual e rejuvenescimento do rei eram sinônimos e ocorriam ao longo da mesma cerimônia (cf. Seligman, 1934).

O ser sagrado por excelência, o rei, também devia ser o homem de maior força vital. Quando o nível de sua força vital chegava abaixo de um determinado mínimo, produzia-se uma ruptura no nível das forças ontológicas; se ele continuasse a reinar seria um perigo para o povo.

Essa concepção vitalista estava na base de todas as monarquias africanas; isto é, de todas as monarquias não usurpadas.

Por vezes ela se manifestou de modo diferente do Egito: no Senegal, por exemplo, o rei não podia reinar se tivesse sido ferido num combate; devia ser substituído até se recuperar completamente. Foi durante uma substituição como essa que um irmão por parte de pai – mas filho de uma mulher do povo – do *teigne do Baol*, tomou o poder por meio de um golpe de Estado, sob o nome de Lat-Soukabé, e instituiu a dinastia dos Guedj na época de André Brüe (1697).

Essa prática, que consistia em afastar o rei quando sua força vital baixava visivelmente, está ligada às mesmas crenças vitalistas de todo o mundo negro. Segundo essas crenças, a fertilidade do solo, a abundância das colheitas, a saúde do povo e dos rebanhos, o desenrolar normal de todos os acontecimentos, de todos os fenômenos da vida são intimamente ligados ao potencial da força vital do rei.

Em outras regiões da África negra os fatos relativos à morte efetiva do rei ocorrem exatamente como no Egito. Entre alguns povos até se determina um número de anos, ao fim dos quais se supõe que o rei esteja vitalmente sem condições de reinar, e ele é efetivamente morto. Esse período é de dez anos entre os mbum da África Central e a cerimônia ocorre antes da época do sorgo (cf. Baumann; Westermann, 1948a, p. 328).

Os seguintes povos da África negra ainda praticam a morte ritual do rei: iorubas; dagombas; tchambas; djukons; igaras; songhai; woadai; hauçás do Gobir, do Katsena e de Daura; shilluks (cf. Baumann; Westermann, 1948a, p. 328).

185

Essa prática também existia no antigo Meroé; ou seja, na Núbia, em Uganda-Ruanda.

Cosmogonia

As cosmogonias negras, africanas e egípcias são tão próximas que frequentemente se completam.

É impressionante que para compreender certas concepções egípcias seja necessário referir-se ao mundo negro, conforme prova o que foi dito anteriormente sobre a circuncisão e o que acaba de ser dito sobre a realeza. Neste último caso, basta referir-se à *La Philosophie bantou*, estudada pelo Padre Tampels (1945). Nela encontraremos uma concepção sistematizada do vitalismo negro. Segundo o Padre Placide Tempels, o vitalismo estaria, assim, na base dos próprios atos cotidianos dos bantos.

O parentesco dos usos, costumes, tradições e do sistema de pensamento já foi bastante enfatizado por diferentes autores de valor incontestável, não sendo necessário insistir aqui nos detalhes. Talvez uma vida humana inteira não fosse suficiente para levantar todos os traços de parentesco que existem entre o Egito e o mundo negro, tanto é verdade que se trata de uma única e mesma coisa.

Vamos nos limitar a citar Paul Masson-Oursel, que insiste no caráter negro da filosofia egípcia:

> Prestando-se a isso, o intelectualismo proveniente de Sócrates e de Aristóteles, de Euclides e de Arquimedes, ajustava-se à mentalidade negra, que o egiptólogo vislumbra, como pano de fundo, por trás dos refinamentos da civilização que o fascina.

> Levados a reparar no que deveria ser um truísmo, o aspecto africano do espírito egípcio, explicamos várias características de sua cultura (Masson-Oursel, 1941, p. 42).

Essa identidade da cultura egípcia e da cultura negra ou, mais profundamente, essa identidade de estrutura mental constatada por

Masson-Oursel, faz com que a filosofia egípcia não seja mais do que o reflexo do espírito negro, que é a característica fundamental; sobretudo quando Masson-Oursel acrescenta que essa constatação deveria ser uma banalidade aceita por todo o mundo. É verdade que ela salta aos olhos de todos os que têm boa-fé.

É impossível afirmar com maior clareza a identidade da cultura egípcia e da cultura negra. É em razão dessa identidade essencial de gênio, de cultura e de raça que todos os negros podem, hoje, voltar a vincular sua cultura ao Egito antigo e construir uma cultura moderna a partir dessa base. É um contato dinâmico, moderno com a antiguidade egípcia, que permitiria aos negros descobrirem cada dia mais o íntimo parentesco de todos os pretos do continente com o Vale-mãe do Nilo. É por esse contato dinâmico que o negro chegará à convicção profunda de que aqueles templos, florestas de colunas, pirâmides, colossos, baixos-relevos, a matemática, a medicina, toda aquela ciência são obras de seus ancestrais e que ele tem o direito e o dever de se reconhecer totalmente nelas.

> Já agora, nessa ordem de pesquisas tão preciosa para a investigação do pensamento, começamos a entrever que uma pequena parte do continente negro, ao invés de ser tão primitiva e "selvagem" quanto se supunha, repercute em muitas direções, através do imenso isolamento pelo deserto ou pela floresta, influências que, pela Líbia, pela Núbia, pela Etiópia, vinham do Nilo (Masson-Oursel, 1941, p. 43).

No que se refere à similitude do processo de encarnação da ogdóade e da enéade dogon (8 ou 9 ancestrais divinizados), e da ogdóade e da enéade egípcias, seria preciso quase reproduzir aqui páginas inteiras de *Dieu d'eau*, de Marcel Griaule (1948).

Nos dois casos, os quatro casais engendrados pelo deus primitivo é que são os autores da criação e da civilização: desse modo, o número 8 é a base do sistema de numeração dogon; assim, 80 é o equivalente de 100 e 800 o equivalente de 1.000.

Compreende-se então que o culto dos ancestrais pudesse, tanto na África negra como no Egito, ser o substrato da cosmogonia. Enquanto os ancestrais mais distantes se desprendem de certo modo como um vapor para ascender às regiões divinas, os mais próximos, os que acabaram de morrer, aqueles cuja lembrança ainda não é bastante vaga para que seja possível considerá-los não como ancestrais desta ou daquela família, mas como os de todo um povo. Esses ancestrais próximos são semideuses familiares.

Quando se entra no período histórico, em que o cuidado que se tem com a classificação dos acontecimentos já não permite que estes pairem soltos demais, o processo de divinização se torna, de certo modo, limitado: continua-se a dedicar um culto aos ancestrais, mas eles passarão a ser personagens mais ou menos históricos.

Poderíamos especialmente insistir na similitude do deus-serpente dogon com o deus-serpente do panteão egípcio. Ambos dançam nas trevas. Amélineau escreve, realmente, que o deus-serpente é chamado de "aquele que dança nas trevas". Trata-se de uma alusão à serpente na inscrição de um sarcófago do Museu de Marselha, inscrição essa que acompanha a representação da tumba de Osíris (Amélineau, 1916, p. 41).

No panteão dogon, o sétimo ancestral transformou-se em serpente, foi morto pelos homens; sua cabeça foi enterrada debaixo da bigorna do ferreiro. É dessa sepultura que o ancestral-serpente se levanta e inicia uma dança subterrânea – portanto, nas trevas – para se dirigir ao túmulo do homem mais velho e devorá-lo:

> Na cadência do fole duplo ativando o fogo e do martelo batendo na bigorna, o sétimo Nomo assumiu sua forma de gênio com tronco humano terminado em réptil. Depois, erguendo-se apoiado na cauda, com gestos regulares dos braços estendidos para a frente, solavancos ritmados do corpo, nadou a primeira dança, que o levou subterraneamente à tumba do velho. Ao ritmo do trabalho da forja, o sétimo se apresentou ao norte do corpo, do lado do crânio, e o engoliu (Griule, 1948, p. 62).

Seria até possível insistir nestes últimos aspectos, que são do âmbito de uma antropofagia ritual encontrada no Egito também na origem. Assim, deixando-se de lado necessidades econômicas, esse fato seria decorrente dos princípios vitalistas que estão na base da sociedade negra. Ao assimilar a substância de outros, assimila-se sua força vital; ou aumenta-se assim a invulnerabilidade às forças destrutivas do universo.

Seria possível também estabelecer a mesma comparação entre o deus-chacal incestuoso do panteão dogon e o deus-chacal do panteão egípcio, guardião da bacia em que os mortos deviam se purificar. Entretanto, atualmente há uma tendência a assimilar o deus-chacal a um deus-cão.

Finalmente, o lugar que se dá aos signos do zodíaco no sistema cosmogônico dogon merece atenção; quando se sabe, além do mais, que os dogons conhecem a estrela Sótis (Sírius), não se pode deixar de pensar no calendário egípcio, baseado no despontar helíaco dessa estrela.

Organização social

A organização social da vida africana se casa exatamente com a do Egito.

No Egito, tem-se a seguinte estratificação:

• camponeses;
• trabalhadores especializados;
• sacerdotes, guerreiros e funcionários;
• o rei.

No resto da África negra, tem-se:

• camponeses;
• artesãos ou trabalhadores especializados, organizados em castas;
• guerreiros, sacerdotes ou dômi sohna, em uolofe;
• o rei.

Para detalhes dessa organização, consulte o capítulo IV da segunda parte.

Matriarcado

O matriarcado está na base da organização social no Egito e no resto da África negra. Em contrapartida, nunca foi possível provar a existência de um matriarcado que se chamasse paleomediterrâneo e que fosse apanágio de uma raça branca. Para convencer-se disso basta citar estes argumentos de um autor que dedicou 437 páginas. tentando em vão branquear a África negra:

> A sucessão ao trono é regrada, em Kano, pelo matriarcado, herança paleomediterrânea até a época da dominação peúle. Conta-se que a rainha de Daura tinha um boi de monta, e isso lembra os costumes dos antigos garamantes; novamente esbarramos na África branca antiga, matriarcal, com a qual têm íntimo parentesco os povos do Kordofan e da Núbia, inclusive até os tedas e tuaregues, assim como os soberanos do Sudão Ocidental (cf. Baumann; Westermann, 1948a, p. 313).

Note-se que tantas afirmações, cuja gravidade só se iguala à sua inexatidão, só decorrem de um fato cuja inconsistência será observada: a rainha de Daura montava um boi...

Note-se, de passagem, que Baumann branqueou até mesmo os soberanos do Sudão Ocidental, de acordo com um procedimento nazista bem conhecido, que consiste em explicar toda civilização africana pela atividade de uma raça branca ou de ramos dela, ainda que sendo necessário decretar que há brancos "pretos", ou brancos "vermelho-escuros" etc., todos reunidos sob a cômoda denominação de *camitas*.

Se a ideia de um matriarcado, herança de uma paleomediterrânea branca, fosse simplesmente uma construção teórica, ela deveria ter se perpetuado através dos períodos: persa, grego, romano e cristão, como se perpetuou até os nossos dias na África negra. Mas sabemos que isso não ocorreu.

Ciro determina sua sucessão antecipadamente, designando seu filho mais velho, Cambises, que matará o próprio irmão mais novo para evitar qualquer rivalidade. Na Grécia, a sucessão foi, quando muito, patrilinear, assim como em Roma.

Na realidade, nunca houve uma tradição monárquica na Grécia. Com exceção do período efêmero de Alexandre, o país nunca foi unificado. Os reis da época heroica de que fala Homero são apenas reis da cidade, chefes de aldeia: Ulisses... A discórdia que reinava entre essas aldeias tinha até um aspecto infantil: numa aldeia atiravam-se pedras nos habitantes da aldeia vizinha que a atravessavam. Nos melhores períodos, as cidades gregas, tal como Atenas, serão governadas por comerciantes aventureiros e ambiciosos, que subirão ao poder por meio de intrigas. Alexandre, que unificou o país pela primeira vez sob sua dominação política, era um estrangeiro vindo da Macedônia[44]. É notória a ausência de rainhas na história grega, romana, persa... O império do Oriente (bizantino) deve ser considerado um complexo à parte. Em contrapartida, nesse tempo remoto, as rainhas eram frequentes na África negra e, quando o mundo indo-europeu adquiriu força militar suficiente para se lançar à conquista dos velhos países que o tinham civilizado, ele encontrará a resistência feroz, irredutível, de uma rainha cuja vontade de luta simbolizava o orgulho nacional de um povo que, até então, fizera os outros caminharem sob suas leis. Trata-se da Rainha Candace do Sudão meroítico[45],

---

44. A viagem de Alexandre ao oásis Júpiter-Amon, na Líbia, a oeste do Egito, para consultar o oráculo, sua imersão num barril de vidro – diante da costa arábica – para explorar as profundezas submarinas, seu capacete de metal... deram origem à lenda árabe de Sul Harnayni, segundo a qual Alexandre seria um profeta, um grande entre os grandes, enviado de Deus. A viagem às fontes termais do Oásis assume uma dimensão lendária na imaginação árabe: Alexandre, buscando as Fontes de Vida, o Oceano de Vida (a Fonte da Juventude), para banhar-se nelas a fim de nunca morrer. Cumulado de todos os bens da terra, ele teria desejado perder uma parte de suas riquezas: foi aconselhado a banhar-se numa quarta-feira, mas, ao sair do banho, viu crescerem-lhe na cabeça dois chifres de ouro (transposição do capacete), daí seu apelido Sul Harnayni, sendo seu verdadeiro nome transcrito em árabe. Em todos esses acontecimentos era acompanhado por um doméstico, igualmente profeta, Hular, que era Aristóteles.

45. O nome Meroé não parece ter raiz africana. Provavelmente é o nome que, a partir de Cambises, os estrangeiros utilizaram para designar a capital da Etiópia (Sudão). Estrabão, citando Diodoro, relata que a mulher – ou a irmã – de Cambises morreu na Etiópia e lá foi enterrada quando esse conquistador tentou, sem sucesso, submeter o país pelas armas: essa mulher chamava-se Meroé.

que impressionou toda a Antiguidade pela resistência que opôs, à frente de suas tropas, aos exércitos romanos de César Augusto. A perda de um olho no combate só fez multiplicar sua coragem; o desprezo que ela mostrava pela morte e sua intrepidez certamente obrigaram à admiração, até mesmo à de um chauvinista como Estrabão: "Aquela rainha teve uma coragem acima de seu sexo". No início da civilização ocidental os reis francos adquirirão aos poucos o hábito de determinar sua sucessão antecipadamente, excluindo toda noção de matriarcado. Assim, no Ocidente, os direitos políticos são transmitidos pelo pai, o que não significa que uma filha não esteja apta a recebê-los.

Em contrapartida, o matriarcado negro está tão vivo em nossos dias quanto na Antiguidade. Nas regiões em que o matriarcado não foi alterado por uma influência externa – Islã etc. –, é a mulher que transmite integralmente os direitos políticos.

Isso decorre de uma ideia mais geral, segundo a qual a hereditariedade só é eficaz quando é de origem materna. Outro fato característico do matriarcado africano, e que até hoje se desprezou, é o dote conferido pelo homem à mulher, ao passo que assistimos ao costume contrário nos países europeus. Esse costume, incompreendido na Europa, levou a pensar que a mulher na África negra é comprada, como se hoje um africano dissesse que a mulher compra o homem na Europa.

Na África, como a mulher ocupa uma posição privilegiada em virtude do matriarcado, é ela quem recebe uma garantia, em forma de dote, na aliança constituída pelo casamento. A prova de que ela não é comprada (escrava) é o fato de não estar presa à casa conjugal por esse dote; se o marido realmente cometer um erro, o casamento pode ser rompido em algumas horas, em detrimento dele. Contrariando a lenda, os trabalhos menos pesados é que são reservados à mulher.

Qual seria a origem desse matriarcado negro? Atualmente não sabemos com certeza; no entanto, é opinião corrente que o matriarcado está ligado à agricultura. Se a agricultura tivesse sido descoberta pelas mulheres, como às vezes se imagina, se fosse verdade que elas foram as primeiras a pensar na seleção das ervas alimentares, pelo próprio fato de ficarem "em casa" enquanto os maridos se dedicavam a trabalhos mais arriscados (caça, guerra etc.), isso explicaria, ao mesmo tempo que o matriarcado, um aspecto importante da vida africana, que muitas vezes passa despercebido: a mulher é a senhora da casa, no sentido econômico do termo; é ela quem dispõe de todos os alimentos e ninguém pode tocar neles, nem mesmo o marido, sem seu consentimento. É frequente um marido ter a seu alcance alimentos preparados pela mulher, nos quais ele não ousa tocar sem autorização; na África negra, entrar numa cozinha é degradação para o homem. Assim, a mulher exerce, de certa maneira, um mando econômico sobre a sociedade africana, tanto mais intenso quanto mais esse costume é observado.

Essa hipótese (da mulher na origem da descoberta da agricultura) também permitiria compreender que as mulheres tenham conservado até hoje o costume de cultivar, em torno da casa, uma pequena horta da qual extraem seus condimentos.

Seria de se pensar que a agricultura surgiu em todo lugar numa determinada época da humanidade, situada em torno do oitavo milênio anterior a Cristo. Ora, só no Saara encontramos vestígios de uma vida agrícola que pode, com certeza, ser datada dessa época. Essa agricultura era praticada por uma raça "negroide", "steatopigia" (negra), como sugere T. Monod. Muito cedo, a agricultura deve ter se estendido por toda a região intertropical do globo, do Saara à Índia, e talvez até Baikal. Por outro lado, as estepes eurasiáticas, absolutamente desfavoráveis à agricultura e à vida sedentária, parecem ter sido o berço do nomadismo. Por isso os indo-europeus, moldados pelo meio geográfico, terão concepções de vida diametralmente opostas às dos negros.

O fim da época egeia é marcado, como se depreende do que precede, pela rejeição do matriarcado negro, do qual os indo-europeus tinham sofrido certa influência. Sendo o matriarcado uma

193

característica fundamental da civilização negra agrícola, torna-se quase absurdo que ele regule a sucessão num Estado que teria sido criado por brancos. Então, apesar do *Tarikh el Fettach*, é difícil admitir essa hipótese. Aliás, Mahmud Kâti começa o capítulo 5 de sua crônica da seguinte maneira: "É tempo, agora, de voltar a nosso tema, que é a biografia dos Áskia; não havia, de fato, nenhum resultado a ser obtido, pois decerto pouco falta para que a maior parte das narrativas precedentes seja mentirosa" (Mahmud Kâti, 1913, p. 80).

Muitos africanos muçulmanos alteram sua árvore genealógica, acrescentam-lhe ramificações até Maomé, atribuindo-se assim uma ascendência cherifiana. Essa devia ser a tendência dos príncipes sara, de Gana, quando se tornaram saracolê; ou seja, no momento em que uma infiltração de sangue árabe, acompanhada por uma islamização, marcou a dinastia de Gana.

Sabe-se pelos cronistas árabes da Idade Média que os príncipes negros de Gana reinavam sobre os berberes tuaregues de Audagoste, que lhes pagavam tributo. Note-se que Audagoste tem ressonância de uma raiz germânica; lembra os nomes dos visigodos, ostrogodos. Essa ideia se ajusta à hipótese de uma origem vândala – germânica – dos berberes.

Ibn Battuta, que esteve no Sudão na Idade Média, surpreendeu-se com o matriarcado negro; declara só ter encontrado fato semelhante na Índia, entre populações também negras.

> Eles [os negros] adotam sobrenomes de acordo com o tio materno, e não de acordo com o pai; não são os filhos que herdam dos pais, mas os sobrinhos, filhos da irmã do pai. Nunca encontrei esse costume em outro lugar, a não ser entre os infiéis de Malabar, na Índia (Ibn Battuta, [s.d.], p. 12).

Não se deve confundir o matriarcado com o reinado das amazonas da África ou o das górgonas. Esses regimes lendários, em que a mulher teria dominado o homem, caracterizavam-se por uma técnica de aviltamento deste último: em sua educação, evitava-se fazê-lo realizar tudo o que pudesse desenvolver sua coragem ou ressuscitar sua dignidade. Ele servia de babá em lugar das mulheres, as quais defendiam a sociedade e praticavam a ablação do seio para melhor atirar o arco. Por menos que se possa confiar na lenda, não é possível deixar de supor uma primeira dominação violenta dos homens sobre as mulheres; ou seja, uma época de domínio "patriarcal" seguida por uma emancipação delas, uma época de vingança, a das amazonas. Essa revolta e essa vitória das mulheres sobre os homens deviam, por outro lado, ser muito parciais, pois só teriam existido essas duas nações, a das amazonas e a das górgonas, na antiguidade remota. O fato de as amazonas terem sido cavaleiras intrépidas leva a pensar que eram originárias das estepes eurasiáticas, se é que realmente essa região é o berço do cavalo, conforme se afirma.

O regime do matriarcado propriamente dito caracteriza-se pela colaboração e pelo desenvolvimento harmonioso dos dois sexos, originalmente até por uma certa preponderância da mulher na sociedade, em virtude das condições econômicas, porém aceita e defendida pelo homem.

Parentesco do Sudão meroítico e do Egito, anterioridade do Sudão meroítico, advento da dinastia sudanesa meroítica Piankhi, Shabaka, Shabataka

Considerando que a Etiópia[46] atual não é a Etiópia dos antigos, que esta designava essencialmente a civilização de Meroé e de Napata, a civilização sudanesa do Senaar, devemos reagir contra qualquer terminologia enganosa moderna que consista em transferir imperceptivelmente a Etiópia antiga para o leste,

---

46. O termo etíope era aplicado a populações pretas, tanto aos negros civilizados do Sudão meroítico quanto aos seus vizinhos mais selvagens: os xilófagos, estrutófagos (comedores de avestruz), ictiófagos (comedores de peixe), os condutores de elefante etc. Esses negros tinham a tez mais do que marrom, avermelhada, morena, bronzeada; eram de um preto-carvão, como o deus Osíris, isentos de qualquer miscigenação com o elemento branco.

para Adis-Abeba. Os reis que expulsaram os usurpadores líbios do trono do Egito, sob a 25ª dinastia, por volta de 750, eram, portanto, efetivamente, reis sudaneses[47].

Shabaka, em 712, sobe ao trono do Egito, expulsando o usurpador Bocchoris. A acolhida entusiástica que lhe foi reservada pelo povo egípcio, que viu nele o regenerador da tradição ancestral pelos estrangeiros, testemunha mais uma vez em favor desse parentesco original dos egípcios e dos etíopes negros. A Etiópia e o interior da África sempre foram considerados pelos egípcios a terra sagrada de onde tinham vindo seus ancestrais. Esta passagem de Chérubini mostra qual foi a reação do povo egípcio ao advento da dinastia negra vinda do país de Cuche; ou seja, do Sudão.

> Seja como for, é notável que a autoridade do rei da Etiópia fosse reconhecida pelo Egito não tanto como a de um inimigo que impõe sua lei pelas armas, e mais como dominação tutelar, chamada pelo voto de um país que há muito tempo padecia, entregue à anarquia internamente, enfraquecido externamente e que encontrava nesse monarca, além do mais, representante de suas ideias e de suas crenças, regenerador zeloso de suas instituições, protetor poderoso de sua independência. O reinado de Sabacon foi realmente considerado um dos mais felizes de que o Egito tenha lembrança, e sua dinastia, adotada na terra dos faraós, figura como a 25ª na ordem de sucessão das famílias nacionais que ocuparam o trono (Chérubini, 1847, p. 108).

47. Eles nunca poderiam ter imaginado que uma inversão da situação pudesse algum dia levar um rei sudanês a ser honrado com o título de Leão de Judá. Menos de três séculos os separam da época da Rainha de Sabá. No entanto, seus traços perfeitamente negros mostram que a mestiçagem dos imperadores da Etiópia, longe de remontar a uma pretensa união de Salomão e da Rainha de Sabá (que então reinava sobre a Etiópia e a Arábia colonizada) é bem posterior. Uma passagem lacônica da Bíblia informa que a Rainha de Sabá visitou Salomão, foi bem recebida, apresentou-lhe enigmas que Salomão resolveu e voltou. Nenhum documento histórico conhecido permite falar atualmente em casamento de Salomão com a Rainha de Sabá.

Esse parentesco do Egito e da Núbia, de Mesraim e de Cuche, ambos filhos de Cam, é revelado por muitos eventos da história egipto-núbia.

Depois de Chérubini, Budge é obrigado a constatar esse parentesco:

> Observando em Semma que o templo de Ti-Raka foi dedicado por esse rei aos manes do Faraó Osorta-Sen III, ao qual se dirige como a um pai divino, Budge expressa a opinião de que os reis etíopes locais consideravam os conquistadores egípcios das origens como seus ancestrais [...]. Todavia, Budge menciona que os egípcios mantinham a convicção de estar unidos por laços estreitos ao povo da terra de Punt; ou seja, guardada a devida proporção cronológica, a atual Etiópia. Ele observa, finalmente, que os habitantes da citada terra de Punt tinham sido descritos como já usando, desde uma época remota, no tempo da Rainha Hatshepsut, aquela barba trançada tão especial que se vê ornando o rosto dos deuses em todas as representações egípcias (Pédrals, 1950, p. 18-19).

Esta citação merece apenas um comentário: o último elemento citado, a barba trançada, ainda se espalha pela África. A convicção mantida pelos egípcios não era somente a dos laços estreitos entre dois povos, mas também a de um parentesco biológico, original, a de terem o mesmo ancestral que os negros que então habitavam a terra de Punt. Era esse ancestral comum que egípcios e núbios adoravam juntos sob o nome de deus Amon, que, como vimos, é o deus de toda a África negra atual.

Até o fim do Império Egípcio, os reis da Núbia (Sudão) levarão o mesmo título do faraó do Egito, o de Gavião da Núbia (Diahây, *Maf* em uolofe). Amon e Osíris são representados em preto-carvão; Ísis é uma deusa preta. Só um cidadão, um nativo – ou seja, um negro – pode ter o privilégio de servir no culto do deus Min; a sacerdotisa de Amon de Tebas, lugar sagrado por excelência do Egito, só podia ser uma sudanesa meroítica: esses fatos são fundamentais, indestrutíveis. A imaginação erudita tentou em vão buscar para eles uma explicação compatível com a ideia de uma raça branca egípcia: "O deus *Cuche* tinha altares em Mênfis, Tebas e Meroé (Sabá) sob o nome de Khons, deus do céu para os etíopes, Hércules para os egípcios" (Pédrals, 1950, p. 29).

Khon, deus do céu para os etíopes, significa arco-íris em uolofe. Havia também uma terra chamada terra de Khons, no Alto Nilo. – Khon deve ser entendido no sentido de morto do outro mundo, mas não tendo ainda alcançado a condição divina; Khon, em serere, significa morrer.

A Núbia aparece então como tendo estreito parentesco ao mesmo tempo com o Egito e com o resto da África negra. Ela parece ser o ponto de partida das duas civilizações. Não surpreende, então, encontrar hoje muitos traços comuns de civilização entre a Núbia, cujo reino se prolongou até a ocupação inglesa, e o resto da África negra. Foi consecutivamente no fim da antiguidade egipto-núbia que o império de Gana elevou-se como uma chama, entre a Curva do Níger e o Rio Senegal, numa época que se situa, com incerteza, no século III d.C. Vê-se, portanto, que a história africana, considerada sob esse ângulo, é ininterrupta. As primeiras dinastias núbias prolongam-se em dinastias egípcias até a ocupação do Egito pelos indo-europeus, a partir do século V a.C. A Núbia permanecerá o único foco de cultura e de civilização até por volta do século VI, depois Gana tomará a tocha do século VI até 1240, data em que sua capital foi destruída por Sundjata Keita. Enfim, foi o surgimento do Império Mandinga (capital Mali), do qual Delafosse dirá: "Entretanto, aquela aldeia do Alto Níger foi durante centenas de anos a principal capital do mais vasto império que a África negra conheceu e um dos mais consideráveis que houve no universo" (Delafosse, 1922).

Depois foi o Império Gao, o império do Ytinga (ou Mossi, que perdura até os nossos dias), os reinos do Djoloff e do Cayor, destruídos por Faidherbe, sob Napoleão III. Ao lembrar essa cronologia, quisemos mostrar apenas que não há interrupção na história africana. É evidente que a partir da Núbia e do Egito, se tivéssemos tomado uma direção geográfica continental, tal como Núbia-Golfo do Benim, Núbia-Congo, Núbia-Moçambique, o curso da história africana teria aparecido igualmente ininterrupto.

É sob esta perspectiva que é justo considerar a história africana; enquanto se evitar fazê-lo, as mais eruditas especulações estarão fadadas a um fracasso lamentável. Ora, não há especulações frutíferas fora da realidade.

Inversamente, a egiptologia só estará assentada em terreno sólido no dia em que reconhecer sem rodeios, oficialmente, sua base negra africana.

É possível afirmar com toda a tranquilidade, com apoio dos fatos precedentes e dos que se seguirão, com fundamento em toda a realidade da história egipto-africana, que enquanto a egiptologia se esquivar dessa base negra, enquanto ela se limitar a apenas rodeá-la, como que para mostrar que é honesta, enquanto ela mantiver essa atitude, a estabilidade de seus fundamentos será comparável à de uma pirâmide assentada em seu cume; ao fim dessas especulações eruditas chegará sempre ao fundo de um beco sem saída.

Então, o que há de mais normal do que encontrar quase intacto na África todo o panteão egipto-núbio? Pédrals, citando Morié, que reporta uma tradição copta, fala de dois reis não identificados, sendo o segundo o Rei Shango, Iakuta ou Khevioso (conforme os dialetos). Esse príncipe, adorado em toda a Costa dos Escravos (Guiné) sob esses diversos nomes como o deus do raio e da destruição, era, de acordo com os próprios relatos dos negros, um rei de Cuche, daí sua alcunha Oba-Koso. Shango, Oba-Koso, gostava apaixonadamente da guerra e da caça, e suas conquistas o levaram até Daomé. Os reis Biri (deus das trevas) e Aido-Khuedo (deus Arco-íris) foram seus escravos.

> No dizer de Morié, esse Oba-Koso teria nascido em Ifé, localidade que nosso autor ignora absolutamente. Paramentado com o título de "primogênito do Deus supremo", resultou dos amores incestuosos de Oru-

gan, deus do meio-dia, e Yemadja, mãe de Orugan e irmã de Agandju, deus do espaço. Shango Oba-Koso tem como irmãos: Dada, deus da natureza, e Ogun, deus dos caçadores e dos ferreiros. Casa-se com três mulheres: Oya, Osun e Oba. É bastante evidente que Orugan e Yemadja evocam o casal incestuoso Amon (Cam) e Mut, seu filho tendo a alcunha de Rei de Cuche, que Osun evoca Asun, mulher de Tubom-Set-Typhon, desposada em seguida por Hor, filho de Mesraim-Osíris, e que Dada evoca Dedan, filho de Cuche segundo uma versão, de Reama filho de Cuche segundo outra, com uma incerteza que a Bíblia agravou ainda mais. Enfim, para o etíope, Cuche também teve três esposas, que eram suas irmãs.

Estas declarações de Morié [...] resumem uma parcela essencial da tradição comum nos territórios ribeirinhos do Golfo do Benim (Togo, Daomé, Nigéria), aos ewé, guin, fon e ioruba, sendo que estes últimos têm como cidade sagrada Ilé Ifé [...] (Pédrals, 1950, p. 30-31).

Pédrals descobriu que Morié extraiu essas declarações de um opúsculo traduzido do árabe e encontrado em Paris em 1666, sob o título *"L'Egypte de Mourtadi, fils du Graphiphe*. A tradição que nos revela foi anotada pelos próprios coptas; fato ainda mais importante porque essa tradição se confunde, pura e simplesmente, com a que encontraremos nos dias de hoje na África Ocidental, entre as populações do Daomé, do Togo, da Nigéria etc. Shango, Orugan... são os deuses da Nigéria e de todo o Golfo do Benim em geral. Ifé, a cidade cujo nome Morié extrai dos textos coptas sem saber que é a cidade sacerdotal da Nigéria, mostra a íntima conexão da história egípcia com a da África negra. Orugan, deus do meio-dia, leva a pensar na etimologia de *ouragan* (furacão), palavra de origem antilhana; portanto, provavelmente de origem africana, introduzida nas Antilhas pelo vodu. Yakut, deus da destruição. lembra uma palavra uolofe: Iakhu, que significa destruição.

Observe-se que o rei mossi tem atualmente o título de Nabá, que é também o de um rei que reinava sobre uma parte da Núbia:

O mais poderoso dos quatro soberanos (melek) que lá reinavam era o "Nap" de Naphta, no Kordofan, cuja capital elevava-se na direção de Hophrat, em Haas, que já naquele tempo era um lugar onde se extraía muito cobre e, além disso, ouro. Esse ouro e esse cobre eram transportados para a Núbia, onde os reis do Ocidente e do Oriente vinham adquiri-los. O "Nap" reinava, no sul, sobre um grande número de povos que forjavam para ele armas de ferro e lhe enviavam escravos (Pédrals, 1950, p. 36).

Ao ser maltratado sob o reinado de Psamético, o exército egípcio, guiado por seus quadros, irá, em número de 200 mil, do Istmo de Suez até o Sudão núbio para se pôr a serviço do rei da Núbia.

Segundo Heródoto, o exército inteiro foi instalado pelo rei da Núbia em terras cultivadas por ele, e seus elementos foram definitivamente assimilados pelo povo núbio. Isso aconteceu numa época em que a civilização núbia já era muitas vezes milenar. É de estarrecer, portanto, que historiadores tentem usar esse fato para explicar a civilização núbia. Ao contrário, os primeiros cientistas a estudarem a Núbia, os mesmos a quem devemos a descoberta da arqueologia núbia (Cailliaud), concluem pela *anterioridade* da Núbia.

Decorre de seus estudos que a civilização egípcia nasceu daquela da Núbia; ou seja, sudanesa. Cailliaud, conforme observa Pédrals, tira essa conclusão do fato de, no Egito, todos os objetos de culto (portanto, a essência da tradição sagrada) serem núbios[48].

---

48. "Antes de me afastar da Núbia, vou me permitir registrar aqui algumas observações próprias para estabelecer a anterioridade de sua civilização à do Egito. Essa questão, que os documentos históricos ainda deixam indefinida, adquire, penso eu, muita clareza quando se faz um exame atento dos monumentos e das produções naturais da Etiópia ou Núbia superior. Não tenho a presunção de achar que minhas ideias eliminarão todas as dúvidas sobre um tema por tanto tempo controverso; meu único objetivo é o de fazer surgirem melhores. Reportei um grande número de costumes antigos que se perpetuaram na Núbia e dos quais já não há vestígios no Egito; não se pode, concordo, extrair dessa circunstância nenhuma conclusão que leve a pensar que não foi neste último país que esses costumes nasceram. Mas, se conseguirmos estabelecer que os principais objetos consagrados ao culto dos

Cailliaud supõe, então, que a civilização egípcia tenha tido raízes na Núbia (no Sudão) e que deva ter descido gradualmente o Vale do Nilo. Nesse aspecto, não fez mais do que redescobrir, verificar, de certo modo, o ponto de vista unânime dos antigos, filósofos e escritores, para quem a anterioridade da Núbia era evidente.

Diodoro de Sicília relata que todos os anos a estátua de Amon, rei de Tebas, era levada na direção da Núbia (ou seja, do Sudão) por alguns dias; depois era trazida de volta, como que para mostrar que o deus retornava da Núbia. Segundo o mesmo autor, a civilização egípcia resultou da civilização da Núbia, cujo centro era Meroé. Ora, de acordo com as indicações de Diodoro e Heródoto sobre a localização dessa capital sudanesa (Cailliaud, 1826) que Cailliaud, por volta de 1820, descobriu efetivamente as ruínas de Meroé: oitenta pirâmides, vários templos dedicados a Amon-Rá etc. Heródoto relata, por outro lado (os próprios sacerdotes egípcios lhe informaram), que, entre os trezentos faraós egípcios, de Menés à 17ª dinastia, dezoito faraós, e não apenas os três que correspondem à "dinastia", são de origem sudanesa.

Os próprios egípcios – e convenhamos que eles tinham mais condições do que ninguém para falar de suas origens – reconheciam

---

antigos egípcios eram produtos que pertenciam exclusivamente à Etiópia, seremos levados a reconhecer que esse culto não foi criado no Egito [...]. Diz-se, com razão, que era descendo os rios que se faziam as migrações das populações que buscavam formar um estabelecimento. Adotando essa gradação natural, é impossível recusar a conclusão de que a Etiópia foi habitada antes do Egito. Foi a Etiópia, portanto, que primeiro teve leis, artes, uma escrita; mas esses elementos de civilização, ainda grosseiros e imperfeitos, só no Egito adquiriram um grande desenvolvimento, que lá foi favorecido pelo clima, pela natureza do solo e pela posição geográfica. Lá, o cinzel do escultor veio conferir formas mais regulares aos emblemas das crenças primitivas de seus concidadãos para decorar aqueles templos, aqueles monumentos que impressionam por sua solidez imponente e dos quais o território de Tebas apresenta ainda hoje restos tão magníficos. Assim, conforme já escreveram vários estudiosos, entre outros M. Jomard, as artes aprimoradas no Egito voltaram a subir o rio que outrora, em sua infância, haviam descido. Esta foi, de fato, minha opinião em 1816 ao ver os monumentos da Baixa Núbia, hoje reconhecidos como sendo, em sua maioria, posteriores aos monumentos de Tebas" (Cailliaud, 1826, p. 271ss.).

sem ambiguidade que seus ancestrais vinham da Núbia e do centro da África. O território dos amam, ou dos ancestrais – observemos que Man = ancestral, em uolofe –, conjunto do país de Cuche no sul do Egito, era chamado de terra dos deuses pelos próprios egípcios. Outros fatos, tais como os tornados e as chuvas torrenciais mencionados na pirâmide de Unas, lembram os trópicos, no centro da África, conforme observa Amélineau.

Em virtude dessa anterioridade da Núbia, berço da civilização e da religião, é que Homero diz num verso da *Ilíada* que Júpiter desce todos os anos com o cortejo dos deuses, em peregrinação à Etiópia, para se regenerar.

É significativo que as escavações feitas até agora, na área da Etiópia dos antigos, só revelem documentos dignos desse nome na Núbia propriamente dita, e não na atual Etiópia. Realmente, é na Núbia que há pirâmides como as encontradas no Egito: pirâmides de Assur e de Nuri. É lá, e não na Etiópia, que se encontram templos subterrâneos e outros: templos de Semna, Typhonium, Hathor, Ibsambul (cf. ilustr. 42), uma escrita chamada meroítica ainda não decifrada, parente próxima da escrita egípcia. Coisa curiosa, e sobre a qual não se insiste, é a escrita núbia ser mais evoluída do que a egípcia; enquanto esta última, até em suas fases hieráticas e demóticas, nunca se desvencilhou completamente de sua essência hieroglífica, a escrita núbia é alfabética.

Naturalmente, era de se esperar, sem temor de decepção, que houvesse tentativas de rejuvenescimento da civilização núbia, tentativas de explicá-la pela do Egito. Foi isso que Reisner acreditou ter conseguido num estudo que abrange apenas o período da história núbia que remonta à época assíria; ou seja, o primeiro milênio. Ele postula que, antes, a Núbia era governada por uma dinastia líbia, da qual as dinastias negras foram o prolongamento. Mais uma vez, o branco mítico criou a civilização e se retirou milagrosamente, cedendo lugar aos negros. Essas tentativas gerais de frustrações das quais são vítimas todas as civilizações negras da África negra, desde o Egito, Núbia, Gana, Songhai até o reino do Benim, passando por Ruanda-Urundi, para mencionar apenas essas, acabam por assumir o caráter monótono de uma travessura insípida que já não consegue nem fazer sorrir.

Não é possível que Reisner ignorasse que o fenômeno da civilização núbia é anterior a 1500 a.C.; ou seja, ao surgimento do líbio branco jafetita na África. Por conseguinte, o problema não é tentar encontrar líbios na história recente da Núbia, mas encontrá-los na origem dessa civilização – ou seja, por volta de 5000 a.C. – e essa tarefa Reisner eximiu-se de empreender.

Quando Maomé nasceu, a Arábia era uma colônia negra cuja capital era Meca, daí o versículo do Alcorão conhecido pelo título *Alam tara keifa*[49], referente ao exército de 40 mil homens enviados pelo rei da Etiópia para sufocar a revolta dos árabes – um corpo desse exército compunha-se de guerreiros montados em elefantes. O próprio Delafosse é obrigado a constatar essa suserania da Etiópia sobre a Arábia.

> Pensando na participação desse império (Etiópia, Adis-Abeba) nos destinos do Egito antigo; lembrando que no momento do nascimento de Maomé (570) ele exercia a suserania para além do Mar Vermelho, sobre o Iêmen, e enviou contra Meca um exército de 40 mil homens; pensando na repercussão extraordinária que tinha na Europa, na Idade Média, o poder do famoso "Preste João" [...] é obrigatório supor que tal força não pode ter deixado de reinar sobre os povos com que teve contato (Delafosse, 1922, p. 114-115).

Berços de civilização situados no centro dos territórios negros

Outro fato não menos paradoxal é que os indo-europeus jamais criaram civilização em seus berços primitivos; ou seja, nas estepes eurasiáticas. As civilizações a eles atribuídas são indubitavelmente aquelas situadas no centro de territórios negros, na parte meridional do hemisfério norte: Egito, Arábia, Fenícia, Mesopotâmia, Elam, Índia.

---

49. Surata 105 [N.T.].

Em todos esses países já havia civilizações negras no momento em que os indo-europeus lá chegaram, no decorrer do segundo milênio, na condição de nômades primitivos. O procedimento consiste em mostrar que foram essas populações em estado selvagem que trouxeram, em seu deslocamento, todos os elementos da civilização e os introduziram em todos os lugares em que estiveram. Então, a pergunta que vem à mente é: Por que tantas aptidões criadoras só se manifestam em contato com os negros, e nunca no berço primitivo das estepes eurasiáticas? Por que essas populações não criaram a civilização em sua terra antes de emigrarem? Se o mundo moderno desaparecesse, graças à densidade dos vestígios de civilização na Europa, facilmente se restabeleceria que tinha sido de lá que a civilização moderna se irradiara por toda a terra. Não é possível encontrar nada semelhante quando se parte das estepes eurasiáticas. Se recuamos à mais remota antiguidade, é dos territórios negros que os documentos nos obrigam a partir para explicar todos os fenômenos de civilização.

Seria falso dizer que a civilização nasceu dessa mestiçagem. Tem-se a prova de que ela existia nos territórios negros bem antes do contato histórico com os indo-europeus. Os povos negros, etnicamente homogêneos, criaram todos os elementos da civilização adaptando-se às condições geográficas favoráveis de seus berços primitivos. Então, seus territórios se tornaram polos de atração onde tentaram introduzir-se, para melhorar sua vida, os habitantes das regiões deserdadas e atrasadas que se avizinhavam deles. A mestiçagem nascida desse contato é, portanto, consequência da civilização já criada pelos negros, e não causa dela. Pelas mesmas razões, a Europa em geral – e particularmente Paris, Londres... – são polos de atração em que se encontram e se fundem cotidianamente todas as raças do mundo. Mas seria errôneo explicar, daqui a 2 mil anos, a civilização europeia de 1954 invocando o fato de que nessa data toda a Europa estava como que impregnada de elementos coloniais que teriam, cada um, trazido a contribuição de seu gênio. Vê-se, ao contrário, que os elementos estrangeiros, ultrapassados, levam um certo tempo para compensar seu atraso e durante um longo período não trazem nenhuma contribuição apreciável à civilização técnica. Ocorreu o mesmo na Antiguidade: todos os elementos da civilização egípcia estavam criados desde as origens. Permaneceram imutáveis e no máximo se desagregaram a partir do contato com o estrangeiro. Sabe-se com certeza quais foram as diferentes invasões de raça branca que houve no Egito – na época histórica –, hicsos (citas), líbios, assírios, persas. Nenhum desses elementos trouxe um novo desenvolvimento à matemática, à astronomia, à física, à química, à medicina, à filosofia, às artes, à organização política...

Tudo o que precede permite rejeitar também as explicações *a posteriori* que, partindo da situação do mundo moderno, decretam que a região temperada é favorável, por excelência, à eclosão das civilizações que, todas elas, lá tiveram origem. Os documentos históricos provam, ao contrário, que no momento em que o clima da terra já estava definido, as primeiríssimas civilizações existiram fora dessa região[50].

Argumentos linguísticos

Línguas

Tanto quanto é difícil afirmar – e mais ainda provar – o parentesco do egípcio com as línguas indo-europeias e semíticas, é fácil provar a profunda unidade do egípcio e das línguas negras.

> Um jovem erudito, M.N. Reich, teve a ideia de comparar determinadas raízes da língua egípcia com outras ainda empregadas pelas populações negras do centro da África ou da Núbia. Ele mostrou, sem muita dificuldade, que há identidade perfeita entre elas (Amélineau, 1916, p. 126).

---

50. A África permaneceu por muito tempo um mistério; e, no entanto, não foi ela um desses berços da história? É um país da África, o milenar Egito, que ainda tem quase intactos os mais veneráveis monumentos da nossa antiguidade. No tempo em que a Europa inteira era só selvageria, em que Paris e Londres eram apenas pântano e Roma e Atenas lugares desertos, a África já tinha no Vale do Nilo uma antiga civilização; ela conhecia as cidades populosas, o trabalho paciente das gerações no mesmo solo, as grandes obras públicas, as ciências e as artes; ela já tinha produzido deuses (Weulersse, 1934, p. 11).

Depois de Reich, L. Homburger (1941, cap. XII) reafirma o parentesco do egípcio com as línguas negro-africanas. Mas sua tese implica somente uma influência egípcia sobre um substrato negro, que originalmente podia ser, dos pontos de vista étnico e linguístico, diferente do substrato egípcio.

Mesmo atribuindo aos trabalhos de L. Homburger toda a importância que lhes é negada até hoje, é difícil concordar com ele quanto a esta última questão. A quase-identidade do Egito e da África negra, sob todos os aspectos, étnico e outros, não permite estabelecer essa conclusão.

A comparação linguística do egípcio com o uolofe, que, por ser particular, não deixará de ser tanto mais convincente quanto mais precisa, dificilmente permitirá que subsista a ideia de duas bases linguísticas diferentes.

Seria possível pensar *a priori* que tal comparação é impossível, alegando que, no espaço de 2 mil anos o latim se transformou completamente em outras línguas, como o francês, o italiano etc.; que hoje não haveria como vincular essas línguas a ele se não tivéssemos as comprovações anteriores escritas.

Essa observação não nos deteve por duas razões: em primeiro lugar, a evolução das línguas, longe de ter uma velocidade idêntica para todas as regiões, parece estar ligada a fatores como, entre outros, a estabilidade da organização social ou, para tomar seu contrário, os transtornos sociais. É fácil compreender, portanto, que nas sociedades relativamente estáticas a linguagem dos homens tenha mudado menos com o correr do tempo; não é uma simples hipótese: as vinte frases berberes que temos datadas do século XII revelam uma língua idêntica ao berbere de hoje, ao passo que a comparação do francês dos primeiros capetíngios com o francês de hoje revela uma diferença profunda. Na África negra propriamente dita, alguns documentos que temos dessas línguas anteriores, com exceção do meroítico ainda não decifrado, são constituídos, no atual estágio de nossos conhecimentos, por algumas palavras disparatadas nos textos dos escritores árabes do século X ao XV. Assim, destacamos em Ibn Battuta: "O *guerti* é um fruto semelhante à ameixa e de gosto muito doce; mas é malsão para os brancos; esmaga-se o caroço para dele extrair óleo" (Ibn Battuta, [s.d.], p. 15).

A palavra *guerté* deve ter sido aplicada ao amendoim por ocasião de sua recente introdução na África negra; a palavra atual (*guerté*), portanto, só difere da palavra do século XIV (*guerti*) pela vogal final, *i*, transformada em *é*, considerando-se a palavra na língua uolofe, que deve tê-la adquirido do saracolê, e admitindo-se que a transcrição de Ibn Battuta esteja correta. "Os homens brancos que professam as doutrinas sunitas e seguem o rito de Malilk são aqui designados pelo nome touri" (Ibn Battuta, [s.d.], p. 17).

Touré é um nome próprio sudanês. Os touré seriam, então, mestiços mais ou menos resultantes dessa minoria de árabes que vivia no Sudão no século XIV. Encontra-se também Farba Hoseïn de Valata – sendo um termo árabe, Hoseïn foi escrito corretamente por Ibn Battuta. Valata, na transcrição, tornou-se Valaten, que parece refletir uma terminação berbere. Com exceção disso, a estrutura da palavra se manteve a mesma até hoje; ainda se pronuncia Valata. Farba designa uma função administrativa em serere, e passou para o uolofe textualmente. "O rei de Gana era chamado de Maga"; portanto, era um termo que talvez remontasse ao século III a.C., como a língua saracolê, supondo-se que foi falada na origem desse império.

- *Mag* = grande, grande pessoa em uolofe, ao passo que Ganâr designa a Mauritânia atual; ou seja, o noroeste do antigo império de Gana.

- *Killa* = cabaça no século XIV, atualmente *kella* = utensílio de madeira, em uolofe.

Esses poucos exemplos mostram a fixidez relativa das línguas africanas.

Em segundo lugar, a comparação das línguas africanas com o egípcio não leva a vagas relações que podem, no máximo, ser tomadas por possibilidades, mas a uma identidade de fatos gramaticais, e numa tal quantidade que não é possível que seja fruto do acaso. Portanto, estamos aqui diante de um fenômeno semelhante ao oferecido, há poucos anos, pela lâmpada filosófica no domínio físico-químico.

Ao se recusar a examinar esses fatos concretos e a buscar sua explicação, já não se faz ciência; em contrapartida, tem-se uma atitude semelhante em todos os aspectos à daqueles filósofos que, vendo o filamento da lâmpada alternadamente levado à incandescência, nem por isso deixavam de concluir pela impossibilidade do fenômeno, porque era contrário aos princípios admitidos até então, às ideias que eles tinham das coisas.

O fato de o egípcio expressar o passado pelo mesmo morfema – n – que o uolofe; de haver uma conjugação sufixal que também encontramos textualmente no uolofe; de os pronomes dessa conjugação serem em sua maioria idênticos aos do uolofe; de também encontrarmos textualmente no uolofe em especial os dois pronomes sufixos egípcios *ef* e *es* com um significado idêntico; de os demonstrativos serem os mesmos nas duas línguas; de a voz passiva expressar-se pelo mesmo morfema *u* ou *w* nas duas línguas; de a forma prospectiva encontrar-se também exatamente no uolofe; de bastar substituir *n* no egípcio por *l* no uolofe para passar da palavra egípcia à palavara em uolofe com o mesmo sentido, em termos como:

Palavras egípcias	Palavras uolofe
Nad = pedir	*Lad* = pedir
Nah = proteger, esconder	*Lah* = proteger, esconder
Nebt = trança, trançar	*Let* = trança, trançar
Ben-ben = fonte	*Bel-bel* = brotar
Funa = seguro, regular, autêntico etc.	*Fula* = conduta digna, regular

o fato de a forma *sedjem-t-ef* existir em uolofe e a forma *sedjm-ka* encontrar-se também em serere; de o plural egípcio em *u* (*w*) também se encontrar textualmente no saracolê são coincidências demais, sem contar todo o vocabulário comum, para que se trate de simples acaso.

O plano de meu estudo foi o de primeiro detectar um parentesco irrefutável, deduzir muitas identidades gramaticais entre as línguas egípcias e negras; em seguida basear-me nesse parentesco evidente para fazer comparações, aparentemente menos legítimas, válidas apenas como sugestões para as futuras pesquisas. As comparações que possam lembrar "Alfana" e "Equus"[51] não têm outro objetivo.

Para este estudo, utilizei a gramática clássica de Gardiner (1927). Todas as regras fundamentais da gramática egípcia citadas lá se encontram com a mesma acepção. Mas, como essa gramática é escrita em inglês, para evitar traduzir o texto correspondente todas as vezes que eu citasse Gardiner, fui obrigado a utilizar, pela comodidade da exposição, a gramática egípcia do Dr. Deron, menos conhecida e muito mais simples, quando as mesmas regras gramaticais eram expostas em Gardiner e em Deron. Assim, todas as regras gramaticais mencionadas também se encontram textualmente na obra de Gardiner.

Transcrição alfabética do uolofe

â	*iâd* = pedir; *tâl* = acender (longo aberto)
a	*tak* = queimar (breve aberto)
a	*tak* = amarrar, desposar (breve fechado)
b	-
d	-
d	molhado; atenção: os d e t molhados estão em redondo nas palavras escritas em itálico (ou em itálico nas palavras escritas em redondo)
dh	em serere, peúle e tuculor
e	*bege* = querer
e	*lek* = comer
ê	*dême* = tentar (longo fechado)
é	*lilé* = isto (breve fechado)
è	*lègi* = logo mais (longo fechado)
f	-
g	-
g	Anasalado
h	como em *bach* no alemão (gutural)

---

51. Versos do poeta francês Jacques de Cailly (1604-1673), conhecido como Chevalier d'Aceilly, criticando o escritor e gramático francês Gilles Ménage (1613-1720).

î	*dîté* = guia (longo fechado)
i	como em pia; *lit* = tocar flauta; *fit* = diz-se do que se amarra com solidez (longo aberto)
i	como em pista
k	-
l	-
m	-
ñ	Espanhol
ô	como em mofo, moça; *dôh* = côncavo (longo fechado)
o	oo; *bot* = carregar nas costas (longo aberto)
o	como em porta; *doh* = andar (breve aberto)
p	-
r	-
s	-
t	-
t	Molhado
u	*buki* = hiena (breve fechado)
û	*pûkare* (longo fechado)
u	*ndutane* (longo aberto)
v	árabe, semiconsoante
y	como em filho

Estudo comparativo das gramáticas egípcia e uolofe

O egípcio de que se trata aqui é a própria língua clássica; ou seja, a língua "escrita da 9ª à 18ª dinastia, entre 2400 a.C. e 750 a.C."

Extraí os exemplos de gramática uolofe do que sei dessa língua, que é a minha.

Formação do plural

O egípcio forma o plural por meio do sufixo *w*, que transcrevo como *u*:

- *bâk* = criado;
- *bâku* = criados.

Observemos desde já que criado, em uolofe, se diz: *bek-nég*. Mas *bek-nég* poderia ser a alteração de *bok-nég*, que significa compartilhar a mesma casa.

A formação do plural em uolofe é mais complexa: o tema será tratado no capítulo III da segunda parte. Aqui me limitarei a lembrar o que pode ser relacionado à língua egípcia.

A formação do plural em *u* ainda existe em uolofe sob forma de arcaísmo pitoresco, particularmente nos casos em que ela devia ser mais bem-conservada – ou seja, na numeração –, quando o adjetivo numeral se refere a um substantivo.

	Forma corrente	Forma arcaica
benn = um	*benn bop*	-
ñâr = dois	*ñâri bop*	*ñâar-u bop*
ñatt = três	*ñati bop*	*ñat-u bop*
ñint = quatro	*ñinti bop*	*ñint-u bop*
etc.		
témér = cem	*téméri bop*	*témér-u bop*

É importante, neste caso, não confundir *i* e *u* com as vogais que acompanham o artigo e o demonstrativo. Pode-se dizer indiferentemente:

• *bop ab nit* ou *bop* u*b nit* = uma cabeça humana

Só se pode dizer:

• *nâr-u bop* ou *nâri bop* = duas cabeças

Os substantivos uolofe que começam com *b, mb* formam o plural substituindo *b* ou *mb* por *w* (= *u*), mas que transcrevo como *v* (semiconsoante pronunciada como o 9 árabe):

bunt = porta	*vunt* = portas
bum = corda	*vûm* = cordas
mbam = burro	(*vam*) ou *bam* = burros
mburu = pão	*vuru* ou *buru* = pães

Em uolofe, quando se deseja designar os habitantes de um país, basta acrescentar a partícula *va* antes do nome do país em questão.

kador, nome de país	*va kador* = os de Kayor

É possível constatar a semelhança com a partícula *ba*, que desempenha o mesmo papel com relação aos nomes de tribos em toda a Bacia do Congo:

• *ba Luba* = os *Luba*

Esta regra da formação do plural em *u* a partir de uma variação consonantal também existe em dolâ; são os nomes de coisas que começam com *b* no singular, como em uolofe, ou por *k*:

busana = sumaúma, piroga	*vusana* = pirogas
bempon = chapéu	*vempon* = chapéus
ken = galo	*vin* = galos
kangen = mão	*vungen* = mãos

O mandê forma os plurais em *lu*, o que seria apenas uma variante do plural egípcio em *u*:

moho = homem	*moho lu* = homens

Mas é em saracolê que se encontra uma identidade completa com o egípcio quanto à formação do plural. Com exceção de alguns nomes terminados em *i*, o saracolê forma o plural com o acréscimo de *u*, exatamente como no egípcio:

kompé = choupana	*kompu* = choupanas
iaharé = mulher	*iaharu* = mulheres

É possível constatar que no egípcio atual – ou seja, em copta, que é simplesmente o egípcio transcrito com caracteres gregos (segundo Amélineau) – esse plural em *u* tende a desaparecer. Compreende-se, portanto, que essa forma esteja mais apagada ainda, incontestavelmente, numa língua que *a priori* pode parecer mais distante do egípcio clássico do que o copta. Já em egípcio clássico o adjetivo atributivo é invariável no plural, ao passo que no feminino plural a desinência característica *u* frequentemente está ausente e substituída por um plural gráfico; ou seja, três traços verticais, paralelos e sucessivos.

Relações entre os demonstrativos

Em egípcio há várias classes de demonstrativos, sendo as duas principais:

a) a classe do masculino singular; todos esses demonstrativos têm inicial *p*;

b) a classe do plural, que sempre começa com *n*.

Vamos comparar os demonstrativos egípcios e uolofes seguintes:

Egípcios	Uolofes
puy, pef, pu, pa = esse, este...	*bi, bé, bu, ba* = esse, aquele próximo, aquele distante...
nen, nef, nu, na = esses, estes, estas...	*ñi, ñé, ñu, ña* = esses, estes, estas, aqueles próximos, aqueles distantes...

Em egípcio, assim como em uolofe, esses demonstrativos evoluíram e se tornaram artigos definidos; assim, a partir da 18ª dinastia, *pa* e *na* tornaram-se os artigos definidos o, os. Entre os 7 artigos definidos uolofe existentes hoje e que desempenham ao mesmo tempo o papel de demonstrativos, é exatamente *bé, ba, bu*, que é apenas uma variante de *pa* (convenhamos), que rege a maior quantidade de nomes na língua.

Na é também um artigo definido serere que se aplica ao singular; em egípcio, é utilizado no plural (dir-se-ia depois de uma confusão):

ndéd = sol	*ndéd na* = o sol

Em uolofe, *ñi, ñé, ña* têm exatamente o mesmo papel que o artigo definido plural egípcio *na*.

Assim, quando se vê que:

Serere	Egípcio	Uolofe
na = o	*na* = os	*ña* = os *nit ñi* = os homens (aqui) *nit ña* = os homens (ali)

tem-se a tentação de admitir que *ña* não é mais do que uma variante fonética de seu equivalente funcional egípcio *na*.

Compreenderíamos aqui as formas mais antigas, a própria gênese desses grupos de consoantes, variáveis em número de acordo com a história particular da língua negra visada. Essas consoantes que regem foneticamente os nomes da língua e cuja existência até então inexplicada leva os especialistas a buscarem no sentido de uma mentalidade negra *sui generis*.

Enfim, as partículas *ni, niu* têm valor de genitivo em egípcio, assim como *ñoñ* em uolofe.

Egípcio	Uolofe
ni = que é de	*ñiu* = os de, que são de
niu = que são de	*ñoñ* = os de, que são de

Em uolofe emprega-se *bu*, no singular, em vez de *ni*. Acabamos de ver que *bu*, ao que parece, é apenas uma variante de *pu* egípcio:

• *bu, bob* = que é de; o de

A partícula *n*, portanto, tem um papel muito complexo em uolofe; o mesmo ocorre no egípcio. O próprio Dr. Deron constata: "Aos poucos chega-se à forma invariável *n* para o masculino singular e plural ao mesmo tempo, como se tivesse havido uma confusão entre essa forma degradada do adjetivo e a preposição de pertencimento".

Essa noção de confusão, que é preciso levar em conta já na evolução interna do egípcio, parece ter um papel ainda mais importante na passagem dessa língua para o uolofe.

Ao lado das partículas com valor de genitivo, o egípcio utiliza mais frequentemente a aposição para expressar a ideia de pertencimento; o uolofe, já muito evoluído, tende a transpor essa etapa, mas ainda utiliza a aposição, como o serere e quase todas as línguas negras:

• *lat* D*or* = *lat* (*ir*), filho de D*or*

Em egípcio, numa aposição como essa, o nome sagrado vem antes na escrita, mas a ordem se restabelece na leitura.

Para dizer *a casa de Deus* escreve-se *a Deus casa*, em respeito ao nome de Deus, que é em tudo prioritário[52].

Entre os sereres, onde o rei é um personagem sacrossanto, a casa deste – ou seja, a morada sagrada por excelência – tem a mesma prioridade:

• *mbin kam* = casa em

Assim se diz sempre que se trata de situar alguma coisa na casa do rei. Ora, é o único caso da língua serere em que essa inversão é usual.

---

52. Observemos a religiosidade e o monoteísmo egípcios dos milhares de anos antes do judaísmo, do cristianismo e do islã.

Pronomes sufixos

Estamos chegando aos tais pronomes sufixos, que em parte serviram para classificar o egípcio entre as línguas semíticas.

Todos esses pronomes se encontram em uolofe, com exceção de um ou dois, conforme mostra o quadro a seguir; particularmente cinco deles são encontrados em uolofe sem alteração.

Egípcio	Uolofe
maa = eis que	*maa* ou *mâ* = eu (enunciativo) eis que
maak ui = vê me, mim eu (sou)	*maa ngi* = eis-me, eis que, estou (+ gerúndio)
tju = te, ti	*yav* = te, ti
ef *of* } = dele	Ef *of* Es } = dele
ex.: ouvido dele ele é ouvido } = *sedjem-ef* ouviu-se } (*sedjem* = ouvir)	ex.: ouvido dele ele é ouvido } = *dég-ef, dég-es* ouviu-se } (*deg* = ouvir)
es = dela: é o feminino de *ef*	*es* é idêntico a *ef*: a única nuança que distinguia esses dois pronomes desapareceu com a mudança do modo de expressar o feminino
nen = nós, de nós, nosso, nos	*nun* = nós *nen* = que nos *sunu* = nosso
ten = vós, de vós, vosso, vos	*yen* = vós *sèn* = vosso *tèn* = vós (em serere)
sen = deles/delas, lhes, elas	*sen* = deles/delas etc. *den* = deles/delas (serere) etc.

Entretanto, o parentesco é ainda maior. Nas duas línguas há duas séries de pronomes, sem contar os pronomes dependentes ou complementos. Serão apresentados os quadros comparativos desses pronomes, sempre insistindo em sua identidade funcional.

O primeiro quadro, que tem por objetivo sugerir as assimilações que devem ter se operado na passagem do egípcio ao uolofe; contém, além dos pronomes sufixos, alguns pronomes independentes, como foi possível constatar anteriormente. Em contrapartida, no segundo quadro, aos pronomes sufixos egípcios correspondem exclusivamente pronomes sufixos uolofes.

Egípcio	Uolofe
a ou *i* = eu (enunciativo)	*nâ* = eu (enunciativo)
ek = tu	*nga* = tu
ef *of* } = ele, lhe, se...	*ef* *of* } = ele, lhe, se...
es = feminino de *ef*	*es*, idêntico a *ef*
nen = nós	*na* = ele *nen* = nós *nanu* = nós
ten = vós	*ngén* = vós
sen = eles	*nanu* = eles

Esses pronomes sufixam-se aos verbos nas duas línguas.

Particularmente, os pronomes sufixos *es* e *of* também traduzem, em uolofe, uma nuança arcaizante própria para nos dar ideia do sentido especial que esses pronomes sufixos deviam conferir à conjugação egípcia.

Egípcio	Uolofe
kef = pegar violentamente	*kef* = pegar violentamente, agarrar como uma ave de rapina
kef-ef. A tradução geral, *ele agarra*, é incorreta; na verdade deveria ser traduzido na forma passiva (segundo Dr. Deron), resultando no caso do verbo *kef*, que extraí de Pierret (1885): *pego por ele, agarrado por ele, ele é pego, pegou*-se	*kef-ef*: segundo o contexto, têm-se os três sentidos seguintes: • agarrou-se • ele é pego (uma coisa) por alguém • que se pegue
fak = desanimar-se, desgostar-se	*fak* = ignorar alguém, propositalmente, por desgosto ou outro motivo
fak-ef = ignorado por ele etc.	*fak-ef* = ignorado por ele, ignora-se etc.
mama = correr	*mamma* = acelerar-se, correr de perder o fôlego
mam-ef = perseguido por ele (correndo) etc.	*mamm-ef* = acelerou-se etc.
mai = dar	*may* = dar
mai-ef = dado por ele	*may-ef* = dado por ele etc.
pet = mover os pés	*pet* = dança; *fet* = dançar
pet-ef = que se dance	*fet-ef* = dançado por ele, que se dance etc.

Todos esses verbos egípcios são extraídos de Pierret (1885).

Sob essa forma, verbo + *ef*, o verbo egípcio era apresentado quando aparentemente não era conjugado em nenhuma pessoa; em outras palavras, essa forma também desempenhava o papel de infinitivo. Compreende-se então que, pela generalidade de seu uso, ela tenha podido sobreviver em uolofe.

Se tivéssemos acrescentado a terminação *ôf* – ou seja, se tivéssemos substituído *e* por *ô* – o verbo seria conjugado no passado em egípcio, e talvez uma certa conotação de passado, pois a conjugação com pronomes sufixados, tanto em egípcio como em uolofe, exprime simplesmente uma forma do passado, o passado imediato; *ôf* indicaria um passado mais distante:

• *sedjem-ôf* = ele ouviu, ouviu-se etc.

Mas, por outro lado, sabe-se que o passado egípcio é expresso por sufixação de *n*. Os elementos que formam o passado egípcio são, portanto, *ô* e *n*. A regra, então, é idêntica à do uolofe, em que o passado é expresso por *ôn*.

Entretanto, é importante observar que a terminação *ôf* em uolofe é sinônimo de *ef*. Mas a primeira distingue-se da segunda por uma nuança pronominal:

• *fab* = pegar;
• *fab-ef* = que se pegue;
• *fab-ôf* = que se levante.

Em uolofe, portanto, os elementos que formam o passado estão necessariamente juntos; separadamente eles não traduzem a ideia.

Adiante voltaremos a falar sobre o passado egípcio. Trata-se agora de fazer uma observação cuja importância ninguém deixará de notar: o par feminino do pronome sufixo masculino *ef*, em egípcio, é o pronome *es*.

Em outras palavras, sempre que se pode empregar *ef* em egípcio seria possível substituir por *es*; o sentido continuaria sendo o mesmo, só o agente que realiza a ação é que mudaria de sexo.

Porém, como acabamos de ver, ao lado do pronome sufixo *ef*, em uolofe, há um outro pronome, aparentemente inútil, pois idêntico – e quero dizer absolutamente idêntico, quanto ao sentido – a *ef*, e que é *es*, que já encontramos. O que ele pode ser senão o resíduo de um feminino egípcio? Essa opinião é irrefutável depois de todas as identificações que acabam de ser feitas, especialmente quando se pensa que o mesmo pronome é encontrado em egípcio, sem alteração, fazendo o mesmo papel, pertencendo à mesma terceira pessoa, significando a mesma coisa, com exceção do gênero; o pronome uolofe, como todos os outros pronomes da língua, é válido para os dois gêneros, desde que estes sejam expressos de maneira específica. Compreende-se que a identificação de *ef* e *es* tenha se realizado em uolofe a partir do momento em que o gênero já não era expresso por uma desinência na língua que se formara recentemente, mas por associação da noção de masculino ou de feminino, em nome do ser nomeado e cujo sexo se deseja especificar.

Vamos repetir aqui os exemplos de há pouco, completando-os com o pronome feminino:

Egípcio	Uolofe
kef	*Kef*
kef-ef = tomado dele	*kef-ef*
	kef-es etc. = toma-se, ele é tomado etc.
kef-es = tomado dela etc.	
mam	*Mamm*
mam-ef = perseguido por ele etc.	*mamm-ef* = (a gente) se acelerou
mam-es = perseguido por ela etc.	*mamm-es* etc.
ham	*Ham*
ham-ef = Sua Majestade (!) por equivalência, diríamos...	*ham-ef*
ham-es = curvar-se, inclinar-se, em sinal de respeito (Pierret, 1885)	*ham-es*
Logicamente, esta palavra deveria significar o equivalente a uma rainha, segundo a interpretação oficial. Mas conhecemos as incertezas que a comprometem.	Estas duas palavras, como se sabe, só podem ter um único significado em uolofe; são construídas com a raiz *ham* = conhecer. Portanto, significam "que é conhecido", e é só nesse sentido que poderiam, talvez, significar Sua Majestade, ou rainha, conforme o caso. Aplicando-se a um indivíduo, quer dizer que este é do país, que lá é conhecido, que tem uma família honrada, por oposição ao desconhecido, ao estrangeiro, de quem não se sabe nada; que ele é famoso. É certo que o sentido da palavra egípcia é mais próximo daquele da palavra uolofe e não tem nenhuma relação etimológica com "Sua Majestade". Ao traduzir *Hamef* por "Sua Majestade", a preocupação foi encontrar um equivalente oficial, e não uma relação etimológica.

Captamos aqui a origem histórica das numerosas sinonímias e identidades de sentido em nossas línguas, que, se não fossem ao mesmo tempo fonte preciosa de documentos históricos, seriam deploráveis.

Descobrimos assim, em nossas línguas, vestígios de um feminino marcado por uma desinência; o interesse filosófico desse achado não escapa a nenhum especialista.

Poderíamos continuar a análise desses resquícios de feminino, particularmente do feminino em *t*, através da estrutura das palavras. Com frequência operou-se uma verdadeira síntese entre o radical egípcio e o *t* do feminino quando se passa para o uolofe; o *t* tornou-se parte integrante do radical. É o que acontece, por exemplo, quando se analisa a passagem de *nofert* = bela (egípcio) para *rafet* = belo (uolofe).

A palavra uolofe resultaria, assim, do feminino da palavra egípcia *nofer* = belo. Seria difícil duvidar disso diante da identidade de expressão nas duas línguas, tais como:

Egípcio	Uolofe
khet nebet nofert = todas as belas coisas	*khet yep rafet* = todas as belas coisas

Observemos, para melhor sentir a identidade, que *neb* = tudo (egípcio), quando segue um substantivo sem ser acompanhado por um epíteto, permanece invariável:

Egípcio	Uolofe
khet neb = todas as coisas	*khet yep* = todas as coisas

Por um momento seria de acreditar que se trata da mesma língua.

Conjugação

Até agora só se tratou dos pronomes sufixos. Vamos conjugar o verbo *kef* (nas duas línguas) para melhor captar a semelhança:

Egípcio	Uolofe
kef-i ou *kef-a*	*kef-na*
kef-ek	*kef-nga*
kef-ef	*kef-ef*
kef-es	*kef-es*
-	*kef-na*
kef-nen	*kef-nen* (poesia)
-	*kef-nanu*
kef-tem	*kef-ngen*
kef-sem	*kef-nanu*

É, portanto, o mesmo tipo de conjugação sufixal. Os pronomes empregados são quase idênticos nas duas línguas. O sentido transmitido por esse tipo de conjugação também é o mesmo. Trata-se de uma conotação de passado dada pela posposição do pronome sufixo com relação ao radical verbal. Na verdade, quanto ao egípcio, costuma-se traduzir esse tipo de conjugação por um indicativo presente, sabendo que esse tipo de tradução é errônea, e quanto ao verbo *ouvir*, conjugado de acordo com esse tipo, Dr. Deron escreve: "Se o sentido geral é esse, seria correto traduzir literalmente: ouvido por mim, por ti, por ele etc."

Portanto, nossa primeira coluna daria, em egípcio, com o verbo *kef*: pego por mim, por ti etc.; e, nesse caso, o verbo não é conjugado no indicativo presente, mas num passado imediato e ultrapassado. É exatamente o mesmo sentido que os pronomes sufixos na coluna uolofe permitem transmitir.

Assim, do ponto de vista da conjugação com pronomes sufixados, a identidade entre o egípcio e o uolofe é tripla: tipo de conjugação, pronomes utilizados e sentido são os mesmos nas duas línguas, o que permite afirmar que a identidade é total.

Pronomes independentes

Os pronomes sufixos são, em egípcio, os mais utilizados de todos. Entretanto, há pronomes independentes, o sujeito sempre precedendo o verbo: eles têm sempre um valor mais ou menos de ênfase. Os pronomes independentes, em uolofe, apresentam as mesmas características.

Egípcio	Uolofe
inuk, énok = eu sou	*nek* = ser, sou; *nek, nâ* = eu sou
	mâ = eu estou + gerúndio; *ma* = que eu
antek = tu	*yangi* = tu estás + gerúndio
	nga = que tu
antef = ele	*ming, mangi* = ele está + gerúndio
	na = que ele
inn *innu* } = nós	*inn* = nós (serere e lebu) *an* = nós (uolofe): annu Nannu } = idem no superlativo *nongi* = nós estamos + gerúndio
notten = vós	*ngên* = que vós *yênangi* = vós estais
notsen = a eles, a elas	*ningi* = eles estão + gerúndio *nom* = a eles, elas *nanu* = que eles

Outras características comuns da conjugação

O egípcio distingue dois modos: o perfectivo e o imperfectivo. O mesmo ocorre no uolofe, em que o modo perfectivo é transmitido pela conjugação sufixal citada anteriormente e o imperfectivo pela conjugação com pronomes independentes colocados antes do verbo: *mângi, yângi, mingi, nongi, yênangi, ningi.*

Dizem-nos que no egípcio, no modo imperfectivo, as repetições de radicais ou de consoantes terminais se mantêm, ao contrário de quando se trata de uma ação acabada.

É possível comparar a essa constatação o fato de que em uolofe a repetição de um radical corresponde à intensificação de uma ação que muitas vezes está em curso.

Entretanto, dado o parentesco já evidente do uolofe com o egípcio, dada também a maneira pela qual o uolofe expressa esses dois modos, perfectivo e imperfectivo, é difícil acreditar que o egípcio os traduza de maneira tão diferente: conviria verificar se essa interpretação não se baseia num erro.

Expressão do tempo

Também aqui há mais do que parentesco entre o egípcio e o uolofe: há quase identidade. O egípcio expressa o tempo por meio de partículas sufixadas ao radical verbal. Além de ocorrer o mesmo em uolofe, as partículas utilizadas são quase idênticas.

O passado

A partícula *n* sufixada ao verbo serve para indicar o passado, em egípcio. Já vimos que ocorre exatamente o mesmo em uolofe, em que essa partícula é ligada ao verbo por *ô*:

Egípcio	Uolofe
maa = ver ⎫ ⎬ *ma-n-i* = eu vi *i* = eu ⎭	*dis* = ver ⎫ ⎬ *dis-ôn-nâ* = eu vi[53] *nâ* = eu ⎭

Já vimos que o *ô* do uolofe também existe no passado egípcio.

Egípcio	Uolofe
kef-n-ef = foi tomado, toma-se etc.	*kef-ôn-ef* = idem

Quando o sufixo *ôn* é acrescentado a um radical verbal terminado em vogal, o uolofe introduz um *v* "eufônico" entre os dois: *fab* = pegar; *fabu* = levantar-se; *fabu(v)ôn-nâ* = eu tinha-me levantado (*v* = semivogal).

---

53. A partícula *dân, dôn*, que serve para a forma frequentativa do passado se decompõe da seguinte maneira:

Da	+	*ôn*	=	*d ân* ou *d ôn*
auxiliar sentido ativo		morfema do passado		

Frequentemente tem-se o caso intermediário *da(v)on*, com a introdução de um *v* eufônico entre as duas vogais. A única exceção que conhecemos é *dinâ*, ou *danâ* = eu (voluntário) e que implica uma ação futura, apesar da anterioridade do verbo *di*. Porém, *di* não é exatamente um verbo com sentido particular, preciso, mas um auxiliar que tem um papel de intencionalidade.

O futuro

O sufixo *in* é acrescentado ao radical verbal para "indicar uma consequência futura", em egípcio (Dr. Deron). Em uolofe, a vogal *i*, sufixada a um verbo confere-lhe sentido futuro: a oclusiva *n*, como final absoluto, cai.

beg	= amar
beg-i	= ir buscar para amar, futuro espacial = amar com o tempo, futuro temporal (por assim dizer)

A final *n* da partícula egípcia *in*, portanto, caiu em uolofe, em que só há *i* para expressar um futuro ou uma "consequência futura". Em serere, a partícula *ik* desempenha exatamente o mesmo papel.

Na realidade, encontra-se um futuro transmitido por *i* (ou *y*, mais exatamente) em egípcio. É o que ocorre com os adjetivos verbais para a forma denominada prospectiva.

Egípcio	Uolofe
mer = amar	*beg* = amar *ku-ñuy* = aquele que
mer-y = um que se amará	*ku ñuv-beg-i* = um que se amará

"As partículas *her*, *ka*, apenas nos textos religiosos, comunicam a um tema verbal a conotação de uma consequência futura" (Dr. Deron). Há em uolofe um auxiliar do futuro, *hal*, que só difere da partícula egípcia *her*, que tem o mesmo papel, por uma substituição de consoante líquida:

- *dangâ hala def nangam* = tu serás obrigado a fazer tal coisa...; tu tens de fazer tal coisa...

Mas é em serere que a semelhança chama mais a atenção. Há um auxiliar *hel* que desempenha o mesmo papel que em uolofe. Por outro lado, o futuro é expresso por acréscimo de *ka* ao radical verbal:

Egípcio	
hé-ka-sen mâsen tu	= eles se alegrarão quando te virem

Serere	
Conjugação de um verbo no futuro	
mi nâ hod	*ka* = sou eu que me tornarei munido
vo nâ mâk	*ka* = és tu que te tornarás adulto
ten nâ megin	*ka* = é ele que se tornará forte
in o nâ sadik	*ka* = somos nós que nos tornaremos fechados
nun o nâ sohold	*ka* = sois vós que vos tornareis maus
den o nâ yad	*ka* = são eles que se tornarão grandes

No que diz respeito a *hel* vamos tomar os seguintes exemplos:

Egípcio
ured her *ibef gheres* = e o coração dele torna-se pesado por causa disso

Serere
hel *am o re* = eu estou para partir
eu devo partir
eu sou obrigado a partir
eu partirei

Uolofe
damâ hala *dem* = eu devo partir
eu sou obrigado a partir
eu partirei

Meios de expressar a voz passiva

"Uma forma da passiva, quando empregada com um pronome sufixo, parece identificar a forma transitiva: *sedem-ef* pode significar ele ouve ou ele é ouvido" (Dr. Deron). O Dr. Deron nos mostra, assim, que a sufixação de *el* confere valor passivo aos verbos egípcios.

Já mostramos que o mesmo ocorre em uolofe. "Mas, quando o sujeito é expresso e, por conseguinte, dispensa de escrever um pronome sufixo, ou ainda na forma impessoal, esse passivo se caracteriza pelo acréscimo do sufixo *w*" (Dr. Deron).

Em nossa transcrição, *w*, que se lê *ou*, é representado por *u*. Deve-se, portanto, levar em conta esta observação nos seguintes exemplos:

Egípcio	Uolofe
sedjem = ouvir	*deg* = ouvir
sedjem-u = ouvido	*deg-u* = ouvido, audível
	lek = comer
	lek-u = comido, roído, comestível

A partícula *tu* era originalmente um pronome-sufixo; acabou por se ligar ao radical verbal para lhe conferir sentido passivo. Assim, tem-se em egípcio:

• *dejede-tu nef ro pen* = essa palavra lhe foi dita.

O mesmo sufixo *tu* existe em uolofe; tem papel análogo mais difícil de definir, porém ligado à ideia de uma repetição passiva. É empregado sempre que se trata de indicar a repetição de um ato por um sujeito que age passivamente, sob a tirania de uma paixão, ou que começa a perder o controle sobre suas faculdades: mania, sintoma de demência etc. Daí uma certa conotação pejorativa:

• *vah* = falar;

• *vah-tu* = falar disparates, monologar.

Particípio passado

Na voz ativa feminina singular ou plural corresponde à desinência *yt* (*ît*) em egípcio. A mesma desinência confere a um verbo, em uolofe, o sentido participial de: tirado de, resíduo de, proveniente de, extraído de.

Egípcio	Uolofe
guem-ît m'sesh = encontrado num rolo de papiro	*dag* = cortar, cortado
	dag-ît = pedaço, o que foi cortado de...
	dag-ît u germi = rebento da nobreza, provindo da nobreza

Próximo dos particípios há um adjetivo verbal construído com base no imperfectivo e provido de uma desinência *ty* ou às vezes abreviado como *t*. Essa desinência é ligada diretamente ao radical e apoia os pronomes sufixos das pessoas correspondentes, aos

quais, por sua vez, tomam no singular uma desinência *y*. Esse adjetivo responde à voz ativa e ao futuro (Dr. Deron): *sedjem-ty-fy* = aquele que ouvirá;
sedjem-ty-sy = aquela que ouvirá.

Já vimos que em uolofe o *y* (ou *î*) confere ao verbo um sentido
de futuro. O mesmo ocorre para o sufixo *sy*, que parece não ser
mais do que a sobrevivência da desinência egípcia composta do
pronome sufixo feminino singular *s* e de *y*. A desinência *si* do uolofe
seria então outra sobrevivência do feminino egípcio:

- *bâh* = (ser) bom;

- *bâh-i* = (aquele que) será bom;

- *bâh-si* = (aquele que) está se tornando bom, (que começa
a ser bom).

Uma classe de adjetivos verbais que só é possível traduzir por
uma oração relativa – daí seu nome de forma relativa do verbo –
tem seus correspondentes em uolofe. Trata-se, também aqui, de
identidade gramatical.

Egípcio	Uolofe
mer = amar	*beg* = amar
mer-u = que é amado	*beg-u* = que é amado, amável
mer-u-en = um que foi amado	*beg-u-v-on* = que foi amado

Há um infinitivo arcaico que, no período clássico, já não era
mais empregado, a não ser enfaticamente. Ele comportava para
todos os verbos a desinência *t*. No entanto, nos verbos de consoante
terminal fraca (*i*), esta ou se alonga e se torna *ii* antes de *t*, ou
desaparece antes dele, para se transformar em *u*:

Egípcio	Uolofe
mes-ît = dar à luz	*dur-ît* = o resíduo do parto

Adiante trataremos dos infinitivos em *u*.

Cabe destacar "a importância extrema que se dá ao particípio
passivo, pois tende-se a considerá-lo como a origem da maioria
das formas verbais [...]. Também é ao particípio passado que se

tende a remeter originariamente as formas: *sedem ef* e *sedem nef*"
(Dr. Deron).

Ora, podemos constatar que no âmbito do particípio passivo
a identidade com o uolofe é quase completa, de acordo com o que
precede. As formas do pseudoparticípio da primeira e da terceira
pessoas do singular sobreviveram no uolofe, generalizando-se. A
da terceira pessoa se confundiu com o *u* da forma passiva, ao passo
que a da primeira pessoa parece ter sido mantida:

Egípcio	Uolofe
sedjem-ku-i = eu tendo sido ouvido	*velbeti-ku-na* = eu tendo me voltado: eu me voltei

Em resumo, é possível elaborar o quadro comparativo de algumas das partículas já estudadas para levar à melhor compreensão
do parentesco entre o egípcio e o uolofe.

Egípcio	Uolofe
u: sufixo de valor passivo	*u*: sufixo de valor passivo
tu: sufixo de valor passivo	*tu*: sufixo de valor passivo, nuança pronominal
î: sufixo que expressa um futuro	*i*: sufixo que expressa o futuro
n: sufixo que expressa o passado	*n*: sufixo que expressa o passado
ku (i): pseudoparticípio	*ku*: valor de pseudoparticípio
ef *of* } partículas de valor passivo, *nef* } entre outros significados *es*	*ef* *of* } partículas de valor passivo, entre outros *nef* } significados *es*
bu: partícula de valor negativo	*bul*: partícula de valor negativo (cf. abaixo)
nen : id (cf. abaixo)	*nen*: nada etc.
ît: partícula de sentido maldefinido	*ît*: sufixo que indica o resíduo de ação

Auxiliares e partículas negativas

Em egípcio, tal como em uolofe, os auxiliares "são verbos de
certo modo extenuados, cujo sentido próprio se extinguiu, e que
já não subsistem a não ser como auxiliares de construção da frase.
Alguns deles reforçam conotações narrativas" (Dr. Deron).

1º auxiliar

Egípcio	Uolofe
iw (*iu*) = advir, vir a	*ñiev* = advir, vir a, chegar

"Encontrado com muito mais frequência, *iw*, que primitivamente devia significar algo como advir, vir a, estar a, degrada-se até adquirir o sentido de é, eis que, há, é que, então" (Dr. Deron).

2º auxiliar

Egípcio	Uolofe
unen = existir, encontrar-se	*né* ou *nék* = existir, encontrar-se

"O segundo auxiliar *unen* também é encontrado com frequência. Seu sentido próprio, na condição de verbo independente, é existir. Aos poucos ele se degrada, adquirindo o sentido de encontrar-se, depois apenas "eis que, então, com uma discreta conotação de futuro" (Dr. Deron):

* *unenef hor sodjem* = ele se encontrará a ouvir; então ele ouvirá...

O auxiliar uolofe é empregado num sentido próximo e pode significar estar + gerúndio:

né di dég
nék di dég } = encontrar-se ouvindo, estar ouvindo

Como *unen*, *nék* ou *né*, é essencialmente narrativo (contos).

Egípcio	Uolofe
iuwen nédjes djedji renef = era uma vez um burguês (chamado Djedji)	*nékon-nafi* = era uma vez...

3º auxiliar

Egípcio	Uolofe
éhé = ficar em pé, levantar-se, pôr-se a...	*tahav* = levantar-se, ficar em pé, pôr-se a...

"O sentido próprio do verbo *éhé*, levantar-se, ficar em pé, degrada-se quando ele serve como auxiliar, enquanto perde seu determinativo de pernas andando. Pode ser traduzido como pôr-se a" (Dr. Deron):

• *éhéen sedjemof* = ele pôs-se (lá) e ouviu

O verbo uolofe que parece corresponder a *éhé* é *tahav*, que significa, como acabamos de ver, a levantar-se, ficar em pé, ficar apoiado nos pés (o que combina com o determinativo das pernas andando do egípcio), e por extensão pôr-se a fazer alguma coisa, ocupar-se de.

• *tahav* ti*lef* = ocupar-se de uma coisa

4º auxiliar

Egípcio	Uolofe
di = dar, permitir, fazer...	*di* = serve para marcar a vontade, para sublinhar uma ação que será realizada efetivamente

O auxiliar *rdi*, que se torna *di*, por queda da consoante lábil *r*, significa em egípcio dar, permitir ou fazer. O auxiliar egípcio existe textualmente em uolofe e expressa a intencionalidade: *di* (ou *da*, por assimilação regressiva a partir de *di-na da-na*; daí *da*) é o auxiliar mais correntemente utilizado em uolofe e em saracolê; é um verdadeiro auxiliar que dá à ação projetada um caráter firme, quer se trate de uma ordem dada com vistas a executar essa ação, quer se trate de uma firme decisão efetivamente tomada com vistas a uma ação. O emprego de *di* ou *da* não se concebe sem uma coisa a ser feita, sem uma ação.

Egípcio	Uolofe	
di-ni nek iret = eu te fiz, eu te permiti...	*di-na def nangam*	farei efetivamente tal coisa
	da-nâ def nangam	

5º auxiliar

O auxiliar *paû* destaca, em egípcio, uma ação passada; em uolofe *daû* significa o ano passado. Essa comparação é feita apenas como sugestão; aqui não se trata de estabelecer uma correspondência certa.

• Partículas negativas

Trata-se de *nen* e *bu*, já citadas no quadro comparativo das partículas.

Nen "poderia ser traduzido literalmente por uma oração negativa em que o verbo negar fosse o sujeito, tal como: ...é algo que não existe" (Dr. Deron).

É impossível dar melhor definição do termo uolofe idêntico, *nen*:

• *nen* = o nada, o não existente, o que não pode tornar-se positivo;
• *ligêy ti'gnén* = trabalhar gratuitamente;
• *ndah lo disul ag nén la?* = é um nada, um não existente, tudo o que não nos é visível?

Comparem-se esses dois exemplos em uolofe com a seguinte frase egípcia:

• *nèn unen pahuy* fy = e seu fim será algo de não existente.
• *Bu* é uma partícula negativa que significa, em egípcio, não (Pierret, 1885).

A mesma partícula tem o mesmo papel em uolofe e em serere:

Uolofe	Serere
bul = não	*ba* = não.
bul dem = não partas (imperativo negativo)	*bar-et* = não partas (imperativo negativo)

A partícula *ter*, que significa: é verdade?, em egípcio, segue um pronome interrogativo; ela pode acrescentar-se como sufixo ao pronome interrogativo *puty* para dar o interrogativo *puter*.

O pronome interrogativo correspondente a *qual, lequel* (francês), *which* (inglês) é, em serere, *um... té* e em uolofe: (consoante +) *um* (+ artigo que rege a palavra)... *ti*.

• *bûr* = rei; *bur (b)i* = o rei.
• *(b) um (u) ti* = qual (rei) é?

Ou *(b) um ti*, que é a forma contraída.

Características do substantivo

Em egípcio e em uolofe o substantivo pode ser ao mesmo tempo verbo e adjetivo. Não há raiz no sentido em que se entende nas línguas semíticas e indo-europeias.

Então, nem em egípcio nem em uolofe se pode dizer, por exemplo: belo, simplesmente; o adjetivo contém o verbo implícito:

Egípcio	Uolofe
nofret = (ser) bela	*rafet* = (ser) belo

Assim, o egípcio, o uolofe e as línguas negras em geral têm, correspondendo ao adjetivo simples do indo-europeu e das línguas semitas, um termo funcional que contém ao mesmo tempo, em síntese, por assim dizer, o adjetivo, o verbo e o substantivo (sujeito ou complemento); graças à sintaxe particular de nossas línguas, nunca há equívoco quanto à função que a palavra cumpre num texto. Diante de um verbo ela tem o papel de substantivo:

• Egípcio: *nofert iyti* = a bela está chegando.

Essa expressão acabou por se tornar nome de uma mulher: a rainha *Nefertiti*.

• Uolofe: *rafet dik* = a bela está chegando.

Formação de nome por repetição de radical

Faz parte do espírito da língua uolofe, assim como da língua egípcia, formar nomes por repetição de radicais. Assim, em uolofe tem-se *dog* = cortar e *dog dog* = corte.

Egípcio	Uolofe
nefnef = desejo ardente	*nafnaf* = desejo ardente, amar a ponto de tremer
benben = fazer jorrar água de uma fonte	*belbel* = brotar, jorro de água de uma fonte
-	*bel* = fonte
-	*benben* = buraco
habhab = percorrer o país caçando	*habhab* = ação de andar de um lado para o outro energicamente
hamham = invocação, clamor religioso (!)	*hamham* = saber divinatório, oculto, religioso, ciência, erudição
hatahata = apressar-se	*hâtarhâtar* = ação de se apressar com ruído de sapato característico
hebheb = água intensamente ondulante, inundação	*hebheb* = água intensamente ondulante, transbordamento de água
xusxus = construir (!)	*kuskus* = ocupar-se em fazer algo com dificuldade
rehreh = desejo (?): o autor não tem certeza do sentido (Pierret, 1885)	*rehrehlé* = alusão transparente

É possível, a partir do uolofe, reconstituir o tipo da gramática egípcia?

Acreditei distinguir a característica fundamental da maioria das línguas negras; ou seja: toda a *morfologia* atual parece decorrer de exigências fonéticas, "eufônicas", musicais, para falar precisamente[54]. Daí, todas aquelas classes, chamadas "nominais", das quais decorrem foneticamente as iniciais de cada demonstrativo, possessivo, relativo, as formas de plural etc. Ao passo que a *sintaxe* seria obra da lógica. Entendo por sintaxe o conjunto das relações de posição de todas as palavras e partículas da língua. Assim, o passado imediato e ultrapassado é expresso pela simples anterioridade do verbo com relação ao pronome sufixo: *lek nâ* = eu comi.

A posse, a subordinação etc. podem ser expressas unicamente por relações de posição. Todas essas observações sobre a sintaxe uolofe são válidas para o egípcio.

Tal dualidade – morfologia-eufônica sintaxe-lógica – atestada pelos fatos nas línguas africanas existe em egípcio? Em caso afirmativo, a identidade entre o egípcio e as línguas negras seria completa. Então, o estudo destas últimas permitiria conhecer e definir melhor a gramática egípcia.

A sintaxe, como suporte ou obra da lógica, é indiscutível em egípcio; acabamos de ver o papel especial que ela desempenha na expressão das ideias. Em egípcio, só o contexto permite definir sem ambiguidade o papel de um termo.

Resta, portanto, encontrar no âmbito da "eufonia" leis semelhantes às das outras línguas negras. Creio ter conseguido, e eis por quê. A formação dos nomes em uolofe, por alteração de iniciais, será tratada no capítulo III da segunda parte. Particularmente, um verbo ou adjetivo uolofe que comece por *i* ou *y* torna-se um nome quando se acrescenta *k* à sua frente:

- *ianu*
- *ienu*

= carregar na cabeça; *kennu* = pilar

- *añân* = ciumento, estar com ciúme; *kañân* = ciúme

---

54. Partes variáveis do discurso, principalmente.

233

Em egípcio, quanto ao primeiro exemplo, temos:

- *ini* = carregar na cabeça (determinativo das pernas – Dr. Deron);

- *kennu* = pilar (Pierret, 1885).

Temos também em uolofe:

- *bah* = bom, bondade, tradição, costume;

- *mbâh* = bondade.

Temos em egípcio:

- *bah* = o que foi estabelecido antes de nós, tradição, circuncisão, abundância...;

- *mbah* = tradição, estátua (símbolo do ancestral morto entre os vivos).

Em uolofe, estas consoantes iniciais têm valor eufônico. Sua variação obedece a leis precisas.

É possível inferir que o mesmo ocorre em egípcio? Essa é a questão. Parece, portanto, que novas pesquisas sobre o tipo da gramática egípcia seriam frutíferas se efetuadas nesse sentido, mesmo que essa dualidade, eufonia-sintaxe, tenha sido originalmente menos fundamental pelo fato de o domínio da eufonia ser mais restrito.

Evolução das consoantes

Inferi uma lei geral explicando que os verbos sereres terminados em *and* ou *ind* correspondem a verbos uolofes terminados em *al:*

Serere		Uolofe
sine (mokind)		*mokal* = reduzir a pó, recitar
	= reduzir a pó, recitar	
salum (mokand)		*sotil* ou *sotal* = completar

Assim, o *d* como final absoluto do verbo caiu, *n* tornou-se *l*, o que resultou na palavra uolofe.

Trata-se agora de mostrar que, por um mecanismo análogo, passa-se de palavras egípcias a palavras uolofes. Acontece que há um exemplo claro, certo, em que o *n* em egípcio tornou-se *l* em uolofe. É um fato que também ocorre nas línguas indo-europeias, e decerto não se ousaria tirar nenhuma conclusão se esta não fosse antecipadamente legitimada pelo conjunto dos fatos constatados ao longo deste estudo. Mas, dado tudo o que precede, talvez seja permitido inferir que o *n* egípcio devia ser alveolar. É isso que parecem provar os exemplos seguintes:

Egípcio	Uolofe
nebt = trança	*let* = trança
nebtu = trançar, tecer	*letu* = trançar-se, tecer-se
benben = fazer jorrar água de uma fonte	*belbel* = jorro de água de uma fonte

O estudo comparativo dos vocabulários egípcio e uolofe que acompanha este texto permitiria estabelecer várias correspondências entre consoantes egípcias e uolofes, mas prefiro ater-me ao caso da transformação de *n* em *l*, que apresenta a vantagem de ser difícil refutar.

Infinitivos em *u*

O verbo egípcio e uolofe é encontrado sob duas formas: seja o radical *nu* simples, seja o radical mais *u*. Ora, apesar dessa diferença, Pierret (1885) geralmente dá um sentido único às duas formas.

Mas, como destacamos acima que em uolofe o infinitivo em *u* corresponde a uma forma pronominal, conviria ver se o mesmo ocorre no egípcio, o que tornaria inúteis os postulados da escola alemã. De fato, esta (Sethe), para conseguir demonstrar que o egípcio era, pelo menos, uma língua semítica (o que afastava provisoriamente a realidade negra do Egito, para grande satisfação dos ocidentais), decretou como verdade necessária e evidente que não há vogal em egípcio e que as vogais *a, i, u, é*... que nele se encontram devem ser consideradas consoantes, da mesma maneira que se poderia dizer: O Sol não é o Sol quando, no fundo, é a Lua! Ou, sempre com a mesma certeza científica: O dia, no fundo, é a noite...

Essa teoria, que só se desenvolveu porque trazia uma satisfação moral ao Ocidente, atingiu sua plena maturidade e expansão na Teoria do Camito-semitismo.

Egípcio	Uolofe
sam ⎫ = alugar, elogio *samu* ⎭	*dam* = fazer o elogio de, alugar, elogio *damu* = alugar-se
kep ⎫ = esconder, esconder-se *kepu* ⎭	*kep* = beliscar *kepu* = beliscar-se
xer ⎫ emprega-se para uma voz forte ou até gritos, determinativo: *xeru* ⎭ Um homem com a mão à boca	*ser* = gritar forte, grito estridente *seru* = pôr-se a gritar com toda a força – nesse caso, na África negra, sempre se leva a mão à boca em sinal de proteção contra os espíritos que poderiam integrar o corpo traiçoeiramente por esse meio; o mesmo acontece quando se boceja – nesse caso explica-se que sem isso pode-se levar um tapa de um espírito e entortar a boca
	kâññ = glorificar
kannu = exclamar, determinativo: homem que se exibe em ritmos	*kannu* = glorificar-se, não se concebe sem palavras ritmadas acompanhadas de danças sempre que a cena se preste a isso
sem = remover, transportar *sennu* não esquecer que *s* no início de um verbo egípcio tem sentido causal	*yan* = ajudar a carregar *yanu* = carregar consigo
xam ⎫ = cair *xamu* ⎭	*dân* = fazer cair, vencer *dânu* = ter caído
xen ⎫ = entrar, penetrar *xennu* ⎭	*genn* = sair *gennu* = o lugar em que alguém sai, em que alguém se retira
sennu = volta, contorno	*sen* = ver
sentu = visitar, controlar	*sentu* ⎫ = explorar os arredores com o olhar *Senu* ⎭

Estas observações sobre o infinitivo em *u* e o que foi dito anteriormente sobre o futuro em *i* devem permitir que já não se considerem essas duas vogais como consoantes, supostamente fracas, mas como morfemas com papéis bem-definidos.

Caracteres aglutinantes

É preciso assinalar que as línguas negras, por serem aglutinantes – particularmente o uolofe – têm característica comum com o egípcio.

Assim, vamos citar as seguintes palavras egípcias que só podem ser traduzidas para o português por uma perífrase.

- *dédu* = que foram dados;
- *djededy* = um a quem é dito...;
- *djededet* = o que foi dito;
- *hperu* = os que existiram.

Compare-se com o uolofe *ab* = emprestar:

abâtalâtateli	lu	Ablodikuvu
emprestar pela terceira vez a alguém	algo que	é de natureza tal que não possa ser emprestado

Sintaxe

Se há um domínio em que o egípcio apresenta analogias com o uolofe, é o da sintaxe: "Nas orações verbais, a ordem dos termos é a seguinte: verbo, substantivo ou pronome sujeito, complemento de objeto, complemento indireto, complemento introduzido por orações ou locuções adverbiais" (Dr. Deron).

Essa ordem é idêntica à da oração uolofe e decorre, a meu ver, da conjugação sufixal.

Primeiro tipo de sintaxe

yot	nâ	nangam	Div	barap	san gam
levei	eu	tal coisa	a X	a lugar	tal
(verbo)	(suj.)	(compl. dir.)	(compl. ind.)	(compl. circ. de lugar)	

É importante lembrar aqui que a ideia do passado não é expressa por uma alteração do radical verbal, mas pela própria anterioridade desse radical em relação ao sujeito.

Vamos comparar essa ordem da frase uolofe com a da seguinte frase egípcia:

semi	sèsh	sesheta	pen ni nabef	m'niout pen
relata	o escriba	esse segredo	a seu senhor	nesta cidade
(verbo)	(sujeito)	(compl. direto)	(compl. indireto)	(compl. circunst. de lugar)

Segundo tipo de sintaxe

Habek	sèsh	djedef	Sakherek
enviaste tu	o escriba	(para que ele diga)	teu destino

Vamos traduzir esta frase para o uolofe:

yoni	nga	bindakat-bi	mu	vah	as	sohla
enviaste	tu	o escriba	ele	diz	teu	destino

Vemos, portanto, que o egípcio e o uolofe dispensam o pronome relativo, ou podem dispensá-lo, quando numa língua indo-europeia ele é necessário para a inteligibilidade do sentido, salvo em alguns casos no bretão. Mas isso é apenas uma confirmação a mais, por tudo o que sabemos da história da Bretanha, dos megálitos, da influência dos fenícios, povo negroide, naquela região na época egeia.

Terceiro tipo de sintaxe

Essa ordem da frase egípcia é alterada "quando o sujeito é um pronome independente cujo emprego sempre implica um certo grau de ênfase, porém mais particularmente quando ele precede um verbo na forma pessoal sufixada" (Dr. Deron).

Essa regra da sintaxe egípcia é aplicável ao uolofe, palavra por palavra, e nos dispensa de repetir. Então, vamos passar diretamente aos exemplos para nos convencermos disso:

Egípcio		Uolofe	
Inok	pere-ni	Man	genn-nâ
Mim	saído eu	Mim	saído eu

Também a posição provoca as mesmas alterações sintáxicas nas duas línguas.

O substantivo sujeito precede o predicado nas duas línguas, mas segue-os nas orações adjetivas:

Egípcio			Uolofe	
Nofer		*ibi*	*Rafet*	*bîr*
belo	meu	coração	Belo	coração
				lit.: belo ventre
Nofer		*ovi*	*Rafet*	*na*
Belo		eu (sou)	Belo	eu (sou)
mak oui			*mân-gi*	
eis-me aqui			eis-me aqui	
Mak	*oui*	*mbahek*	*man gi ni ti sa kanam*	
eis-me	aqui	diante de ti	me eis aqui diante de ti	
gemeni su rekh set			*hamôn – nâ yeg na ko*	
eu descobri (que) ele conhecia isso			eu sabia (que) ele estava sabendo	

Expressão do feminino

Depois do novo império, como já observamos, o feminino estava em vias de desaparecer do egípcio; muitas palavras já não traziam marca nenhuma de gênero. Recorreu-se então aos termos "homem" e "mulher" para determiná-lo. Essa designação do gênero perpetuou-se, generalizando-se em seguida nas línguas negras provindas do egípcio.

Já apontamos a sobrevivência em uolofe das próprias desinências que serviam para caracterizar o gênero em egípcio. Deixamos de dizer que em uolofe, assim como em egípcio, essas desinências podem unir-se não apenas a verbos, mas a partículas, tais como preposições etc. Tratando-se sempre de *es* e *ef*, tem-se em uolofe:

- *k-es dôr* = qual é aquele (ou qual é aquela) que foi espancado (ou espancada)? – de *kan* = quem;

- *k-ef dôr* = muito raro;

Tem-se por extensão ou por generalização do procedimento:

- *f-es dem*
- *f-ef dem*

aonde a gente vai? – de *fan* = onde

- *l-es vah*
- *l-ef vah*

o que se disse? – de *lan* = o que

Do mesmo modo, tem-se para a formação dos nomes:

- *bind* = escrever (esta raiz indígena mostra que a escrita não é importação árabe ou colonialista moderna na África);
- *mbind-ef* = que foi escrito por Deus ou pela natureza (a criatura) a forma que foi criada.

A partir da forma da palavra uolofe seria possível conjecturar que a divindade que está na origem dessa criação devia ser masculina, em virtude do morfema *(e)f*, que corresponde aos casos masculinos em egípcio.

Decorrente da mesma raiz, tem-se a variante:

- *mbind-â-f-on*, significando a mesma coisa, com um valor de passado mais marcado. Nota-se aqui a justaposição do sufixo *ef* e do morfema do passado *on*.

Tem-se igualmente:

- *vah* = falar;
- *vah-t-ef* = que não se nomeia, por espírito de superstição;
- *sedjem-t-ef* = feiticeiro, devorador de homens.

Aqui o elemento de negação é marcado pelo *t*[55].

Conforme já dissemos, estas expressões que, duas a duas, hoje correspondem a pleonasmos, deviam se distinguir originalmente por seu gênero, como em egípcio.

Todos os elementos do gênero egípcio, portanto, são encontrados também em uolofe, com exceção da segunda pessoa do feminino singular, que desapareceu. Particularmente, a distinção de gênero por uso da noção de masculino e feminino, longe de constituir uma diferença entre o egípcio e o uolofe, é um traço a mais de parentesco entre as duas línguas, sendo, portanto, um equívoco se basear nesse fato para concluir por uma diferença de origem.

---

55. Comparar com a forma egípcia *sedjem-t-ef*.

Observações sobre algumas palavras egípcias típicas

Em egípcio, *ker* = um lugar qualquer de habitação, segundo Amélineau (1916); pavilhão para Osíris, camarote na barca solar. Em uolofe, *ker* = lugar de habitação, morada, casa.

Sabe-se que *ker* também significa casa em bretão; mas também se conhece a influência fenícia (negroide) sobre essa região na época egeia.

Em egípcio, *per* = a cerca (com frequência quadrangular) em "treliça, ou seja, entrançado de hastes ou galhos de árvores" que cinge a casa e, de certo modo, forma seu plano. Assim, com frequência se traduz *per* por casa, sem que isso esteja muito errado.

Em uolofe, *per* = obra em hastes entrançadas, fina, tanto pela qualidade das hastes quanto pelo entrançamento, destinada a cercar a casa do rei, de um alto personagem, ou a constituir as "paredes", de certo modo, de seus aposentos particulares. Há duas espécies de *per*: os que resultam de um simples entrecruzamento de hastes, comportando assim quadrados, retângulos ou losangos, conforme os ângulos de sobreposição das hastes entrançadas, não havendo necessidade de casca ou de nervuras de palmeira para prender as hastes; aqueles constituídos de hastes amarradas artisticamente por nervuras de folhas de palmeira, chamados de *ndonn* em uolofe. A haste ideal para a fabricação dos *per* é uma espécie de cana (*hatt*) que, seca e desfolhada, é branco-amarelada, brilha ao sol e desbota com o vento e a chuva. Cercas mais grosseiras, feitas com colmos de sorgo, são chamadas de *sakett*.

A expressão egípcia *per ya*, que comumente se traduz por "a grande casa" – ou seja, a casa do faraó – significa literalmente em uolofe: cercas espaçosas, entendendo-se por cerca o que acaba de ser dito a respeito de *per*.

Em contrapartida, a grande casa, no sentido de casa do rei ou de qualquer chefe, já não se diz dessa maneira; diz-se *ker gu mak*, expressão composta de duas palavras que já encontramos. *Ker* é a primeira palavra deste capítulo, tendo o mesmo significado em uolofe e em egípcio; *mak* = grande, adulto, veterano, em uolofe; e *mak* = adulto, veterano, em egípcio (Pierret, 1885, p. 202).

Sabe-se que:

- *per -ia*, ou *per -ui-ia* = a dupla morada, em egípcio, deu a palavra *faraó*.

Em uolofe: *P* (sing) = *F* (plural). Exemplo: *Per mi*; *Fer yi*

- *per*
- *fer* } -*yu-ia* = as cercas, as moradas espaçosas

Também o rei supremo, o imperador, tem o título de *Fari* em uolofe.

- Exemplo: *Bur Fari* = rei supremo.

Fari não tem outro emprego em uolofe. A palavra não pode ser empregada para designar outra forma de grandeza moral ou física. Portanto, é obrigatório pensar no termo *faraó* que, como se sabe, em egípcio dizia-se *fari*, sendo faraó a forma grecizada[56].

- *Fari* = prenome uolofe.

Passemos à palavra egípcia de importância universal, porque permeia todas as dissertações, sem que se tenha conseguido ainda identificar o hieróglifo que serve para escrevê-la. É a palavra *men*, escrita pelo seguinte hieróglifo: ⊔⊔⊔⊔⊔

Até agora tentou-se identificar esse hieróglifo unicamente pela forma, e não pelo sentido. Ele também é assimilado ora a um gamão, ora a um tabuleiro de jogo (Dr. Deron), ora a uma grinalda de flores (Desroches-Noblecourt, 1951), ora a um jogo de senet[57].

É possível inferir, da análise de uma língua negra, particularmente do uolofe, elementos que permitam identificar esse

56. Portanto, em egípcio provavelmente havia um modo de formação de plural com alteração de consoantes iniciais, como nas outras línguas negras.
57. Jogo de percurso do Egito antigo. Também conhecido como jogo dos faraós [N.T.].

hieróglifo? Sim. Basta considerar os fatos que se seguem para convencer-se disso:

Partindo do sentido da palavra egípcia encontra-se em Pierret (1885):

- *men(t)* = mama, seio, sendo que o *t* indica o feminino;
- *men-(ti)* = as duas mamas, os dois seios.

Como *ti* caracteriza o dual que já havia desaparecido em egípcio, não pode ser encontrado nas línguas negras posteriores. O mesmo ocorre com o *t* feminino. O determinativo dos seios ou mamas não deixa nenhuma dúvida quanto ao significado essencial de *men*.

Encontra-se ainda em Pierret (1885): *men* = vaca leiteira, sempre escrito com o mesmo símbolo, que evitamos repetir para não sobrecarregar o texto. Compreende-se então que o gado, em egípcio, possa ser dito *men men-(t)* (Dr. Deron). Trata-se aqui de uma duplicação, de uma intensificação, digamos, do radical que serviu para escrever vaca leiteira. Então, não é de surpreender que a palavra gado seja feminina, com a terminação *t*.

Enfim, se a palavra *men* significa mama, seio, compreende-se que, numa sociedade matriarcal que fala uma língua em que os substantivos são, ao mesmo tempo, verbos, ela possa, quando precedida por um *s* causal, adquirir o sentido de "estabelecer um rei em lugar de seu pai, tornar duradouro, permanente, firmar, estabelecer" (Pierret, 1885, p. 491).

Aqui a palavra pai não deve prestar-se a nenhuma confusão, pois são os homens que reinam, mas os direitos políticos são trans-mitidos pela mãe. Um príncipe, portanto, sempre sucede o pai, estando subentendido que ele preencha as condições de sucessão matrilinear, salvo em casos de usurpação ardilosa ou por força. Essa extensão do sentido da palavra *men* é uma confirmação do caráter matriarcal da sociedade egípcia e negra em geral.

Assim, só com referência à concepção social dos egípcios compreende-se o vínculo lógico que permite ascender da noção de mama à de sucessão num trono.

243

Pierret (1885, p. 502) ainda dá: *men, sen* = parte do boi. Na realidade, o autor seria incapaz de determinar se se trata de um boi ou de uma vaca. Sendo assim lembrados dos diferentes sentidos de *men*, haverá um sinônimo em uolofe?

Encontra-se em uolofe a palavra *men* com o mesmo sentido. *Men* = descendência pelo seio, pela mama; os que mamaram no mesmo seio, linhagem matriarcal, mama, seio no sentido geral do termo. Nessa língua há uma variante da mesma palavra: *ven* = seio, mama, teta.

O sentido da palavra egípcia é, assim, plenamente confirmado pelo uolofe. Então, o que podemos dizer a respeito da identificação do símbolo?

Em primeiro lugar, é de supor que os egípcios não escrevessem contrariando o bom-senso. Ora, como sua escrita consiste em fixar ideias por meio de imagens, ela precisava, para ser inteligível, apresentar um mínimo de acordo, direto ou indireto, próximo ou distante, entre a ideia e a imagem, o pensamento que se quer expressar e a realidade figurada que serve para expressá-lo.

Supondo indispensável essa condição elementar, ela será preenchida, em qualquer grau que seja, pelas diferentes interpretações oficiais, mesmo que se esquadrinhem em seus mais ínfimos detalhes os menores aspectos da sociedade egípcia? Certamente não, pois não se pode sustentar validamente a mínima relação sociológica, lógica, entre gamão, tabuleiro de jogo, guirlanda de flores, jogo de senet... e mama, seio, permanência, sucessão. Portanto, é preciso continuar buscando.

É necessário que o fragmento de realidade destacado apresente uma relação com a ideia de mama, que, estando implicada em todos os significados da palavra *men*, deve ser considerada seu primeiro sentido.

Isso nos leva a sugerir que o hieróglifo em questão, *men*, figura uma teta de vaca, que assim mudaria de orientação na escrita por razões de comodidade. O número de protuberâncias variaria do simples ao duplo – ou seja, de 4 a 8 – com a intenção de reforçar a ideia ou por outra razão análoga. Uma degradação teria levado esse número a 7, mas seria interessante verificar a autenticidade desse número e sua constância. Graças à imaginação dos escribas, o número primitivo autêntico logo deve ter passado por flutuações.

Esta explicação, que só pôde ser dada graças à confirmação do sentido da palavra egípcia pelo uolofe, tem a vantagem de estar de acordo com tudo o que se sabe sobre o termo; ela permite, especialmente, representar a vaca leiteira por seu atributo principal. E o que há de mais natural e mais lógico?

Rebu, lebu

Estes dois termos só surgiram na língua egípcia (e na história) com a chegada súbita dos Povos do Mar, sob a 19ª dinastia, por ocasião das primeiras invasões indo-europeias do segundo milênio. Essas hordas bárbaras que irrompiam na costa da África eram chamadas de *rebu, lebu*. O território selvagem ao qual foram empurrados pelos egípcios, a oeste do Egito, era chamado *rebu*, de que *lebu* é uma variante. Basta trocar as duas primeiras consoantes para passar de um termo ao outro. Assim, pelo termo *rebu* os egípcios designavam o que se tornaria a Líbia. Líbio vem de *lebu*.

Seria inútil buscar a etimologia dessas palavras nas línguas indo-europeias e semíticas. Vejamos, mais uma vez, se uma língua negra, como o uolofe, pode nos tirar do apuro. Para isso constatamos, antes de tudo, que a preocupação característica das hordas assim designadas era a caça.

Por outro lado, encontra-se em Pierret (1885):

• *Rebu* = Líbia.

Ora, a raiz desta palavra existe em uolofe e também significa:

• *reb* = caça; caçador; caçar;

• *rebu* = lugar onde se caça, território de caça, do mesmo modo como temos, gramaticalmente:

• d*ang* = estudo; estudar;

• d*ang-u* = lugar em que se estuda, escola.

Graças a este esclarecimento oferecido pelo uolofe, têm-se fortes razões para acreditar que líbio – como se sabe, sem margem a dúvida, vem de *lebu*, *rebu* – significa etimologicamente caçador.

Heródoto retomou o termo em sua *Histoire* para designar todas as populações indo-europeias que viviam em estado selvagem na costa setentrional da África, desde a destruição de sua coalisão sob o Faraó Merneftá (19ª dinastia).

A palavra Líbia designará cada vez mais, no espírito dos gregos, a África menos o Egito. É notável que a população sereroide da Península do Cabo Verde ainda tenha o nome *lebu*, o que parece implicar que se tratava de um termo genérico que designava todos os povos caçadores da periferia.

Xai

Encontra-se em Pierret (1885, p. 406-407):

• *Xai* = instrumento, utensílio, equipamento;

• *Xai* = ornamento.

Ora, *kay* (que eu poderia ter escrito *xai*, segundo as convenções de escrita de Pierret, 1885) é um sufixo uolofe que confere ao substantivo o sentido de um nome de lugar, de instrumento ou de utensílio.

• *ligey* = trabalho;

• *ligey*(*u*) *kay* = lugar de trabalho, canteiro; instrumento de trabalho de acordo com o contexto ou o artigo que, embora tendo valor fonético, tem um papel de discriminação num caso semelhante;

• *ligey*(*u*) *kay bi* = o canteiro;

• *ligey*(*u*) *kay gi* = o instrumento, o utensílio de trabalho;

• *dag* = cortar;

• *dag*(*u*) *kay bi* = lugar em que se corta;

• *dag*(*u*) *kay gi* = o instrumento que serve para cortar;

• *tog*(*u*) *kay bi* = lugar em que se cozinha;

• *tog*(*u*) *gi* = o utensílio de cozinha.

Encontra-se também em Pierret (1885):

246

- *xai* = ornamento.

Ora, em uolofe:

- *tak* = carregar;
- *tak-kay* = ornamento.

Entretanto, é possível indagar se no último caso se trata do sufixo *kay* ou do sufixo *ây*, que indica uma qualidade ou um defeito físico ou moral, uma maneira de ser:

- *rafet* = belo;
- *rafet-ây* = beleza.

Observação: A terminação *kay* tem um sentido mais forte do que o de *u*, que indica igualmente o nome de lugar e de instrumento. Também se reforça esta última pelo acréscimo da primeira:

- *deb* = transpassar, ferir violentamente;
- *debu* = todo instrumento pontiagudo que serve para transpassar ou verificar a invulnerabilidade da pele, adquirida depois da absorção de uma beberagem especial, feita de pó, raízes, casca de árvore etc.;
- *debu kay* = instrumento para transpassar.

Sah

- *sah* = país, aldeia, nobre, notável (em egípcio);
- *sahsah* = o conselho de velhos da aldeia, Conselho dos Anciãos, função administrativa que existiu do começo ao fim do Império Egípcio; eram as mais antigas democracias de aldeia que a humanidade conheceu e que o Egito transmitirá à Grécia na época egeia, o que dará origem às diferentes cidades-Estado da Grécia;
- *sah-u* = os anciãos, os ancestrais.

Encontramos de maneira idêntica em serere:

- *sah* = país;
- *sahsah* = chefe de aldeia, função administrativa que ainda existe atualmente;

- *sar* = é um nome próprio tipicamente serere; ao que parece, os tuculores o adquiriram empurrando os sereres mais para o sul e ocupando o Vale do Senegal; alguns núcleos sereroides que levam o nome *sar* ainda vivem na região do Senegal, territórios atuais dos tuculores;

- *saho* = é um nome próprio negro que parece ser proveniente de *sahu*;

- *saté* = aldeia (em serere).

Mas sabe-se também que:

- *sati* = morada, habitação (em egípcio) (Dr. Deron);

- *ka* = (com o determinativo dos braços erguidos para indicar a ideia genérica de altura, elevação, disposição em andares) = a pessoa substancial, eterna, que vive no céu depois do tribunal do além; o marido, o ser masculino, o touro; grande, alto, longo, altura, grandeza, o bumerangue (com os outros determinativos adequados) (Pierret, 1885, p. 65-67);

- *ka*(*u*)*ka*(*u*) = altura, elevação, colina, construção elevada;

- *kaukau* = povo do Alto Nilo.

Dado o que sabemos do uolofe, há razões para supor que foi omitido um *u* na transcrição das duas primeiras palavras egípcias.

De fato, encontra-se de modo idêntico, em uolofe, com exceção da vogal *u*:

- *kau* ou *kav* = alto, altura, elevação, interior do Senegal, embora região plana;

- *kaukau* ou *kavkav* = altura, elevação, habitantes de uma região elevada.

O último termo, *kaukau*, que etimologicamente designa habitantes de uma região elevada, é igualmente aplicado hoje aos habitantes da planície interior do Senegal: Cayor, Baol etc. A origem dessa aparente contradição deve ser buscada nas lembranças geográficas de um povo que teria emigrado de uma região montanhosa, tal como o Vale do Alto Nilo.

Note-se, enfim, que atualmente no Alto Nilo a palavra *kao* designa uma tribo.

Khet

Em egípcio:

• *khet* = ramo, coisa, madeira;
• *khetneb* = todas as coisas, toda espécie de coisas.

Em uolofe:
• *het* = coisa, espécie; descendência matrilinear, árvore genealógica dessa linhagem, daí a ideia de ramificação e, por conseguinte, de ramo; assim, vai-se ao encontro do sentido egípcio; dizer de alguém: é meu *het* significa que ele é meu parente, que está ligado a mim por algum vínculo tênue, indireto, distante, mas que não deixa de existir; que ele é da minha espécie;
• *het* = raspar – essencialmente madeira;
• *het yep* = todas as coisas.

Tef

Egípcio		Uolofe		
tef	tefnut	tef ou tif	tiflit	
				cuspida
cuspir	a deusa que foi cuspida por Rá	ação de cuspir	tifli	

As duas formas, *tiflit* e *tifli*, que significam exatamente a mesma coisa, provam que o *t* da palavra egípcia *tefnut* tende a cair em uolofe, ao passo que o *n* egípcio torna-se *l* uolofe, como em:

• *nebt, let* = trançar, entrelaçar;
• *neh, lah* = proteger
• etc.

Passando do egípcio ao uolofe, teríamos, portanto, as seguintes formas sucessivas:

• *tefnut* → *teflut* → *teflit* → *tiflit* → *tifli*.

Sa

Egípcio	Uolofe
As = deusa do saber, da inteligência, da instrução	as = ensinar, instruir, aprender a ler, ensinar um texto

Testes

Em egípcio:

• *testes* = forma inerte de Osíris (Pierret, 1885, p. 682).

Sabe-se que sob esta forma Osíris foi cortado em pedaços e disperso por seu irmão Seth.

Em uolofe:

• *tas* = dispersar, dispersão; desfazer a ordem de uma coisa;

• *tastas* = que está em estado de dispersão.

Tum

Em egípcio:

• *Tum* = Deus (Pierret, 1885, p. 672).

Trata-se, na realidade, do sol poente, considerado pelos egípcios um deus "que já não é".

• *Atum* = *Rá* "que já não é".

Em uolofe:

• *tul* = sufixo que confere ao verbo o sentido de "não mais" / "já não", a cessação de uma ação, de um estado:

- *dunda* = viver;

- *dunda-tul* = não viver mais, ele já não vive.

Sati

Em egípcio:

• *sati* = lançar flechas, arqueiro, asiático, Ásia (Pierret, 1885, p. 558).

É provável que a tradução de *sati* por arqueiro seja um erro e que as flechas que figuram no hieróglifo da palavra sejam apenas um determinativo dos bandos de ladrões que eram os asiáticos e que os egípcios denominavam, entre outros qualificativos, de pestilentos etc. De fato:

Em uolofe:

- *sati* = ladrão: o que está de acordo com o grau de estima dos egípcios pelos asiáticos, cujo país chamavam de "a terra dos *sati*".

Para o verbo lançar, tem-se em uolofe:

- *sani* = lançar.

Senta

Egípcio	Uolofe
sen = respirar a terra, prosternar-se, daí: *sen-ta* = prosternar-se	*senta* = agradecer humildemente

Serer

Egípcio	Uolofe
serer = aquele que determina os limites dos templos	*Serere* = raça paleonegrítica que atualmente vive no Senegal

Tab

Em egípcio:

- *tab* = nome do peso padrão de um boi (Pierret, 1885, p. 686).

Na realidade, este também deve ser um erro. É possível que se trate, antes, da estimativa habitual do valor de um animal, distinguindo se ele foi ou não acasalado. De fato:

Em uolofe:

- *teb* = verbo específico que indica o acasalamento e cujo sentido primitivo é "saltar por cima".

Rametu

Em egípcio:

- *rametu* = o homem por excelência, o ser por excelência.

Em uolofe:

- *rametu* = pássaro sagrado tido como dotado de alma humana, única ave à qual a tradição reconhece essa qualidade; a manutenção da tradição ancestral através do islã leva, entre outras coisas, à crença de que, quando o Profeta Maomé transpôs todos os reinados da existência universal, ele tomou a forma de um *rametu* na fase das aves; o *rametu* também é o símbolo vivo do Profeta Maomé no pensamento popular do Cayor e do Baol, daí:

- *ramu* = fazer conquistar a felicidade; levar ao paraíso.

Yuma

Em egípcio:

- *yuma* é comumente traduzido por mar, o que parece resultar de uma confusão. De fato, *yuma* = mãe, em tuculor e em peúle.

Os egípcios consideravam o Nilo sua mãe nutriz, que também chamavam de *Yuma*. Ora, o Nilo tem necessariamente um determinativo aquático, que talvez seja a causa da confusão.

*Ta*h

Em egípcio:

- *ta*h = borra, habitante dos pântanos, pescador;

- *ta*hu = mergulhar na lama;

- *ta*hua = a borra, a escória dos homens (Pierret, 1885, p. 664).

Em uolofe:

- *tah* = estar sujo, manchado; é utilizado essencialmente para traduzir a ideia de uma sujeira de matéria viscosa, como a lama; em sentido moral, significa mancha etc.

O sentido destes termos pode sugerir a ideia que possivelmente os egípcios tinham da vida nos pântanos, o que torna mais improvável ainda a hipótese – que não é apoiada por nenhum fato digno de interesse – de que sua civilização possa ter tido como origem o Delta pantanoso.

Kem

Em egípcio:

- *kem* = preto, tornar-se preto, escuro; e, por extensão, madeira precisosa de cor marrom, ébano;
- *kam* = pedra preciosa marrom;
- *Kem-t* = o Egito (Pierret, 1885, p. 618);
- *hem* = preto, calor.

Em uolofe:

- *hem* = carbonizar, emprega-se para tudo o que se torna preto por passar do ponto de cozimento.

Ora, para passar do termo egípcio *kem* para a palavra uolofe *hem* basta substituir a oclusiva *k* pela aspirada gutural *h*, o que está de acordo com a lei geral da fonética evolutiva, segundo a qual as oclusivas tornam-se aspiradas em consequência da tendência ao menor esforço. Assim, é normal que na língua-filha, que seria o uolofe, *K'em* tenha-se tornado *hem*.

Vê-se, portanto, que a palavra *Kem-t*, que é o nome do Egito, significa a Preta, sendo o *t* final a marca do feminino egípcio, a Preta, no sentido de terra dos negros, descendentes de *kem* (Cam), ancestral bíblico dos homens pretos, pai de Mesraim, outro nome do Egito ainda usado atualmente por todos os orientais; de *Cuche*, ancestral bíblico dos etíopes; de *Put*, ancestral bíblico dos negros que viviam na Arábia, antes da invasão das tribos de raça branca do segundo milênio, cuja mestiçagem com os negros aditas daria origem ao que mais tarde seria chamado de segundo ramo semita, ou seja, os árabes; de *Canaã*, ancestral bíblico dos fenícios, outra família de negros, primos dos egípcios, tal como os habitantes da terra de Punt, que na mesma época se miscigenaram com a outra fração de tribos indo-europeias, simbolizada por Abraão, para dar origem ao primeiro ramo dito semita, os judeus.

Kem-t não significa, portanto, terra preta no sentido próprio da expressão; não se trata da constatação da cor do solo, mas da designação do território pela cor da raça que sempre o habitou, no mesmo sentido em que se diz hoje África branca, África negra.

Segue uma explicação extraída da tradição negra que o confirma: "Permanecem na África sobrevivências de uma tradição segundo a qual o branco não é suficientemente cozido, ao passo que o negro é cozido demais: o Ser Criador esqueceu-se de cessar o cozimento a tempo e, por isso, o negro tornou-se *hem*".

Seria possível ver aí a própria origem histórica da palavra *Kem* (Cam), ancestral bíblico dos negros. Este termo, que designa o ancestral dos egípcios, foi necessariamente emprestado dos próprios egípcios pelos judeus por ocasião de seu cativeiro no Egito; o contrário é inconcebível. Compreende-se assim que, mesmo na língua judaica, a palavra ainda significa preto, calor.

Voltando à palavra uolofe *hem*, vejamos o que mais ela permite explicar. Sabe-se que os egípcios eram conhecidos por serem os únicos químicos da Antiguidade. Essa ciência só foi conhecida na Europa no fim do século III d.C. Por isso, a ciência da Química tem o próprio nome do país do Egito. Foram os egípcios que inventaram todas as ciências, mas por que só esta teria o nome do Egito?

A razão se esclarece quando se sabe que a Química nasceu e se desenvolveu, até a Idade Média, com os alquimistas em busca da pedra filosofal, com as complexas práticas de destilação e de cozimento durante dias e meses. Então, o que há de mais natural do que esses cozimentos, tão longos, terem o nome de *hem*, *kem*; ou seja, que ultrapassa o ponto de cozimento?

Que comoção, para um uolofe, descobrir assim, em sua própria tradição, as mais antigas e profundas raízes da cultura humana!

Então, como *kem*, *kam*, ou *camitas*, *hamitas* significam etimologicamente carbonizar, é possível indagar por qual operação do Espírito Santo os camitas, nos escritos de especialistas, puderam clarear a ponto de se tornarem raças brancas – fictícias – que são invocadas, por abuso de autoridade, para justificar a mais ínfima manifestação cultural do mundo negro. Tentativa ao mesmo tempo cômoda e ingênua, uma vez que não resiste à análise objetiva dos fatos históricos para os que ousam dedicar-se a ela com toda a serenidade; tentativa cômoda e ingênua de nos tirar o benefício moral da civilização egípcia e atribuí-la aos *tamhu* de

Champollion-Figeac. O fracasso de todas essas tentativas, apesar da grande ciência empregada para chegar a soluções aceitáveis (em proveito dos *rebu*), não é das menores provas que confirmam que é impossível disputar com o negro o papel de primeiro guia da humanidade no caminho da civilização, admitido como evidente por todos os filósofos e historiadores antigos.

Djadjnut

Em egípcio, *Djadjnut* = divindade da qual Amélineau diz:

> No capítulo XXV (*Livro dos mortos*), um dos deuses Djadjnut – entronado perto de Osíris, a saber, o 41º chamado *Sagrada Cabeça* e determinado por uma serpente – é assim invocado: Ah! Sagrada Cabeça saída de seu retiro, não ampliei o que possuo e não trouxe a mim o que pertencia ao deus (1916, p. 17-18).

Djadjnut é uma palavra composta de *djadj* e de *nut*. Ora, quando se une a sílaba inicial *dja*, da primeira palavra, à consoante inicial da segunda palavra, que é uma sílaba, temos a palavra *djan* = serpente em uolofe.

Assim, teriam caído as sílabas não acentuadas da palavra egípcia, segundo uma lei bem conhecida, e os elementos acentuados que estavam separados juntam-se para dar a palavra uolofe.

Essa constatação seria confirmada pelo que sabemos do papel da palavra serpente na mitologia negra. Por exemplo, entre os dogons, a serpente é o deus ancestral que foi morto e cuja cabeça foi enterrada sob a bigorna do ferreiro. O deus assim enterrado deverá sair de seu retiro e avançar, através das trevas, dançando ao ritmo da bigorna. Mas sabe-se também que o deus-serpente é chamado, no *Livro dos mortos*, de "aquele que dança nas trevas".

O verbo uolofe que serve para designar a ação de se vestir, quer se trate do homem ou da mulher, é *vodu*, que etimologicamente significa estar de tanga, e só se deveria aplicar adequadamente às mulheres. Mas o que sabemos dos trajes egípcios elimina essa aparente contradição. Os egípcios, homens e mulheres, usavam tanga, como muitos africanos até recentemente.

Vamos dar alguns nomes egípcios que mereceriam pesquisa mais aprofundada:

- *p-tah* = o deus egípcio, causa da transformação da matéria;
- *tah* = ser a causa de, em uolofe;
- *p* ou *pa* poderiam ser apenas o artigo egípcio *pa* = o;
- *hep* = o Nilo, em egípcio;
- *hep* = encharcado, muito molhado, cheio de água, em uolofe;
- *hor* = o termo genérico que entra no nome da maioria dos planetas em egípcio; serve para designar Hórus (deformação latina) como astro que se levanta;
- *hor* = estrela, em serere;
- *souten* = frequentemente traduzido por "neto" em egípcio, segundo Pierret (1885);
- *Set* = deus da região do sul, habitada pelos netos de Cam;
- *set* = neto, em uolofe;
- *souten*, poderia dar "Sudão", segundo Pedrals (1948), o que é bastante provável; então, Sudão seria "o país do neto".

As expressões *Set Biti* ou *Ne-Set-Biti*, que são as transcrições dos hieróglifos que encimam os cartuchos de todos os faraós das dinastias etíopes, significam exatamente em uolofe "neto do exterior", no primeiro caso, e "ser o neto do exterior", no segundo. Parece errôneo, portanto, ver nos hieróglifos que servem para escrever essa expressão o caniço, símbolo do sul, e a abelha, símbolo do Baixo Egito. Esses hieróglifos não seriam mais do que a transcrição de uma ideia ligada a toda uma tradição ancestral comum que une o Egito e o Sudão meroítico; país dos reis ditos "etíopes", país do régio neto de Cuche, outro título do rei núbio.

Esse parentesco do egípcio com o uolofe – até seria possível dizer: essa quase-identidade do egípcio com as outras línguas negras em geral – é um fato único. Tanto o egípcio e as línguas negras formam uma unidade linguística impossível de ignorar quanto o egípcio, de um lado, e as línguas ditas semíticas e indo-europeias, de outro, formam dois mundos relativamente estranhos, com exceção de alguns empréstimos semíticos feitos ao egípcio.

As tentativas linguísticas de aproximar o berbere do egípcio fracassaram. Se as palavras berberes são trilíteras, se o berbere deixa de lado as vogais, como o árabe, o mesmo não ocorre com o egípcio.

Talvez não seja inútil, ao fim deste estudo, lembrar a opinião de Edouard Naville sobre a transcrição da Escola de Berlim.

> Constatamos nas diferentes gramáticas, cujos resultados resumimos, que as três não eram outra coisa se não uma análise das formas da língua, que, a despeito do empenho de Brugsch em apresentar uma obra sistemática que tivesse um quadro indo-europeu ou semítico, ele não o conseguiu, e que particularmente a nomenclatura gramatical dessas línguas não podia de modo algum aplicar-se ao egípcio, que não tem formas especiais para distinguir as diferentes categorias de palavras (Naville, 1920, p. 54).

> Uma das principais diferenças entre a língua egípcia, por um lado, e as línguas indo-europeias e semíticas, por outro, é que a distinção entre raiz, tema e palavra mal pode ser reconhecida, como nos outros grupos. A raiz pura, que em outras famílias de línguas está, por assim dizer, sob a superfície e só se revela à pesquisa por seus desenvolvimentos, é quase invariavelmente idêntica, em egípcio, à palavra em uso. A verdadeira palavra egípcia tomada em si mesma não é uma parte da linguagem, mas, dentro dos limites da noção que ela representa, pode ser nome, verbo, adjetivo, advérbio etc. (Renouf, *apud* Naville, 1920, p. 56).

O autor também cita Renouf a propósito da transcrição da escola alemã, que omite as vogais em egípcio: "Não é uma verdade, é um erro da ignorância que eu mesmo compartilhei há trinta anos, antes de compreender bem os fatos, afirmar que os sons vogais *a*, *i*, *u*, para não mencionar outras, não têm representação entre os hieróglifos" (Renouf, *apud* Naville, 1920, p. 57).

Naville acrescenta:

> Ele [Renouf, seu artigo *Egyptian phonology*, 1889] explicará imediatamente como é impossível, para quem foi além das noções amadoras na ciência fonética aceitar o novo sistema de transcrição adotado em Berlim. A morte impediu Renouf de completar a tarefa a que se propusera: refutar teorias que considerava estranhas ao egípcio e que não se baseavam em fatos (Naville, 1920, p. 58).

> O egípcio é, portanto, uma língua semítica. É isso que nos ensinam as gramáticas de Erman e de Seth. Ora, considerando a obra em seu conjunto, admirando a enorme quantidade de trabalho que exigiu e a sagacidade que muitas vezes se revela ao longo dela, chama nossa atenção que essa criação, habilmente concebida e de belíssima aparência, tenha um caráter tão artificial. Não é propriamente uma gramática egípcia, é uma gramática semítica talhada nas formas egípcias. Não penso, em nenhum momento, em negar toda a ciência que esses volumes contêm, mas meus eruditos confrades de Berlim me permitirão repetir aqui o que disse em outras partes: sua obra é produto de um laboratório filológico. É uma língua egípcia composta por procedimentos semíticos. Isso fica evidente sobretudo no livro de Sethe. Ele parte da ideia de que o egípcio é uma língua semítica, por conseguinte devem-se (*muss*) necessariamente encontrar nele determinadas formas que caracterizam essas línguas. E, se essas formas não são o que se esperava, essa divergência é apenas aparente (*scheinbar*), elas certamente o foram outrora. Assim, a constatação de que o egípcio é uma língua semítica não é o resultado a que conduz o estudo da língua, é o ponto de partida, é a base sobre a qual se deverá reconstruir o antigo egípcio. E aqui temos um exemplo do método que encontramos num grande número de trabalhos de além-Reno, particularmente em história. Apresenta-se um fato que pode dar ensejo a uma interpretação que conduz a uma ideia geral. Imediatamente, essa interpretação, essa ideia geral, é considerada o fato consumado que não cabe discutir, e então os papéis são invertidos; já não é ela que cabe alterar de acordo com os fatos, os fatos é que deverão ser

adaptados à ideia preconcebida. Os textos deverão ser desbastados, expurgados de modo que se ajustem absolutamente a ela (Renouf, *apud* Naville, 1920, p. 66-67).

Está claro que dessa maneira não é difícil reconstruir todas as palavras como radicais de três consoantes; basta chamar de consoante o que não soa diferente de vogal ou supor sua supressão (Renouf, *apud* Naville, 1920, p. 68).

A despeito de todas as afirmações contrárias, nem no antigo egípcio nem no novo egípcio, até agora, foi possível descobrir um vestígio da indicação das vogais. É com essa frase que começa a gramática de Sethe, que, disse-nos Erman, finalmente colocara a ciência em terreno sólido, estabelecera de maneira definitiva que os temas eram de três consoantes e, por conseguinte, estabelecera o caráter semítico da língua. Se, agora, perguntarmos a Sethe em que ele se baseia para fazer uma afirmação tão categórica, ele nos dirá que, como no semítico toda sílaba deve (*muss*) começar com uma consoante, não há em egípcio sílabas que comecem por uma vogal, e toda palavra copta que começa com vogal perdeu uma consoante inicial. É sempre essa mesma maneira de raciocinar, cujo valor demonstrativo negamos absolutamente. Não há vogais na escrita egípcia – portanto, é uma língua semítica –, e o que prova que na realidade não as há é o fato de que o egípcio, sendo uma língua semítica, não as deve ter (Renouf, *apud* Naville, 1920, p. 80).

Temos aí mais uma vez um dos procedimentos familiares ao método alemão, e sobretudo nos estudos históricos. São as reações necessárias para completar a teoria. Aqui não se trata de documentos ou de autores necessários; são simplesmente letras que se diz terem desaparecido em copta, mas cuja existência é preciso afirmar, pois, para o sistema, não se pode prescindir delas (Renouf, *apud* Naville, 1920, p. 81)[58].

---

58. Naville também denuncia o passe de mágica que consiste em dizer: o egípcio é uma língua semítica, basta abrir uma gramática copta para convencer-se disso. E reportando-se a essa gramática – no caso a de Steindorf – encontra-se escrito: o copta é uma língua semítica, pois, como o egípcio o é, o copta também é.

Naville nos fornece este quadro, que completamos com uma coluna uolofe, à direita.

Transcrição da escola alemã	Transcrição corrente	Uolofe
ek osej	*Kus*	*Kuso* (colina da Nigéria)
Evrothet	*irt* (leite)	*rat* (ordenhar)
Emnodg	*menet* (o seio)	*men* (o seio)
Wesyirew	*Osíris*	*Siré*

Segundo Naville, 1920, p. 76.

Estes exemplos mostram que, depois de um tratamento como esse, as palavras egípcias tornam-se irreconhecíveis e a comparação que é possível entre as duas últimas colunas torna-se impossível entre as colunas dos dois extremos.

Quanto à transcrição das vogais, pode-se notar que o determinativo egípcio, que permite distinguir duas palavras pronunciadas mais ou menos da mesma maneira, mas que têm significados diferentes, deveria ter valor essencialmente vocálico com referência ao uolofe.

As duas palavras uolofe, *bag* = ir e vir e *bâg* = instrumento para tirar água, só se distinguem pelo timbre da vogal da segunda. Se fossem escritas com hieróglifos, só se distinguiriam graças a determinativos apropriados que teriam, por assim dizer, um valor vocálico.

Em hebraico e árabe nada é mais fácil do que vocalizar uma palavra; ou seja, encontrar as vogais exatas que permitam ler uma palavra da qual só se escreveram as consoantes – há regras precisas para isso. É por este motivo que se diz que essas línguas não escrevem as vogais; quando são empregadas pode-se dispensar esse esforço suplementar na transcrição, pois há um meio de encontrar, sistematicamente, a vogal exata que acompanha cada consoante.

Não há nada semelhante em egípcio. Um erudito que se diverte suprimindo suas vogais para provar que se trata de uma língua semítica não dispõe de nenhuma regra – como acontece para o semítico – para encontrar essas vogais. O esqueleto consonântico de uma palavra egípcia sendo dado, não há nenhum meio que permita vocalizá-la, a não ser por referência a uma língua derivada do egípcio e que ainda seja falada – tal como as línguas negras e coptas.

Se Champollion tivesse lançado a hipótese de que o egípcio é uma língua semítica, e portanto nunca deve escrever as vogais, e se obstinasse em continuar coerente com essa hipótese, ele jamais teria decifrado os hieróglifos. Nos cartuchos de Ptolomeu e de Cleópatra utilizados, Champollion foi obrigado a identificar hieróglifos para as vogais gregas O, I, A..., representadas respectivamente por uma espécie de "coração invertido", uma "pena", um "abutre"; em seguida ele identificou o "filhote de codorna" à vogal U, o "braço dobrado" a E... E, nunca é demais repetir, esses sinais correspondiam a vogais do texto grego. O texto bilíngue *Pedra da Roseta* (cf. Museu de Londres, 1950) foi decifrado assim.

Então, apenas depois da descoberta de Champollion foi possível dar-se ao luxo de transformar essas vogais que ele identificara como consoantes e consoantes fracas como resultado de um decreto da ciência oficial originário da Alemanha.

Seria possível pensar que as publicações de Naville, que datam de 1920, estão ultrapassadas e que, depois disso, progressos sensíveis ocorreram; não é fato. Em 1920, a ciência egiptológica tinha um século de idade, com uma diferença de dois anos. Esse período, portanto, não é de balbucio, mas de domínio; pode-se até dizer que é em torno dessa data que se situam os estudos clássicos que são referências até hoje. Portanto, se os trabalhos de Naville são velhos, os de seus contemporâneos – e particularmente os da escola alemã – também o são. Estes últimos, no entanto, estão em voga mais do que nunca: Gardiner, citado por Naville – e que foi obtido das teorias alemãs –, deixou uma gramática que continua sendo a base do ensino oficial. Há, quando muito, uma reação frouxa para afirmar que o egípcio é uma língua africana; mas sabe-se do conteúdo hipócrita do termo "africano" em matéria de egiptologia: diante das inúmeras dificuldades que se levantam, é um novo passe de mágica que já não engana ninguém, pois africano significa, aqui, "não negro".

Introdução ao vocabulário comparado egípcio-uolofe

Observe durante esta comparação de vocabulários, mesmo quando o sentido das palavras aparecer mais ou menos distante, a profunda identidade das raízes das duas línguas. Esse é um argumento de peso contra as tentativas que pretendem fazer do egípcio uma língua com a maioria das palavras trilíteras e que não escreve as vogais.

Vocabulário comparado egípcio-uolofe

Ap: medida de líquido, recipiente, tumba, pirâmide	*Ap:* medida, prazo, estimativa, prazo de vida
Am: pegar, empunhar	*Am:* ter, possuir
Ameru, mer: estar danificado, degradar-se	*Mer:* zangar-se
Amx: aquele que faz ato de veneração ou é venerado	*Gem:* crer, ter fé, venerar
Amx: não saber, não ser	*Ham:* saber; *Hamadi:* não saber *Am:* ter lugar, ser
Ames: erro, ficção	*Mes:* diz-se do que desaparece de repente
Ambahu: os que estão diante ou antes, ancestrais	*Bâh:* o que foi estabelecido antes de mim, o que precedeu o nosso nascimento; daí costume, tradição e a expressão *bahu mam:* tradição ancestral
An, ini, inu: carregar na cabeça	*Yanu:* carregar na cabeça
An: remover	*An:* remover um líquido derramado
Anãn: destruir, cortar; todo instrumento de destruição	*Añañ:* invejoso, mau, cruel
Anu: butim no sentido do que é carregado; daí, *An:* coluna	*Yanu:* carregar
An: coluna	*Kenu:* coluna
An: carneiro	*Béden:* chifre
Anbu: cercar, encerrar	*Amb; ambu:* envolver; envolvido
Anen: nós	*Nun:* nós
Anht: cântaro para cerveja	*Ndah:* pequeno pote (para água)
Ant: repelir, consternar, fazer voltar	*Tanta:* encurralar alguém num canto; encostar na parede
Arer: fruto	*Arer:* amendoim em serere; conviria verificar se *arer* designava outro fruto antes da introdução do amendoim no Senegal *Arèn:* amendoim em uolofe
Art: leite	*Rat:* ordenhar
Ahem: perfume	*Heñ:* cheiro agradável, perfume
Aham: responder, refutar	*Ham':* não sei de nada (em resposta a uma pergunta)
Ahiro: posto militar	*Haré:* exército; *Hire:* exército em serere
Ah: e (conjunção)	*Ag:* e
Axeb: o que é úmido, líquido, fresco	*Seb:* gotejar *Rep:* diz-se do que está molhado

262

Em as: igual a, a exemplo de...	Em ag: igual a
	Yem ag: igual a
As: morada, lugar, assento, fundo, santuário, buraco	As: buraco que a galinha faz no momento da postura para aquecer seus ovos a fim de que eclodam
Aqhu: apressar-se	Vâhu: apressar-se
Ak: personagem importante	Mak: personagem importante; idade
Aheb: chorar, lamentar-se, daí: Aheb: inundação	Hembhembi: chorar abundantemente
Aheb: inundação	Hep: molhado
Akent: jardim	Gent: terra, aldeia, cidade abandonadas
Ata: vulva	Data: sexo feminino
Atu: exclamar, invocar	Hatu: exclamar, invocar
Atru: escorrer gota a gota	Turu: escorrer, despejar
Atr: impedir	Téré: impedir
Ath: puxar, arrastar	Het: puxar, arrastar
Atr: gado	Dur: gado
Atahk: oferenda	Sarah: oferenda, caridade
Aa: crescer, estender-se	Ya: grande, amplo
Aaquer: circuncisão	Haraf: circuncisão
Aunta: madeira flexível	Banta: bastão, pedaço de madeira
Ama: saber, conhecer	Ham: saber, conhecer
Anit: forma de Hathor	Nit: ser humano, homem
Anbu: encerrar	Nebu: esconder-se; que está escondido
	Neb: esconder
Annu: mostrar, indicar	Vonnu: que se pode mostrar
	Von: mostrar, indicar
Ant: aniquilar, destruir	Tant: sufocar
Ant: vaso	And: vaso
Ark, arku: terminar, conjurar, exorcizar	Artu: alertar alguém para que cesse uma ação
Ax: suspender	Ad: suspender
	Ak: parada
Ax: voar, planar	Tag: estar suspenso
At: pátio de uma casa	At: pátio de uma casa
Atai: falhar, ser culpado	Taï: ser inteiramente responsável por uma ação com frequência condenável, tê-la feito de propósito
Ban: mau, funesto	Bon: mau, funesto
Bak: ave, gavião	Bahoñ: corvo
Bah-bahu: tirar água	Bavu: suplicar água aos que a tiram quando não se tem os meios materiais para fazê-lo
Bah: abundância	Bâh: bom, bem
	Bari: abundante
Bu: partícula negativa	Bul: não faça tal coisa (uolofe)
	Ba: não faça tal coisa (serere) – Esse morfema serve para expressar um imperativo negativo
Bu: objeto indeterminado que se oferecia aos deuses	mBuru: pão
	Buru-buru: bolinhas de farinha dadas como oferenda

Buai: altura	*Gudai*: comprimento
Baaut: prodígio, milagre, maravilhas, coisa extraordinária	*Vaaru*: ser testemunha de um milagre; maravilhado
Bar: poço, fosso	*Pah*: buraco
Ba: cavar com pá	*Bay*: cultivar
Bau: o buraco de uma sepultura	*Bamel*: a sepultura
Bahu: falo; circuncisão como costume	*Bâh*: costume, tradição ancestral, o que é bom
Baka: sem coragem, desprezível	*Bahar*: covarde
	De *Bahar*: espécie de ave com fama de covarde
Baqa: brilhar	*Taka*: brilhar
Beb: radical com sentido de redondo, círculo	*Beb*: amarrar alguém, um prisioneiro, com uma argola feita com um galho flexível de uma árvore chamada *Beb*
Beb: animal hipomene; gênio do mal	*Beb*: barulho que o bode faz ao convidar a cabra
Benben: fazer jorrar água de uma fonte	*Benben*: buraco
	Bel: fonte
	Belbel: onomatopeia que indica o jorrar de água de uma fonte
Benen: círculo, aro	*MBégé*: círculo, aro
Benen: falo	*Gèn*: falo, cauda
Benru, benr: saída, porta de saída	*Genu*: porta de saída; *beru*: isolado
	Gèn: sair, saída; *ber*: isolar
Benenhu: inverter, desviar, perverter	*Bèn*: pôr ao contrário, tomar um sentido contrário ao normal
	Bonal: tornar mau
Benx: serrar, cortar	*Denk*: madeira
	Bunt: porta
Bent: filha; menina	*Denh*: filha; menina
Bent: harpa	*Bant*: bastão
Bent: amarrar, envolver com faixas de pano	*Dent*: arrumar, conservar preciosamente
Berber: ferver	*Berber*: diz-se do fogo que chameja
Beh: rejeitar, repelir, fazer recuar	*Bûh*: empurrar
Beha: fugir	*Behar ñet*: fugir
	Feh: fugir, sair correndo
Beha: leque, abanar	*Pèh*: frescor, ar fresco
Behen: falo; os que foram antes de nós; talhar, cortar, circuncisão, tradição	*Bâh*: o que foi antes de nós, costume, tradição ancestral – a circuncisão é um *bâh*
Bahu: ave não determinada	*Bâhoñ*: corvo, ave de pescoço branco com fama de covarde
Bex: dar à luz	*Bes*: meu filho (serere)
Bahennu: dar voz	*Bâru*: cantar em seguida a alguém num coro
Bex: região a leste do céu, do lado em que nasce o sol	*Bes*: o dia em uolofe
	Penku: ponto em que o sol nasce
Bès: a chama que se eleva, calor vital	*Bes*: o dia em uolofe
Bes: verter, espalhar um líquido	*Vis*: verter, espalhar um líquido em gotículas sobre uma superfície para umedecê-la uniformemente
Bekek: parar, descansar	*Deki*: sentar-se, ficar

CADERNO
ICONOGRÁFICO

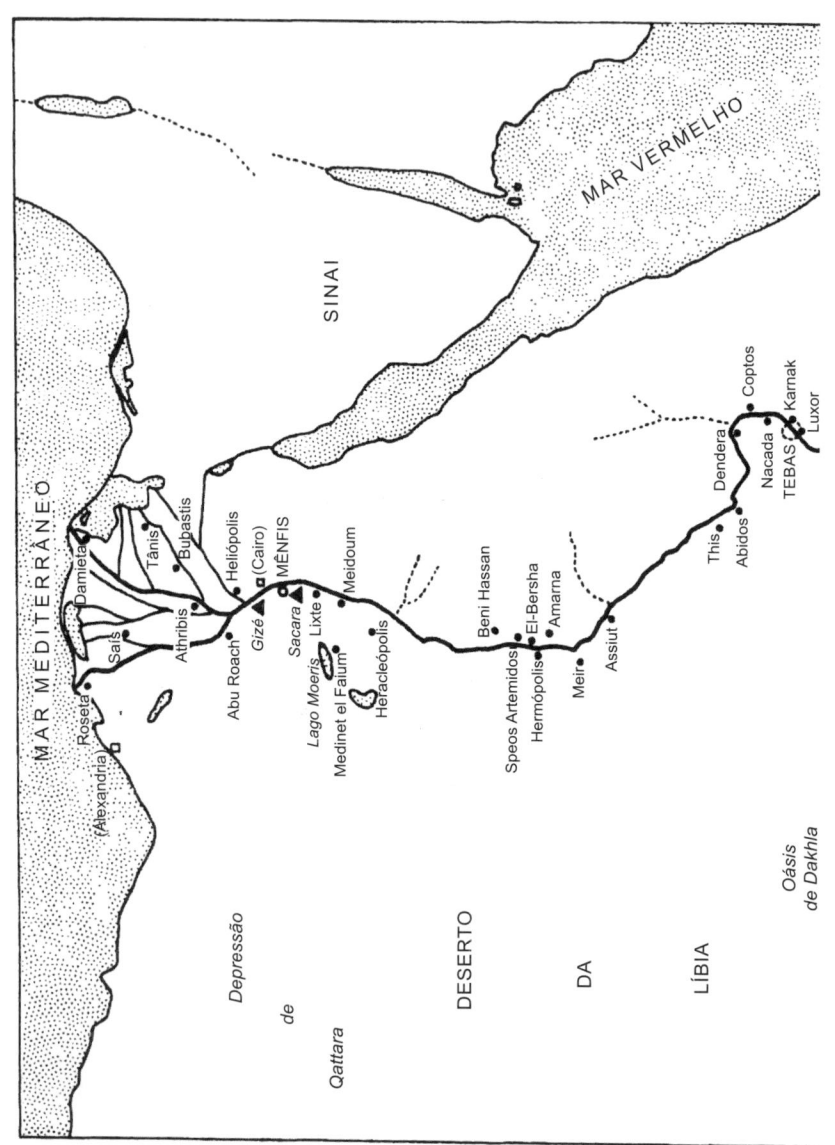

1 Sítios antigos egípcios e núbios

O Nilo da 3ª catarata ao Mediterrâneo

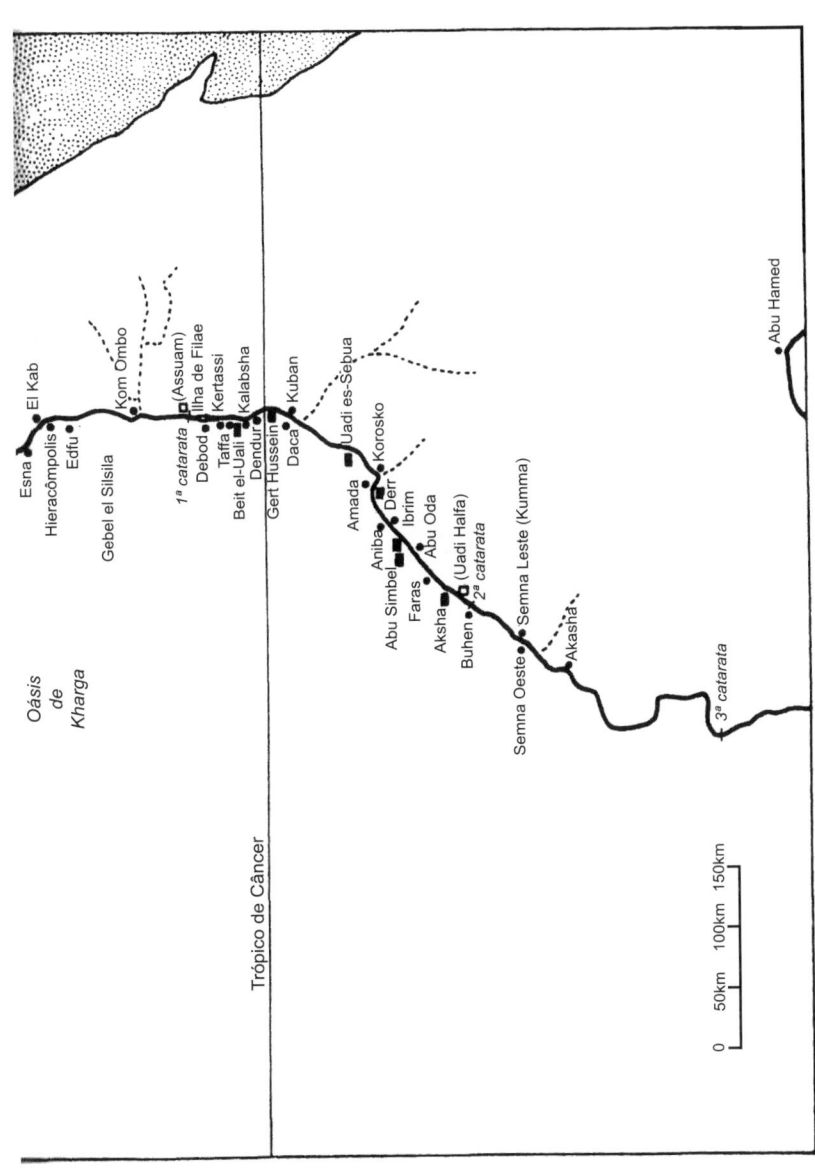

Oásis
de
Kharga

Trópico de Câncer

0   50km   100km   150km

Esna
El Kab
Hieracômpolis
Edfu
Gebel el Silsila
Kom Ombo
1ª catarata (Assuam)
Debod
Ilha de Filae
Taffa
Kertassi
Beit el-Uali
Kalabsha
Dendur
Gert Hussein
Daca
Kuban
Uadi es-Sebua
Amada
Korosko
Aniba
Derr
Ibrim
Abu Simbel
Abu Oda
Faras
(Uadi Halfa)
Aksha
Buhen
2ª catarata
Semna Oeste
Semna Leste (Kumma)
Akasha
3ª catarata
Abu Hamed

2 Belo tipo de camita oriental

Para entender a malícia da farsa, substituir a frase de Seligman: "Belo tipo de camita oriental" pela definição oficial: "Belo tipo da raça branca paleomediterrânea, à qual se devem todas as civilizações pretas, inclusive a do Egito" (cf. Puccioni, 1911, *apud* Seligman, 1935).

3 Estatueta de cor vermelho-escura

Trata-se da cor que fez correr muita tinta. Foi o *leitmotiv* de todos os tratados sobre a raça egípcia. Cada um poderá julgar se ela é diferente da cor de todos os negros da África. Será preciso reportar-se com frequência a esta imagem para julgar os escritos tendenciosos dos autores citados, que baseiam sua argumentação nesse traço étnico (Reprodução: British Museum) (cf. p. 63s. e 312s.).

4 O soberano Tera Neter

Personagem proto-histórico da raça negra dos anus, primeiros habitantes do Egito (Petrie, 1939) (cf. p. 75 e ilustr. 4-35).

5 Narmer (ou Menés)

Negro típico, primeiro faraó do Egito, que unificou o Alto Egito e o Baixo Egito pela primeira vez. Certamente ele não é ariano, indo-europeu nem semita, mas indiscutivelmente negro.

6 Estátua do deus Osíris
(Metropolitan Museum of Art.
Acervo Rogers, 1910.)

7 Quéfren

Faraó da 4ª dinastia (antigo império).
Ele mandou construir a segunda
pirâmide de Gizé. A estátua é em
diorito preto (Clichê Tel.).

8 Faraó Mentuhotep I

Negro típico, fundador da
11ª dinastia (médio império,
c. 2100 a.C.).

9 Faraó Tutankamon

Novo império, 18ª dinastia. Uma das duas
estátuas (cf. ilustr. 10) em tamanho natural,
colocadas como sentinelas na entrada
da câmara sepulcral. A pele do corpo é
revestida de verniz de resina preta, e todos
os acessórios são dourados (Clichê Tel.).

10 Faraó Tutankamon (cabeça)

Cabeça da outra estátua, citada na
ilustr. 9 (Serviço cultural da Embaixada
do Egito, Paris).

11 Faraó Tutmés III

Filho de uma sudanesa, fundou a
18ª dinastia e inaugurou a era do
imperialismo egípcio. Por vezes é
denominado "Napoleão da Antiguidade".

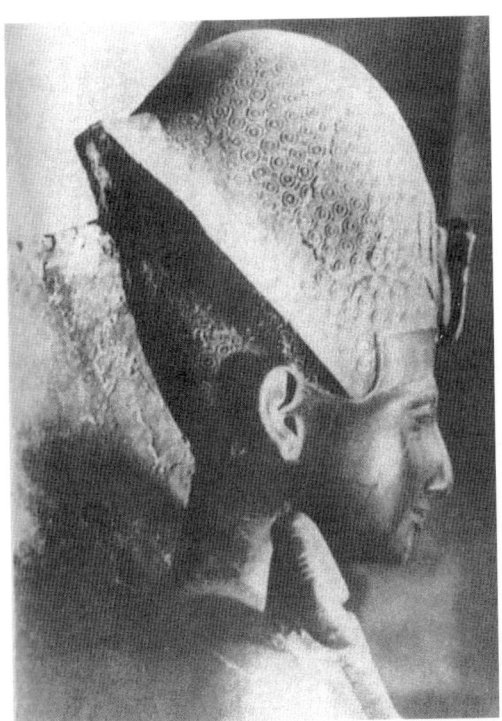

12 Cabeça do Faraó Ramsés II

Os pequenos círculos no capacete
representam cabelos crespos
(Cappart, 1956).

13 O faraó sudanês Taharqa

14 Cabeça de jovem princesa

Este toucado de jovem é muito difundido na África negra. O tufo que cai sobre a orelha direita é o *pah* em uolofe (Museu do Louvre).

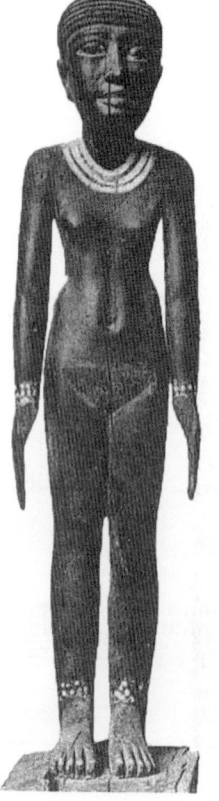

15 Mulher egípcia

A "Mulher dos polegares".

16 Estátua de açougueiro

5ª dinastia. "O homem é pintado de marrom-avermelhado e veste uma tanga branca" (Clichê Tel.).

17 Estátua de cozinheiro

5ª dinastia. "O corpo é marrom-avermelhado" (Clichê Tel.).

18 Funcionário egípcio

Antigo império, 6ª dinastia. Aqui está a razão pela qual a palavra uolofe *vodu* – usar uma tanga, vestir-se – é aplicada, ao mesmo tempo, ao homem e à mulher (Clichê Tel.).

19 Egípcio

Ébano, antigo império, 6ª dinastia. Antebraços longos com relação aos braços e membros inferiores longos com relação ao tronco, dolicocefalia, ombros largos e bacia estreita são os critérios que permitem distinguir, sem erro possível, um negro de um branco. Esses critérios são os mais objetivos, os mais científicos de que dispomos. Graças a eles é possível afirmar que o Homem de Grimaldi é um negroide. Mas qual estudioso ousaria aplicá-los a esta estátua ou a uma múmia egípcia – mesmo do baixo período – e extrair as devidas conclusões publicamente? Lepsius o fizera (Clichê Tel.) (cf. p. 87).

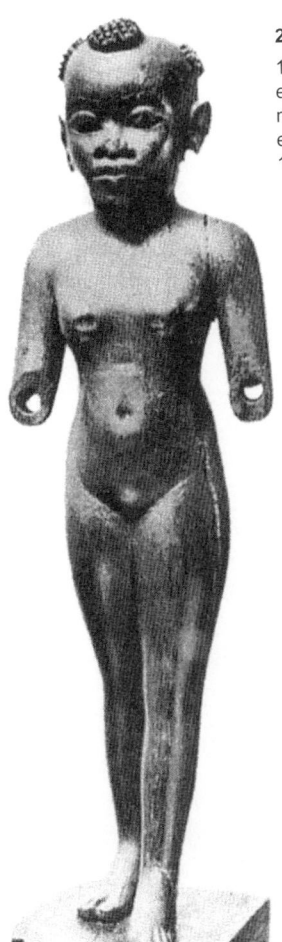

20 Jovem egípcia em madeira

18ª dinastia. O cabelo dessa jovem mostra que os egípcios eram totemistas. Era o toucado de todas as moças do Senegal até a puberdade. Vê-se nos *djub* e nos *pah* que os cabelos eram crespos (cf. Pétrie, 1915, p. 55).

21 Estátua de um homem egípcio

(Clichê British Museum)

22 Sacerdotisa egípcia

A tradição das sacerdotisas era muito difundida na antiguidade negra: sacerdotisas de Tebas, de Júpiter Amon (Líbia), de Dodona de Cartago etc. Ela se perpetuou até os nossos dias, como, por exemplo, no Quênia.

23 Cabeças egípcias do médio império

Batizadas como "Cabeça de tipo estrangeiro" por serem demasiado negroides.

24 Desenho de Ginnaeghel

Rei da Etiópia e do Grande Egito.

25 Busto de Trajano, imperador romano

Comparar as reproduções anteriores dos tipos egípcio e africano com o tipo europeu representado por esta ilustração e a de Zeus Serápis.

26 Estátua de Serápis (Zeus)
Representação do tipo europeu
na arte egípcia, época
greco-romana (Clichê Tel.).

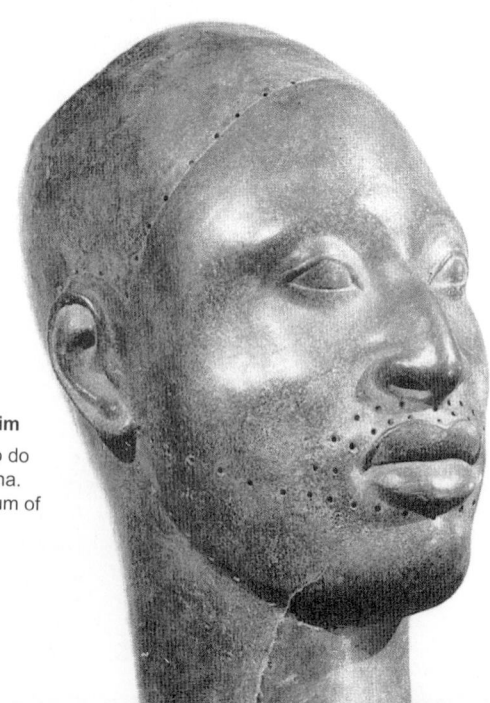

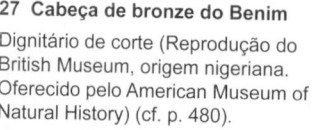
27 Cabeça de bronze do Benim
Dignitário de corte (Reprodução do
British Museum, origem nigeriana.
Oferecido pelo American Museum of
Natural History) (cf. p. 480).

28 Máscara pongwe

Exemplo de arte negra realista
(Clichê Apam) (cf. p. 480).

29 Máscara pongwe

Proveniente do Gabão. Esta
outra máscara é característica:
toucado especial e rosto pintado
de branco (Clichê Apam)
(cf. p. 480).

30 Estatueta de Angola

Arte negra realista da África Central (Clichê Apam).

31 Arte de Ifé

Comparar o toucado com o ureu do fara do Egito (Museu de Lagos) (cf. p. 480).

32 Arte de Ifé

A Escola de Ifé, que deu origem à Escola do Benim, é conhecida por obras de terracota, de pedra e de bronze. Aqui, uma cabeça de mulher em terracota (cf. p. 480).

33 Prisioneiros egípcios

A cor dos prisioneiros reproduzidos em segundo plano do baixo-relevo de Ibsambul mostra que, ao contrário das afirmações difundidas, os egípcios não se pintavam de cor diferente da cor dos outros negros. Entre as cenas figuradas em Ibsambul, há uma em que é impossível distinguir uma diferença mínima entre a cor do faraó e a dos negros representados. Em contrapartida, não há comparação possível entre a cor da pele do faraó com a dos outros espécimes de raça branca figurados. Trata-se da cena em que o faraó segura um grupo de prisioneiros pelos cabelos (cf. p. 83).

34 Terracota nok (Nigéria)

O negro pintado por si mesmo. Comparar este rosto com a estatuária egípcia: os traços físicos são os mesmos, mas note-se o contraste com os camponeses prisioneiros da ilustr. 35. Trata-se de uma diferença de classe, e não de raça (Fagg, [s.d.]) (cf. p. 84).

35 Camponeses negros prisioneiros na tumba do Faraó Horemheb

Nota-se a diferença com relação ao tipo urbano da ilustr. 34. Este tipo camponês só aparece nos centros urbanos africanos depois da transplantação de elementos rurais portadores dos estigmas da dura condição camponesa. Assim, o que foi considerado erroneamente uma diferença racial é, na realidade, uma distinção de classe entre o aristocrata da cidade e o camponês enrugado, de mãos calejadas, que se tornou menos comum no Egito, onde a agricultura não era tão difícil quanto na Núbia (cf. p. 84s.).

Cativo de raça branca ariana (gravado nas paredes do templo de Medinet Habu). À direita, tipo líbio ou povo do norte (*Les Atlantes,* do pastor evangélico Jürgen Sparnüth).

Tipos de cativos semitas gravados nos rochedos do Sinai.

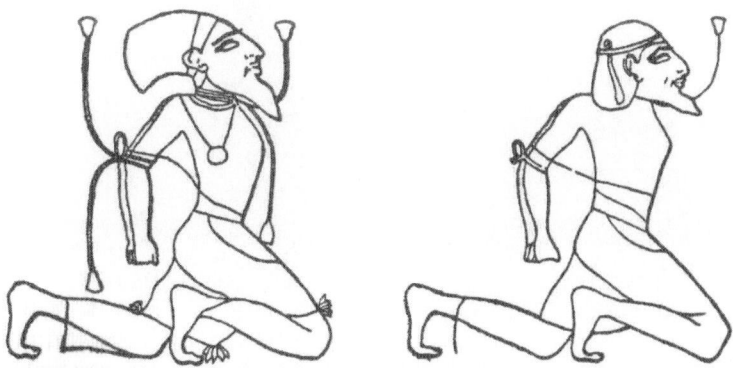

36 Prisioneiros de raça branca (ariano, líbio e semitas)

As reproduções são extraídas de Lenormont (s.d.). Todas essas populações ainda eram nômades. Por isso, os ocidentais se traem frequentemente fazendo apologia do nomadismo sem razão aparente (p. ex., Toynbee) (cf. p. 85s.).

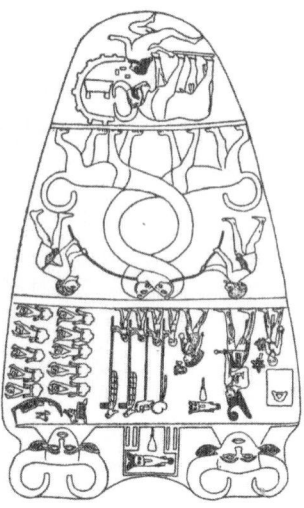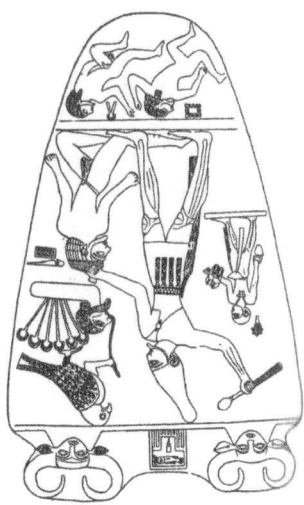

37 Desenho da Paleta de Narmer

A intervenção e a introdução da escrita nos costumes indicam a demarcação da pré-história e do período histórico da humanidade. Ora, a Paleta de Narmer tem símbolos de escrita. Seria importante conseguir datá-la com precisão.

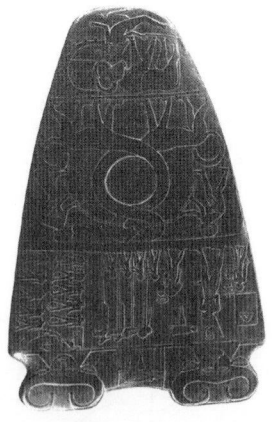

38a Paleta de Narmer (fotografia da frente)

(Cf. p. 107s.).

38b Paleta de Narmer (fotografia do verso)

(Cf. p. 107s.).

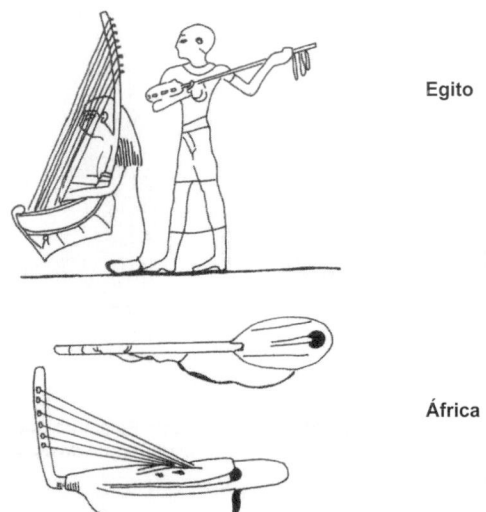

39 A Torre de Babel, exemplo de reconstituição de monumentos
A torre está em segundo plano. À frente dela, os jardins suspensos da Babilônia (cf. p. 130s.).

Egito

África

40 Instrumentos de cordas
(Seligman, 1934.)

41 Uma rainha negra do antigo Sudão

Ela é da linhagem de Candace, nome frequentemente adotado pelas rainhas sudanesas posteriores, em lembrança de sua resistência gloriosa que fez dela uma Joana d'Arc por antecipação (Ilustr. obtida por Lepsius, *apud* Lenormant, s.d.).

42 Antiguidade africana: templo sudanês

(Reprodução publicada por Chérubini (1847; Clichê Apam).)

W = S, inicial de Set. O conjunto do sinal significa: Set reinando sobre uma parte do Egito.

Este símbolo ioruba é idêntico a um sinal egípcio.

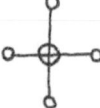

As quatro divindades fundamentais do Egito que sobreviveram entre os iorubas: a divindade das quatro cabeças.

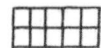

Círculo representando as duas margens do Nilo.

Este sinal significa "hesp" em egípcio = nome.

Sobrevivência entre os iorubas do sinal da flor de lótus.

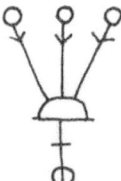

Tríade de deuses.

A meia-lua = a metade do Egito.

"nafer" = belo.

43 Escrita ioruba: sinais comuns aos sinais egípcios publicados por Lukas

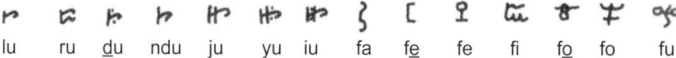

| lu | ru | <u>d</u>u | ndu | ju | yu | iu | fa | f<u>e</u> | fe | fi | f<u>o</u> | fo | fu |

44 Escrita vai

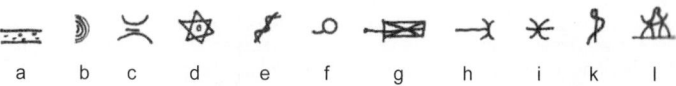

| a | b | c | d | e | f | g | h | i | k | l |

45 Escrita nsibidi

ظ‮‬

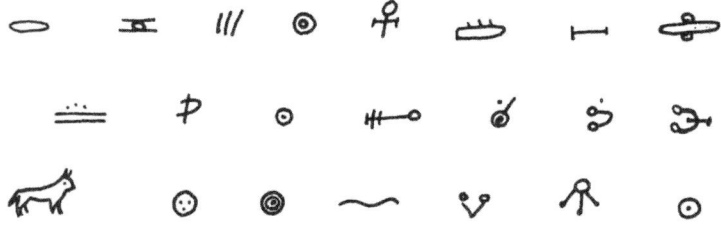

46 Escrita bassa
(Segundo Westermann.)

47 Sinais comuns ao bamum e ao egípcio

palavra moum	Sentido	1907 1°	1911 2°	1916 3°	1919 4°	valor fonético
pwô	braço					pwô p
mi	rosto					mi m
na	cozer					na n

48 Datas

As datas que estão no quadro são puramente fantasiosas; são precisas demais para serem exatas. Traem o desejo ardente de rejuvenescer tudo o que é africano a fim de não se obrigar a ligá-lo ao que é antiguidade egípcia. No Egito foram necessários mais de mil anos para passar dos hieróglifos à fase hierática da escrita; ou seja, para passar da casa "1°" à casa "2°".

49 Máscara suíça fazendo careta
(cf. p. 305).

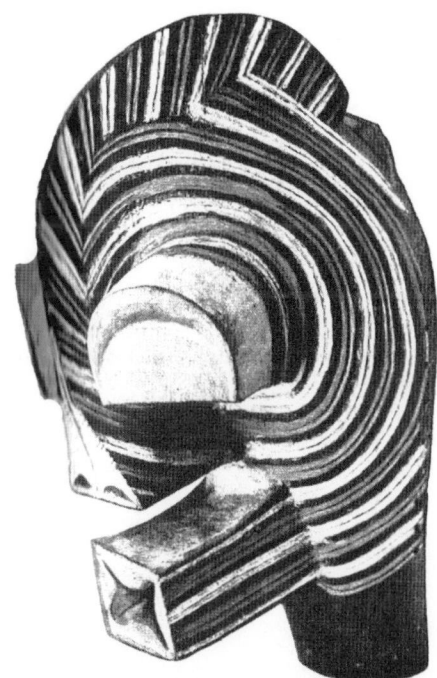

50 Máscara cubista congolesa

Verdadeiro jogo plástico, ao ser comparada com a ilustr. 49 (Clichê Apam) (cf. p. 305 e 482).

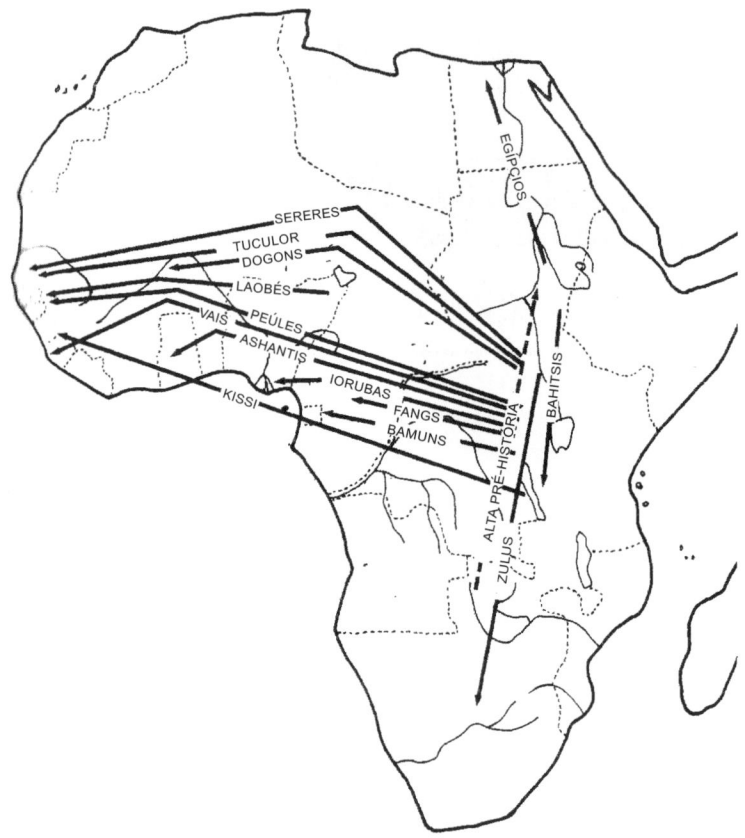

51 Mapa das migrações das populações negro-africanas a partir da região do Alto Nilo e dos Grandes Lagos

52 Julgamento do morto, Tribunal de Osíris

O deus Anúbis pesa as ações do morto numa balança (islã). A contagem numa tábua
é feita pela divindade de cabeça de gavião, em pé diante de Osíris. Pensa-se aqui no
Anjo Gabriel e na tábua chamada, em uolofe, *alluba(y)-mahfuss* (em árabe *aluwa el
Mahfuss*). Osíris, o deus supremo no trono, decide a sorte do morto (trono de Aras:
islã). As feições do desenho que representa Osíris são puramente fantasiosas
(cf. p. 296, 323 e 347).

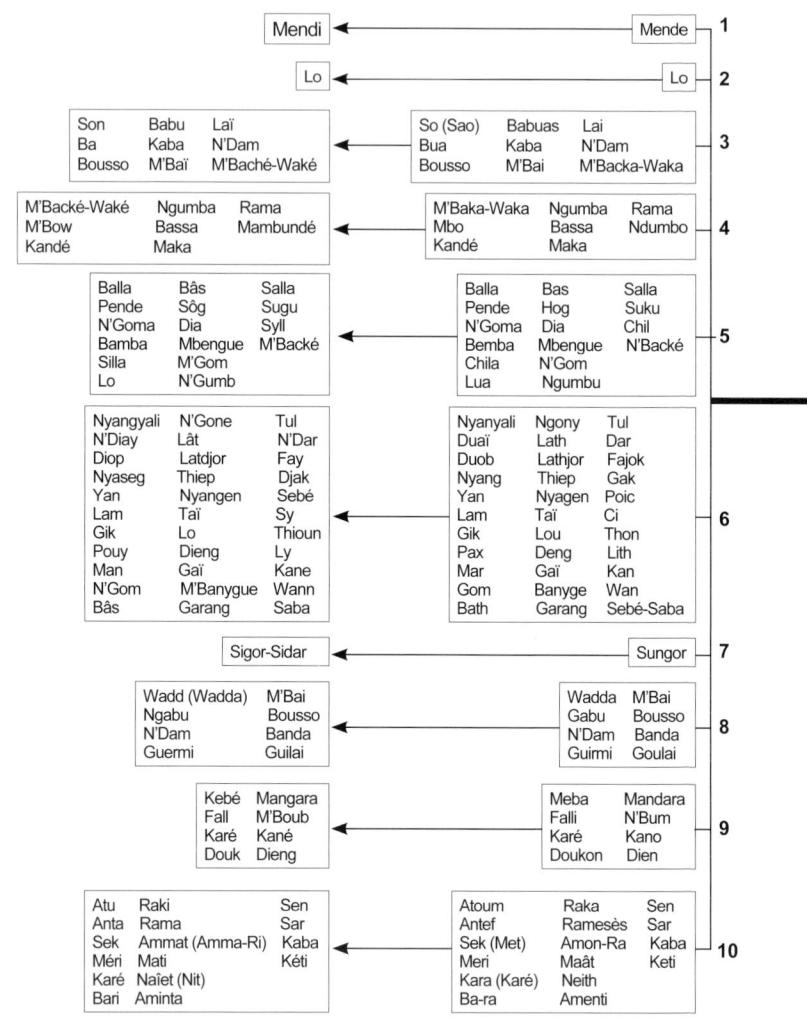

Mendi			←		Mende	**1**
Lo			←		Lo	**2**

Son	Babu	Laï	←	So (Sao)	Babuas	Lai
Ba	Kaba	N'Dam		Bua	Kaba	N'Dam
Bousso	M'Baï	M'Baché-Waké		Bousso	M'Bai	M'Backa-Waka

3

M'Backé-Waké	Ngumba	Rama	←	M'Baka-Waka	Ngumba	Rama
M'Bow	Bassa	Mambundé		Mbo	Bassa	Ndumbo
Kandé	Maka			Kandé	Maka	

4

Balla	Bâs	Salla	←	Balla	Bas	Salla
Pende	Sôg	Sugu		Pende	Hog	Suku
N'Goma	Dia	Syll		N'Goma	Dia	Chil
Bamba	Mbengue	M'Backé		Bemba	Mbengue	N'Backé
Silla	M'Gom			Chila	N'Gom	
Lo	N'Gumb			Lua	Ngumbu	

5

Nyangyali	N'Gone	Tul	←	Nyanyali	Ngony	Tul
N'Diay	Lât	N'Dar		Duaï	Lath	Dar
Diop	Latdjor	Fay		Duob	Lathjor	Fajok
Nyaseg	Thiep	Djak		Nyang	Thiep	Gak
Yan	Nyangen	Sebé		Yan	Nyagen	Poic
Lam	Taï	Sy		Lam	Taï	Ci
Gik	Lo	Thioun		Gik	Lou	Thon
Pouy	Dieng	Ly		Pax	Deng	Lith
Man	Gaï	Kane		Mar	Gaï	Kan
N'Gom	M'Banygue	Wann		Gom	Banyge	Wan
Bâs	Garang	Saba		Bath	Garang	Sebé-Saba

6

Sigor-Sidar		←	Sungor

7

Wadd (Wadda)	M'Bai	←	Wadda	M'Bai
Ngabu	Bousso		Gabu	Bousso
N'Dam	Banda		N'Dam	Banda
Guermi	Guilai		Guirmi	Goulai

8

Kebé	Mangara	←	Meba	Mandara
Fall	M'Boub		Falli	N'Bum
Karé	Kané		Karé	Kano
Douk	Dieng		Doukon	Dien

9

Atu	Raki	Sen	←	Atoum	Raka	Sen
Anta	Rama	Sar		Antef	Ramesès	Sar
Sek	Ammat (Amma-Ri)	Kaba		Sek (Met)	Amon-Ra	Kaba
Méri	Mati	Kéti		Meri	Maât	Keti
Karé	Naïet (Nit)			Kara (Karé)	Neith	
Bari	Aminta			Ba-ra	Amenti	

10

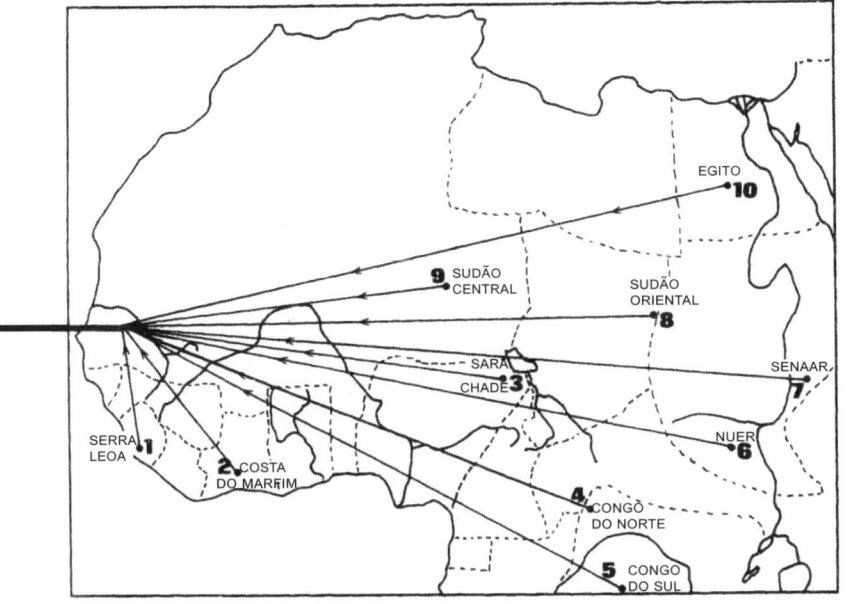

53 Formação do povo uolofe segundo os nomes étnicos

Nomes provenientes dessas diversas regiões estão agrupados por origem (n. 1 a 10) na coluna da direita. Diante de cada grupo, a coluna da esquerda mostra nomes correspondentes entre os uolofes.

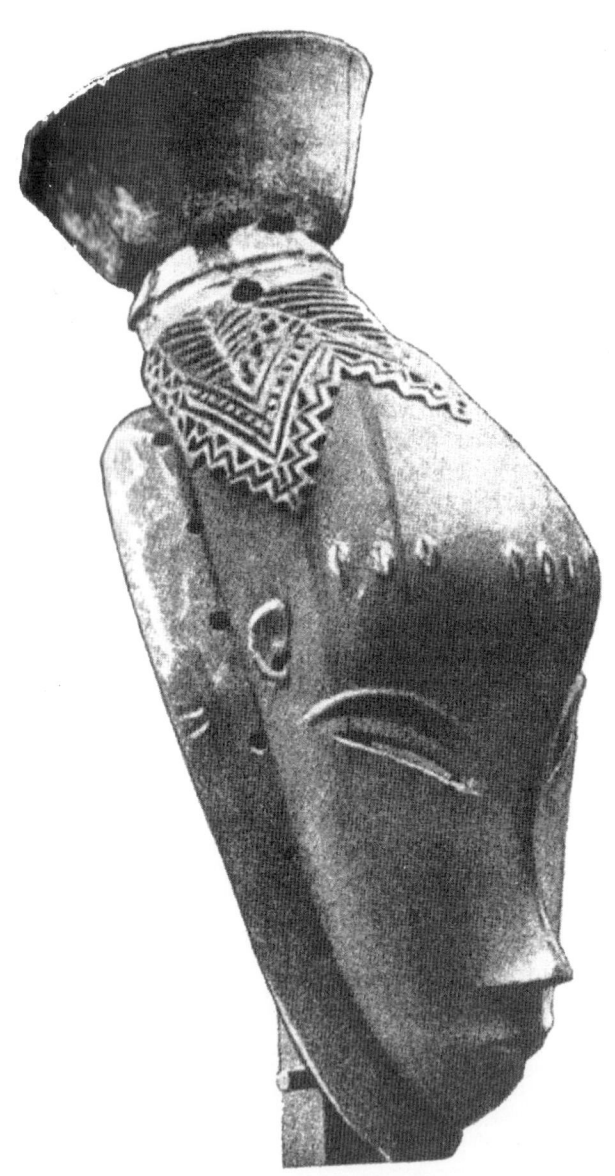

54 Máscara guro

(Clichê Apam) (cf. p. 481).

Beti, bet: trigo	*Pep:* grão, cereais
Beten: inimigo, celerado	*Bet:* tomar como impostor, agir traiçoeiramente
Betes: cair de fraqueza	*Tas:* desfeito, exausto
Betk: derrotado, vencer, vencido	*Bet:* surpreender um adversário, um inimigo, para vencê-lo
Betet: presa de elefante	*Beñ:* dente
Desret: (O Vermelho) deserto que tem essa cor	*Deret:* o sangue
Djet: pilar de Osíris; tronco de árvore em pé	*Ded:* ser ereto
	Déddédâral: ser ereto como um pilar
Pa: cidade, localidade, metrópole	*Pey:* metrópole, capital
Pai: volátil, voar, ave	-
Fai: aporte, oferenda, presente	*Fay:* ir embora da casa conjugal depois de uma divergência geralmente de pouca importância; muitas vezes manobra frívola destinada a obter presentes do marido antes de voltar
Papa: brilhar, resplandecer	*Taka:* brilhar com chama luminosa, resplandecer
Pep: planta medicinal	*Pep:* cereais, grão
Pena: derrubar, entornar	*Ben:* virar do avesso
Penpenu: peixe	*Den* : peixe
Per: exaltado, violento, animoso	*Her:* excessivo
Peru: pronunciar palavras, discorrer	*Femu:* improvisação, ritmar
Prui: rei	*Bur:* rei
Pehu: estar terminando alguma coisa, conseguir, atingir, fim, termo, conclusão	*Pegu:* estar na periferia, situado na extremidade, nos confins
Pehu: região extrema, fim de um território	*Peg:* região extrema, fim de um território; daí *Pegu* ou *Fegu*
Pehrer: correr em círculo, circular	*Ver:* percorrer, dar a volta
Pehrer: guerreiro	*Haré:* exército;
	Harékat: guerreiro
Peh: fazer esforço, esforçar-se	*Péhé:* tentar, esforçar-se
Pexet: prosternar-se	*Seg:* prosternar-se
Pesh: morder, picada	*Pes:* tapa
Pesex: separar em duas partes	*Sédelé:* dividir
	Bês: separar com ajuda do cesteiro
Peka: fazer parte, participar	*Bok:* fazer parte, participar
Pekas: capital do nome dito arábico em terminologia moderna	*Pekas:* nome de um mercado antigo do Senegal
Pet: pé, mover os pés	*Pet:* dança
Pet: arco	*Fet:* flecha, arco; flecha em particular
Pet: cerimônia de fundação, fundação	*Pent:* cerimônia particular, reunião que ocorre em praça pública
	Sant: fundação
Pet-pet: pisotear	*Pit-pit:* correr energicamente
Ptu: ave, ganso	*Tud:* pintainho
	Pît: ave
Patar: antiga unidade de medida para produtos em grão	*Mata:* 40 unidades de medida chamadas *Andar* – só se concebe para o que é em grão ou em pó
	Andar: unidade de medida para grãos ou farinha

265

Petes: abandonar	*Vat*: abandonar
Petestu: a margem	*Tefes*: a margem
	Tefesu: seguir a margem
Fa: carregar, erguer	*Fap*: pegar, carregar
Fak: enojar-se, desistir	*Fak*: ignorar de propósito alguém que, no entanto, se conhecia bem; terminar todas as relações com; esquecer por querer uma pessoa repugnante ou indigna
Fu: veneração, respeito	*Fank*: veneração, respeito
Fu: amplo, vasto, extenso, na totalidade	*Fuf*: advérbio que serve para reforçar uma ideia de dimensão
Fufu: cão grande	*Ep fûf*: ultrapassar em muito
Fua: criança	*Fo*: divertir-se; aplica-se a crianças brincando
Funa: real, seguro, autêntico, regular	*Fula*: é uma qualidade de um homem digno que se sabe fazer respeitar pela evidência de sua conduta
Fûr: estar grávida	*Bîr*: barriga, estar grávida
Funen, fun: lugar de recolhimento, templo	*Fuyu*: retirar-se, isolar-se em consequência de uma insatisfação
	Fuñ-fuñi: expressão de mau humor de uma pessoa que já não fala com ninguém e que não tem força para se retirar completamente; então ela respira intensa e ritmadamente para chamar a atenção
Fuh: carregar	*Fûh*: devolver discretamente para alguém algo substancial
Fuh: verter, espalhar, espalhar-se	*Suh*: água retida depois da chuva na depressão que às vezes há no nível de separação de duas ramificações
	Suhat: água
	Tur: derramar
Fuh: escansão	*Yuh*: grito
Fat: separar, dividir	*Faté*: partilhar, dividir, separar, fazer partes
Fut: eclodir	*Fut, fat*: explodir depois de uma ultrapassagem da contenção normal – originalmente só devia ser empregado propriamente para recipientes moles, odre etc.
	Fut: tende a ser aplicado apenas para explosões fracas nos cantos de um recipiente, cantos de uma sacola, ao passo que *fat* tende a ser aplicado a um rasgo comprido; não cabe aqui abrir um capítulo de filosofia sobre o papel de expressão das vogais de maneira absoluta ou relativamente a tal concepção; digamos, em todo caso, que evitamos, tanto quanto possível, estender-nos sobre os sentidos das palavras uolofes; temos certeza do interesse que haveria em tal explicação do sentido das palavras uolofes, mas isso acarretaria longas exposições, que não podemos realizar agora

Futen, futennu: a terra, o solo, a poeira	*Suf*: a terra, o solo; muito impropriamente a poeira
Fenhu: engendrar-se	*Fenhu*: esbarrar em *Féñu*: aparecer
Fanet: nojo, repugnância	*Bañ*: odiar
Fex: vínculo	*Fas*: vínculo, nó
Fek: invadir	*Fek*: ir encontrar em
Fet: desistir, enojar-se	*Fet*: recusar categoricamente
Mbah: diante, tradição	*Mbah*: nome abstrato formado com *bah*, visto acima: tradição
Ma: ser semelhante, igual, cópia	*Mel*: igual, ser como
Manen: de mesma categoria	*Melne*: ser como
Mmati: igualmente, de modo semelhante a	*Emmati* ou *yamati*: de novo igual a, como etc.
Manennu: como, assim como	*Melnané*: como, assim como, igual a
Matiro-u: do mesmo modo, igualmente	*Ma niro*: que se assemelha a *Niro*: parecido(a) com
Ma tet nak: como se fosse	*Ma set né*: eu considero que *Meltikone né:* como se fosse
Mam: machado de carpinteiro	*Mab*: arrombar, desaba *Nam*: afiar
Mana: paridade	*Mana*: por exemplo
Maar, maur: miserável, pobre, infeliz	*Mar*: ter sede
Maa: ver, olhar	*Mav*: que se estende a perder de vista
Mafu: luz, esplendor, luminoso	*Mav*: qualificativo de luminosidade; ex.: *ler gu né mav*: uma luminosidade que se estende a perder de vista, esplendor luminoso
Maft: atravessar, percorrer	*Maffiandu*: subir, montar a cavalo sem sela
Maft: quadrúpede (?)	*Maf*: ave predadora, gavião
Mama: correr, corredor	*Mamma*: correr em disparada (animal) *Mamo*: multidão em movimento
Mai: dar	*Mai*: dar
Ma: quem	*Man*: quem, para os nomes regidos pelo artigo M
Maa: apertar, comprimir	*Nad*: apertar, comprimir
Mai: forma optativa: Posso entrar?	*Maï*: autorizar, dom etc.
Mu: obediência	*Mut sat*: de silêncio passivo *Muñ*: resignação, obediência resignada
Maiu: o mar	*Mav*: que se estende ao infinito; aplica-se a manta líquida ou luminosa
Mantata: joias	*Taka*: carregar *Takaï*: joias
Manitegta: garrafa *Mantita*: odre	*Tah*: cantil
Mar: oprimir, pressionar	*Mar*: lamber, explorar até os ossos, esgotar uma quantidade
Maha: na Núbia *Markaka*: país ao sul do Egito	*Maka*: capital do Cayor sob o reinado de Meïça Tenda
Mart: miséria	*Mar*: sede
Maxet-amxet: entranhas	*Set*: procurar, práticas divinatórias

267

Makka: *ócciput* por oposição a *Téten:* a frente da cabeça	*Mak*: oposto a
Mâka: veterano	*Mak*: veterano, idoso, pessoa madura, adulta, importante, experiente
Mât, mâtan: amarrar com força	*Matt*: feixe de madeira amarrado *Tak*: amarrar *Ma tak*: eu amarro
Matu: amargor	*Matu*: morder os lábios em sinal de amargor *Mâtu*: dor sentida por uma mulher que dá à luz
Mat: a barca do sol levante por oposição a *sekhti*: barca do sol poente	*Nad*: o sol enquanto luz espalhada sobre a Terra *So*: pôr-se (o sol) *Sovu*: poente
Mât': abrir com força algo apertado, pressionar, abrir caminho para o rei	*Mab*: arrombar, abrir caminho na multidão etc.
Mâta: esbarrar, bater, choque	*Mata*: morder, mordida
Mata: falo, formado por *mai*: dar + virilidade	*Mat*: chegar à maturidade biológica – observar que *mai* = dar em uolofe
Mata: campos cultivados, cultura	*Mata*: medida especial de 40 unidades (*Andar*) de cereais, seja para alimentação, seja para semente; a abastança de um chefe de família é função do número de *mata* semeado na estação ou utilizado cotidianamente para o sustento alimentar dos seus
Men: fulano	*Men*: um, para os nomes regidos pelo artigo M
Men: nada, o nada, não ser, o que não deve ser normalmente, o mal	*Men*: de ninguém, para os nomes regidos pelo artigo M *Nen*: o nada, o não ser, o que equivale a uma perda moral dolorosa depois da morte no tribunal divino; o que não compensa
Menmen, men: mexer-se, mover	*Menmeni*: deslocar-se em todos os sentidos para alcançar um resultado, empenhar-se *Men*: poder
Mennu: recordar-se, lembrar-se	*Nemmiku*: discernir
Mens: cor	*Mélo*: cor, aspecto
Sati: nome dos pastores asiáticos	*Sat*: ladrão
Meshu: virar-se	*Gésu*: virar-se
Copes: frente da coxa	*Lupa*: coxa *Pink*: coxa
Meses: traçar, figurar, representar	*Misal, masal*: indicação, representação, dar um exemplo
Mesketu: pulseira de metal	*Het*: anel
Mestetu: odiar, ódio	*Metatu*: protesto resignado feito com o ruído da boca que reflete ódio e rancor
Mestet: o 3º dos 7 escorpiões celestes (constelações)	*Dît*: escorpião
Mer, meru: embrulhar	*Muru*: recobrir-se *Mur*: cobrir

Mer: sofrer física e moralmente	*Mer*: zangar-se devido a uma dor física ou moral depois de ser contrariado
Merti: estar danificado	*Meti*: doloroso
Mer set: intestino grosso	*Set*: prática divinatória
Maqu: bastonada	*Magu*: desempenhar o papel de uma grande pessoa com relação a outra; tentar apanhar essa pessoa com uma artimanha
Mat: partícula formativa que parece ter o sentido de *circum*-; ex.: *mat tma*: os arredores de uma cidade	*Mat*: geral, que abrange tudo
Nuba: ouro; daí Núbia, terra do ouro	*Neb*: esconder, geralmente um objeto de valor
Merh: ar, vento; daí leque	*Peh*: ar fresco, daí *fèh, fèhlu*
Mehu: apreciar o ar	*Féhlu*: apreciar o ar fresco
Mehen: coroa	*Mbahana*: adereço de cabeça, touca etc.
Mehen: morada de Osíris	*Makân*: moradia fixa
Mes: dar à luz, criar formas, moldar, criança	*Bes*: meu filho (em serere); a luz do dia
Masan: estender sobre, esfregar, friccionar	*Mâsalé*: nivelar
Mesati: mesa para degolar os animais	*Fès*: desmembrar
Mesin: refeição de 1º do ano	*Mos*: saborear
Na: partícula exclamativa	*Na*: que ele
Nasi ⎱ Vil *Nahasi* ⎰	*Nav*: mau *Nahas*: vil
Nas: invocar, adorar, recitar	*Nas-lu*: fazer um esforço de invocação
Nai: vir	*Nai*: diz-se de uma mulher cujas formas "estão se fazendo" *Na*: chegado, vindo (bambara)
Nait: morada, aposento	*Neg*: compartimento, madeira de construção
Nau: punhado	*Nev*: pouco
Nar: peixe	*Nar*: monte de carne
Nat: uma mulher que trança corda em Sacara	*Nod*: ação de torcer a casca de árvore para produzir uma corda
Nit: morada, sala, sala do júri (?)	*Nit*: ser humano
Nab: intensidade, senhor, patrão *Nebt*: senhora, patroa	*Ndab*: utensílio que contém tudo; daí a ideia de mestre; observe-se que *nab* também significa amar
Neb: tudo, cada, qualquer um	*Nep*: tudo, cada, qualquer um, de um modo qualquer *Nep*: todos; observe-se que a consoante inicial de *nep* varia com o artigo que rege a palavra à qual se refere; têm-se então *kep, sep, bep* etc.
Nub, nubi: nadar sobre a água ou na água	*Nur*: mergulhar, nadar *Nebu*: esconder-se
Nebat: vegetal espinhoso	*Neneb, nebneb*: vegetal espinhoso cujos frutos contêm tanino
Nebui: apoio	*Gebu*: lugar ao qual se tem apego
Nebtu: trançar, entrançar, entrelaçar	*Letu*: fazer-se trançar, entrançar, entrelaçar os cabelos
Nebt: trança de cabelos	*Let*: trança de cabelos
Nebet: tramar maus intentos	*Mebet*: sonhar com ações, construir planos na imaginação

Nebt: osso, músculo (?)	*Nebon*: gordura
Nef: cabra-montês	*Tef*: cabra-montês, cabrito
Nef nefi: respiração	*Noyi, no*: respiração
Nef nef: desejar ardentemente	*Nafnafi*: amar no mais alto grau
Nefer: bondade, benevolência, coroa branca, belo, rapaz bonito *Nefert*: moça bonita	*Rafet*: belo, bela, bonito; por extensão: belo, puro, moralmente bom
Nefer: fogo (palavra rara)	*Safara*: fogo
Nefri: lira	*Nefru*: orelha (tuculor) *Nep*: orelha (uolofe)
Nem: entrecerrar os olhos, dormir	*Nem*: fingir de morto, inerte
Nema: destruição; construir em pedra	*Nema*: destruir a construção, a edificação de cera das abelhas para chegar ao mel
Nema: estreitar, abraçar	*Namma*: ter saudade de alguém ou de alguma coisa
Nemh: pequeno, jovem	*Dank*: mocinha
Nun: a água primordial, a matéria primordial incriada, ainda informe, contendo, no entanto, arquétipos dos seres, o deus Kepel, ou seja, o potencial do devir e o demiurgo Rá, igualmente no estado de arquétipo; esta definição, que inspirou ideias de Amélineau sobre a cosmogonia egípcia, não é tirada do vocabulário de Paul Pierret (1885); este dá a seguinte definição do nome *nun*: *Nun*, ou melhor, *nu*: oceano celeste, deus que personifica o oceano celeste	*Nen*: o nada
Nuti: habitantes de um território	*Nit*: o homem *Noti*: os homens de, os habitantes de um território
Nen: estes, os que, aquilo	*Nan*: os quais *Ne*: estes
Nen: parecer-se, semelhança, estátua, retrato	(*mel*) *né*: ser como, parecer-se com, idêntico a
Nen: tipo, forma	*Nen*: ovo
Nen: estar inativo, imóvel, descansar *Nennu*: nome de uma ave	*Nen*: diz-se de uma ave que se tornou inerte e incapaz de voar de tanto ser chacoalhada por uma criança que brinca com ela
Nenun: estar dentro, habitar	*Né*: estar dentro, habitar
Nennuh: estar inebriado de alegria	*Baneh*: prazer *Neh*: agradável
Neh nehi: sicômoro, árvore em geral; terra do sicômoro, nome do Egito	*Neh*: agradável, fértil (solo etc.), fácil de trabalhar (madeira)
Neh: asilo	*Neg*: compartimento
Nehep: caçar, apoderar-se à força	*Noh*: (vulg.) "quebrar a cara de…"
Neham: expressar a alegria tocando um instrumento ou dando gritos	*Halam*: tocar música, em particular guitarra
Nehes: insurgentes	*Nehal*: adular *Nahas*: vadio
Nahet: forma, proporção, dimensão	*Het*: estreito *Het*: anel

Neh-nehhu: ter confiança, acreditar	Nâgu: ter confiança, levar o otimismo à certeza
Nehebt: sustentar	Geb: segurar
Nehap: proteger	Lah: proteger
Neheh: óleo	Héhem: rícino
Nehem: broto de palmeira (?)	
Nehur: parecer-se	Niru: parecer-se
Nexi: proteger, pedir socorro, proteção	Lagsi: correr em socorro de alguém
Nes: saciar a sede	Nân: saciar a sede
Nesai: doença	Say: epilepsia
Nasqu: corte, divisão de um discurso, parágrafo	Naslu: atitude de reflexão; dispender esforço para juntar as ideias, para lembrar; espera da inspiração; interrupção do pensamento claro
Nestut: adaga ou facão	Sâtu: canivete
Nes: parte saliente de uma casa	Nég: compartimento
Nesen: fenômeno celeste acompanhado de chuva em consequência do ferimento do olho de Hórus	Mesey: chuvisco
Neqef: tirar, roubar	Kef: roubar, tomar violentamente em voo, como uma ave predadora Nakef: que ele roube
Neqen: combater	Noh: (vulg.) "quebrar a cara de..."
Neka: touro, boi	Nak: touro (boi)
Nnti: homem, sujeito	Nit: homem Ba-ntu: os homens (em banto)
Natriheb: festa da noite do 25 Xoiax (mês do calendário egípcio)	Hév: evento feliz em geral, festa
Ntesh: aspergir	Tis: esguichar
Ntef: cuspir Tiffi: cuspir; daí a deusa egípcia Tefnut, que foi cuspida por Rá	Téf: ação de cuspir
Net: cumprimentar	Nuyu: cumprimentar
Nith: dente	Nédi: dente (tuculor) Beñ: dente (uolofe)
Netu: tecer, trançar	Letu: mandar trançar os cabelos
Netem tu: passo	Témp: andar compassado, gracioso, dar passos distintos
Netem netem: prazer sensual	Niramtal: carícia
Neter: bater em, abater, bater	Ter: estender uma vítima para degolá-la, abatê-la, espancá-la, matá-la de pancada, surrá-la violentamente
Netet: submissão (?)	Not: submeter
Ro: réptil	Ram: rastejar
Ro: boca, fala, discurso, rei, céu	Rog: deus do céu, que faz a chuva e cuja voz é o trovão (entre os sereres não islamizados), comparável ao deus egípcio Rá
Roï: primeiro profeta de Amon sob Seti II; terra mineral utilizada como tinta	Roï: imitar
Ronua: vizinhança, proximidade	Ronu: situado abaixo de
Rut: tornar verde, florescente, viçoso, restaurar	Rûd: preparar um campo para semear de novo, restaurar um campo

271

Rebu: Líbia	*Rebu*: território de caça
	Rebu: população sereoide da Península de Cabo Verde
Rep: florir, crescer	*Garap ou Ga-rap*: árvore
Erpa: que goza de supremacia (no Templo) (estela do Louvre); daí, intendente	*Epa*: ultrapassar, superar
Repat: *status* (?)	*Repa*: cujo prazo de vida está expirando, que fatalmente deve morrer
Ropeku: localidade mitológica e provável designação da entrada do túmulo	*Rob*: ação de enterrar um morto
Trem tremu: fazer chorar	*Yerem yeremu*: ter pena, dar pena
Ren: nome	*Rèn*: raiz
Ran: pessoa, ninguém (?)	*An*: pessoa, ninguém (?) (diola)
Ran, rani: animal de chifres	*Dân, dane*: diz-se de um animal que dá chifradas
	Dan: chifre (serere)
	Be-dan: chifre (uolofe)
Renp: crescer, rejuvenescer, renovar-se, daí: ano	*Rénn*: este ano
Ren rennu: ser jovem	*Dudu renn*: expressão hiperbólica que significa: nascido este ano, ser muito jovem
Renent: moça	
Ranen: deusa da colheita	
Rer: circular, ir para, volta, circuito, circunferência, cortesã	*Rèr*: circular sem referência de orientação, estar perdido, não saber se orientar
	Ver: circular
Reru: ingredientes, remédios, comprimidos	*Rèn*: raízes de plantas medicinais, remédio frequentemente administrado sob forma de beberagem: as raízes são postas de molho
	Rénu: ação de seguir esse tratamento
Rer: embalar uma criança	*Rél, rélo*: fazer rir
Rer: cama	*Lal*: cama
Rer: tempo, época	*Rer*: jantar (refeição)
Reri: meio-dia	*Reri*: ir jantar
	Legi: imediatamente
Rehen: tesouraria	*Yahan*: economizar
	Néhnéh: pedaço, coisa, lugar agradável
Rehreh: -	*Reh rehlé*: fazer alusões transparentes
Rex: lavar	*Rag*: lavar
Rex: imolar	*Ray*: imolar, matar
	Rek: golpe atordoador
Rex: gravar	*Red*: gravar, traçar linhas
Reqa, requi: cessar, fazer cessar	*Réka*: exatamente, não mais
Rekim (*sekhim*): deus (representado por um homenzinho barbudo)	*Sikim*: barba
Rek: tempo, época; determinativo: cutelo da balança	*Réka*: exatamente, não mais
Ret: perna, amarrar, garrotear, vínculo	*Reta*: escapar, fugir, escapar de quem queria atacar ou privar de liberdade de alguma maneira
	Ret: partir (serere)

Res: alegria	Rè: rir, o riso
Lek, leg: tempo, época	Leg leg: de tempos em tempos Legi: imediatamente
Lat: base, pedestal, escada	Lati: tapume; lance de parede, por assim dizer
Hai: ir de um lugar para outro	Hey: partir de manhã cedo para ir a algum lugar (viagem ou acampamento)
Haa: preceito, ordem, instrução	Hadi: ordem, instrução, mandamento
Ha: cair Hai: chão em declive	Hav: levar um tombo
Hames: curvar-se, inclinar-se em sinal de respeito	Hamadi: mal-educado, desrespeitoso, sobretudo para com pessoas idosas ou que merecem deferência
Han, hin: medida de 0,4875kg – havia medidas de 40hin	Andar: cerca de 1kg de cereais Mata: 40andar
Han: caixa óssea, crânio	Hang: crânio sem cabelos Hâñ; ferimento do crânio
Han: impedir, obstaculizar	Hâñ: privar alguém de algo, obstaculizar, impedir
Han: vizinho, familiar, amigo	Harit: amigo
Hannu: exclamar; determinativo: um homem dançando	Kaññu: jactar-se exibindo-se com ritmo e dança imediatamente antes de encontrar o adversário numa luta ou batalha
Hanhan: ter acesso, aquiescer	Hana: neste caso, com sentido de aquiescência
Har: descansar, sossegado, estar satisfeito com	Hâr: esperar pacientemente
Hari: desgraça; determinativo: um homem armado	Hare: guerra Haru: suicidar-se
Harer: planta	Arer: amendoim (serere desde 1840) Aren: amendoim (uolofe)
Hart: espécie de faixa ou tecido	Har: aplica-se às roupas ou aos tecidos, de modo geral, que estão velhos
Hah: derrubar, omitir	Hah: rachar; aplica-se em especial a um galho de árvore que racha e cai sob efeito de uma força qualquer
Has: opróbrio, escândalo	Has: repreensão injuriosa, injúria escandalosa, reprimenda feita com escândalo
Hah: fogo, queimar	Hal: brasa
Has has: fogo, queimar	Tak tak: chama
Hata: furar, perfurar	Heta: perfurar de um jeito qualquer; rasgar o que separa dois orifícios, como acontece frequentemente quando duas meninas brigam, arrancando reciprocamente seus brincos; cabe lembrar que um costume que tende a desaparecer consiste em fazer não apenas um furo no lobo da orelha, mas vários em seu contorno, que depois são preenchidos com pequenas argolas de ferro, de alumínio, de cobre, de bronze, de prata ou de ouro, conforme a riqueza da família
Hat hath: apavorar, ser terrível, temer, recear, estar assustado; em sentido específico, designa a exploração da pedra	Hat: gesto largo destinado a assustar primeiro aquele em que se vai bater; daí, por extensão, aplica-se a tudo em que se bate violentamente; compreende-se que a palavra também possa significar, em egípcio, exploração da pedra

Hath hath, hath: repelir	*Hadi*: expulsar
Ha, hau: expressa aumento, crescimento, mais; além disso, peso da balança	*Hav*: aproximadamente; partícula que expressa a ideia de uma quantidade que quase se alcançou; compreende-se que em egípcio, além disso, designa um peso da balança
Ha: saquear	*Yah*: saquear, estragar
Hai: irradiar, dardejar luz; determinativo: o sol com seus raios	*Hey*: levantar-se com o sol, ou um pouco antes, para "fazer render" o dia (trabalho no campo; caminhada, viagem etc.) *Hay*: luz súbita, dardejar luz
Hauu: estar nu	*Haviku*: aplica-se sobretudo às mulheres; desnudar-se bruscamente em público para escandalizar ou para lançar maldição (no caso de uma mãe) sobre um filho que se comporta mal
Hat: momento, minuto	*Hat*: já
Hat: leito fúnebre	*Hat*: capim que serve para fazer tapetes, camas e, particularmente, camas fúnebres
Hati: armar um alçapão	*Hati*: pombo
Hata: chorar	*Hattà*: amargo; no sentido moral pode aplicar-se às lágrimas para reforçar a ideia da dor ou da desgraça que faz chorar
Hataui: chuva	*Tav*: chuva *Hatatati*: barulho do aguaceiro
Hati, hat: estender, abrir as asas	*Hati*: o abrir das asas *Gadi*: alguma coisa elástica, retesar um arco
Ha: parar, estar, ficar em pé, ficar pronto, comparecer	*Tahav*: parar, estar presente, comparecer, ficar em pé *Gap*: duração da vida, prazo de expiração da vida
Hai, ha: barco de transporte	*Hay*: melhor madeira para piroga *Gal*: barco de transporte, piroga, baú (Cayor e Baol)
Hat: retesado, proa	*Hat*: estreito *Gat*: recusa categórica (*gat* é uma palavra de extrema violência); o traseiro: designação igualmente insolente; assim, as injúrias na língua uolofe seriam expressas por palavras que, originalmente, tinham sentido comum
Hat: epíteto dos bois que estão em engorda	*Get*: redil, local em que se reúne o rebanho de bovinos ou outros *Gatta*: ovelhas em geral
Hat: coração, intenção	*Hol*: coração *Halat*: pensamento
Ha: e mais	*Ag*: e mais
Haa: criança	*Halé*: criança
Ha: resistir, resistência *Hai*: espécie de felino	*Had*: cão; aqueles que têm má conduta
Hain, hai: dar gritos de alegria	*Hay, hayân*: gritos de alegria (serere) *Hâtu*: dar gritos de guerra *Huyu, yuhu*: dar gritos

274

Hau: tempo, época	*Hav*: algo que quase aconteceu
Hau: cair sobre..., aquele que caiu	*Hav*: cair, fracassar
Han: ter acesso *Hana*: oh, perdão!	*Hana*: 1º sentido, partícula que significa logo, ou seja; 2º sentido: vocativo em certas frases, ex.: *Hna nga bâlma*, "(ou seja), você me desculpa!" significa exatamente: "Oh, perdão!"
Har: ato de violência indeterminado	*Har*: fender, quebrar *Hargat*: "quebrar a cara"
Har: vaso/jarro *Har*: bacia	*Har*: grande utensílio de cozinha feito de madeira
Hatahata: apressar-se	*Hatarhatar*: pressa ruidosa *Hatarhatari* ou *katarkatari*: apressar-se
Hank: réptil	*Hank*: careca, sem pelo
Hi: destruir, ferir, ofender	*Hisé*: criar sub-repticiamente para alguém todas as dificuldades de que se é capaz
Hul: quadrúpede selvagem	*Boy*: chacal
Hut: ter medo, temor	*Hutumba*: vadio, covarde
Hab: enxada, arado	*Hap*: ação de plantar um instrumento cortante numa matéria mole, particularmente um instrumento de lavoura na terra úmida
Habent: medida de líquido	*Hab*: grande pote quebrado
Habhab: percorrer o país caçando, caçar	*Habbab*: mover-se ostensiva e ruidosamente quando se está bem-vestido, ir de um lado para outro
Hamham: invocação, clamor religioso	*Hamham*: ciência
Hu: lamentar-se	*Hul*: resmungar *Hultu*: lamentar-se, queixar-se
Hua: anão grotesco	*Huge*: corcunda *Hugé*: corcunda (adj.)
Huua: cheiro infecto, apodrecer, estragar	*Hasav*: cheiro infecto *Yahu*: ir mal, estragar-se
Hulel: flor de cedro	*Hurel, huren*: grande árvore frutífera do Senegal
Hutet: designação de Ísis; determinativo: o escorpião	*Dit*: escorpião
Huta: revestir com metal, incrustar	*Hob*: revestir com metal, incrustar
Heb: vitória, festa *Hebai*: rir de alguém, caçoar	*Heb*: desprezar, daí: desprezar, minimizar, rebaixar alguém ou algo; neste último caso, trata-se de uma quantidade que se julga infinitamente inferior ao que se esperava; compreende-se assim que *hebai* possa designar as unhas num papiro, em sinal de quantidade negligenciável; estaria bem de acordo com o espírito da expressão uolofe *day ne ve* = igual como quantidade a uma unha, com valor pejorativo, de desprezo
Habu: no 15º nomo do Baixo Egito	*Ngabu*: aldeia do Baol
Hebi: armário	*Yebu*: um recipiente *Yeb*: arrumar *Yebi*: retirar, tirar, desmontar, desfazer um mecanismo
Hebu: terreno irrigado	*Hemb*: saturar de umidade

Hebeb: água que ondula intensamente, inundação	*Hebheb*: ondular intensamente
	Hembaliku, hemhembi: avalanche de água
Hefhef: aguçar o ouvido, espiar	*Hef*: piscar o olho
Hemem: rejeitar	*Hemen*: desejar ardentemente
Hem: ver, olhar	*Hol*: olhar
	Gem: fechar os olhos
Hma, hmami, hmaui: sal	*Horam, shomat*: sal
Hmak: goma vermelho-escura	*Homak*: ferrugem
Hna: com, e, também	*Hana*: nesse caso
Hun, hunnu: moço, moça	*Gone*: criança (sara)
Hennu: mexer-se, mover	*Yengu*: mexer-se, mover
Hen: rejeitar	*Gen* : sair
Hen, hennu: carregar	*Yennu*: carregar na cabeça
	Yen: carregar alguém com um fardo, ajudá-lo a levá-lo à cabeça; determinativo da palavra egípcia: um fardo, que se lê *hen* = *yen* = fardo em uolofe
Henni: lança	*Hed*: lança
Henen: falo	*Gen*: falo, rabo
Hennu: falo	*Gennu*: situado no rabo
Guns: estreito, desfiladeiro; determinativo: um pássaro	*Ngunu*: galinheiro
Henksti: mulher de cabelos trançados	*Hige*: virgem
	Denha: mocinha; à sua idade corresponde um penteado especial, ou seja, tranças; a virgem, quando ainda não merece esse nome, ou seja, antes da menstruação, pode raspar uma parte variável dos cabelos, deixando um ou vários tufos, trançados ou não: frontais (*dub*) ou occipitais (*pah*), conforme o totem
Henkek: estar alegre	*Veraktek*: estar alegre a ponto de perder o sono; insônia resultante de uma sensação difusa de felicidade que invade o ser
Hentasu: lagarto	*Sendah*: lagarto
Henti: jarra, copo, vaso	*Hent*: filtrar (água potável colocada numa moringa ou num pote em geral)
Henti, hennuiti: lavrar a terra	*Hunti*: fazer sulcos
Her: face, rosto	*Herkanam*: face, rosto
Pem heref: ir em frente	*Heraf*: entrar; daí o arcaísmo *haraf-sil!*
m Heref: ir em frente	*Haraf-sil*: entre!; ir ao encontro de alguém que geralmente está em local abrigado
Her, heri: chefe, superior	*Her*: pilar; ser o pilar do exército, da sociedade, da família etc.
Hert: imagem	*Ker*: sombra
Her: corpo, imagem, estátua	*Ker*: sombra
	Yarem: corpo
Her: dia, meio do dia	*Her*: inundar de luz, ser exagerado
Horpset: o Planeta Júpiter	*Hor*: estrela em serere, peúle, tuculor, ao passo que *Hor*: concha em uolofe; *Hor* também significa pagar um talismã, em uolofe; este verbo é absolutamente impróprio quando se trata de pagar um objeto profano, por isso deve-se pensar ao mesmo tempo no pagamento em concha e no deus egípcio *Hor*
Hotet: Marte	
Horpet: Saturno	
Hor: dez	

Her: precipitar-se sobre	*Her*: ser exagerado *Hû*: impelir uma fera a se precipitar sobre alguém
Her, heri: forno, fornalha	*Her* ou *ger*: fornalha, ativação do fogo para acelerar o cozimento
Heri: leme, esqueleto, parte de um barco	*Her*: pilar, sustentáculo esquelético de uma construção
Herheru: extensão, expansão de alegria	*Harharu* ou *hahar*: quando a recém-casada chega à casa conjugal, um costume (que tende a desaparecer) para as mulheres de castas consiste em organizar uma dança no pátio da casa conjugal, em aproveitar essa dança acompanhada de palavras ritmadas para revelar ao marido todos os defeitos da esposa, exagerá-los, inventá-los, maculando assim desmedidamente a recém-casada; tudo isso é feito, obviamente, com toda a leveza e alegria; ninguém o leva a sério, pelo menos em princípio; mas a esposa caluniada é, de certo modo, moralmente obrigada a se comportar de tal modo que essas palavras se afirmem como pura calúnia; ou seja, ela é obrigada a ter uma conduta modelar e evitar que se possa dizer que os defeitos a ela atribuídos levianamente, durante a dança, apareçam como realmente existentes. O *hahar* é, portanto, uma artimanha para obrigar a mulher a se comportar corretamente na casa conjugal
Hert: parque	*Get*: parque, gado, pátio
Heh: procurar, pesquisar	*Déh*: procurar na areia
Heh: numeroso, muito	*Déh*: terminado, acabado *Du dèh*: infinito, superabundância
Nneh: espécie de licor importado pelo exército egípcio	*Neh*: agradável
Hes, hesi: cantar, tocar um instrumento	*Hasida*: poemas cantados (do árabe, *hsaid*); aqui é importante assinalar um fato tão curioso quanto importante: muitas vezes o empréstimo de palavras se faz de forma cíclica; o árabe emprestou do egípcio, que é uma língua negra, durante toda a época islâmica; na época pós-islâmica, é o conjunto das línguas negras faladas nos territórios islamizados que sofre a influência do árabe exclusivamente no domínio do vocabulário, tanto que eu saiba; portanto, assiste-se com frequência ao encerramento do ciclo, ou seja, o árabe devolve às línguas negras palavras que emprestara à sua língua-mãe: o egípcio
Hes: fulminar com o olhar	*Gis*: ver
Hes: repelir com o olhar	*Huli*: olhar feroz, arregalar os olhos para amedrontar alguém
Hesb, Hesbu: estimar, pensar, meditar, calcular, cálculo	*Hasabu*: medir em côvados
Hesab: medida agrária	*Hasab, Hasap*: côvado
Hespi: ramo	*Banhas*: ramo

277

Hesmen: menstruação	*Gismen*: poderia ser traduzido em uolofe por ver a substância matriarcal, mas diz-se: *gis bah*: vê o que é costumeiro; lembrar que já encontramos as duas palavras, *gis* e *bah*
Hessau: líquido empregado em medicina	*Hessav* ou *hassav*: cheiro forte, ruim
Hekau, hek, heka: pronunciar fórmulas mágicas	*Heram*: ciência secreta, magia
Heken, hekennu: dirigir louvores	*Kañ*: louvar *Kañu*: louvar-se
Heken: hino	*Kañ*: hino
Heken: óleo de unção	*Heñ*: que cheira bem
Hat: casa	*Hat*: herbácea especial que serve para fabricar as cercas da casa real
Heti: lança, dardo	*Hed*: lança, dardo
Heti: pulmão	*Heter*: pulmão
Hotep: bondade, amor, conciliação, oferenda	*Tip*: punhado de alimento, óbolo
Amenhotep: amado por Amon	*Sopé-pamma*: o favorito, o amigo, o bem-amado de Amma, sendo Amma o deus dos bambaras
Hotep: recipiente	*Ndap*: recipiente originalmente de madeira
Hétem: aniquilar	*Kitim*: avançar em alguém
Heter: gêmeo, gêmea	*Ter*: membros
Hetel: hiena	*Hade*: que se comporta como um cão, cão
Heti: estender-se, alongar-se, estar esticado, diz-se da irradiação do disco solar; o disco solar assim concebido é alado	*Het*: esticar, alongar
Het': gládio	*Hat*: fazer o gesto de atacar
Het': cebola	*Het*: cheiro
Het': ave pernalta de pescoço comprido	*Hod*: garça
Het': apequenar, diminuir	*Had*: dividir em dois, diminuir *Heb*: minimizar
Heta: impureza, sujeira	*Het*: mau cheiro
Hetét: nome do "destruidor", escorpião	*Hade*: comportar-se como um cão *Dit*: escorpião
Kha: colégio dos hierogramatas	*Hat ña*: os de outrora, os respeitáveis; aplica-se a um ser vivo, seja por ser velho, seja por ter muita experiência
Sar du Kha: título usado na 12ª dinastia	*Sar*: nome próprio serere, parece ser apenas uma variação de *Sah*, que designa, tanto nessa língua como em egípcio, o Conselho dos Anciãos
Kha ou *Xa*: pôr alguma coisa de lado; jogar, como em jogar pedras	*Hadi*: pôr alguma coisa de lado, separar *Halab*: jogar violentamente

Note-se que, quanto à letra X, na maioria dos casos em que a correspondência com o uolofe é quase certa, X (egípcio) = G (uolofe). Será resultado de uma transcrição errada ou de uma evolução fonética?

278

Xa: mil, numerosas desgraças	*Kar*: acrescenta-se depois da apreciação exagerada de um objeto ou das qualidades de uma pessoa a fim de que o objeto ou as qualidades assim apreciadas não se deteriorem em consequência do poder maléfico da fala ou da "língua"
Xa: pano de cabeça	*Kâla*: turbante
Xai: ferida, ferimento	*Ak*: enrijecimento da pele que se cura
	Gañ: ferir
Xan(ro): paralisar, aniquilar, mudo	*Gañ*: machucar alguém; o significado de mudo evidenciaria a raiz *xan*: machucar na palavra egípcia; de fato (*ro*): boca em egípcio; na palavra *xan(ro)*, que significa mudo, a ideia de doença está contida em *xan*, que corresponde à palavra uolofe *gâñ*
Xanta: pedaço de terra, terreno	*Genta*: terreno, lugar abandonado
Xants: aspergir	*Tis*: esguichar
Xax, xixi: estender, alongar, de passos rápidos; determinativo: dois pés em movimento	*Gâdi*: dar passos largos apressados
	Gag: puxar, no sentido de um movimento de abertura
Xas: correr, apressar-se	*Gas*: cavar
	Gasu: dar passos largos que deixam marcas fundas no chão
Xat, xati: consumido pela tristeza	*Gat*: esgotar a água de um recipiente ou de um poço até a última gota; magreza cadavérica devido a doença, subnutrição ou tristeza
Xabu, xab: foice	*Gâb*: segurar na mão
	Gubu: foice
	Gub: ceifar
	Gabu: que pode ser segurado com a mão
Xak ab: inimigo, ímpio	*Gak*: mancha
Xet: flanco	*Vet*: flanco, costa
Xa: sujar, violentar uma mulher	*Kat*: ir para a cama com uma mulher
Xat: raspar, tosar	*Vat*: raspar, tosar
Xapa: umbigo	*Kapa*: lábio da matriz
Xapa: comer	*Hapati*: morder em
	Gapati: costumeiro nas cidades
	Gampa: morder em
Xam, xamu: cair	*Dân*: fazer cair, vencer
	Danu: ser derrubado, sofrer a ação
Xar: estar furioso; determinativo: uma fera – rápida, ágil; portanto, o determinativo tem valor vocálico	*Gar*: rugir
Xi: tal	*Ki*: este
Xi (t): telhado, teto, proteção	*Kirai*: abrigo, proteção
	Kid: abrigo, proteção (serere)
	Yir: abrigar
Xiunaaa: beberagem	-
Xus: matar, imolar	-

Xeb: abelha	*Yemb*: abelha
	Heb: colmeia
Xeba: derrubar, domar, vencer	*Kep*: pinçar; por extensão: torturar
Xeb: lugar de tortura, de imolação	*Gèb*: segurar
Xebu: suplício	*Xepu*: que é pinçado, pinças
Xeb: cavar a terra	*Gap*: cavar a terra
Xebenti: falsidade, mentira, improbidade	*Dubenti*: restabelecer, reeducar
Sep: cuspir sangue, evacuar	*Serati*: evacuar a saliva por ejeção
Xep: coxa	*Kep*: pinçar entre as coxas ou outra coisa
Xep ou *sep*: cuspir, evacuar	*Hep*: molhado
Xepnen: peixe	*Den*: peixe
Xepers: capacete de guerra	*Kopoti*: pequeno gorro branco de sábio, que se encaixa exatamente no cume do crânio
Xopès: coxa	*Pink*: coxa
Xen: bacia, cisterna	*Kan*: buraco
	Tèn: poço
Xennu: parar, descansar, estadia excelente	*Yendu*: passar o dia em algum lugar a título de descanso ou de festejo
	Kenda: pausa para passar o dia
Xinro: dispersar, tirar, fazer desaparecer	*Giro*: apoderarem-se vários de uma coisa
Xens: feder, fedor	*Heñ*: cheirar
Xenti: nariz	*Het*: cheiro
	Bakan: nariz
Xent: imagem, estátua	*Gent*: sonhar
Na: os, as (artigo)	*Na*: o (serere)
Xenti: a extremidade, o fim	*Gen*: o rabo, a extremidade, o fim
Xentes: estar encantado, alegrar-se	*Genta*: sonhar, felicidade excessiva; por extensão: no qual se acreditaria estar num sonho
Xer: ora, assim, então, portanto, pois, certamente	*Ngir*: pois
Xer: entornar; touro destinado aos sacrifícios; determinativo: boi	*Ter*: derrubar um animal para degolá-lo
Xer: ganso engordado para os sacrifícios; determinativo: ave	*Gertugal* (?): galinha engordada, raça de galinha geralmente fácil de engordar
Xert: vítima, imolação, sacrifício	*Heret*: interrupção brusca da vida
Xer: o que encanta, agrada	*Hir*: orientação do desejo por um objeto
Xer: sepultura hipogeia, casa	*Ker*: casa
Xer: tomar-se por uma voz forte e até gritos	*Ser*: gritar, grito
Xéru: determinativo: um homem com a mão à boca	*Seru*: pôr-se a gritar alto, gritar
Xerau: combater, guerrear, batalha, guerreiro	*Haré*: combate, batalha; combater, guerrear, exército
Xerp: oferecer, homenagear, fazer uma coisa com pressa	*Hep*: despejar, prodigalizar algo para alguém
	Ger: estender bens como chamariz para alguém
Xef: olhar	*Hef*: piscar o olho
Xefa: captar, fazer capturas	*Kef*: apoderar-se violentamente
Xem: destruir, derrubar	*Dem*: quebrar
Xem: não saber; o que é desconhecido, o santuário, Deus	*Gem*: acreditar
	Hamadi: não saber

Xemi: ignorante	*Hamadi*: que ignora; por extensão: impolido
Xemi: pelicano	*Gemen*: ave grande
Xemt: desejo	*Hemem*: desejar
	Gent: sonho
Xena: conjunto das edificações e dos terrenos dependentes da residência privada do rei	*Gen*: o lugar para o qual as pessoas se retiram para fazer suas necessidades
Xennu: procurar um lugar de descanso	*Gennu*: lugar para o qual as pessoas se retiram
Xen: interior, centro; aposento central, interior	*Genn*: sair
Xen, xennu: entrar, penetrar	*Gennu*: o lugar por onde se sai
Xenxem: designação do Alto Egito, Tebaida (entre o Baixo Egito e a Núbia)	*Gengen*: que é melhor
Xen: indica uma quantidade a ser suprimida; sinal de "menos"	*Géné*: sair de, subtrair
Xenp: tirar, eliminar	-
Xnem: parte do corpo; determinativo: rosto	*Kanem*: rosto, sexo feminino, diante
Xex: goela	*Gag*: goela, papeira
Xext: torneio; determinativo: dois homens armados lutando	*Heh*: brigar, batalha, conflito; designa sobretudo o combate singular ou a guerra em geral
Xes: croquete	*Ketu*: croquete
	Gosen: croquete
Xus-xus: construir	*Kus kus*: ocupar-se com dificuldade em realizar alguma coisa
Xesteb: lua iluminando debilmente, brilho fosco	*Hes*: ser de tez clara
Xet: madeira	*Het*: aplainar
Xet: metátese para *Tex* *Tex*: peso regulador do fio de prumo e da balança	*Tek*: faz parte da grande quantidade de verbos que tendem a desempenhar mais o papel de advérbios; significa ausência de movimento ou, mais exatamente, sua cessação completa, sobretudo quando se trata de movimento de balanço
Xet: escultor	*Yat*: esculpir, talhar
	Het: raspar, aplainar
Xet: moita	*Ger*: moita
	Got: mata, floresta
Xet: coisas da ciência	*Het*: coisa, espécie
Xet: odre	*Tah*: odre
	Gut: moringa
Xetb: dançar; determinativo: um homem se agitando	*Keteb ketebi*: saltitar
Xetem: selo	*Hatim*: figura complicada
Xet xet: ir de um lado para outro	*Hat hat*: ação de andar energicamente, ir de um lado para outro
Se: filha, menina	*Set*: neto
Sa: o solo	*Suf*: o solo, a terra
Sa: tecido	*Sanga*: cobrir
	Ser: tecido

Sa: deus que simboliza o saber	Sa: instruir, ensinar alguém a ler, a aprender um alfabeto ou um texto
Sa: o túmulo, o inferno	Sa: o dia do juízo final
Sa: estar saciado	Sûr: estar saciado
Uth: moringa	Gut: moringa
Xamen: narina	Kan: buraco
Xes: fraco, sem força, adornar	Gîs: cadavérico
	Yîr: abrigado, cobrir
Xau: coroa, diadema	Kav: em cima
	Gav: amarrar a cabeça com uma faixa
Xa: arma Xaï: instrumento de guerra e de viagem, equipamento	Ganaï: arma
Xai: ornamentar, ornamento	Takaï: ornamento
Xai: local, lugar Xai: instrumento de guerra e de viagem, utensílio, equipamento	Kaï: acrescentado a um nome ou verbo dá o nome do lugar em que a ação expressa pelo verbo deve acontecer; por extensão dá também o nome de instrumento
	Xaï: serve para formar o nome de instrumento por sufixação ao radical verbal
Sau: guardar, observar uma coisa; pastor	Sav: fixar solidamente na terra, a corda que serve para amarrar um animal para que ele possa pastar sem ser perdido de vista
Sau: pastor	Sam: pastor
Sau: sujeira	Sav: urina, considerada sujeira
Sabi: chacal	Hambi: hiena enorme
	Sab: grito de animal
Sam: prestar-se a alguma coisa	Sam: vigiar alguma coisa
San: ser derrubado	Dan: derrubar, ser derrubado
	Danu safan: inverter o sentido
San: lança, apressar-se (flecha lançada)	San: objeto lançado
Sai: cair desfalecido	Say: crise de epilepsia
Sab: ornamentar, ornamento	Sad: ornamentar, ornamento de uma trança
Sar: empurrar, fazer andar	Sar: ultrapassar o alvo por causa de um grande impulso voluntário ou sob uma pressão exterior
Sah, sahu: espécie de colar	Tah: colar
Sah: nobre, país, aldeia	Sah sah: país, aldeia, conselho dos anciãos da aldeia
Sahu: ancião, os velhos Sah sah: conselho dos anciãos	Saho: (serere) nome próprio africano
Su: o dia	Suba: de manhã, amanhã
Su: pedaço de carne	Suh: pedaço de carne nutritivo, músculo
Sua: dirigir-se para	So: deitar-se (sol), avançar em
Sui: escuridão; determinativo: a abóbada celeste com uma estrela	So: deitar-se (sol)
Suu: distrito	Sovu: o poente
Suet': tornar verde, viçoso, fazer verdejar	Suhat: regar uma planta, um jardim
Sunnu: banhar-se, banho	Sangu: banhar-se

Suha: encanto, encantar, fascinar, adorar	Sevha: langor devido a um amor muito forte; fascinado pelo amor de uma pessoa a ponto de ficar fora de si
Suk: bebê	Suk: ajoelhar-se
Suka: estar cansado; determinativo: pessoa de joelhos	-
Sutal: inseto xilófago	Sotet: gafanhoto
Seba: estrela	Suba: a manhã
Seb: flauta, tocar flauta	Sab: canto de ave
Seb: desgraça, má situação	Sib: abominar
Sep: colheita, alimentação, alimento	Seb: feijão
Sbhu: gritar, implorar por socorro	Yuhu: gritar
	Sabu: vangloriar-se em voz alta
(S) bex: pegar com rede, laçar o inimigo	Bet: atacar, pegar desprevenido
Sebeq: olho	Bet: olho
Suhak: fecundar, fertilizar	Suhat: regar
Sep: matar, refugo, escória	Sib: abominar
Sper: costa	Fâr: costa
Speh: diz-se da vítima (animal) que se leva para o matadouro	Fès: despedaçar
Spes: matar	-
Spet: beira, margem	Pet: beira
Sept: espécie de gênero alimentício, cereal	Seb: feijão
Sefi: dissolver	Sif: umedecer, diluir uma massa de farinha cozida com um líquido doce
Sefa: umedecer	
Sfent: detestar	Sof: detestável, insípido
Sam: semelhança, similitude	Sâmandây: semelhante a, similar
Sam, samu: elogiar, elogio	Dam; ndam: fazer um elogio; elogio
	Damu: elogiar-se; vangloriar-se
(S) am: mandar pegar, capturar	Am: ter, possuir
Sam: vítima	Sâm: dividir a carne de um animal em porções destinadas à venda ou à distribuição gratuita, quando o animal é sacrificado
Samma: alimentar	Samma: cuidar de... como um pastor; aplica-se a animais ou a crianças a serem educadas
Smennu: forma, estátua, à maneira de, como	Melo: forma, aspecto, natureza
(S) mer: doente, enfermo, dor, fazer-se de moribundo	Mer: zangar-se
Semtu: escutar, espiar	Sentu: olhar, espiar, ver se alguém está chegando
Samtot: as pessoas consagradas ao serviço a um deus	Sam: cuidar de
	Samtot: consagrar-se ao serviço a deus Thot (uolofe)
Sen: o outro, o segundo	Senem: o outro, o segundo, para os nomes regidos pelo artigo (s)
Sen, sent: irmão, irmã, aliado	Sen: desfavorecido, em oposição a Hedd: íntimo
Sen sen: ser dois, duplo, casal, unir-se, associar-se	Sey: casar-se

Sen: eles, deles, lhes, os que	*Sen*: deles, lhes
San: relha de arado, ferro de lança	*Sân*: lançar, objeto de arremesso
Sen: pedra	*Sân*: pedra, pedregulho, objeto de arremesso
(S) en: retirar, transportar	*Yan*: ajudar alguém a carregar *Yannu*: carregar na cabeça
(S) ennu, senta: prosternar-se	*Senta*: agradecer
Senhi: escolher	*Sehi*: escolher, isolar uma porção por um ato de escolha
Senk: escuridão, noite	*Sank*: fazer desaparecer
Sent: pesquisar	*Set*: procurar, pesquisar
Senti: fundar, formar, fundação, base, criar	*Sent*: fundar, formar, fundação, criar
Ser: perverso	*Sar*: injúria grosseira
Sarmam: nome da inundação	*Sar-mamm*: deslocamento total das fronteiras que limitam um lugar qualquer; de *Sar*: ir para além (com ideia de violência *Mamm*: acelerar *Sarmamm*: ir para além, aceleradamente
Sart: muralha, sabedoria, ciência	*Sart*: condições-limite
Sarti: juntar espigas	*Sâtu*: recolher as últimas espigas, respigar; de *sat*: neto (?) *Sart*: foice
Suha: maldizer, fazer imprecações	*Sâga*: maldizer, fazer imprecações, injuriar
Seherer: fazer feliz	*Râl*: fazer rir, tornar sorridente, luminoso
Arq: terminar uma construção	*Aq*: parada *Ag*: terminado, acabado
Shen: devolver, rejeitar	*Sen*: desfavorecido
Sehk: moer, peneirar, depurar	*Seg*: filtrar
Shet: transmitir, legar	*Het*: linhagem familiar; inclui os que devem herdar; espécie
Sxen: parte do corpo de uma vítima	*Heñ*: parte das entranhas de uma vítima
(S) xen, (s) xennu: apoio, sustentáculo, pilar	*Kennu*: apoio, sustentáculo, pilar
Sxenen: fazer uma brecha *Sxennu*: retirar-se, voltar	*Genna*: retirar-se, sair
Sxer: no sentido próprio, projeto, desenho, mapa	*Ker*: sombra
Sxex: equilíbrio	*Kep*: justo, diz-se de uma medida exata
Sxex: medida de comprimento	-
Sext: campo	*Seg*: cemitério
Sexetxet: duplicação de	*Sek*: bocado, boca
Sex: surdo	*Seg*: bancar o surdo
Ses: dia	*Bes*: dia
Ses: de seis em seis dias	*Ayu bes*: semana
Sexet: pegar na armadilha	*Saket*: cercado por um tapume
Ses: cavalo	*Fas*: cavalo; (*si* em sara)
Sesennu: fazer sofrer, punir, destruir	*Son*: fadiga *Sonn*: cansaço, sofrer
Sesun, sesen: voltar-se para	*Sén*: perceber
Seser: lavar roupa	*Ser*: roupa
Hersesta: senhor dos mistérios	*Herem*: magia *Herem(kat)*: mago

284

Sek: forma de	Sék: se
Ask: ora, também	Ak: e
Sek: conduzir, guiar, fazer mover	Sektel: mover alguém à força, forçá-lo a andar à sua frente
Seken: tapar	Sek: tapar
Seka: surdo	-
Set: tecido	Ser: tecido, tanga
	Sor: faixa de tecido
Setai: embrulhar, enrolar	Lekai: vestir-se com uma tanga enrolando-a e amarrando-a em torno do pescoço
Set: sacerdote	Set: sacerdote, praticante de ciência divinatória; do verbo set: procurar Set: sacerdote, praticante de ciência divinatória; do verbo set: procurar
Stau: transtornos	Tov: algazarra, transtorno
Sati: lançar flechas	Sani: lançar qualquer coisa
Sati: arqueiro, ladrões	Sani(kat): lançador
Sati: a Ásia, os asiáticos, sinônimo de ladrão	Sati: os ladrões
Stuha: separar, desunir, desarrumar	Tohu: mudar-se
	Tohal: fazer mudar de lugar
Stef: ativo	Def: ato, ação
Stek: fazer aproximar, levar; aquele que leva os soberanos a seu lugar	Tek: colocar, fazer alguém ocupar um lugar
Sten, stenteni: tensão, extensão, direção	Dend: retesar, tensão, estender
	Dendu: tender para, tensão
Stef: edificar, erigir	Def: criar uma coisa por ação própria
Ster: planta	Tar: galho
Setai: divertir-se, brincar	Setân: assistir a um espetáculo divertido
Setahu: uma parte da perna, tornozelo	Vahh: tornozelo
Sétam: proteger, cobrir (?)	Setan: observar, contemplar, olhar sem tocar
Saa: criar, construir	Sak: criar
Suu: o solo árido, seco	Suf: o solo, a terra
Sabeb: garganta, goela	Bât: pescoço
Sabsab: pepino ou melancia (?)	Sâbsâb: planta cujas folhas são comestíveis
Subtai: planta oficinal	Sôb: nome de árvore
Sap: luz, hora, tempo	Sa: instante
	Sab: canto de galo indicando o amanhecer
Sapen: doença da urina	Sav: urina
Sapo: decorar, ornar, tornar belo	Sadd: ornar
Safa: invadir	Sif: invadir o bem de alguém e apropriar-se dele à força
Safi: atacar um país	
Sam: ligado ao culto	Sam: cuidar de
Setto: citas	Feddo: pagão, sem moral
Snau: inimigos	Non: inimigos
Seni: familiar do rei, cortesão	Sen: cortesão
Sennu: volta, cercania	Sennu: explorar as cercanias com o olhar
Senta: visitar, controlar	Sentu, senta: espinhoso
Sent: espinhoso	Senga: espinhoso

285

Sert: faixas	Sor: faixas
	Ser: tanga, roupa
Set: caixão, sarcófago	Seg: cemitério
Setbu, setb: esmagar, triturar	Debb: pilar, esmagar, triturar
Xtet: separar, cortar, tirar	Sodet: pegar, tirar agilmente
Set: beberagem, hidromel	Set: beber num só gole (em geral só se aplica para um líquido agradável)
Set: copo	Sétu: utensílio para beber
Sethu: vinho	
Setu: odre	
Seti: cisterna	
Sa: período da inundação, primeira estação do ano	Sâ: instante, noção de tempo
Sai: matar	Sây: morrer (rei)
Sasa: ignomínia, celerado, abjeto	Sâysây: bandido, ignóbil
Sa, saa: começar, doravante	Sâ: instante inicial, final ou supremo etc.; note-se que nas duas línguas sâ está sempre ligado à noção de tempo
Sas: construir	Sas: atribuir uma tarefa
	Sos: criar
Ka: a pessoa, substância, grande, alto, comprido, altura, padrão, grandeza	Kav: alto, em cima
Ka: bastão para atingir as aves em voo	
Kaka: altura, elevação, colina, construção elevada	Kav kav: lugar alto, habitante desse lugar
Kau: povo do Alto Nilo	Kav: designa o interior do país (Senegal), embora seja plano, e o sentido dessa aparente contradição cuja origem até hoje desconhecemos não escapa aos uolofes, que, aliás, frequentemente a destacam
Kah: quebrar	Har: rachar
Kahau: parece designar, num texto, grilhetas destinadas a segurar prisioneiros de guerra	Tahau: deter-se
	Tahaval: deter, plantar
Kar: cocheiro, boleeiro	Var: montar
	Gavar: cavaleiro
Karer: barco de carga pesada	Gal: barco
Kah: ângulo, canto	Ruh: ângulo, canto
	Goh: bairro
Kahu: margem de um papiro	Kagu: biblioteca
Kiariu: perfume	Tûrây: incenso
Kirs: incenso	
Kut: estrebaria	Vud: estrebaria
Keb: braço	Geb: empunhar, segurar na mão
Keb: ângulo	Hebla: pontos cardeais, direção
Kebuhu: gaiola, rede, armadilha	Kepetal: pegar pássaros com rede, com alçapão
Kebeb: fonte	Bel: fonte
Kebh: subir, elevar-se	Yeg: subir, elevar-se
Kebs: amarrar, acorrentar, entravar	Geb: apanhar, segurar na mão, manter à sua mercê; determinativo da palavra egípcia: mão segurando

Kef: força, potência	*Def*: fazer
Kefen: construir	*Def*: ação
	Defar: arranjar, fabricar
Keft: raptar, arrebatar	*Kef*: raptar, arrebatar com violência
Kem: espaço de tempo no espaço de um instante	*Kem(tlay)*: no espaço de um instante
	Yem: igual a
Kem: planta nutritiva	*Kami*: planta nutritiva
Kemi: planta nutritiva	
Kemnini: planta nutritiva	*Kamina*: planta nutritiva
Kemkem: decrescer, definhar, ruína	*Gîm*: apagar-se
Ken: derrotar, vencer, submeter, força, vitória; daí: *Ken*	*Gen*: superar alguém em, ser superior a
Ken: soldado de elite	*Gen*: ser melhor, superior
Kenau: lugar a que o rei se recolhia para descansar, seio	*Genav*: costas, traseiro, lugar reservado
Kenau: árvore frutífera	*Nev*: árvore frutífera do lugar
Kenb: canto, ângulo	*Koñ*: canto, ângulo
Kennu: ato de violência, fustigação, castigo	*Nennu*: manter alguém à sua mercê depois de uma série de atos de violência
Kens: parece ser o nome de uma parte de um leito carregado por um criado	*Kennu*: pilar, estaca, coluna
Kenken: espancar, bater, maltratar	*Kankan*: golpe, ruído de um determinado ritmo
	Kan: golpe imprevisto e forte
Ker: morada do deus	*Ker*: morada, casa
Kal: barca	*Gal*: barca
Kera: nuvem de tempestade	*Ker*: sombra
Kera: escudo	*Kiray*: objeto de proteção
Kari: portador	*Keri, eri, endi*: levar
Keru: levar, carregar	
Kerer: forno, fornalha, copo para leite	*Kadir*: panela
Kerker: ir para	*Kerker*: empenhar-se em
Kahebhet': planta aromática	*Het*: cheiro, aroma
Kehkeh: envelhecer	*Kehkeh*: riso senil ou juvenil
Ketket: fremir	*Katkat*: tremer, fremir
Ka: parte do rosto do homem	*Kanam*: rosto
Kaua: padrão	*Kav*: em cima, sobre
Kep: tempestade	*Hep*: diz-se do que está supersaturado de água
Kep: inundação	
Kent: memória, lembrança	*Gent*: sonho
Kerh: noite	*Ker*: sombra
Kas: raspar os cabelos em sinal de luto	*Hus*: arrancar-se os cabelos ou os pelos
Te: ficar	*Tog*: ficar
Tai: culpado	*Tay*: culpado
Tai: cozer	*Tay*: marca a segunda fase do cozimento do cuscuz
Tah: habitantes do pântano	*Tah*: estar sujo de lama ou de uma imundície qualquer; por extensão designa os que não conseguem prolongar os "r"
Tah: escória	
Tahua: a escória, o rebotalho dos homens	
Tahu: mergulhar na lama	

287

Tata: lutar	*Tata:* fortificação de guerra
Tur: lavar, purificar, ablução	*Tur:* despejar, despejar água, libação (aplica-se à lavagem, às abluções etc.)
Tut: engendrar, procriar	D*ur*: engendrar, procriar
Teb: cabra	*Teb*: saltar
	Tef: cabrito
Teben: topo	D*egen*: alto, topo
Teb: tambor	*Teg*: tamborilar
Teben: tamborilar	
Tebteb: erguer	*Teb*: saltar
Tef: umedecer, regar, cuspir	*Tef*: cuspir
Tefnt: espuma, líquido, umidade	*Tifli*: cuspir, cuspidela
Tefnut: deusa que foi cuspida	
Temem: ser completo, perfeito, perfeição	*Hemem*: desejar ardentemente
Tem: fechado, ser insensível	*Temma*: imóvel
Tem: aquele que é repelido	*Tem*: tachar alguém de feiticeiro devorador de homens e por conseguinte excluí-lo da comunidade
Tena: ser grande, velho	*Teda*: ser respeitável
Ter: quem?, o quê?	*Ti? bum ti*: o qual (uolofe)
	Té? um té: o qual (serere)
Tera: adorar	*Teral*: cercar de respeito
Tera: acalmar, tranquilizar	*Tèr*: deter-se
Teha: infringir, violar	*Teha*: entravar
Teha: entravar o avanço, atrapalhar	*Teha*: entravar o avanço, atrapalhar
Tex: peso	*Teg*: carregar, colocar
Tegen: pisar em	D*egi*: passar por cima de
	Tegi: contornar
Texni: desviar	*Tegi*: contornar
Tes: separar, romper, rachar, efração, discórdia	*Tas*: separar, dispersar, discórdia
Tes: fronteira, término, final	*Tès*: conclusão, fim
Teser: vergonha, confuso	*Teseh*: vergonha, confuso, grande humilhação
Test: apreender	*Tas*: apreendido agilmente
Testes: designação da forma inerte de Osíris	*Tas tas*: dispersão
Teka: clarear, iluminar, centelha	*Taka*: brilhar, chamejar
Teq: imolar	*Tek*: imóvel
Teken: aproximar, aproximar-se	D*egen*: aproximar, aproximar-se
Teker: perfeito, absoluto	D*ek*: em boa ordem, perfeito
Tekeku: inimigo; determinativo: um homem com as mãos para trás amarradas	*Tekeku*: desligado, ação de romper suas amarras, quer se trate de um prisioneiro, de um escravo ou de um animal
Tet: nutrir, aleitar	*Tété*: fazer o bebê dar os primeiros passos; educar, guiar, conduzir
Talel: forno	*Tâl*: lareira

288

Tab: peso padrão de um boi	*Teb*: acasalamento – o acasalamento serve como referência na estimativa do valor comercial dos animais; daí os dois termos: *Tengà*: ainda não acasalado *Tebu*: já acasalado (de *teb*: saltar)
Tuti: sapato (?)	*Tuti*: pequeno
Tut'a: ave	*Pita*: ave *Tût*: pintinho
Tebu: cântaro *Tebu*: medida	*Tibu*: recipiente médio que serve para trasvasar e para medir
Teben: argola (?)	*Taban*: lobo da orelha
Tebh: arsenal	*Tabah*: construção
Teftef: do verbo *tef*: cuspir	*Tiftif*: cuspir
Ter: tecido fino	*Ser*: tecido, pano
Tar: salgueiro	*Tar*: galho
Terf: dançar; determinativo: um homem andando com uma perna dobrada	*Teref*: cometer um deslize
Trem: fazer chorar	*Yerem*: ter pena de *Yeramtal*: fazer alguém chorar lastimando-o cinicamente
Teheh: alegrar-se	*Nehneh*: prazer *Tehteh*: riso alegre
Tes: beira, borda	*Tefes*: margem
Tes: nó	*Pes*: gravata *Paspas*: nó
Testes: nó	*Pespes*: nó
Tesem: plataforma, parapeito ou molhe destinado a marcar a borda de um rio ou lago	*Tefes*: margem
Taa: traje largo	*Yaa*: largo
Taar: bater, atacar, ser atacado moralmente	*Yar*: vara; daí: educação *Tar*: bater com um galho o número de vezes indicado pela lei
Ti: sentido enfraquecido de: ser, existir	*Ti*: em
Tuerta: pôr no mundo, dar à luz	*Dur*: pôr no mundo, dar à luz
Teb: fechar	*Ted*: fechar
Teb: munir, fornecer, equipar, adornar	*Yeb*: equipar, ornamentar, particularmente sua filha quando vai para a casa conjugal
Teb: espetar, perfurar; daí: animal de chifre	*Tep*: espetar *Dam*: ferir *Damdam*: ferimento
Tebteb, teb: galho, ramo	*Debi*: rebrotar, propósito dos ramos que foram cortados
Tebi, teben: as têmporas ou o lado da cabeça *Teben*: tranças	*Dub*: trança de uma menina; na minoridade, as meninas usam uma trança frontal que cai sobre a têmpora esquerda
Tebh: fechar	*Ted*: fechar *Tâbi*: chave
Tebh: trigo *Tep*: pão	*Tèb*: arroz
Tep: nome de cidade e localidade mitológica	*Tep*: nome de cidade do Baol

T*epi*: navegante	T*ubolo*: pescador
T*epi*: hipopótamo	*Tebi*: grande réptil intermediário entre a serpente e a boa; espécie de serpente
T*em*: cortar, trinchar	*Dem*: quebrar
T*emtem*: gládio	D*amdam*: ferimento
T*en*: parcela de terra, campo	T*er*: parte, porção
T*ena*: parte, porção, dividir	
T*ena*: medida de capacidade, cesto	*Setala*: recipiente de ferro
T*ena*: dique, ponte	*Sala*: ponte (arcaísmo)
T*enem*: réptil temível; determinativo: uma serpente	*Tené*: fera
T*enmen*: sujo, lixo	*Tilim*: sujo, sujeira
T*enh*: asa; determinativo: asa cortada na articulação; tem-se então: T*enh*, *tenhu*: ligar, apertar, amarrar	*Tenho*: articulação
T*ens, ten*: pesado	*Yeum*: fardo
T*er*: bater, abater	*Yar*: vara; daí: educação Tor: abater
T*erp*: fazer uma oferenda	T*er*: parte que pode ser destinada ao morto
T*erp*: alimento, oferenda	T*ere*: cuscuz
T*ehen*: fronte	De: fronte
Thani: louvar	*Kan*: louvar
T*ihu*: doação de alimento	*Doh*: dar, entregar a *Tanh*: doação de semente
T*hu*: espécie de grão ou de fruto difícil de determinar; empregado nas preparações medicinais	T*oh*: seu, som (?)
T*eher*: pele	*Der*: pele
T*eherert*: planta aquática	D*ahar*: planta aquática, nenúfar
T*ehet*: chumbo	*Beteh*: chumbo
T*es*: cortar, trinchar, gládio	*Tis*: cortar, trinchar violentamente D*ási*: sabre, gládio
T*eser*: sangue	*Deret*: sangue
T*eser*: bezerro vermelho	*Tiset*: malhado
T*eka, teku*: olhar, ver	D*aka*: olhar fixamente
T*ikas*: andar, passo	*Dego*: passo
T*ot*: mão, ponta dos dedos	*Dot*: alcançar com a mão; em geral exprime-se assim o limite da própria envergadura física dizendo "mal consigo alcançá-lo com as pontas dos dedos" (sobre um objeto distante) Dot *nâ ko*: alcancei-o (subentendido, com a ponta dos dedos)
T*at*: estável, estabilidade, firmar	D*âd*: implantar solidamente
T*et*: estábulo, cercado para gado	*Get*: estábulo, cercado para gado
T'*ar*: galho, ramo	*Tar*: galho, ramo
T'*et*: caldeira	*Tin*: caldeira
T'*étin*: pique	*Semin*: machado
T'*ethu*: encerrar, aprisionar	*Tedu*: encerrar-se *Ted*: encerrar
T'*a*: retesar	*Talal*: retesar

T'aau: estender, extensão	*Tavi*: estender, esticar uma matéria elástica
Tama: ter sede	*Mar*: ter sede
T'anana: infortúnio, sofrimento	*Talala*: corrente
T'ar: guia, explorador	*Dâr*: passar por
T'arui: salgas, conservas	*Târoy*: aldeia costeira que vive de salgas e produtos do mar (Península de Cabo Verde)
T'aasu: discurso, provérbio	*Tâsu*: improvisar falas ritmadas, muitas vezes sob forma de provérbios, dançando ao mesmo tempo
T'at: espécie de grou	*Nât*: galinha-d'angola
T'at: arma cortante	*Tat*: extremidade de uma arma pontiaguda, extremidade
Tatu: poltrona, trono	*Sâtu*: canivete *Tâdu*: diz-se de um objeto bem-assentado, bem-colocado
T'at': alaúde (?); retenhamos apenas a ideia de um instrumento musical	*Tât*: guizo fixado a uma haste de ferro (lembrando castanholas), empregado para fazer soar um pequeno disco metálico com uma alça presa ao centro (*pak*), que é segurada com a outra mão; só os homens usam esses instrumentos
Tat'ut: frente ou fachada de construção, obra avançada	*Tat*: extremidade *Pud*: pequena obra em tronco formando cone que termina na cobertura de uma choupana; topo
T'ab: passar (?); determinativo: par de pernas	*Teb*: saltar
T'arun: cegueira	*Ndatâr*: que goza de uma visão normal *Tal*: marcha rápida (sobretudo de um cavalo), intermediária entre a marcha normal e o trote
Talhu: verbo de movimento não definido	*Dalahu*: mover-se, deslocamento, movimento abstrato
Takar: área, sala	*Takar*: arranjar um lugar como meio de fortuna, cercando-o por um tapume
T'er: extremidade (?)	*Tat*: extremidade
T'er: desde, a partir de	*Ta*: desde, a partir de
T'er(bah): anteriormente	*Ta (ba anuday) bah*: quando o mundo era o melhor possível; ou seja, no tempo dos antigos, quando a tradição era aplicada Lembrar que *bah*: tradição ancestral, em egípcio e em uolofe; daí a ideia de uma anterioridade, sentido de anteriormente

O parentesco que acaba de ser revelado leva a pensar que o uolofe e o serere derivam do egípcio pela mesma razão, ao passo que o serere, derivado diretamente do egípcio, engendrou o uolofe.

V

Argumentos contra a ideia de um Egito negro

Regressão cultural?

Se foram os negros que criaram a civilização, como explicar sua atual regressão? Esta pergunta não tem sentido, pois seria possível dizer o mesmo dos felás e dos coptas, considerados os descendentes diretos dos egípcios e que hoje se encontram no mesmo estado de regressão – se não mais – dos outros negros. Entretanto, esta observação não nos dispensa de explicar o processo de transformação da civilização técnica e científico-religiosa do Egito no decurso de sua adaptação a novas condições no resto da África.

Em torno do vale-mãe, os estados se desenvolveram muito cedo, sem que fosse possível definir até agora a data de seu surgimento.

Por meio de migrações sucessivas, através do tempo, os negros penetraram lentamente no centro do continente, irradiando em todas as direções, expulsando os pigmeus. Fundaram estados que se desenvolveram e mantiveram relações com o vale-mãe, até que este fosse sufocado pelo estrangeiro. Do sul para o norte, são *Núbia, Egito*; do norte para o sul, *Núbia* e *Zimbábue*; do leste para o oeste, *Núbia, Gana, Ilé-Ifé;* do leste para o sudoeste, *Núbia, Chade, Congo*; do oeste para o leste, *Núbia, Etiópia*.

Na *Etiópia* e na *Núbia* – ou seja, em pleno território negro – encontra-se ainda uma grande quantidade de monumentos de pedra, como obeliscos, templos, pirâmides.

Templos e pirâmides encontram-se exclusivamente no Sudão meroítico – já se insistiu no papel primordial desse país na irradiação da civilização pela África negra, de modo que não há necessidade de voltar ao tema.

Nos espíritos modernos, o termo Etiópia evoca sobretudo Adis-Abeba – devemos insistir no fato de que nessa região nada se encontra além de um obelisco e dois pés de estátuas. A civilização de Axum é mais um vocábulo do que uma realidade atestada por monumentos históricos.

É no Sudão meroítico, em Senaar, que há templos e pirâmides em profusão.

Deturpam-se, assim, os nomes dos lugares, a fim de conferir uma origem mais ou menos oriental e discretamente asiática pelo Bab el-Mandeb à civilização negra egípcio-africana. Na verdade, é preciso reagir contra toda essa terminologia.

Camitas ou *hamitas*, *oriental* e *etíope*, e até *africano*, são, na ciência histórica moderna, eufemismos que permitem falar da civilização negra sudano-egípcia, evitando pronunciar, uma só vez que seja, a palavra "negro" ou "preto".

No *Zimbábue* – que bem poderia ser o prolongamento do território dos etíopes macrobianos de que fala Heródoto – encontram-se ruínas de monumentos e de cidades construídas em pedra, com a representação do falcão, "num raio de 100 a 200 milhas em torno de Vicatoria", escreve D.P. de Pédrals (1950, p. 116). Em outras palavras, essas ruínas estendem-se num diâmetro de aproximadamente 800km, que é quase o da França.

Na região de Gana, Pédrals também fala (1950, p. 61) "da cidade de *Koukia*, que Tarikh es-Sudan (* 1594) dizia já existir no tempo do faraó" e cujos vestígios Desplagnes (1871-1914), que fez escavações na região, julga ter encontrado. O mesmo autor fala também do sítio arqueológico de *Kumbi*, escavado por Bonnel de Mézières (1870-1942), que encontrou túmulos de grandes dimensões, "sarcófagos de xisto, oficinas metalúrgicas, ruínas de torres e de edificações diversas".

Distingue-se nitidamente, ainda, o traçado de uma avenida ladeada de casas, cujas paredes ultrapassam o chão em 1m a 1,50m. As coberturas desmoronaram. Adiante, o terrapleno de uma praça, em que as paredes, neste caso, dão a impressão de ter sustentado andares. Às vezes, as construções são tão bem-conservadas que bastariam poucas coisas para torná-las novamente habitáveis. Os alinhamentos ainda são visíveis, pela presença de pedras talhadas. Em toda a volta, vestígios de uma muralha, aliás de pouca altura, e na parte externa túmulos, por toda parte cacos de cerâmica, pérolas, restos de cobre vermelho. A pouca distância, num altiplano laterítico, vestígios de uma oficina metalúrgica [...].

As outras construções são complicadas. Uma comporta cinco cômodos dispostos a 4m de profundidade, com corredores de comunicação. A alvenaria é perfeita. As paredes têm 30cm de espessura (Pédrals, 1950, p. 62).

Na região do Lago Débo também se encontram pirâmides, batizadas de *tumulus*, como seria de esperar. São os procedimentos habituais para tentar engolir os valores africanos; podem ser contrapostos aos procedimentos inversos, que consistem em tornar um *tumulus* de argila da Mesopotâmia – um *tumulus* verdadeiro – o templo mais perfeito que o espírito humano possa imaginar. Não é preciso dizer que, em geral, essas reconstituições não passam de visões mentais.

Em contrapartida, eis o que diz Pédrals sobre as pirâmides do Sudão:

São massas aglomeradas de argila e de pedras, em forma de pirâmides truncadas, com topo de terracota, vermelho-tijolo, todas construídas em um mesmo ciclo cronológico e com um mesmo objetivo [...]. Alcança de 15m a 18m de altura, com uma base de 200m² [...]. Desplagnes executou a escavação de um desses *tumulus* no sítio de El Ualedji, na confluência do Issa Ber e do Bara Issa. Ele descobriu, na parte central, uma câmara funerária orientada de leste para oeste, tendo 6m de comprimento máximo e 2,50m de largura máxima.

Fileiras de troncos de palmeiras-de-leque formam uma espécie de paliçada de cerca de 3m de espessura, o teto de vigas sobrepostas tem uma abertura que desemboca na parte superior por um poço de 0,80m de diâmetro e cheio de recipientes com ossadas de animais. Na própria câmara, Desplagnes encontrou, sobre um leito de areia em torno de um grande pote, inúmeras louças, dois esqueletos humanos espalhados, joias, armas, lâminas de sabre, facas, pontas de flechas e de azagaias, contas de colares, pérolas, estatuetas de barro representando animais, finalmente estiletes e agulhas de osso. As pérolas eram feitas de uma pasta vítrea azul, revestidas ou de uma decoração ocelada, ou de faixas esbranquiçadas espira-ladas ou ainda de incrustações esmaltadas, lembrando os copos egípcios do médio império (Tell Amarna). As louças denotam uma indústria de cerâmica muito mais avançada do que a dos atuais habitantes da região. O engobo dos recipientes, uma elegante decoração em pontilhados, já não se encontra nos produtos moder-nos. O trabalho em metais era igualmente primoroso, a julgar pelas joias, que são de metal precioso; às vezes em filigrana (Pédrals, 1950, p. 59-60).

É impossível descrever aqui todas as riquezas da civilização de *Ilé-Ifé*; são de tal ordem que Frobenius (1949), de acordo com a regra, buscou inutilmente nelas uma origem branca exterior.

No Vale do Nilo, a civilização nasceu da adaptação do homem àquele meio específico. Segundo o testemunho dos antigos e dos próprios egípcios, ela teve origem na *Núbia*, e de certo modo desceu o curso do Nilo em direção ao mar. Esse fato se confirma essencialmente quando se sabe que os elementos fundamentais da civilização egípcia não são encontrados nem no Baixo Egito, nem na Ásia e nem na Europa, mas na Núbia e no centro da África; particularmente, é lá que se encontram os animais e as plantas que serviram para criar a escrita hieroglífica.

Um fenômeno natural como a cheia periódica do Nilo teve como consequência o desenvolvimento da organização social, provocando trabalhos coletivos como a construção de diques, canais de irrigação.

A geometria, a aritmética – ou seja, a matemática – eram também consequência desse fenômeno, pois era preciso, depois de cada cheia, separar os coabitantes delimitando as propriedades de cada um – de certo modo, redefinir seus limites. Assim nasceu a geometria; isto é, originalmente a medida da terra.

Os egípcios tinham o hábito de medir a altura da cheia por meio de um nilômetro, e daí deduziam a riqueza anual das colheitas por um cálculo matemático.

O calendário e a astronomia também são consequências dessa vida sedentária e agrária.

A adaptação ao meio físico engendrou certas medidas de higiene: mumificação (para evitar as epidemias de peste do Delta), jejuns, regimes alimentares etc., e aos poucos nasceu a medicina.

O desenvolvimento da vida social e das trocas exigiu o surgimento e o uso da escrita.

A vida sedentária engendrou a propriedade privada e toda uma moral (resumida nas perguntas feitas ao morto no Tribunal de Osíris), contraposta à moral guerreira e de pilhagem dos nômades eurasiáticos[59].

---

59. Segue-se a célebre passagem do *Livro dos mortos*, em que o morto presta conta de seus atos terrestres ao tribunal presidido pelo deus Osíris. Será fácil verificar que o judaísmo, o cristianismo e o islã, religiões posteriores, extraíram deste texto o Dogma do Juízo Final: "Não cometi pecado contra os homens [...] nada fiz que os deuses odeiem, não indispus ninguém contra seu superior, não deixei que houvesse fome. Não fiz chorar, não matei. Não ordenei que se matasse. Não causei sofrimentos a ninguém. Não reduzi o alimento nos templos, não desfalquei os pães dos deuses. Não ocultei as oferendas dos mortos bem-aventurados [...]. Não reduzi a medida dos grãos, não encurtei o côvado, não sobrecarreguei o peso da balança nem falseei seu ponteiro. Não tirei o leite da boca da criança. Não subtraí o gado de seu pasto [...]. Não interceptei a água da inundação em sua época. Não levantei dique à água corrente [...]. Não causei dano aos rebanhos dos bens dos templos [...]. Sede louvado, ó Deus [...], vede, venho a Vós sem pecado, sem mal [...]. Cumpri o que satisfaz aos deuses. Dei pão ao faminto, água a quem tinha sede, roupa a quem estava nu, barco a quem não o tinha. Fiz oferendas aos deuses e dons funerários aos mortos bem-aventurados. Salvai-me, protegei-me. Não me acusareis diante do Grande Deus. Sou homem de boca pura, mãos puras, e a quem os que o veem dizem: 'Sê bem-vindo'" (cf. ilustr. 52).

A enxada paleolítica transformou-se em arado, por simples prolongamento do cabo; primeiro era puxado por homens, depois por animais, e só muito mais tarde conheceu todos os outros aprimoramentos, tais como a roda (na Europa da Idade Média).

Quando os negros do Nilo, como resultado do superpovoamento do vale e das alterações sociais, penetram cada vez mais profundamente no interior do continente, encontram condições físicas e geográficas diferentes. Determinada prática, determinado instrumento, determinada técnica, determinada ciência, antes indispensáveis às margens do Nilo, já não são vitalmente essenciais na curva do Níger, nas margens do Chade, nas costas do Atlântico, nas margens do Congo ou do Zambeze.

Compreende-se, então, que certos elementos da civilização negra do Vale do Nilo tenham desaparecido no interior do continente, ao passo que outros – e não menos fundamentais – tenham se mantido até os dias de hoje.

A ausência do papiro em algumas regiões citadas contribuiu para a rarefação da escrita no centro do continente, sem que esta jamais estivesse ausente na África negra, conforme se afirma solenemente. Em Diourbel, capital regional do Círculo do Baol, no Senegal, no bairro de Ndunka, próximo da ferrovia e não longe da estrada de Daru Musti, encontra-se um baobá coberto de hieróglifos, do tronco aos galhos. Tanto que eu me lembre, eram compostos de sinais de mãos, de patas de animais – que já não eram os mesmos que no Egito: patas de dromedário –, de pés e outros sinais de objetos... Teria sido importante coletar essas inscrições e estudá-las. Na época em que as via eu não tinha idade nem formação para me interessar por elas. Seria possível ter ideia da época – antiga ou recente – em que os sinais foram gravados nessas árvores analisando a espessura de sua casca, a natureza dos sinais, dos objetos representados, o deslocamento desses sinais ao longo do tronco e dos galhos conforme o crescimento da casca. Cabe dizer que essas árvores são consideradas sagradas e que raramente se tira sua casca para fazer cordas. Cabe dizer também que elas não são nada raras na região.

Enfim, uma vez que o subsolo da África negra está intacto, por assim dizer, é de esperar que escavações sistemáticas ulteriores nos ofereçam documentos escritos insuspeitáveis, apesar do clima – e das chuvas torrenciais – que não é favorável à conservação dessas peças.

Observe-se que há uma escrita hieroglífica autêntica em Camarões, denominada *ndyouya*, a cujo respeito seria interessante pesquisar, se não é mais antiga do que se diz. Ela é exatamente do mesmo tipo da escrita hieroglífica egípcia.

Enfim, em Serra Leoa, há uma escrita diferente daquela do Bamum (Camarões); é a dos vais, que é silábica, e a dos bassas, que é cursiva, segundo o Dr. Jeffreys. A escrita dos nsibidis é alfabética (Baumann; Westermann, 1948a; 1948b, p. 444).

Pode-se dizer, portanto, que até o século XV a África negra não perdeu sua civilização, conforme prova esta passagem de Frobenius:

> Não é que os pequenos navegadores europeus do fim da Idade Média não tenham feito observações muito notáveis nesse domínio. Quando chegaram à Baía de Guiné e abordaram Vaida, os capitães ficaram bastante admirados ao encontrarem ruas bem-cuidadas ladeadas, ao longo de várias léguas, por duas fileiras de árvores; durante longos dias atravessaram uma região coberta de campos magníficos, habitada por homens com trajes deslumbrantes, cujo tecido fora feito por eles mesmos! Mais ao sul, no reino do Congo, uma multidão buliçosa vestida de "seda" e de "veludo", grandes estados bem--organizados, e isso nos menores detalhes, soberanos poderosos, indústrias opulentas. Civilizados até a medula dos ossos! E exatamente igual era a condição dos territórios da costa oriental, como Moçambique, por exemplo.

> As revelações dos navegantes do século XV ao XVIII oferecem a prova segura de que a África negra, que se estendia ao sul da zona desértica do Saara, ainda estava em pleno desenvolvimento, em todo o brilho de civilizações harmoniosas e bem-formadas. Esse florescimento era destruído pelos conquistadores europeus à medida que avançavam, pois o novo território da América necessitava de escravos e a África os ofere-

cia: centenas, milhares de carregamentos de escravos! Entretanto, o tráfico dos negros nunca foi um negócio tranquilo, exigia justificação; então, fez-se do negro um semianimal, uma mercadoria. E, assim, inventou--se a noção de *feiticeiro* como símbolo de uma religião africana. Marca registrada europeia! Quanto a mim, não vi em parte alguma da África negra os indígenas adorarem fetiches.

A ideia do "negro bárbaro" é invenção europeia que, por tabela, dominou a Europa até o início deste século (Frobenius, 1938, p. 14-15).

Estes textos dos viajantes portugueses do século XV ao XVIII, citados por Frobenius, estão de acordo com os dos autores árabes do século X ao XV. A organização social dos estados negros dos séculos XIV e XV, à qual Frobenius faz alusão, e o fausto que neles reinava então são descritos por um escritor que na época visitou o império do Mali. Trata-se de uma passagem de Ibn Battuta que relata as sessões públicas do rei mandinga Soleiman Mança; o autor visitou o Sudão em 1352-1353, na época da Guerra dos Cem Anos:

Das sessões realizadas pelo Sultão Soleiman Mança, de Mali

Com muita frequência o sultão se mantém sentado numa alcova que se comunica por uma porta com o palácio. Do lado do *michouer* [sala de audiências] essa alcova tem três janelas de madeira revestidas de lâminas de prata, e abaixo, três outras guarnecidas de placas de ouro ou de prata dourada. Essas janelas são ocultas por cortinas, retiradas nos dias de sessão para que se saiba que o sultão deve estar lá. Quando ele se senta, passa-se através das grades de uma das janelas um cordão de seda ao qual é amarrado um lenço com desenho de estilo egípcio, e assim que o povo o avista, fazem-se soar os tambores e as trompas. Então, trezentos escravos negros saem pela porta do palácio, uns levando arcos e outros, dardos e escudos; estes últimos colocam-se à direita e à esquerda do *michouer* e permanecem em pé, ao passo que os portadores de arcos se sentam, depois de se enfileirarem da mesma maneira. Em seguida trazem-se dois cavalos selados e mantidos pelas rédeas, acompanhados de dois carneiros destinados, diziam-me, a afastar o mau-olhado. Quando o sultão está sentado, três escravos saem correndo e chamam seu lugar-tenente Candja-Mouça; em seguida vêm os *ferraris* ou emires e, depois deles, o khatîb (pregador) e os jurisconsultos. Essas pessoas sentam-se antes dos sclahdous (portadores de armas, guarda-costas), à direita e à esquerda da alcova. Dougha, o intérprete, mantém-se em pé à porta que dá para o *michouer*, vestido com ricos trajes de *zerdkana*[60] e outros tecidos. Traz um turbante de pregas, moldado de maneira muito elegante, conforme a moda do país; traz de lado uma espada de bainha de ouro; calça botas, privilégio de que ninguém senão ele desfruta na época; usa esporas e tem na mão dois dardos, um de ouro e outro de prata, guarnecidos com pontas de ferro. Os soldados, os funcionários civis, os pajens, os messufitas e todas as outras pessoas ficam fora do *michouer*, numa rua larga com árvores plantadas. Cada emir tem diante de si seus subordinados portando lâminas, arcos, tambores e trompas feitas de dentes de elefantes. Seus instrumentos musicais são feitos de caniços e cabaças; bate-se neles com varinhas, produzindo-se um som agradável. Cada emir leva uma aljava nas costas e um arco na mão; está a cavalo, e seus subordinados, tanto soldados como cavaleiros, colocam-se diante dele.

No interior do *michouer*, sob as janelas, está postado um homem; e quem deseja falar com o sultão dirige a palavra primeiro a Dougha, que a transmite a esse homem, e este a comunica ao sultão (Ibn Battuta, [s.d.], p. 23-25).

Das sessões do sultão no **michouer**

Há dias em que o sultão realiza suas sessões no *michouer*. Há ali, sob uma árvore, um mastaba ou assento, coberto de seda e erguido sobre três socal-

---

60. Tecido de algodão, de cores vivas; indicativo de riqueza e prestígio [N.T.].

cos; em sua linguagem é chamado de *benbi*. Nesse assento, coloca-se o *mekhad* ou almofada, e acima abre-se o *seheti* ou guarda-sol. Esse guarda-sol é de seda, tem a forma de uma cúpula (*cobba*) e é encimado por um grande pássaro (*taïr*) de ouro, do tamanho de um gavião. O sultão sai, então, por uma porta localizada num dos ângulos do palácio. Leva um arco na mão e uma aljava nas costas; na cabeça, traz um turbante de tecido de ouro, amarrado com fitas de ouro que terminam em pontas (de metal) de mais de um palmo de comprimento, semelhantes a punhais. Geralmente ele veste uma túnica vermelha feita de um tecido de fabricação europeia (*roumya*), que se chama *motenfès*. Diante dele vão cantores que levam nas mãos [objetos] de ouro e de prata; ele caminha a passos lentos, seguido por mais de trezentos escravos pretos, armados, e assim muito tempo se passa; de vez em quando ele se detém. Ao chegar ao *benbi* detém-se para observar a assembleia e, em seguida, sobe lentamente, como faria um pregador em seu púlpito. Assim que se senta, ergue-se o som de tambores, trompas e trombetas. Três escravos saem às pressas para chamar o lugar-tenente e os emires, que entram e se sentam. Em seguida, trazem-se os dois cavalos e os dois carneiros. Dougha assume seu lugar à porta, e o resto do povo mantém-se na rua, sob as árvores. [...] Os negros são, de todos os povos, os mais submetidos a seu soberano; eles juram por seu nome (Ibn Battuta, [s.d.], p. 25-26).

Ibn Battuta nos diz em seguida que Kankan Mouça, predecessor de Soleiman Mança, dera a Es-Sahéli, que construíra para ele uma mesquita em Gao, 40 mil *mithkals*; ou seja, cerca de 180kg de ouro. Esse número nos dá ideia da riqueza do país na época pré-colonialista.

Outra passagem de Ibn Battuta não permite que nada subsista da lenda segundo a qual a insegurança reinava na África negra antes da colonização europeia e que foi esta que levou consigo a paz, a liberdade, a segurança etc.

Do que achei de bom na conduta dos negros

> Os atos de injustiça são raros entre eles; de todos os povos, é o menos inclinado a cometê-los, e o sultão (rei negro) nunca perdoa a quem quer que os execute[61]. Em toda a extensão do país reina uma segurança completa; lá se pode permanecer ou viajar sem temer roubo ou pilhagem. Eles não confiscam os bens dos homens brancos que morrem em seu território; mesmo que o valor seja imenso, não o tocam; ao contrário, incumbem da herança curadores selecionados entre os homens brancos e ela permanece em suas mãos até que os herdeiros por direito venham reclamá-la (Ibn Battuta, [s.d.], p. 36).

> Ao decidir visitar esta última cidade (Mali) contratei apenas um messufita para me servir como guia, pois aqui nada obriga a que se viaje em caravana, de tão seguras que são as estradas (Ibn Battuta, [s.d.], p. 14).

Qual era na época o comportamento possível dos negros para com os brancos ou as raças consideradas como tais? É Battuta, mais uma vez, que informa ao descrever a recepção da caravana que o levou a Walata, onde Farba Hosein representava então o rei do Mali:

> Nossos mercadores mantiveram-se de pé em sua presença, e ele dirigiu-lhes a palavra através de um terceiro, embora se encontrassem muito perto dele. Foi a marca da pouca consideração que tinha por eles, e isso me contrariou tanto, que lamentei amargamente ter ido a um país cujos habitantes se revelam tão pouco polidos e mostram tanto menosprezo pelos homens brancos (Ibn Battuta, [s.d.], p. 10).

Delafosse, que julga o império do Mali um dos mais consideráveis que existiram no universo, escreve a esse respeito:

> Entretanto, Gao recobrara sua independência entre a morte do congo Mouça (Kankan Mouça) e o advento

---

61. Este testemunho de Ibn Battuta confirma o que nos informaram os antigos (Heródoto, Diodoro...) sobre as virtudes dos etíopes.

302

de Soleiman Mança, e cerca de um século depois o Império Mandinga começaria a declinar sob os golpes de Songoï, conservando poder e prestígio suficientes para que seu soberano tratasse de igual para igual com o rei de Portugal, então no apogeu de sua glória (Delafosse, 1922, p. 62).

Como se vê, portanto, os imperadores da África negra, longe de serem reizinhos, tratavam em pé de igualdade seus contemporâneos mais poderosos do Ocidente. É possível até, com base nos documentos que temos, avançar mais e insistir no fato de que os impérios neossudaneses precederam em muitos séculos a existência de impérios comparáveis na Europa. O império de Gana será criado o mais tardar por volta do ano 300 d.C. e perdurará até 1240; ora, sabe-se que Carlos Magno, criador do primeiro império do Ocidente, depois das invasões bárbaras, foi coroado em 800.

A magnificência de Gana já era, em todos os aspectos, semelhante ou superior à do império do Mali. Assim eram, portanto, os estados da África no momento em que entrariam em contato com o Ocidente dos tempos modernos.

Cabe fazer aqui uma observação de extrema importância. Nessa época, em que na Idade Média ocidental só se encontravam monarcas absolutos, na África negra as monarquias já eram constitucionais: o rei era assistido por um Conselho do Povo, cujos membros eram escolhidos entre as diferentes categorias sociais. Esse tipo de organização política, descrito adiante, era vigente em Gana, Mali, Gao, Yatenga, Cayor etc. Ele não podia ser um começo, mas o resultado de uma longa evolução, cujo início só podemos identificar reportando-nos à Núbia e ao Egito; é o único meio de restabelecer a continuidade dessa sequência.

Por qualquer ângulo que se aborde a história da África volta-se a cair no Sudão meroítico e no Egito.

Quando se fez pela segunda vez o contato entre a Europa e a África negra, pelo Oceano Atlântico, a superioridade da Europa era constituída sobretudo pela navegação de longo curso e pelas armas de fogo que ela possuía graças à continuidade do progresso técnico no Mediterrâneo Setentrional. Elas lhe permitiam dominar o continente e deturpar a personalidade do negro. E ainda é assim. Foi isso que acarretou toda a alteração posterior da história relativa à origem da civilização egípcia.

Além da unidade política, a unidade cultural já se afirmava no interior dos diferentes impérios. Determinadas línguas, que se tornaram oficiais por serem faladas pelo imperador, serviam como línguas administrativas e começavam a dominar as outras, que tendiam a se transformar em dialetos regionais, como o bretão, o basco, o occitano... Na França se tornaram dialetos locais, por um processo análogo.

Com referência às palavras contidas na narrativa de Ibn Battuta (cf. acima), tem-se a impressão de que uma língua muito próxima do uolofe, no caso o saracolê, era falada em toda a região sudanesa na época em que o autor fez sua viagem e até mesmo nas épocas anteriores do tempo de Gana. Quando encontramos os termos *Farba*, *Kill* = calabaça, *Gherti* = amendoim, *Ki Magan* designando o rei, *Ben-Bi*, em que se tem a impressão de encontrar as leis fonéticas do uolofe estabelecidas na segunda parte desta obra: *Bent-Bi* = o bastão, diante de tantos fatos tendemos a crer que o uolofe atual, embora não seja a mesma língua que era falada, é uma variante dela.

Sendo assim, a expressão *Tundi-Daro*, analisada a seguir (p. 337s.) e que designa até uma cidade de Gana, já não constituiria um fato surpreendente. Assim, o berço do uolofe teria se deslocado para o leste, a menos que essa língua tenha tido uma extensão mais ampla do que eu teria imaginado.

A colonização, ao destruir, entre outros, esses laços de cultura, trouxe os dialetos à tona e favoreceu o desenvolvimento do mosaico linguístico. Resultados análogos teriam sido observados na França depois de alguns séculos de ocupação alemã, que teria favorecido o desenvolvimento dos dialetos acima, em detrimento do francês, já estabelecido como língua nacional.

Vê-se, portanto, que houve uma verdadeira regressão na África negra, sobretudo em nível do povo, mas ela se deve à colonização. Pode-se imputar a esta, com certeza, a regressão de determinadas tribos que foram gradualmente abastardadas e empurradas para a floresta. Seria duplamente falso, portanto, invocar hoje o estado dessas populações, tornadas primitivas, de certo modo, para alegar que a África negra nunca teve civilização, nunca teve passado, que o negro tem uma mentalidade primitiva, não cartesiana, refratária à civilização etc. etc.

Por si só essa regressão pode explicar que, num Estado relativamente primitivo, essas populações ainda mantenham intacta uma tradição que revela um estado de organização social e uma concepção do mundo que já não correspondem a seu nível atual de cultura.

Pode-se, com efeito, citar um fato análogo na Europa: é a regressão das populações brancas que vivem nos vales isolados pelas neves da Suíça, como o Vale de Lötschental. Essas populações, hoje são selvagens, no sentido bosquímano ou hotentote da palavra: fabricam máscaras, com esgares e atormentadas, que revelam um temor cósmico, que só se iguala ao dos esquimós. O Museu de Genebra possui uma bela coleção dessas máscaras (ilustr. 49). Em contrapartida, cabe observar que a serenidade da arte negra reflete a clemência do meio físico, mas revela também uma domesticação, pelo menos espiritual, das forças do universo. Estas, em lugar de serem fenômenos inexplicáveis que apavoram a imaginação, já estavam integradas num sistema geral de explicação do mundo que, levando em conta a época, equivalia a uma filosofia. O negro dominara a natureza, parcialmente pela técnica e inteiramente pelo espírito; portanto, ela já não o amedrontava. Sua arte devia fatalmente refletir sua calma interior. Assim, a arte expressionista negra (Dan da Costa do Marfim, no Congo; cf. ilustr. 50) não será atormentada, mas aparecerá como uma espécie de jogo plástico.

Problemas suscitados pelos cabelos lisos e pelos traços denominados regulares

Cabe-nos dizer que nem uns nem outros são apanágio de uma raça branca. Atualmente há duas raças negras bem-definidas: uma de pele preta e cabelos crespos, outra de pele também preta, com frequência até excepcionalmente preta, cabelos lisos, nariz aquilino, lábios finos, pômulos em ângulo agudo. Temos um protótipo dessa raça na Índia; são os dravidianos. Sabemos também que certos núbios pertenciam ao mesmo tipo negro, conforme indica esta frase do autor árabe Edrissi: "Os núbios são os mais belos entre os negros, as mulheres têm lábios finos e cabelos não crespos" (*apud* Pédrals, 1950, p. 7).

Portanto, é incorreto e anticientífico fazer pesquisas antropológicas, chegar a um tipo dravidiano e, por esse meio, concluir pela ausência do tipo negro, como faz o Dr. Massoulard ao reportar os trabalhos de Miss Stoessiger sobre os crânios badarianos. A contradição é tanto mais flagrante quanto esses crânios são prognatas: o prognatismo só se encontra entre os negros ou os negroides – denomino negroide todo elemento oriundo do negro:

> Os crânios badarianos diferem muito pouco dos outros crânios pré-dinásticos menos antigos; são apenas um pouco mais prognatas. Depois destes, é aos crânios indianos – dravidianos e vedás – que eles mais se assemelham. Apresentam também algumas afinidades negroides devido a uma mistura de sangue negro, decerto muito antiga (Massoulard, 1949, p. 394).

Apenas por comparações fictícias desse tipo foi possível branquear a raça egípcia que, mesmo na época da pré-história, conforme indica este texto, ainda era negra, ao contrário das alegações, sem fundamento científico, de que os egípcios foram inicialmente brancos, depois "abastardados" – entenda-se: miscigenados por negros.

Tem-se o hábito de invocar os cabelos lisos de algumas múmias bem-selecionadas, aliás as únicas encontradas nos museus, para afirmar que elas representam um protótipo da raça branca, apesar de seu prognatismo. São expostas ostensivamente para tentar provar que os egípcios eram brancos. A própria grossura dos cabelos invocados não permite sustentar a ideia de uma raça branca. Tais cabelos na cabeça de uma múmia só nos aproximam, realmente, do tipo dravidiano, ao passo que o prognatismo e a pele preta dessas múmias – pigmentada e não escurecida por alcatrão ou algum outro produto – excluem qualquer ideia de raça branca. A seleção meticulosa de que foram objeto, e que não é levada em conta quando são mencionadas, elimina delas todo caráter de protótipo. Com efeito, depois de as ter visto, Heródoto diz que os egípcios tinham cabelos crespos; é de perguntar, curiosamente, por que não nos expõem múmias que apresentam tais características. Estas, que deveriam ser as mais numerosas, são as mais difíceis de encontrar atualmente, e, quando temos a sorte de dar com uma delas, pretendem nos fazer acreditar que é um tipo estrangeiro. Estes fatos são de extrema gravidade.

Uma observação provaria a afirmação de Heródoto de que os egípcios tinham cabelos crespos: a da cabeleira artificial que ainda encontramos idêntica na África negra sob forma de *djeré* e de *djmbi*. De fato, seria justo perguntar por que razões uma mulher branca com belos cabelos naturais os disfarçaria sob a cabeleira artificial grosseira da egípcia. Ao contrário, seria de ver nela os cuidados constantes da mulher negra, a quem o problema dos cabelos sempre preocupou.

Seja como for, vemos que não é possível se basear no caráter liso dos cabelos para concluir pela ideia de uma raça branca, pois há cabelos lisos que são tão distantes da cabeleira europeia quanto os cabelos crespos.

Raça negra escravizada?

Determinadas portas tentam difundir a ideia de uma raça negra escravizada que vive desde a mais remota antiguidade junto de uma raça branca e aos poucos transforma as características desta última.

307

O contato dessas duas raças desde a pré-história deve ser registrado como um fato autêntico, sem no entanto nos pronunciarmos sobre a importância desse contato nas diferentes regiões em que ele ocorreu. Mas a análise objetiva dos documentos que possuímos dessas épocas recuadas obriga-nos a derrubar as relações que se pretenderam estabelecer *a priori* entre essas duas raças desde o Elam até o Egito. As escavações de Dieulafoy nos revelam que as primeiras dinastias do Elam eram de raça negra. A série de estatuetas amracianas mostra-nos uma raça branca cativa no Egito, ao lado de uma raça negra circulando livremente na natureza. O mundo branco só se emancipou totalmente do mundo negro que o dominou até ao final da época egeia, que marca a entrada em cena do Mediterrâneo Setentrional.

Tez marrom-avermelhada dos egípcios!

Parece bastante provável que a infiltração, já na pré-história, dessa raça derrotada e escravizada, representada pela série de estatuetas amracianas, tenha contribuído desde cedo para clarear a tez dos egípcios. Ou seja, parece provável que um elemento branco de importância bem menor tenha vindo tardiamente enxertar-se num substrato negro primitivo, em consequência da atração constante exercida pelo vale sobre os pastores arianos e semitas primitivos. Mas o certo é que houve predominância do elemento negro do início ao fim da história egípcia. Nem mesmo a intensa mestiçagem do baixo período conseguirá alterar as características negras da raça egípcia. Essa mestiçagem do negro egípcio e do branco protossemita ou ariano seguiu um desenvolvimento em leque no decorrer da história egípcia em consequência das correntes comerciais. Isso se reflete, durante a época egeia, na história do rapto de Io pelos fenícios. Realmente, os fenícios, povo negroide, e de certo modo primos dos egípcios, serviram-lhes de embarcadiços durante todo esse período. Entre outros, praticaram o comércio de mulheres brancas entre o Egito civilizado e a Europa então bárbara. Io, raptada na Grécia e vendida ao faraó do Egito, que pagou caro por ela por causa da raridade de sua tez branca, não é mais do que o símbolo desse comércio, cuja importância é extremamente difícil negar ou minimizar.

Assim se explicaria a tez chamada de marrom-avermelhada dos egípcios, ao passo que eles continuam tendo lábios grossos – e até revirados –, "boca um pouco rasgada" (como diz Maspéro), "nariz carnudo", segundo o mesmo autor.

Como se vê, os egípcios nunca deixaram de ser negros. A tez especial que se tenta lhes atribuir é encontrada em milhões de negros de todos os cantos da África atual.

Citam-se de bom grado as pinturas dos mastabas, distinguindo-se nelas os *nahasi* dos *rametu*; isto é, os negros dos pretensos egípcios. Isso equivaleria a distinguir num afresco os uolofes dos bambaras, dos mossis e dos tuculores e tomar estes últimos por brancos ou por uma raça distinta da raça negra representada pelos uolofes. Para um africano, esta observação dá a ideia exata do valor das distinções que habitualmente se fazem a partir de pinturas egípcias. Além do mais, seria preciso datá-las com certeza. De resto, essas pinturas eram bastante conhecidas antes de Champollion, com as nuanças de cores dos indivíduos representados. Nem por isso deixava-se de afirmar que se tratava de uma raça negra, porque, até então, o Egito era reconhecido como sendo sempre um país de negros. E a própria arte egípcia era considerada uma arte negra.

A mudança de opinião só ocorreu quando se constatou com perplexidade que o Egito era a mãe de toda a civilização. Pareceu então que se enxergava melhor, pois chegou-se a distinguir nesses afrescos em que se reconhecia unanimemente uma representação de negros, nuanças de uma "raça branca de pele vermelha", de uma "raça branca de pele vermelho-escura", de uma "raça branca de pele preta". Mas nunca se identificou neles, como egípcios, uma raça branca de pele branca. O argumento da tez marrom-avermelhada, portanto, apenas confirma a origem negra da raça egípcia.

Inscrição da estela de Philae

Costuma-se tomar como base essa inscrição que, depois dos transtornos da 12ª dinastia, marcava a fronteira do Sudão meroítico e do Egito para concluir que se tratava de separação de duas raças distintas; que essa estela proibia os negros de entrarem no Egito.

Tal conclusão é um grave erro, pois o termo "negro" nunca foi empregado pelos egípcios para distinguir deles os sudaneses meroíticos. Egípcios e sudaneses meroíticos pertenciam à mesma raça. Assim, distinguiam-se reciprocamente por nomes de tribos e de regiões, e nunca por epítetos relativos à cor, como ocorre quando se trata do contato entre uma raça negra e uma raça branca.

Hoje, se a civilização moderna desaparecesse por um cataclismo atômico, deixando intactas bibliotecas, ao abrirem qualquer livro de literatura os sobreviventes perceberiam imediatamente que os habitantes situados ao sul do Saara são designados pelo epíteto "negros" e o termo África negra seria uma indicação preciosa para a determinação do *habitat* da raça negra. Não se encontra nada semelhante nos textos egípcios. Cada vez que os egípcios empregam o epíteto "negro", *khem*, é para designar a si mesmos, para designar seu país, o país dos negros, *khemit*, e não a terra preta, conforme postula a imaginação erudita.

Nenhum dos textos que abundam na literatura moderna e que mencionam ostensivamente o termo "negros", como se nunca tivesse sido empregado pelos egípcios para se distinguirem dos negros, é autêntico. Cada vez que nos falam deste ou daquele fato reportado pelos egípcios sobre os negros, trata-se de mentira. É o termo *nahasi* (cf. acima), que se traduz por "negros" por força das circunstâncias. É curioso ver que, da mesma lavra, a palavra *cuchita* torna-se incompatível com a ideia de "negros", uma vez que designa os primeiros habitantes que civilizaram a Arábia, antes de Maomé; o país de Canaã, antes dos judeus (Fenícia); a Mesopotâmia, antes dos assírios (época caldeia); o Elam, a Índia, antes dos arianos. É uma das muitas contradições que denunciam o medo que os especialistas têm de revelar os fatos com o mínimo de bom-senso. Só é possível compreendê-los conferindo-lhes o seguinte raciocínio: dada a ideia que tenho do negro (por educação), mesmo que os documentos provem objetivamente que a civilização é criada por esses ditos negros (cuchitas, cananeus, egípcios etc.), isso só pode ser um erro, e procurando bem, com certeza deve-se chegar a encontrar o contrário. Portanto, o método seguro, indispensável para chegar à verdade contida nesses documentos, para além das aparências, é a interpretação dos termos cuchita, cananeu etc., querendo dizer "negros"; segundo esses documentos, não podem significar isso. Digamos, por conseguinte, que se trata de uma raça qualquer, exceto da raça negra; ou então de uma raça negra que não é preta: a raça marrom etc.

Deturpação análoga ocorre quando são citados os autores antigos, tal como Heródoto, Diodoro, os primeiros viajantes cartagineses etc. As obras que os citam levam-nos a crer que esses autores distinguiam os egípcios de um lado e os negros de outro. É o caso de Delafosse, que está longe de ser o único:

> Uma passagem da *Histoire* de Heródoto é, a esse respeito, muito elucidativa. Em seu livro II (§ 29-30) o autor grego nos fixou quase nos limites setentrionais alcançados em seu tempo, no Vale do Nilo, pelos negros, que ele chama de "etíopes"; esses limites eram bastante próximos dos que eles alcançam atualmente. Já se encontram negros, ele diz, "acima de Elefantina" – ou seja, a montante da primeira catarata –, uns sedentários e outros nômades, vivendo lado a lado com os egípcios (Delafosse, 1922, p. 20-21).

Ao nos reportarmos a Heródoto, damo-nos conta da deturpação contida neste texto de Delafosse, no qual dá a entender que, segundo Heródoto, negros e egípcios eram duas noções distintas, oponíveis uma à outra.

O livro II de Heródoto citado por Delafosse nos diz que os egípcios tinham pele preta e cabelos crespos (II, 104). Percebe-se aqui o procedimento pelo qual se chegou a afirmar que os autores antigos disseram o contrário do que escreveram, nos raros casos em que seu testemunho constrangedor não é pura e simplesmente omitido; às vezes são injuriados ou, numa tentativa de disfarçar grosseiramente a ira, põem-se em dúvida seus testemunhos. Acredita-se que seja possível, assim, lançar o descrédito sobre eles. Essas situações truncadas, deturpadas, são de extrema gravidade na medida em que dão ao ilícito a ilusão de autenticidade.

Segundo os próprios documentos egípcios, já em 4000 a.C. o Sudão meroítico era um país próspero que mantinha relações comerciais com o Egito. Lá havia sobretudo ouro em profusão. Foi por volta dessa época que ele teria transmitido ao Egito os 12 sinais hieroglíficos, que seriam o primeiro embrião de alfabeto.

Depois de algumas tentativas de conquistas, sudaneses e egípcios tornam-se aliados, realizando juntos expedições às costas do Mar Vermelho; expedições sob Pepi I, 6ª dinastia. A Núbia era então governada por um rei chamado Ouana, que se tornará, sob o sucessor de Pepi I, governador do Alto Egito. Essa aliança perdurará mais ou menos até a 12ª dinastia egípcia; Sesóstris I consegue, então, estabelecer uma tutela sobre a Núbia.

> Mas o jugo é repelido sob Sesóstris II, em condições que fazem o Egito temer, por sua vez, ser invadido. Muralhas e fortalezas são construídas entre a primeira e a segunda cataratas para deter os núbios. É tal a preocupação do Egito, que ele apela para tribos beduínas, dirigidas por um certo Abishaï, vindo da Síria. Sesóstris III, ao longo de quatro campanhas, põe fim à ameaça. A fronteira é levada mais a montante do Nilo, onde novas fortalezas são estabelecidas ao mesmo tempo em que se erige uma nova estela, proibindo a passagem dos negros (Pédrals, 1949, p. 45).

Esta passagem, com exceção da inexatidão do termo "negros" e pela qual o autor não é responsável, quando se sabe da boa vontade que o anima, mostra-nos a natureza dos fatos que motivaram a construção da Estela de Philae. Como se vê, tais fatos revelam que, em determinado momento, o aliado sudanês quase conquistou o Egito, que por isso mesmo organizará sua defesa, daí a Estela de Philae. Esta, portanto, não pode ter o significado que se pretenderia lhe dar.

Da Batalha de Danki à de Guilé, Cayor e Djoloff viram-se sujeitos das mesmas relações de antagonismo periódico entre Egito e Núbia. Cayorianos e djoloff-djoloff deixarão de ser, por isso, todos da mesma raça negra?

VI

POVOAMENTO DA ÁFRICA A PARTIR DO VALE DO NILO

Os argumentos invocados para defender a tese do povoamento da África negra pelo Oceano Índico, a partir da Oceania, não se apoiam em nenhuma base. Nenhum fato arqueológico ou outro nos autoriza, atualmente, a encontrar para os negros um berço exterior à África. Tomaram-se por fundamento as lendas que, coletadas na África Ocidental, consideram que os negros tenham vindo do leste, do lado da Grande Água. Delafosse identificou, sem outra prova, talvez por preocupação em estabelecer uma hipótese de trabalho, a chamada Grande Água das lendas com o Oceano Índico, e também porque, na época, ainda se situava o berço da humanidade na Ásia, por causa da descoberta do pitecantropo (Java), do sinantropo (China) e da Bíblia (Adão e Eva).

A opinião cristalizou-se em torno dessa identificação; durante muito tempo esqueceu-se de que se tratava apenas de uma afirmação *a priori*, e a hipótese foi tomada por um teorema demonstrado.

De acordo com tudo o que sabemos da arqueologia da África do Sul, onde a humanidade parece ter nascido, de acordo com tudo o que sabemos da civilização núbia, provavelmente mãe da egípcia, de acordo com tudo o que sabemos da pré-história do Vale do Nilo, podemos supor legitimamente que a Grande Água não é senão a água do Nilo.

Seja onde for que se coletem as lendas que relatam as origens de um povo na África negra, a direção indicada leva-nos de volta ao Vale do Nilo como ponto de partida. Assim, na África Ocidental, os povos que ainda têm lembrança de suas origens dirão que eles vêm do leste e que seus ancestrais encontraram pigmeus na região[62]. As lendas dogons, iorubas dizem que eles vêm do leste; as dos fangs dizem que eles vêm do nordeste; no século XIX, os fangs ainda não tinham chegado à costa do Atlântico; as lendas dos bakubas dizem que eles vêm do norte. Quando os povos vivem numa região meridional com relação ao Vale do Nilo, suas lendas dizem que eles vêm do norte: é o caso dos batutsi de Ruanda-Urundi.

Quando os primeiros navegadores da África do Sul desembarcaram no Cabo, há alguns séculos, os zulus, numa migração norte-sul, ainda não tinham alcançado a ponta do Cabo.

Essa hipótese é coerente com o fato de as lendas dos negros que vivem no Vale do Nilo só mencionarem uma origem local. Em toda a Antiguidade, núbios e etíopes nunca se atribuíram uma origem que não fosse a local, eventualmente mais meridional. É o resumo dessas lendas unânimes da Antiguidade que M. D'Avezac relata, com uma ironia que em nada diminui sua importância:

> Outros, sonhadores eruditos ou fisiologistas engenhosos, em vez de buscarem mais da história primitiva dos africanos em tradições quase perdidas, preferiram procurá-la em hipóteses irrefletidas, e suas narrações conjecturais nos mostram no negro o predecessor da criação, filho da terra e do acaso, nascendo nas montanhas nevadas da Lua [África Central, Chade], onde mais tarde também encontrou seu berço o homem que, então, desceu ao Senaar, engendrou o egípcio, o árabe e o atlante: a raça negra, por longo tempo mais numerosa, primeiro submeteu e dominou a raça branca; mas esta, gradualmente multiplicada, desvencilhando-se do jugo de seus senhores, e de escrava tornando-se por sua vez a senhora, condenou-os a portar seus grilhões tirânicos

---

62. O termo *kondrong*, habitante anão da floresta (trazendo na cabeça um utensílio amuleto), lembra uma coabitação com pigmeu numa região de floresta antes da instalação dos uolofes nas planícies do Cayor-Baol, onde não há presença de florestas e pigmeus.

que ela acabara de quebrar; séculos se passaram, e sua cólera ainda não se abrandou (D'Avezac, 1842, p. 26).

Este texto resume a história da humanidade em algumas linhas[63]. O que se deve registrar é a origem meridional dos habitantes do Vale do Nilo, núbios, egípcios, como estes últimos sempre afirmaram, é também a anterioridade do negro no caminho da civilização, sua dominação antiga e a inversão atual da situação. É igualmente o homem que desce para o Senaar; sem dúvida alguma, o Senaar aqui é a planície situada entre o Nilo branco e o Nilo azul, ponto de partida da civilização sudanesa meroítica. Ora, sabe-se que o mesmo nome é atribuído à Planície da Mesopotâmia, igualmente situada entre dois rios, Tigre e Eufrates. Qual dessas duas denominações é correta e autêntica? A segunda parece ser uma réplica da primeira. A retificação desse erro inverteria mais uma vez o sentido da his-

---

63. Schuré relata de maneira igualmente impressionante a parte dessas lendas referente a uma dominação primitiva do negro: "Depois da raça vermelha, a raça negra dominou o globo [...] os negros invadiram o sul da Europa em tempos pré-históricos [...]. Sua lembrança se apagou completamente de nossas tradições populares. Deixaram, no entanto, marcas indeléveis [...]. Na época de sua soberania, os negros tiveram centros religiosos no Alto Egito e na Índia. Suas cidades ciclópicas recortavam as montanhas da África, do Cáucaso e da Ásia Central. Sua organização social consistia numa teocracia absoluta [...]. Seus sacerdotes tinham conhecimentos profundos, o princípio da unidade divina do universo e o culto dos astros que, sob o nome de sabeísmo, infiltrou-se entre os povos brancos [...]. Uma indústria já complexa, sobretudo a arte de manejar, pela balística, blocos de pedra colossais e de fundir os metais em imensos fornos nos quais faziam-se trabalhar prisioneiros de guerra [...]. A raça branca acabava de ser despertada pelos ataques da raça negra, que começava a invadi-la pelo sul da Europa. Luta desigual no início. Os brancos, meio selvagens, saindo de suas florestas e de suas habitações lacustres, só tinham como recursos seus arcos, suas lanças e suas flechas com pontas de pedra. Os negros tinham armas de ferro, armaduras de bronze, todos os recursos de uma civilização industriosa e de suas cidades ciclópicas. Esmagados no primeiro embate, os brancos, levados como prisioneiros, começaram por se tornar todos escravos dos negros, que os obrigaram a trabalhar a pedra e a carregar os minerais até seus fornos. Entretanto, cativos fugitivos levaram à sua pátria os costumes, as artes e os fragmentos de ciência de seus vencedores. Aprenderam com os negros duas coisas fundamentais: a fundição dos metais e a escrita sagrada, hieróglifos [...]. A salvação dos brancos foram suas florestas, onde, como feras, podiam se esconder para ressurgir no momento propício" (Schuré, 1908, p. 6-13).

tória. Torna-se normal, então, que o Egito seja povoado a partir da Planície do Senaar, e a lenda se ajusta à história.

Ao lado das lendas atuais dos povos africanos que, quase todas, mencionam a Bacia do Nilo e o elemento pigmeu que habitava o interior da região antes da dispersão dos negros, citemos duas passagens de Heródoto que as confirmam.

Trata-se de jovens nasamões que partiram de Sirte, percorreram a costa do Mediterrâneo em direção ao oeste; depois, atravessando o Deserto do Saara, dirigiram-se para o interior das terras e chegaram às margens de um rio onde viviam exclusivamente pigmeus negros.

> Esses jovens, enviados por seus companheiros com boas provisões de água e víveres, percorreram primeiramente territórios habitados; em seguida, chegaram a uma região cheia de animais ferozes; de lá, continuando seu caminho para oeste através dos desertos, avistaram, depois de andarem por muito tempo num território arenoso, uma planície onde havia árvores. Aproximando-se, comeram frutos dessas árvores. Enquanto comiam, homens pequeninos, de tamanho abaixo da média, lançaram-se sobre eles e os levaram à força. Os nasamões não entendiam a língua deles e os homenzinhos não compreendiam nada da língua dos nasamões. Levaram-nos por lugares pantanosos; depois de atravessá-los, chegaram a uma cidade cujos habitantes eram todos negros e do mesmo tamanho daqueles que os haviam conduzido. Um grande rio, no qual havia crocodilos, corria ao longo dessa cidade, de leste para oeste (Heródoto, livro II, 32).

Ao que parece, portanto, em determinada época o interior do país era habitado exclusivamente por pigmeus. O rio em questão poderia ser o Níger, pois agora sabemos, ao contrário do que Heródoto acreditava, que o Nilo, para além da Etiópia, não forma um cotovelo para correr do sul para o norte depois de ter atravessado a África de noroeste para sudeste.

317

A segunda passagem de Heródoto diz respeito à viagem do filho de Teaspis, Sataspes, que prestes a ser crucificado por ordem de Xerxes teve sua pena comutada em um périplo da África, graças ao pedido de sua mãe, irmã de Dario. Sataspes atravessou as colunas de Hércules (Gibraltar) e fez vela em direção ao sul. Não chegou ao fim da viagem, todavia pôde fazer as observações seguintes sobre os habitantes da costa atlântica da África da época:

> Ele contou que nas costas do mar mais longínquas que percorreu vira homenzinhos vestidos com roupas de palmeira, que tinham abandonado suas cidades para se refugiarem nas montanhas assim que o viram abordar com seu barco. Ao entrar em suas cidades, não lhes fizera nenhum mal e limitara-se a lhes tirar animais (Heródoto, livro IV, 43).

Haveria concordância, assim, entre as lendas negras atuais e esses fatos relatados por Heródoto há 2.500 anos[64].

---

64. O relato do *Périplo* de Hannon, devido a seu caráter lacônico, só nos informa muito pouco sobre as populações negras que alcançaram a costa no século V a.C., quando os cartagineses, ameaçados pelo rápido desenvolvimento dos estados indo-europeus do Mediterrâneo Setentrional, recuaram para a África e quiseram fundar colônias em toda a costa. Entretanto, segundo esses relatos, uma certa parte da costa ainda era deserta. Segundo a interpretação de Auguste Mer, navegante que alega conhecer perfeitamente aquelas costas, a parte deserta assinalada por Hannon seria constituída pela porção de litoral que se estende de São Luís do Senegal até Dakar. Ele também compartilha a opinião dos que julgam que o *Theon ochema* (Carro dos deuses), que marca o ponto extremo alcançado por Hannon, seria o Monte Camarões. Seguem--se alguns excertos do relato de Hannon: "Os cartagineses ordenaram que Hannon navegasse para além das colunas de Hércules e lá fundasse cidades líbio-fenícias, e Hannon fez vela conduzindo uma frota de 60 navios de 50 remos carregados de 30 mil indivíduos, tanto homens quanto mulheres, de víveres e outros objetos necessários. / Depois de nos termos feito ao mar e navegado durante dois dias para além das colunas de Hércules, fundamos uma cidade que foi chamada Thymaterion [...]. Fundamos as cidades seguintes no mar: Caricum, Teichos, Gytte, Acra, Aramba [...]. Depois de termos conseguido intérpretes entre os lixitas, seguimos durante dois dias uma costa deserta que se estendia para o sul; virando em seguida para o leste, durante um dia de navegação, encontramos no fundo de um golfo uma pequena ilha de cinco estádios de perímetro, que chamamos de Cerne e onde estabelecemos colonos" (Périplo de Hannon (general cartaginês) ao longo das costas da Líbia para além das colunas de Hércules, registrado por ele mesmo no Templo de Saturno, *apud* Mer, 1885). O que se tornaram essas colônias? O que pensar da cidade de Akkra no Golfo da Guiné?

318

Os pigmeus, portanto, seriam os primeiros a ocupar o interior do continente; pelo menos em certa época, povoavam-no com exclusão dos negros de grande estatura. É possível supor que estes últimos formavam uma espécie de cacho em torno do Vale do Nilo. Deviam irradiar-se em todas as direções no decorrer do tempo, como resultado do povoamento e dos transtornos sociais que intervêm ao longo da história de um povo.

Tal ideia não é apenas uma visão da mente ou uma simples hipótese de trabalho. O que sabemos da etnografia africana nos permite fazê-la passar da condição de hipótese à de fato histórico verificado. É certo que uma base cultural comum a todos os negros da África, particularmente uma base linguística comum a todos eles, parece ser uma demonstração, em linhas gerais, dessa ideia.

No entanto, é sobretudo a toponímia – análise dos nomes totêmicos de clãs que todos os africanos têm, seja coletiva ou individualmente, conforme o estado de dispersão – que nos permitirá passar do plano da probabilidade para o plano da certeza.

No Egito propriamente dito, encontramos os seguintes nomes que ele tem em comum com o Senegal:

Egito	Senegal
Atoum	Atu
Sek-met	Sek
Kéti	Kéti
Kaba	Kaba, keba, kébé
Antef	Anta
Fari = o faraó	Fari = nome próprio, título de imperador
Meri	Meri
Méri	Méri
Saba (Cuche)	Sébé
Kara, Karé	Karé
Ba-Ra	Bara – Bari (peúle)
Ramsés; Reama	Rama
Bakari	Bakari

Pédrals (1950, cap. X) cita os *Baroum*, encontrados no Alto Nilo e na região de Benue, na Nigéria, os *Ga-Gan-Gang*, encontrados na região dos Grandes Lagos e na Costa do Ouro, no Alto Volta e na Costa do Marfim, os *Gula-Gule-Gulaye*, encontrados no Nilo e no Chari; cabe acrescentar que *Gilaye* é um nome senegalês de proveniência Sara.

Kara-Karé – Karékaré

Segundo Pedrals (1948), os *Kara* formam um núcleo que vive nos confins do Sudão Anglo-egípcio e do Alto Ubangui; os *Karé* vivem perto do Logone; *Karékaré*, no nordeste da Nigéria.

Karékaré é simplesmente o redobramento de *Karé*, palavra composta de *Ka + Ra*, ou *Ka + Ré*.

Encontram-se os *Kipsigui-Kapsigui* na região dos Grandes Lagos e no norte de Camarões; os *Kissi* no nordeste do Lago Niassa e nas regiões florestais da Alta Guiné; os *Kundu* são encontrados no Congo Belga (Lago Leopoldo) e no Baixo Camarões, no estuário de Wouri; os *Laka* são encontrados entre os nouers do Alto Nilo e entre os saras do Lolgone e de Camarões do Norte; os *Maka-Makoua* encontram-se no Zambeze e em Camarões; os *Sango*, no nordeste do Niassa e nas margens do Ubangui; os *Somba-Soumbwa*, na região dos Grandes Lagos e no Daomé do Norte.

Poderíamos prolongar infinitamente esta lista e, assim, localizar no Vale do Nilo, a partir dos Grandes Lagos, o berço primitivo de todos os povos negros que vivem atualmente dispersos pelos diferentes pontos do continente.

Essa identidade dos nomes próprios constitui um argumento a favor de uma migração recente. Portanto, é preferível aprofundar o estudo da origem de alguns povos, como os *iorubas*, os *sereres*, os *tuculores*, os *peúles*, os *laobés*, e mostrar que seu ponto de partida é, na verdade, o Vale do Nilo.

Antes, faremos uma observação sobre os legendários *ba-four*, que ora se diz que eram vermelhos, ora que eram negros. *Ba* é o prefixo coletivo que precede todos os nomes de povos na África.

Pode-se compará-lo com o *wa* egípcio, copta, uolofe, que significa: os de, eles etc. Essa partícula do plural nas línguas em que ela é sufixada – e não prefixada – explicaria a origem do plural egípcio em *u*;

- *Bak-w* = criados (egípcio);
- *Soumb-wa* = os Soumbs;
- *Zimbab-wé*.

Ba-Four tem, portanto, formação igual a

- *Ba-Pende* = os *Pende*;
- *Ba-Louba* = os *Louba*.

É possível, portanto, conceber que *Ba-Four* = os *Four*.

É interessante constatar, sem que se ouse chegar a uma conclusão, que em uolofe *Pour* = amarelo. *Ba-four* poderia designar não uma tribo de homens vermelhos ou de negros de que os sereres seriam descendentes, mas uma tribo de raça amarela. Isso explicaria não apenas os traços mongoloides que se encontram na África Ocidental, mas talvez também as relações culturais entre a África e a América atestados pela comunidade de palavras como:

- *Loto* = piroga em uolofe e nas línguas indígenas da América do Norte (assim como em sara e em baguirmiano);
- *Tul* = nome de cidade do Senegal;
- *Tulé* = nome de região esquimó; *lied* germânico;
- *Tula* = nome de cidade do México;
- *Inuit* = os homens, em esquimó (cf. Gessain, 1949, p. 5);
- *I-nit*; *Aï-nit* = os homens, em uolofe.

No século XIX, Bory de Saint Vincent descreve os esquimós, que eram quase tão pretos quanto os mais pretos dos africanos, apesar da latitude:

> Seja como for, os dois sexos, mais tisnados do que os povos do resto da Europa e da Ásia Central, até mais escuros do que qualquer dos outros americanos, são tanto mais pretos quanto mais se sobe para o norte; mais uma prova de que não é a ardência do sol,

como se costuma acreditar, que constitui os negros em certas regiões intertropicais. Não é raro encontrar esquimós, groenlandeses e samoiedas de 70 graus que, de cor mais escura do que os hotentotes, localizados na extremidade oposta do velho continente, sejam quase tão pretos quanto os uolofes ou os cafres do Equador (Saint Vincent, 1839).

Origem egípcia dos iorubas

Em seu livro *The religion of the Yorubas*, J. Olumide Lucas retraça a origem egípcia desse povo:

> *Relação com o antigo Egito*
>
> Se por um lado é duvidoso que o ponto de vista de uma origem asiática esteja correto, por outro lado não há dúvida de que os iorubas estavam na África em tempos muitos remotos. Uma série de evidências conduz à conclusão de que eles devem ter se estabelecido por muitos anos na parte do continente conhecida como antigo Egito. Os fatos que levam a essa conclusão podem ser reunidos sob os seguintes tópicos:
>
> a) Similaridade ou identidade de língua;
>
> b) Similaridade ou identidade de crenças religiosas;
>
> c) Similaridade de ideias e práticas religiosas;
>
> d) Sobrevivência de costumes e nomes de pessoas, lugares, objetos etc. (Lucas, 1948, p. 18).

Depois de citar muitas palavras comuns entre o egípcio e o ioruba, como: *ran* = nome; *bu* = nome de lugar; *amon* = escondido; *miri* = água; *ha* = casarão; *fahaka* = peixe prateado; *naprit* = semente etc., Lucas passa à identidade das crenças religiosas e cita fatos impressionantes:

> Provas abundantes da íntima relação entre os antigos egípcios e os iorubas podem ser apresentadas neste item. A maioria dos principais deuses era bem conhecida pelos iorubas num certo momento. Entre esses deuses se en-

322

contravam Osíris, Ísis, Hórus, Shu, Sut, Thot, Khepera, Amon, Anu, Khonsu, Khnun, Khopri, Hathor, Sokari, Rá, Seb, as quatro divindades fundamentais e outras. A maioria dos deuses sobrevive do nome ou de atributos, ou de ambos (Lucas, 1948, p. 21) (cf. ilustr. 52).

Rá sobrevive entre os iorubas sob seu nome egípcio *Rara*. Lucas cita a palavra *I-Ra-Wo*, que designa a estrela que acompanha o sol quando ele se levanta, e que é composta por uma vogal prefixal característica do ioruba, língua essencialmente fonética, segundo o autor – diríamos nós: como todas as línguas africanas – por *ra*, palavra egípcia, por *wo* = levantar-se.

O autor julga que a palavra *rara*, que significa "de modo nenhum" em ioruba, leva a supor que em outros tempos jurava-se por esse deus.

Também o nome da divindade lunar Khonsu é encontrada entre os iorubas sob o nome *Osu* = a lua. O autor lembra que a oclusiva *kh* não existe em ioruba e que, se uma palavra estrangeira contém essa consoante, ela deve passar pelo seguinte processo antes de ser introduzida na língua: quando *kh* é seguida por outra consoante, uma vogal se introduz e forma uma sílaba de acordo com a regra consoante-vogal, consoante-vogal do ioruba. Quando *kh* é seguida por uma vogal numa palavra que não é monossílaba, *kh* simplesmente cai, e é esse o caso da palavra *Osu*.

Amon existe em ioruba com o mesmo sentido que no egípcio antigo; ou seja: escondido. O deus Amon é um dos primeiros conhecidos pelos iorubas, e as palavras *mon, mimon* = santo, sagrado, em ioruba derivariam provavelmente do nome do deus, segundo Lucas. *Thot* daria *to* em ioruba.

Em seguida o autor faz uma análise etimológica perspicaz da palavra *yoruba*[65]. Ele constata que a palavra da África Ocidental, que significa existir – exceto uma troca de vogal – é *ye*. Assim,

---

65. Embora no texto tenha sido empregada a grafia ioruba, amplamente adotada no Brasil, conservou-se aqui a forma *yoruba*, por coerência com a análise que se segue [N.T.].

sua duplicação, *yeye* = a que me faz existir, donde *yeye mi* = minha mãe, a que está na origem de minha vida no mundo. Cabe constatar, de passagem, que *yaye* = mãe em uolofe, em sara, em baguirmiano etc.

Com frequência, *yeye* é contraído como *ye* ou *iya*; *yemi* (em ioruba, meu criador) aplica-se à Divindade Suprema.

Por outro lado, a palavra egípcia *Rpa* = nome do príncipe herdeiro dos deuses pelo qual *Seb* era conhecido no antigo Egito durante o período feudal (segundo o autor). *Rpa* teria dado *ruba*, de acordo com duas regras da língua ioruba: introdução de uma vogal entre as duas consoantes e substituição de *p* por *b*. Considerando-se que *yo* é simplesmente uma variante de *ye*, concebe-se que *Ye* + *Rpa* tenha dado *Yoruba*, que, assim, significaria *Rpa* vivo...[66]

O autor oferece uma análise igualmente interessante do nome dado ao carneiro pelos iorubas. Ele parte do fato de que habitualmente se considera que o nome grego *aiguptos* deriva do nome egípcio *khi-khu-phtah*; ou seja, o templo da alma de Phtah. As paredes desse templo eram cobertas de representações de carneiros, entre outros animais. Então, o nome do templo podia ser aplicado, pelo povo, aos animais figurados.

Em ioruba, *a-gu-to (n)* = carneiro, a ser comparado com *ai--gup-tos* dos gregos. Este último exemplo pareceria provar que a emigração dos iorubas é posterior ao contato do Egito com os gregos.

Também se encontram em ioruba as palavras egípcias *roti* = os homens e *kobiti*, que teria dado o nome grego copta.

Enfim, no âmbito da identidade das crenças religiosas, o autor cita:

- a ideia de uma vida futura e a de um julgamento depois da morte;

- a deificação do rei;

- a importância atribuída aos nomes;

---

66. *Rom* = o homem (em egípcio) / *Ya-ram* = corpo (em uolofe). Inspirando-se na etimologia conferida a *ya* pelo autor, *ya-ram* significaria, originalmente, "corpo vivo" ou "o homem vivo".

- a crença intensa numa vida futura;
- a crença na existência de um espírito guardião, que não é mais do que um aspecto do *Ka*.

O autor lembra aqui que todas as noções ontológicas do egípcio antigo, como *Ka*, *Akhu*, *Khu*, *Sahu* e *Ba*, encontram-se também em ioruba. Diga-se de passagem que encontramos textualmente esses termos em uolofe e em peúle, como veremos adiante.

O autor estende-se em seguida ao estudo dessas crenças e procede à sua identificação detalhada com as crenças egípcias por 414 páginas. Termina apontando a existência de hieróglifos iorubas, dos quais mostra algumas ilustrações.

A identidade do panteão egípcio e ioruba bastaria, por si só, para provar um contato primitivo.

O que sabemos do povo ioruba – até suas lendas – informa que ele teria se instalado em seu atual território em época relativamente recente, depois de uma emigração do leste para o oeste. Podemos, portanto, tal como Lucas, considerar um fato histórico a comunhão do berço primitivo entre os iorubas e os egípcios.

A forma latinizada *Hórus*, de que parece resultar o Orixá dos iorubas, levaria a pensar que sua emigração talvez não seja posterior apenas ao contato com os gregos, mas também posterior ao contato com os romanos.

Cabe observar, para terminar, que Pedrals (1948, p. 107) indica a colina de Kuso, perto de Ilé-Ifé, e a existência de uma colina de *Kuso* na Núbia, perto da antiga Meroé, a oeste do Nilo, "no centro, portanto, do país de Cuche [mapa da África, Coronelli, 1689], depois repetida na Abissínia".

Origem dos laobés
De onde eles vêm?

Os laobés constituem, a meu ver, uma fração de sobreviventes do povo legendário dos *saos*.

Com efeito, o que sabemos destes últimos segundo os manuscritos de Bornou e segundo as escavações de Griaule e Lebeuf?

1º) seu nome: *Sao* ou *So*;

2º) eram gigantes;

3º) passavam noites inteiras dançando;

4º) deixaram inúmeras estatuetas de terracota;

5º) essas estatuetas revelam um tipo étnico de crânio piriforme.

Ora, encontramos estas cinco características, de maneira idêntica, entre os laobés.

Os laobés, tal como os *saos*, têm como único nome totêmico típico *So*, ou *Sow*, que foi tomado erroneamente como um nome peúle. O único objeto sagrado que restou deles, o instrumento com o qual esculpem, denomina-se *sao-ta*.

São todos gigantes, homens e mulheres, chegando facilmente a 1,80m [*sic*] ou mais, sendo relativamente puros de raça, se é que se pode falar em raça. Por conseguinte, seus membros são de beleza extraordinária e têm sempre compleição atlética. Eles têm o crânio piriforme, idêntico ao do tipo étnico revelado pelas estatuetas *saos*.

A única profissão dos laobés é a de talhar em madeira, para todas as outras castas da sociedade africana – e não apenas para os peúles – utensílios de cozinha, que produzem com troncos de árvores. Isso contribui, além de sua estatura alta, para situar seu berço de origem nas vizinhanças de uma região montanhosa e arborizada.

Uma preocupação essencial da mulher laobé é a de produzir figurinhas de barro, cozidas ou não, para as crianças das outras castas.

Os laobés – particularmente as mulheres – passam o tempo dançando. Sua dança principal é o *Kumba Laobé é Gâs*.

Erroneamente, os laobés foram considerados uma casta de escultores dos peúles e dos tuculores. Esse erro resultou, em parte, do fato de os laobés falarem o peúle e o tuculor; isso levou a considerar esta última como sua língua materna. Ora, não é esse o caso. O que se esquece de registrar é que os laobés são sempre bilíngues, pelo menos no Senegal. Falam o uolofe e o peúle com a mesma facilidade; e o sotaque com que falam o uolofe não é o de um peúle ou de um tuculor.

Os laobés parecem ser um povo que perdeu sua cultura e cujos elementos dispersos adaptam-se às circunstâncias aprendendo as línguas das regiões em que se instalam.

Já se disse que seu nome totêmico essencial é *Sow*. Os outros nomes totêmicos que os laobés têm refletem sua mestiçagem com os peúles, tuculores e outros grupos étnicos.

O inverso, aliás, também é verdadeiro; assim se explicaria que os peúles possam ter o nome *Sow* ao lado de *Ba* e *Ka*, que, a nosso ver, são os únicos que lhes são próprios (*Ba* + *Re* = *Bari*). O caráter dissoluto de seus costumes confirma a ideia de um povo que perdeu sua cultura e que já não se compromete com nenhuma tradição.

Uma preocupação não menos essencial dos laobés é roubar burros para constituir um rebanho que sirva de dote aos numerosos casamentos efêmeros que contraem. A proveniência dos burros entregues à família da mulher por ocasião do casamento importa pouco; aliás, esta não tem ilusões, e assim que recebe os burros sua tática é desvencilhar-se deles em 48 horas, vendendo-os ou tentando, nem sempre com êxito, tornar irreconhecíveis os burros não vendidos, mudando sua cor por meio de fumaça. Quando, apesar de todas essas precauções "legítimas", as vítimas conseguem reconhecer seus animais, apossam-se deles, sem deixar de enfrentar resistência verbal muito forte por parte dos laobés. Nem por isso o casamento deixa de manter toda a solidez permitida pelos costumes laobés, pois o esposo, tendo cumprido perfeitamente seu dever, fica isento de qualquer reprovação.

Aliás, uma mulher laobé sabe que a escultura é apenas um pretexto e que a riqueza econômica principal é o rebanho de burros. Assim, ela só está tranquila economicamente quando se casa com um ladrão talentoso. Se este não for exímio nesse aspecto, a mulher o reprovará para sempre e o casamento será ainda mais efêmero.

Por todas estas razões, a distinção habitual entre duas categorias de laobés, escultores e não escultores, já não é de extrema importância.

Os laobés têm humor belicoso, mas só lutam raramente; a cena clássica é a de dois adversários que, a uma velocidade que permite amplamente que a multidão se interponha, avançam um contra o outro, cada um arrastando atrás de si um longo bastão de muitos quilos, praguejando e injuriando com todas as forças. Uma vez separados, cada um dos adversários, julgando seu dever cumprido, interrompe a briga e continua as injúrias.

Os laobés são os mais ruidosos e mais desprovidos de qualquer disciplina social de todos os africanos que conheço. A mulher laobé passa o tempo brigando e enganando o marido. Entretanto, cabe excetuar os *Tôlé* e os *Ngalkadj*, muito mais isentos de qualquer disciplina social do que os laobés.

Conta-se que certo dia, no *Baol*, um chefe de cantão precisava julgar uns laobés que tinham brigado; mas, como eles têm o hábito de falar ao mesmo tempo, o chefe, para conseguir ouvi-los sucessivamente, foi levado a encher-lhes a boca de água. Para ouvir uma testemunha, fazia-a expelir na hora a água que tinha na boca. Mas aconteceu que as projeções de água da boca dos que interrompiam perturbaram a sessão. Esse procedimento que, como se vê, é de eficácia muito limitada quando se lida com um temperamento laobé, nem por isso deixaria de ser utilizado pelo tal chefe dali em diante.

Conta-se que certo dia a vela de uma casa se apagou enquanto duas mulheres laobés brigavam, como de costume. Uma delas gritou: "Acenda logo, antes que ela se antecipe a mim revirando os olhos na escuridão (*regadu*) sem que eu perceba para poder fazer o mesmo".

Conta-se também que um chefe autorizara alguns laobés a construírem um bloco (*ag laobé*) em sua aldeia, mas sob a condição de que qualquer briga lhes fosse formalmente proibida. Os laobés, depois de uma breve experiência, deram-se conta de sua fraqueza e ofereceram presentes ao chefe da aldeia, com a intenção de que a proibição fosse cancelada. Como o chefe manteve sua posição, os laobés saíram da aldeia, pois uma vida sem briga é insuportável para eles.

328

Mesmo que as anedotas com respeito aos laobés fossem inteiramente inventadas, o problema não mudaria em nada; há de fato uma mentalidade laobé sem a qual seria impossível até inventar essas anedotas.

Os laobés, assim, vivem dispersos nas diferentes aldeias do Senegal e de outros lugares, não têm moradias fixas; não é exato dizer que eles habitam o *Futa Toro* ou o *Futa Djallon*, território dos tuculores e dos peúles. Eles constituem agrupamentos esporádicos no seio de agrupamentos étnicos mais importantes. Os laobés do Senegal já não conseguem localizar seu berço; sua organização social dissolveu-se completamente; eles já não têm chefes tradicionais. A pessoa mais respeitada do grupo monta uma mula, ao passo que os burros são reservados aos outros. Assim fazia *Med Sow Wediam*, laobé muito influente, mas que não podia ser considerado propriamente um chefe tradicional. Aliás, sua influência deveu-se sobretudo à sua conversão ao *mouridismo* de Amadou Bamba (seita muçulmana do Senegal).

Os laobés parecem ter adquirido a circuncisão das outras populações do Senegal. Eles adoram o *saota*, instrumento que lhes serve para esvaziar a madeira dos troncos depois que as árvores são abatidas; o mesmo instrumento lhes serve para fazer circuncisão.

O laobé frequentemente abusa da expressão *Suma ko naré def yalla nâ dav saota*: Deus faça com que eu fuja do *saota*. Acontece que ele comete perjuro quase imediatamente.

Os laobés também passam o tempo dançando e mendigando. Os homens são, com frequência, exímios lutadores. As mulheres estão presentes nas festas, nas manifestações ruidosas etc.

Tudo o que foi dito anteriormente permite considerar os laobés um ramo disseminado dos *saos*, depois da destruição de sua cultura, ao passo que outras frações deles teriam se dirigido para outros lugares.

Em Uadi-Halfa, na Núbia, Champollion descobriu uma estela que representa *Mandu*[67], deus núbio, apresentando a Osorta-Sen, faraó da 16ª dinastia, os povos da Núbia, em que apareciam duas tribos com os nomes Osau e Shoat. Estes nomes levam a pensar curiosamente no nome do povo lendário dos *saos*, que, segundo se sabe, estabeleceram-se em torno do lago Chade. Ainda hoje os schoats[68] são encontrados às margens do Logone (cf. Baumann; Westermann, 1948a).

Origem dos peúles

Inicialmente seria possível acreditar que os peúles se formaram na região da África Ocidental, onde os mouros semitas e os negros permaneceram em contato durante muito tempo (Delafosse, 1922). Se a hipótese dessa mescla é válida, o berço em que ela se produziu deve ser buscado, apesar das aparências.

Os peúles, assim como as outras populações da África Ocidental, teriam vindo do Egito. É possível apoiar essa hipótese num fato capital, talvez o mais importante que se possa trazer até agora. Trata-se da identificação dos dois únicos nomes próprios totêmicos, típicos dos peúles, com duas noções igualmente típicas das crenças metafísicas egípcias: o *Ka* e o *Ba*.

Que lugar ocupam o *Ka* e o *Ba* nas crenças egípcias?

> O *Ka*, que vem se unir ao *Zet*, é um ser divino que vive no céu e só se manifesta depois da morte. Estávamos equivocados ao defini-lo, com Maspéro, como um duplo do corpo humano, que vive com ele, separando-se do corpo no momento da morte e chamado à múmia por ritos osirianos. A fórmula da espiritualização do rei faz constatar: Hórus purifica o *Zet*, desmaterializa-o na Bacia do Chacal, ao passo que purifica o *Ka* em outra bacia, a da Manhã [...]. *Ka* e *Zet*, portanto, eram separados [...] e nunca tinham vivido juntos na terra

---

67. *Mandu* = santo (em uolofe) que pratica a religião ao pé da letra.
68. Entretanto, Delafosse identifica esses shoats como árabes.

[...]. Nos textos do antigo império, para dizer morrer emprega-se a expressão "passar para seu *Ka*". Outros textos esclarecem que existe no céu um *Ka* essencial [...] esse *Ka* [...] preside às forças intelectuais e morais; é ele que, ao mesmo tempo, torna a carne sã, embeleza o nome e dá a vida física e espiritual [...]. Uma vez reunidos os dois elementos, *Ka* e *Zet* formam o ser completo que realiza a perfeição. Esse ser possui propriedades novas que fazem dele um habitante do céu, denominado *Ba* (alma (?)) e *Akh* (espírito (?)). A alma *Ba*, representada pelo pássaro *Ba*, munido de cabeça humana, vive no céu [...]. Ao reunir-se a seu *Ka*, o rei tornou-se *Ba* [...] (Moret, 1926, p. 212).

Pouco importa que a interpretação do *Ka* e do *Ba* egípcios, tal como é dada por Moret, seja totalmente exata; o essencial é que essas duas noções têm um papel inegável na ontologia egípcia. Ora, *Ka* e *Ba* são os únicos nomes totêmicos típicos dos peúles. De acordo com o que acaba de ser dito sobre os laobés, acreditamos que foi deles que os peúles adquiriram o nome *Sow*, que hesitamos em identificar com o terceiro termo egípcio, *Zet*. *Bari*, outro nome totêmico peúle, não é senão a síntese de *Ba* + *Ra*.

Quanto ao quarto termo do texto de Moret, *Akh*, tanto que eu saiba, não corresponde a um nome totêmico, mas a um significado ontológico evidente, em uolofe, até os dias de hoje. *Akh* significa, em uolofe, o que se é obrigado a devolver ao outro por ocasião do julgamento após a morte, antes de ganhar a beatitude eterna. Corresponde à fração da personalidade do outro que foi alienada, direta ou indiretamente, por atentado a seus bens.

- *Zet*, em egípcio = o cadáver purificado e rígido;
- *Sed*, em egípcio = morte simbólica do rei envelhecido e seu rejuvenescimento ritual;
- *Set*, em uolofe = limpo;
- *Sed*, em uolofe = frio, estado do cadáver; empregado como verbo, significa: cessar de viver;

- *Ka*, em egípcio = em resumo, a essência do ser que vive no céu; daí sua representação pelos dois braços levantados para o céu, com os seguintes significados: alto, em cima, grande, garanhão... altura; já dissemos que *Ka* em egípcio deveria ser lido *Kao*, que em uolofe significa alto, acima, elevado etc.;

- *Ba*, em egípcio, é representado por um pássaro com cabeça humana que vive no céu; mas também designa, em egípcio, uma ave terrestre de pescoço comprido; ora, em uolofe, *Ba* = avestruz.

Portanto, vê-se que estas noções da metafísica egípcia tiveram destinos diferentes, de acordo com os povos que as transmitiram; enquanto em uolofe o sentido egípcio é mantido, em peúle algumas delas, como *Ka* e *Ba*, tornaram-se nomes totêmicos e, por assim dizer, étnicos.

Seria de supor, portanto, que os peúles fazem parte das numerosas tribos das quais saíram os faraós, ao longo da história, como também é o caso das tribos sereres dos Sar, dos Sen etc.

Sabe-se que até a 6ª dinastia (época da revolução "proletária") só o faraó tinha direito à morte osiriana e, por conseguinte, desfrutava plenamente de seu *Ka* e de seu *Ba*. Sabe-se também que vários faraós levaram esse nome, entre outros o Rei *Ka*, da época protodinástica, cujo túmulo foi descoberto em Abidos por Amélineau. Isso estaria de acordo com a existência de um ramo peúle denominado *Kara*.

Os outros nomes dos peúles, como *Diallo*, são nomes próprios adquiridos posteriormente em outros meios. Quanto à língua peúle, ela forma uma unidade natural com as outras línguas senegalesas em particular, e negras em geral.

A relação que foi estabelecida (na parte linguística) entre essa língua, o uolofe e o serere já não deixa nenhuma dúvida quanto à sua profunda unidade.

Originalmente, os peúles eram negros que, depois, se miscigenaram com um elemento branco vindo do exterior. Caberia situar o nascimento do ramo peúle no período da história egípcia que vai da 18ª dinastia ao Baixo Egito, período de grande mestiçagem com o estrangeiro (no Museu do Louvre se encontra uma ilustração da deusa Hator com Séti I).

Origem dos tuculores

Como as outras populações que compõem o povo negro, os tuculores vieram da Bacia do Nilo, da região denominada Sudão Anglo-egípcio. Isso se prova pelo fato de nessa região, entre os *nuers*, encontrarem-se atualmente inalterados os nomes totêmicos típicos dos tuculores que vivem hoje nas margens do Senegal, a milhares de quilômetros de distância:

Sudão Anglo-egípcio	Senegal (Futa-Toro)
Kan	Kann
Wan	Wann
Ci	Sy
Lith	Ly
Kao	Ka (peúle)

Nessa mesma região, no lugar chamado Nuba Hills ou Colinas da Núbia, encontram-se a tribo dos *Nyoro* e a dos *Toro*. Também se encontra, na região de Uganda-Ruanda, a tribo dos *Kara*.

Atualmente existe na Abissínia uma tribo chamada Tekruri, o que leva a pensar, caso os tuculores do Senegal fossem uma fração dessa tribo, que a região do Tekrur não teria dado nome aos tuculores, mas recebido o nome destes, quando nela se instalaram.

Existe ainda um Nyoro (Massina) no Sudão francês, onde os tuculores também permaneceram antes de chegarem à região que receberá o nome de Tekrur no norte do Senegal, de onde descerão lentamente na direção desse rio, cujas margens receberam imediatamente o nome de Futa-Toro.

Entretanto, um leitor cético poderia, apesar de tudo, enxergar nesses encontros fatos insuficientemente probatórios. Eis um outro: sabe-se com certeza que, na segunda metade do século XIX, os tuculores, já islamizados, tinham deixado as costas do

Senegal para penetrar até o centro do país e instalar-se no *Sine Salum* para converter as populações sereres da região. O grande marabuto tuculor que tentou realizar essa empreitada e que foi contemporâneo de *Latdior* chamava-se *Ma Ba Diakhu*. A região recém-conquistada do islamismo pelos tuculores foi batizada *Nyoro* pelos ancestrais de Maba: *Nyoro du Rip*. Os tuculores que vivem hoje nas costas do Senegal teriam permanecido na região chamada *Nyoro*, do Sudão (segundo suas próprias tradições).

Assim, o Senegal e as costas vizinhas aparecem como um dos pontos de chegada de emigrações, onde as ondas étnicas se sobrepõem, depois de se quebrarem no oceano, para se fundirem com o tempo ou se irradiarem novamente em direções secundárias.

Em Futa-Toro encontram-se núcleos residuais de sereres e de uolofes, com os nomes: Sâr, Diop, D'Diaye... que são da casta dos Tiubolo; ou seja, dos pescadores.

Origem dos sereres

Os sereres teriam vindo da Bacia do Nilo para o Senegal. Sua passagem seria marcada pelas pedras verticais que se encontram quase na mesma latitude desde a Etiópia até *Sine Salum*. Esta hipótese será apoiada por um conjunto de fatos extraídos da análise de um artigo do Dr. Maes sobre as pedras verticais da aldeia do Sudão francês chamadas *Tundi-Daro* e que já tinham sido descobertas por Desplagnes.

O Dr. Maes tenta atribuir a origem dessas pedras a cartagineses ou egípcios que, para ele, passam por brancos.

Ele analisa o nome da aldeia da seguinte maneira:
- *Tundi* viria (segundo ele) de uma palavra songhai que significa pedra;
- *Daro* viria da palavra árabe *dar*, que significa casa: o *o* final é eliminado para que o restante se conforme à palavra árabe com a qual se deseja identificá-la;
- *Tindi-Daro*, portanto, significaria casa de pedra.

Esta análise só seria válida e aceitável se essas pedras representassem uma casa ou se, de uma maneira ou outra, fosse possível achar que elas têm aparência de casa. Mas o Dr. Maes sabe que isso é impossível, e seu texto relata um conjunto de fatos que descarta completamente qualquer ideia de habitações humanas.

Como ele nos descreve essas pedras?

> Trata-se de monólitos talhados em forma de falo, com a glande geralmente bem-desenhada, as ranhuras respeitando o sulco da glande e as bolsas figuradas pelas saliências arredondadas, cujas pregas longitudinais lembram as pregas do escroto. Outras pedras, menores, não são talhadas em forma de falo, e privadas de saliências arredondadas nas faces anteriores, mais parecem com o triângulo desenhado em forma de púbis na união de seus dois terços inferiores com o terço superior, pretendendo representar o órgão feminino (Maes, 1924, p. 31).

Como ele as interpreta? "É possível admitir que, com alguma probabilidade, esses monólitos marcam o local de um cemitério, cada pedra representando um indivíduo masculino ou feminino inumado" (Maes, 1924, p. 31).

Seria interessante registrar essa ideia se pudéssemos encontrar um assomo que fosse de ossada sob essas pedras. Mas o Dr. Maes acrescenta: "O fato de ter encontrado apenas alguns fragmentos de ossada pouco vale para essa hipótese. É possível que cadáveres tenham sido incinerados e que só as cinzas e algumas ossadas poupadas pelo fogo tenham sido inumadas" (Maes, 1924, p. 31).

Tal raciocínio é inaceitável do início ao fim. Eis por quê: não é possível se tratar de túmulos, uma vez que não há esqueletos; e os poucos ossos que o Dr. Maes pretendeu encontrar provam que, se primitivamente houvesse esqueletos, eles ainda não estariam destruídos.

O que representam realmente essas pedras? Correspondem a um culto agrário; simbolizam a união ritual do céu e da terra (pela representação dos dois sexos talhados nas pedras), para que a vegetação-filha nasça, vegetação essa que alimenta os homens. Em outras palavras, para que as sementes cresçam. Sabe-se, com efeito, que, segundo as crenças arcaicas, a chuva corresponde à fecundação da terra (deusa-mãe), pelo céu (deus-pai; deus celeste, tornado atmosférico com a descoberta da agricultura, segundo Eliade). A vegetação que crescia depois dessa união era considerada seu produto divino. Daí a ideia de uma *trindade* cósmica que evoluirá, segundo um processo de sucessivas encarnações, até a Trindade cristã do Pai, do Filho e da Virgem Mãe, substituída pelo Espírito Santo, passando pela tríade Osíris, Ísis, Hórus.

O semelhante deve produzir o semelhante; também eram talhados na pedra os dois sexos para convidar as divindades a se unirem, a fim de que crescesse a vegetação que mantém a vida do povo. Assim, foi a preocupação em garantir sua existência material que incitou o homem a essas práticas. O instinto vital, o materialismo arcaico, só podia tomar essa forma transposta, disfarçada, de uma metafísica que evoluirá ininterruptamente para o idealismo.

Portanto, esse é, a nosso ver, o sentido dessas representações. Diga-se de passagem que essas pedras fálicas só estão ligadas a um culto solar (como todas as pedras verticais) na medida em que o sol está ligado à chuva. É errado considerá-las um culto solar, supostamente pastoral – e por conseguinte camítico, entendendo-se por esta palavra o disparate habitual. Tal culto solar, que se deveria a povos pastores e guerreiros, é do domínio da imaginação, e não de algum fato verificável.

Ao contrário, um povo que praticava esse culto devia ser essencialmente agricultor, o que automaticamente nos afasta das estepes eurasiáticas e das regiões nórdicas, berço dos nômades-pastores, sem contar que nessas regiões não se encontram pedras verticais. Elas são encontradas apenas nos territórios habitados por negros ou negroides ou ainda em territórios que foram frequentados por eles, na zona que Speiser chama de "a grande civilização de megálitos", que se estende da África até a Índia, a Austrália, a América do Sul, a Espanha e a Bretanha. Sabe-se que os menires e os dólmens correspondem, na Bretanha, a uma época de civilização agrícola e de uso do cobre. Sabe-se, por outro lado, que a Espanha e a Bretanha eram escalas dos fenícios, população negroide, na rota do estanho que iam buscar nas minas da Inglaterra. Além disso, essa civilização de megálitos da Bretanha data do segundo milênio, época em que os fenícios frequentavam essas regiões. Esse conjunto de fatos não deixa nenhuma dúvida quanto à origem meridional e negra dos megálitos da Bretanha.

Estando suficientemente provado o caráter agrícola das sociedades às quais se devem esses megálitos, cabe sublinhar outra contradição no texto do Dr. Maes. Ele supõe que os corpos eram incinerados; ora, a incineração é uma prática de nômades, que, em virtude de sua condição itinerante, não podem dedicar um culto a túmulos fixos. Conservarão esse costume em todos os lugares, mesmo ao se tornarem sedentários (romanos, árias da Índia). Incineram-se os cadáveres para transportar as cinzas, e não para enterrá-las.

O povo agricultor a que se devem os megálitos de Tundi-Daro decerto não incinerava seus mortos; seguindo as indicações que daremos adiante, deve ser possível encontrar suas ossadas.

Mas o Dr. Maes esclarece sua ideia a respeito do povo ao qual se devem essas pedras:

> Para quem conhece a psicologia do negro pode-se afirmar quase com certeza que essas pedrarias, que representam uma soma de esforços considerável, sem utilidade imediata, visível, sem nenhuma relação com o exercício regular das funções de nutrição e de reprodução, as únicas que interessam aos negros, não foram executadas por representantes da raça negra (Maes, 1924, p. 31).

Esta passagem, por suas contradições, talvez seja a mais interessante. De fato, é inconcebível pensar, de acordo com a própria lógica considerada apanágio do Ocidente adulto, civilizado e moderno, que é a mesma pena que descreve as "glandes bem-desenhadas" e as pedras como sexo de mulher que, algumas linhas depois, escreve: "[...] sem nenhuma relação com o exercício regular das funções de nutrição e de reprodução, as únicas que interessam aos negros [...]".

Tampouco se tem a impressão de que é aquele que acaba de analisar a palavra *Tundi-Daro* e acreditou descobrir nela "casa de pedra" que nos diz, mais no final do mesmo artigo, a propósito das mesmas pedras de casa "[...] esses trabalhos, que representam uma soma de esforços considerável, sem utilidade imediata, visível [...]". E por que o autor se perde em suas próprias contradições? Justamente para poder nos dizer, no fim, que é preciso buscar uma origem cartaginesa ou egípcia dessas pedras; ou seja, para remeter tudo a origens que ele acredita serem brancas, ou que faz questão de acreditar que sejam brancas. Uma atitude como essa é típica do Ocidente atual a nosso respeito.

Ela nos mostra a necessidade absoluta que temos de desobstruir nosso próprio passado, trabalho que nenhum povo pode fazer por outro, por causa das paixões, do orgulho nacional, dos preconceitos raciais resultantes de uma educação falseada desde a base. Ao encontrar pedras preciosas na África – é o caso do Dr. Maes –, seriam buscadas para elas a origem exterior com a ideia preconcebida, expressa ou não, de que "para quem conhece a psicologia do negro pode-se afirmar quase com certeza que essas pedrarias" não provêm dele.

Quem então é responsável por essas pedras verticais?

Não são os habitantes atuais da região de Tundi-Daro. Quanto a isso, o autor é categórico:

> Nenhuma tradição oral sobreviveu entre os ocupantes atuais da região de Tundi-Daro. Interrogados, os mais velhos ou os mais eruditos respondem que aquelas pedras sempre foram conhecidas por seus pais, seus avós etc., mas que estes nada sabiam dos homens que as tinham trabalhado (Maes, 1924, p. 31).

Esta última afirmação do autor não é uma interpretação, mas uma constatação; portanto, podemos utilizá-la. Quem, então, é o verdadeiro responsável pelas pedras? Provavelmente o povo africano que ainda se encontra na mesma latitude, a uma distância relativamente pequena de Tundi-Daro, e que ainda pratica o culto das pedras verticais. Trata-se dos sereres. Eis o conjunto de razões que permitem essa suposição:

Os sereres praticam o culto das pedras verticais no *Sine Salum*. Para eles, entre outros significados, esse culto tem o significado apontado acima. Os sereres ainda são os únicos fazedores de chuva no Senegal do Norte. São essencialmente agricultores, e é unicamente para fins agrários que invocam a chuva por meio de ritos tradicionais; no *Baol*, em torno do grande baobá chamado *Ndumbé* ou *Ndumbé Diop*, em *Diurbel*, perto dos campos de corridas.

Para apoiar esta hipótese pode-se invocar uma razão mais profunda e mais irrefutável provinda de uma análise do próprio nome *Tundi-Daro*.

- *Tund* = colina, em uolofe e em serere;
- *Daro* = união, no sentido sexual do termo; observe-se que *daro* é um eufemismo cheio de respeito, um termo para evitar deliberadamente a expressão crua, mas que não deixa nenhuma dúvida quanto à ideia de união sexual; assim, bem poderia tratar-se de uma união ritual;
- *i* é o elemento atributivo no plural;
- *Tundi-Daro* = as colinas da união (em uolofe).

E não se pode encontrar hoje, na língua uolofe, expressão mais perfeita, mais exata gramaticalmente para traduzir esta ideia: as colinas da união. Aliás, esta expressão é exclusiva, é a única adequada. Esta análise já corresponde à metade do fato considerado. Ela traduz a ideia de uma união ritual que acontece nas colinas.

Por que nas colinas? Justamente porque esses ritos de união se realizavam em lugares altos, montanhas, colinas, considerados sagrados por representarem o ponto em que o céu e a terra parecem se tocar: ideia de "centro do mundo"... Jerusalém, a Kaaba de Meca... a montanha sagrada do xamã mongólico...[69]

Mas neste caso, para que nossa demonstração seja correta, para que nossa análise do nome *Tundi-Daro* não seja fruto do acaso, de uma coincidência sedutora, é indispensável pelo menos que se encontrem colinas na região. Pois bem, e isso acontece! É mesmo em *Tundi-Daro* que elas se encontram: "*Tundi-Daro* se arrima em colinas de grés avermelhada, parcialmente coberta de areia" (Maes, 1924).

Trata-se, portanto, de uma identidade: o nome da aldeia resulta da síntese das duas realidades palpáveis que a cercam: as colinas e as pedras fálicas em seu significado ritual.

Típico, aliás, é o fato de essa síntese de duas palavras que traduzem a realidade total em torno da aldeia não se fazer na língua atual da região. Esse fato não se deve a um encontro casual de fenômenos. Na verdade, seria curioso que a expressão fonética encontrasse seu pleno sentido, por acaso, no meio exterior que cerca Tundi-Daro.

É preciso admitir, portanto, até prova em contrário, que foram mesmo os sereres que passaram por Tundi-Daro e lá até permaneceram por algum tempo. Se isso é verdade, deve ser possível verificar buscando os túmulos por meio de escavação sistemática das elevações ao redor. Os sereres enterram seus mortos à maneira dos egípcios, com exceção da mumificação, que teve de ser abandonada em razão da escassez de tecido e sobretudo da mudança das condições de higiene que a ditaram no Egito. Coloca-se acima do túmulo, em vez de uma pirâmide, um telhado cônico de choupana, que é coberto de terra. Nessa região de planície, onde faltam pedras, a construção em material rígido é substituída por construções de palha. Com o tempo o telhado cede e pode

---

69. No Egito, em razão das condições geográficas – ausência de chuva e fecundação da terra pela água "terrestre" do Nilo –, há inversão de sexo no casal divino: o céu é a deusa, a terra é o deus.

desmoronar; mas, em geral, resta um montículo de terra no lugar de um antigo túmulo.

O morto é preparado, vestido, conforme a fortuna dos parentes; ele é introduzido na tumba com seus utensílios domésticos e objetos familiares que utilizava quando vivo, pois, como os egípcios, os sereres pensam que a vida continua além-túmulo do mesmo modo que na terra[70].

Mais uma vez, percebe-se a importância da análise dos fatos etnológicos em matéria de história africana e a certeza relativa que as considerações linguísticas sempre trazem. Vê-se, assim, a vantagem que se pode obter de estudos etnográficos bem-realizados.

A importância dos erros do Dr. Maes, seu estado de espírito, que o faz falsear os problemas antes de os abordar, característica que está longe de ser exclusiva dele, tudo isso destaca ainda mais a necessidade de conhecermos e de tornarmos conhecida nossa cultura, em vez de persistirmos em querer tomar consciência dela apenas por meio de obras ocidentais, o que seria uma contradição. Devemos reter dessas obras todos os fatos reportados com cuidado e objetividade, ao passo que as interpretações – ou seja, os esforços para compreender esses fatos e explicá-los –, para estabelecer relações de causa e efeito entre eles, devem nos inspirar a maior circunspecção[71].

---

70. O hieróglifo que designa o túmulo, em egípcio, é uma pirâmide núbia (grande altura e base reduzida), que se lê *Mr.* O túmulo do mesmo tipo denomina-se *Mbanar*, em serere. Entretanto, entre os uolofes, assim como entre os sereres, os reis são enterrados em poços escondidos, muito profundos, não para evitar que seus corpos sejam seviciados por indivíduos que eles tenham maltratado quando vivos, mas para evitar que uma dinastia rival venha realizar práticas mágicas que aniquilem definitivamente a dinastia dos reis mortos. Os egípcios procediam da mesma maneira e enterravam seus mortos em poços semelhantes, cuja localização também era desconhecida para o público. É de supor, então, que fosse por razões análogas. Vê-se então como, até nos detalhes, a tradição africana poderia lançar nova luz sobre a tradição egípcia.
71. Tundi-Daro é habitada pelos *rimaïbes*. A aldeia está situada à margem nordeste do Lago de Tundi-Daro, cerca de 16km a noroeste de *Niafunké*, capital do Círculo de Issaber, Sudão francês.

No entanto, nosso raciocínio, embora sedutor, peca por uma contradição que poderia ter passado despercebida se não a tivéssemos mostrado. Mas a preocupação com a objetividade, já que buscamos a verdade, obriga-nos, sempre que for o caso, a destacar o fato para que não subsista nenhuma dúvida. São realmente os sereres que ainda praticam o culto encontrado em Tundi-Daro. Mas sua língua, embora seja muito próxima do uolofe e tenha até lhe dado origem, ao que me parece, se considerada no estado atual, não é a língua da qual saiu a expressão Tundi-Daro. Essa expressão é essencialmente uolofe, e não serere. Esse é o fato que merece ser indicado. Se, portanto, não estamos diante de um fenômeno casual, o berço da língua deve ser deslocado para leste, na direção da curva do Níger, na antiga localização de Gana. Ou então a zona de expansão do uolofe cobria uma região muito mais extensa do que hoje: costas do Senegal, curva do Níger, Chade e talvez além. Outros fatos depõem em favor da origem nilótica dos sereres. A cidade sagrada que eles criaram já em sua chegada ao Sine Salum é a cidade de Kaôn. É também o nome de uma cidade egípcia onde se encontraram textos hieroglíficos.

O deus celeste serere, cuja voz é o trovão, chama-se Rog, e muitas vezes se acrescenta *Sen*, qualificativo nacional, dado que Sen é um nome totêmico típico dos sereres. Rog é comparável ao deus egípcio Rá, ou Re, que também era um deus celeste, ao passo que Sen lembra o nome de alguns reis da Núbia, alguns faraós do Egito, como Osorta-Sen, Perib-Sen. Esta observação chama tanto mais a atenção quanto o rei da Núbia, Taherqa, considerava Osorta-Sen seu antepassado. Igualmente, Perib-Sen, por ocasião do seu advento, reabilitou os brasões do Alto Egito. Os faraós Sen, portanto, eram do sul. Enfim, a planície de Sen-aar ou Sin-aar lembra a planície de Sin, no Senegal, habitada pelos sereres. Encontra-se atualmente na África Central um povo que leva o nome de serê, sendo impossível identificá-lo, *a priori*, com os sereres. Mais valeria, aqui, tentar inferir a raiz comum a todos esses nomes.

• *Serê* = homem, em serê-hulê; alterado = *saracolê*;
• *Sara* = os povos do Chade;

- *Serê* = tribos da África Central;
- *Serere* = povo do Senegal.

Ceberia pensar, portanto, que a raiz comum a todos esses nomes seria o termo genérico homem, como é o caso dos bantos: realmente, *Ba-Ntu* = os homens.

- A raiz *Ntu*, do banto, encontra-se em uolofe, em que se tem *Nit* = homem;
- Em egípcio, *Nti* = homem, fulano (Pierret, 1885);
- Em peúle, *Neddo* = homem.

Portanto, essa maneira de designar um povo por um termo genérico que significa homem é geral, na África negra, desde o Egito. Ao sul dos nuers e dos dinka, encontra-se depois dos luoluo (que lembram os lolo do Senegal) uma tribo dos Serê (Baumann; Westermann, 1948a, p. 290).

Segundo o mesmo autor, encontram-se os falli no sul do Chade, ao sul dos kotoko e dos choa. Este último nome lembra o da tribo núbia de Schoat (Baumann; Westermann, 1948a, p. 319-320). Fall é um nome típico do serere.

Enfim, segundo Pierret (1885), serere significa, em egípcio, aquele que determina os limites dos templos. O sentido, de fato, estaria de acordo com o fervor religioso dos sereres, que até agora são um dos raros povos do Senegal ainda não convertidos a uma religião estrangeira moderna.

Segundo Champollion o Jovem, havia no Egito uma casta de sacerdotes de nome *Sen*; ora, nobreza e clero eram da mesma categoria social; por isso houve com frequência reis-sacerdotes.

Vários faraós das primeiras dinastias eram da raça serere, conforme se pode observar por seus nomes:

- o Faraó *Sar*, da 3ª dinastia;
- o Faraó *Sar-Teta*, da 3ª dinastia (cf. Pierret, 1885);
- o Faraó *Perib-Sen*, da 1ª dinastia (5º faraó);
- o Faraó *Osorta-Sen* da 15ª dinastia.

No tempo dessas primeiras dinastias (com exceção do último faraó citado), a raça negra egípcia ainda estava praticamente isenta de mestiçagem, conforme provam os monumentos dessas épocas, que representam um tipo nitidamente negro. Ora, todos os elementos da civilização já estavam elaborados, inclusive a escrita, as ciências (Matemática etc.). Até o fim da civilização egípcia viveu-se das aquisições dessas primeiras dinastias e do período anterior.

Muito tardiamente, as invasões dos hicsos (citas), gregos, persas, romanos, árabes, turcos, vão alterar o tipo egípcio, sendo que este nunca deixou de manter seus traços negros fundamentais (felás modernos; algumas tribos peúles).

Origem dos añis

Os *añis* também parecem ter origem egípcia quando se considera o prenome que sempre acompanha o nome do rei; trata-se de *Amon*, nome de deus egípcio.

- Amon Azenia, rei *añi* que viveu no século XVI;
- Amon Tiffu, rei *añi* do século XVII; um filho desse rei teria sido nobilitado em Versalhes por Luís XIV;
- Amon Aguire, rei *añi* do século XIX; esse rei assinou um tratado de aliança com Luís Filipe (*Encyclopédie Mensuelle d'Outre-mer*, p. 113, 1952).

Seria possível comparar as palavras *Añi*, *Oni*, nome do rei de Ifé; *Oni*, nome de Osíris; *Anu*, nome de uma das raças negras pré-dinásticas do Egito. No *Livro dos mortos* há várias passagens em que o nome de Osíris é seguido pelo étnico *Ani*: Hino de introdução, O julgamento, Hino a Rá quando o sol se levanta, Hino a Osíris...

Origem dos fangs e dos bamuns

Pédrals (1951, p. 347-349) relata que o reverendo Padre Trilles, depois de uma série de estudos, chegou à convicção de que os fangs "estiveram na Etiópia cristã em sua antiga migra-

344

ção"; trata-se do povo mencionado anteriormente que ainda não tinha chegado à costa no século XIX em sua migração de nordeste para sudoeste.

Estudos análogos de D.W. Jeffreys levam a uma aproximação entre os bamuns e os egípcios. Tendo encontrado em diversas obras de egiptologia a relação abutre-faraó e serpente-faraó, depois especialmente o fato apontado por Diodoro de que os sacerdotes da Etiópia e do Egito guardavam uma áspide enrolada em sua mitra, tendo encontrado também diversos exemplos de representações zoomórficas bicéfalas, especialmente no *Livro dos mortos* (Papiro de *Ani*, folha 7), D.W. Jeffreys declara-se convencido de que "o culto bamum do rei deriva do culto egípcio análogo".

Pode-se aproximar dessa constatação de D.W. Jeffreys o fato de um damel do Cayor ter um abutre que era alimentado unicamente de carne humana de escravos, segundo a lenda. Esta provavelmente exagera os fatos ao dizer que, sempre que o abutre lançava gritos de fome no céu, abatia-se um escravo para que o animal comesse suas entranhas. Esse abutre do rei do Cayor (Senegal) tinha o nome de *Geb*. Em egípcio, *Geb* significa a terra, o deus deitado.

Origem dos mouros

Os mouros são árabes vindos do Iêmen por ocasião das invasões islâmicas (século VII). Os muitos manuscritos que eles detêm e que reproduzem cuidadosamente suas árvores genealógicas, a data de emigração a partir do Iêmen provam-no amplamente.

Os mouros valem-se desses manuscritos em todas as circunstâncias. Estão longe de ignorar sua origem. Conhecem-na nos mínimos detalhes e seu testemunho deve ser considerado essencial.

É inútil tentar atribuir-lhes – contrariando esses manuscritos – uma origem e uma antiguidade no continente africano que eles não têm, com o simples objetivo de considerá-los uma parcela da hipotética raça branca que em tempos primitivos teria povoado o Egito e que, gradualmente, teria desaparecido numa longa miscigenação.

VII

Contribuição da Etiópia-Núbia e do Egito para a civilização

Primeiro os etíopes, depois os egípcios, de acordo com o testemunho unânime de todos os antigos, criaram e levaram a um extraordinário grau de desenvolvimento todos os elementos da civilização, ao passo que os outros povos – particularmente os eurasiáticos – estavam mergulhados na barbárie.

Deve-se buscar a explicação para isso nas condições materiais em que o acaso da geografia os colocou já na origem dos tempos. Para a adaptação do homem foi necessária a invenção das ciências, que foi completada pelas da arte e da religião.

Nunca é demais insistir em tudo o que o mundo – em particular o mundo helênico – deve ao mundo egípcio. Os gregos simplesmente retomaram e desenvolveram em certa medida as invenções egípcias, despojando-as, em virtude de suas tendências materialistas, da carapaça religiosa "idealista" que as envolvia. A rudeza da vida nas planícies eurasiáticas parece ter, por um lado, desenvolvido o instinto materialista dos povos que viviam nelas, e por outro lado, forjado valores morais em oposição a valores morais egípcios decorrentes de uma vida coletiva sedentária relativamente fácil e tranquila na medida em que era ordenada por algumas regras sociais. Tanto quanto os egípcios abominam o roubo, o nomadismo e a guerra, nas planícies eurasiáticas essas práticas são consideradas valores morais de primeira ordem. Só pode entrar no valhala, paraíso germânico, o guerreiro que tombou no campo de batalha; entre os egípcios, só pode obter a felicidade o morto que, no Tribunal de Osíris (ilustr. 52), provar que nunca cometeu pecado e que foi caridoso para com os pobres, o que se opõe a todo espírito de rusga e de conquista que em geral caracteriza os povos do norte expulsos, de certo modo, por seu território deserdado pela natureza. Em contrapartida, a existência será tão fácil no Vale do Nilo, verdadeiro fluxo de vida entre dois desertos, que o egípcio tenderá a acreditar que os benefícios da natureza lhe caem do céu. Assim, acabará por adorá-lo sob forma de um ser onipotente, criador de tudo o que existe e provedor dos bens. Seu materialismo primitivo – ou seja, seu vitalismo – passará a ser um materialismo transposto para o céu; um materialismo, por assim dizer, metafísico.

Em contrapartida, os horizontes do grego nunca irão além do homem material e visível, que venceu a natureza hostil. Na terra, tudo gravita em torno dele; o objetivo supremo da arte é fazer sua cópia exata. No "céu", paradoxalmente, só ele será encontrado, com seus defeitos e suas fraquezas terrestres sob as carapaças dos deuses, que nada além da força física o distingue do comum dos mortais. Assim, quando o grego tomar para si o deus egípcio que, ele sim, é um deus de verdade na plena acepção da palavra, provido de todas as perfeições morais que podem decorrer da vida sedentária, quando o grego obtiver esse deus do egípcio, só poderá compreendê-lo e conservá-lo nivelando-o ao homem, reduzindo-o a este. Assim, o panteão adotivo do grego nada mais é do que outra humanidade. É esse antropomorfismo que, nesse caso específico, é simplesmente um materialismo agudo, que caracteriza o espírito grego. O milagre grego propriamente dito não existe, pois, se pretendemos falar do processo de aclimatação dos valores egípcios na Grécia, do qual acabamos de tratar, vemos que este nada tem de milagre no sentido "intelectual" do termo; pode-se no máximo dizer que essa tendência ao materialismo que caracterizará o Ocidente era propícia ao desenvolvimento da ciência.

O gênio profano dos gregos, devido essencialmente à influência das estepes eurasiáticas, e seu débil temperamento religioso possibilitaram entre eles a existência de uma ciência laica, profana, ensinada publicamente por filósofos igualmente profanos, ao invés de uma ciência que fosse o apanágio de um corpo sacerdotal que a guardasse ciosamente, sem difundi-la entre o povo para deixá-la se perder com os transtornos sociais:

> O poder e as dignidades que, em todos os outros lugares, exerciam seu império invisível, ao lado da força das armas, não estavam, entre os gregos, nas mãos de sacerdotes nem de funcionários, mas nas mãos do pesquisador e do pensador. Este podia, como já acontecia visivelmente no caso de Tales, Pitágoras e Empédocles, tornar-se o centro de um círculo situado entre a congregação de uma escola, de uma academia, e a comunidade de vida de uma ordem, aproximando-se mais ora de uma ora de outra, estabelecendo objetivos científicos, morais e políticos e ligando-se para constituir uma tradição filosófica (Aster, 1952, p. 48).

Lá, o ensinamento científico, filosófico era administrado por profanos que em nada distinguiam do povo, a não ser seu nível intelectual ou sua categoria social de aristocratas. Nenhuma aura de santidade os envolvia. Plutarco, em *Ísis e Osíris*, relata que, segundo o testemunho de todos os eruditos e filósofos gregos que foram alunos dos egípcios, estes últimos não gostavam de profanar sua ciência; Sólon, Tales, Platão, Licurgo, Eudoxo, Pitágoras encontraram dificuldades antes de serem iniciados pelos egípcios. Sempre de acordo com Plutarco, de todos esses alunos eruditos dos egípcios, era Pitágoras que eles preferiam, por causa de seu temperamento místico; e, reciprocamente, Pitágoras era um dos gregos que mais veneravam os egípcios. O que precede é a conclusão de uma passagem em que Plutarco mostra o significado esotérico da palavra *Amon*: que é escondido, que é invisível.

É curioso, portanto, como observa Amélineau, que deve se insistir mais na contribuição egípcia para a civilização.

Vi então, e vi claramente, que os sistemas mais famosos da Grécia, especialmente os de Platão e de Aristóteles, tiveram o Egito como berço. Vi também que o belo gênio dos gregos soubera dar às ideias egípcias um revestimento incomparável, sobretudo em Platão; mas pensei que aquilo que apreciaríamos nos gregos não devíamos desprezar ou simplesmente desdenhar nos egípcios. Hoje, quando dois autores colaboram um com o outro, a glória de sua obra comum vai para os dois, indistintamente; não vejo por que a Grécia antiga ficaria com a honra das ideias que recebeu do Egito (Amélineau, 1916, p. 8-9).

Amélineau mostra que, se certas ideias de Platão se tornaram obscuras é porque ele deixou de fazer referência à sua fonte egípcia; por exemplo, as ideias de Platão sobre a criação do mundo pelo demiurgo. Sabe-se, por outro lado, que Pitágoras, Tales, Sólon, Arquimedes, Eratóstenes foram se instruir no próprio Egito, e a lista não para por aí. O Egito era realmente a terra clássica onde foram iniciar-se dois terços dos cientistas e dos filósofos gregos. Na verdade, pode-se dizer que, na época helenística, Alexandria era o centro intelectual do mundo, onde se reuniam todos os eruditos gregos de que nos falam agora. Nunca é demais insistir no fato de que esses eruditos se formaram fora da Grécia, no Egito.

A própria arquitetura grega tem raízes no Egito. Já na 12ª dinastia encontram-se colunas protodóricas (tumbas de Beni Hassan). Os monumentos greco-romanos são miniaturas ao lado dos monumentos egípcios. Sabe-se que a Notre Dame de Paris, com suas torres, facilmente entraria na sala hipostilo do templo de Karnak, mais ainda o Pártenon grego[72].

O gênero da fábula, tipicamente negro – ou cuchita, conforme escreve Lenormant –, que consiste em pôr animais em cena, foi introduzido na Grécia pelo negro egípcio Esopo, inspirador das fábulas de La Fontaine.

---

72. A fisionomia rígida da estátua grega, apesar da anatomia dos membros, distancia-se do realismo latino mais tardio e aproxima-se da serenidade da arte egípcia.

Edgar Poe, em "Pequena conversa com uma múmia" (*Histórias extraordinárias*), dá uma ideia simbólica da amplitude dos conhecimentos científicos e técnicos do Egito antigo.

Heródoto já recebera da parte dos sacerdotes egípcios informações que revelavam a essência matemática da Grande Pirâmide, chamada de Quéops. Vários matemáticos e astrônomos dedicaram, ao estudo dessa pirâmide, obras cujas revelações sensacionais não deixaram de levantar uma onda de contestações, as quais – como era de esperar – não se traduzem sob forma de uma exposição coerente, científica. Sem cair no que se poderia considerar um exagero da piramidologia, é possível citar os seguintes dados:

• Os astrônomos levantaram uma indicação do ano sideral, do ano anomalístico, da precessão dos equinócios indicada por um período de 6 mil anos, ao passo que a astronomia moderna só os conhece para um período de 400 anos (cf. Riffert, 1932).

• Os matemáticos obtiveram o valor exato de π, a distância média exata do Sol à Terra, o diâmetro polar terrestre etc.

Seria possível prolongar esta lista citando dados mais sensacionais. Tantas coincidências poderiam ser produto do acaso? Isso seria inconcebível, conforme escreve Matila C. Ghyka:

> Cada uma dessas propriedades poderia ser uma coincidência; a presença fortuita de seu conjunto seria um feixe de coincidências quase tão improvável quanto as reversões temporárias do segundo princípio da termodinâmica (a água pondo-se a gelar no fogo etc.) imaginadas pelos físicos, ou o milagre dos macacos datilógrafos caro a M. Émile Borel (Ghyka, 1927, p. 345).

Adiante, o mesmo autor acrescenta:

> Entretanto, assim concluída e formulada graças às pesquisas de Dieulafoy, E. Mâle e Lun, a hipótese de Viollet-le-Duc sobre a transmissão de certos diagramas egípcios aos árabes, depois aos cluniacenses por intermédio da escola greco-nestoriana, de Alexandria, é bastante plausível. A Grande Pirâmide, astronomicamente talvez o "gnômon do Grande Ano", seria também o

"metrônomo" cujo acorde harmonioso, às vezes incompreendido, ressoa na arte grega, na arquitetura gótica, na primeira Renascença e em toda arte que descobre, com a "divina proporção", a pulsação da vida (Ghyka, 1927, p. 367-368).

O autor cita também a opinião do Abade Moreux, segundo a qual não se trata, na Grande Pirâmide, do começo "tateante da civilização e da ciência egípcia, mas, antes, do coroamento de uma cultura que chegou a seu apogeu e que, prestes a desaparecer, teria desejado, num gesto de supremo orgulho, legar às civilizações posteriores um testemunho altivo de sua superioridade" (Ghyka, 1927, p. 345).

Tais conhecimentos astronômicos e matemáticos, longe de terem desaparecido totalmente na África negra, deixaram traços que M. Marcel Griaule tem o mérito de ter identificado entre os dogons, por mais assombroso que isso possa parecer atualmente.

Muitas vezes fez-se alusão ao fato de os gregos terem emprestado seus deuses do Egito. Aqui está a prova: "Quase todos os nomes dos deuses vieram do Egito para a Grécia. É muito certo que nos vêm dos bárbaros; convenci-me disso por minhas pesquisas. Creio, portanto, que os recebemos dos egípcios" (Heródoto, livro II, 50).

Bárbaro, aqui, significa estrangeiro, sem nenhuma conotação pejorativa.

Sendo evidência histórica a origem egípcia da civilização e o grande empréstimo que a Grécia fez dele, pode-se indagar, com Amélineau, por que, apesar desses fatos, dá-se ênfase ao papel da Grécia, silenciando cada vez mais o do Egito. Só é possível entender a lógica dessa atitude lembrando o fundo da questão.

Como o Egito é um país de negros e a eles se deve a civilização que lá se desenvolveu, toda tese que pretenda provar o contrário não pode ter futuro; os protagonistas dessas teses têm plena consciência desse fato. Assim, para eles, é mais sábio e mais seguro, pura e simplesmente, e da maneira mais discreta, despojar o Egito de todas as suas criações, em proveito de um povo de origem realmente branca.

Essa falsa atribuição dos valores de um Egito qualificado como branco a uma Grécia igualmente branca revela uma contradição profunda, que está entre as maiores provas da origem negra da civilização egípcia.

Como se vê, o homem de cor[73], ao contrário do que pensa André Siegfried, longe de ser incapaz de suscitar a técnica, foi o primeiro a suscitá-la na pessoa do negro, numa época em que todas as raças brancas, mergulhadas na barbárie, mal estavam aptas à civilização.

Ao dizer que os ancestrais dos negros, os quais vivem hoje principalmente na África negra, foram os primeiros a inventar a matemática, a astronomia, o calendário, as ciências em geral, as artes, a religião, a agricultura, a organização social, a medicina, a escrita, as técnicas, a arquitetura; ao dizer que eles foram os primeiros a erguer construções de 6 mil toneladas de pedra (Grande Pirâmide) como arquitetos e engenheiros – e não só como operários; ao dizer que construíram o imenso Templo de Karnak, floresta de colunas com sua célebre sala hipostilo na qual entraria a Notre Dame e suas torres; ao dizer que esculpiram as primeiras estátuas colossais (Colossos de Mêmnon etc.); ao dizer tudo isso não se está dizendo mais do que a modesta e estrita verdade, que atualmente ninguém é capaz de refutar com argumentos dignos desse nome.

Sendo assim, o negro deve ser capaz de recuperar a continuidade de seu passado histórico nacional, de extrair dele o benefício moral necessário para reconquistar seu lugar no mundo moderno, sem cair nos excessos de um nazismo às avessas, pois a civilização que ele reivindica poderia ter sido criada por qualquer outra raça humana – se é que se pode falar em raça – que estivesse situada num berço tão favorável, tão único.

---

73. Aqui, a expressão *homem de cor* não é sinônimo de negro, mas sim contraposição a *homem branco* [N.T.].

SEGUNDA PARTE

I

Desenvolvimento das línguas

Necessidade de desenvolver as línguas nacionais

Essa necessidade aparece porque há uma preocupação de fazer o africano médio adquirir uma mentalidade moderna (única garantia de adaptação ao mundo técnico) sem ser obrigado a se valer de uma expressão estrangeira (o que seria ilusório).

É mais eficaz desenvolver uma língua nacional do que cultivar artificialmente uma língua estrangeira; um ensinamento que fosse dado numa língua materna permitiria evitar anos de atraso na aquisição do conhecimento. Com muita frequência a expressão estrangeira é como um revestimento estanque que impede ao nosso espírito ter acesso ao conteúdo das palavras, que é a realidade. O desenvolvimento da reflexão dá lugar, então, ao da memória.

No próprio dia em que o jovem africano entra na escola, ele tem senso de lógica suficiente para compreender a parcela de realidade contida na expressão: um ponto que se desloca gera uma linha. Entretanto, como se escolheu ensinar-lhe essa realidade numa língua estrangeira, ele deverá esperar no mínimo 4 a 6 anos, ao fim dos quais terá aprendido vocabulário e gramática suficientes; em suma, terá recebido um instrumento de aquisição do conhecimento para que se possa ensinar-lhe essa porção de realidade.

Pode-se objetar a multiplicidade das línguas na África negra. Mas isso seria se esquecer que a África é um continente, assim como a Europa, a Ásia, a América. Ora, em cada um deles a unidade linguística não foi realizada; por que seria necessário que isso ocorresse na África? A ideia de uma língua africana única, que seja falada de um extremo ao outro do continente, é inconcebível, tanto quanto é, hoje, a de uma língua europeia única.

Na Europa, quem fala inglês, francês e alemão não tem nenhuma dificuldade para se fazer entender em qualquer ponto do continente em que esteja; pode-se esperar chegar a uma situação análoga na África negra.

Se essa perspectiva não é ilusória, será possível, então, determinar as línguas nacionais de amanhã sem risco de ser contraposto pelos acontecimentos? Certamente não, pois essa determinação dependeria de vários fatores dos quais uma parte hoje nos escapa.

É concebível que no dia em que a economia africana estiver nas mãos dos próprios africanos e já não adaptada às condições de exploração, mas às necessidades deles, a concentração demográfica será diferente: as línguas de certas regiões perderão a importância ao passo que as de outras regiões (Guiné Francesa, p. ex.) a ganharão.

Entretanto, pode-se tentar desde já uma seleção preliminar com apoio em fatores como: possibilidades internas da língua, literatura escrita e oral já existente nela, preponderância política e social, potencial de expansão, densidade da população que a fala. É possível, então, fazer trabalhos básicos nas línguas assim selecionadas para reduzir as dificuldades futuras.

Essa tentativa pode esbarrar num obstáculo psicológico: a suscetibilidade regional das minorias bilíngues ou não. O caso é exatamente igual aos do basco, do bretão, do occitano com relação ao francês, por exemplo. Muitas vezes essa suscetibilidade é reforçada pela ideia de que a minoria em questão é estrangeira – etnicamente – com respeito à massa em cujo seio ela se encontra.

Um estudo etnológico e linguístico adequado, revelando um parentesco insuspeito entre os grupos implicados, passa a ter uma importância política e social no sentido de que contribui para aplanar as dificuldades que se opõem à realização da unidade linguística. Esta, longe de ser um fato natural próprio de certos países privilegiados e ausente em outros, aparece como resultado de um esforço oficial e consciente através dos tempos. O francês só pôde impor-se às diferentes províncias por um sufocamento das línguas locais; é importante destacar aqui que não se tratava de dialetos do francês, mas de verdadeiras línguas diferentes da língua francesa; um basco ou um bretão etc. que não aprendeu o francês é incapaz de entender qualquer ideia expressa nessa língua e vice-versa. Aliás, essas línguas conservaram uma literatura que vegeta (literatura provençal, poemas occitanos, poemas bascos...).

A multiplicidade das línguas é, portanto, um problema que foi resolvido em outros lugares, pelo menos praticamente, e que também podemos resolver. Seria possível pensar que as línguas europeias já se tornaram as da maioria nos países colonizados, e que pretender reverter essa unidade linguística embrionária é uma regressão. Essa ilusão é tanto mais grave quanto compartilhada por muitos intelectuais; pois, com exceção de uma minoria nas cidades, as línguas europeias são desconhecidas por toda parte na África, pela simples razão de que o campesinato não é escolarizado. Ora, no atual ritmo da escolarização, seria preciso esperar um século para que o campo fosse realmente alcançado.

Por outro lado, os inconvenientes em querer adotar uma expressão estrangeira não são apenas de ordem prática, mas cultural. Nunca será demais insistir no fato de que o imperialismo cultural é o parafuso de segurança do imperialismo econômico; destruir as bases do primeiro é, portanto, contribuir para a supressão do segundo.

Pode-se pensar que a evolução de uma língua é um fenômeno natural no qual seria ineficaz interferir. Essa concepção é igualmente errônea e perigosa, pois dado que a mola da evolução "natural" da língua é a mentalidade popular, isso equivaleria a condenar a língua a só poder exprimir o que pertence ao domínio dessa mentalidade; em suma, equivale a condenar a língua a se manter concreta.

Depois que a mentalidade popular criou todo o conteúdo da língua, é indispensável aplicar a ela um esforço consciente para elevá-la ao nível da expressão abstrata, intelectual, da ciência e da filosofia.

Em relação ao Ocidente seria possível crer na semelhança com os gauleses em relação à Roma antiga. A vida moderna, com tudo o que ela comporta, como possibilidades de desenvolvimento individual e coletivo, oferece mais meios de reagir do que podia haver na Antiguidade. Por conseguinte, os dados do problema mudaram completamente: este já não é o mesmo, sua natureza se modificou.

Podemos citar os irlandeses, que chegaram a esquecer completamente sua língua materna sob a colonização inglesa e que, por necessidades da causa, conseguiram ressuscitá-la a partir das bibliotecas.

A facilidade com que muitas vezes renunciamos a nossa cultura só se explica pelo desconhecimento que temos dela, e não por uma atitude progressista adotada com conhecimento de causa.

Meios de desenvolver as línguas nacionais

Trata-se de introduzir nas línguas africanas conceitos e modos de expressão capazes de exprimir as ideias científicas e filosóficas do mundo moderno. Tal integração de conceitos e de expressões equivalerá à introdução de uma nova mentalidade na África, à aclimatação da ciência e da filosofia moderna ao solo africano, unicamente pelo meio não imaginário.

Para fazê-lo, podem-se dispor de três fontes de importância desigual:

1ª) Sendo a unidade do egípcio e das línguas africanas um fato que não se pode destruir com argumentos dignos desse nome, os africanos devem construir "humanidades" com base no egípcio antigo, do mesmo modo como fez o Ocidente a partir de uma base greco-latina. *A priori*, seria possível enriquecer uma língua negra qualquer a partir de raízes egípcias.

2ª) Entretanto, o exclusivismo não deveria chegar ao ponto de eliminar as palavras de origem ocidental que já adquiriram direito de cidadania nas nossas línguas. Pode-se dizer que isso acontece toda vez que uma palavra ocidental vai para o cadinho em que é refundida, desde que adaptada a nosso fonetismo.

Exemplo:

• *rue*, assim pronunciada pelos intelectuais negros;

• *ri*, pronúncia popular;

• *fell* = fêlé. Trata-se de um simples encontro?

3ª) Exploração das possibilidades intensas da língua, de seu espírito próprio. Um primeiro arsenal de conceitos se oferece a nós; ele é comum a todas as línguas do mundo. Ao se examinar o vocabulário de uma língua constata-se que a criação de palavras novas não é tão importante quanto se poderia imaginar *a priori*. Sob o imperativo das necessidades intelectuais de expressão, as palavras concretas revestem um sentido extenso, muitas vezes abstrato.

Assim, na maior parte das línguas do mundo, no uolofe em particular, há termos concretos, tais como: corda, arco, raio, ângulo, ápice, linha, setor, esfera, plano, superfície, volume etc.

Enquanto nas línguas ocidentais o desenvolvimento intelectual da sociedade exigiu a extensão do sentido dessas palavras a entidades matemáticas, na África negra, atualmente, o sentido desses termos e de outros semelhantes permanece essencialmente concreto; porém, como se vê, nada nos impede, doravante, de estender convencional-mente o sentido de toda uma parte do nosso vocabulário, a fim de exprimir o universo abstrato; ou seja, científico e filosófico.

Entretanto, nos é forçoso compor palavras novas. Importa, então, estudar o espírito próprio da língua escolhida como exemplo de estudo, analisar as leis de formação de nomes para nos ajus-tarmos a elas em relação aos conceitos que desejamos elaborar.

No caso do uolofe, temos as seguintes possibilidades de for-mação de nomes compostos:

a) verbo + nome			
Ver	+	*Seg*	→ *verseg* = acaso
(dar uma volta)		(cemitério)	
diar	+	*Bât*	→ *diarbât* = sobrinho
(custar)		(pescoço)	
muta	+	*Ayub*	→ *mutaaub* = perfeito
(ser exemplo de)		(defeito)	

b) adjetivo + nome			
ñûl	+	*bîr*	→ *ñûbîr* = cruel
(preto)		(ventre)	
ñâv	+	*ndort*	→ *ñavndort* = cético
(mau)		(opinião)	
néh	+	*dérét*	→ *néhdérét* = alegre
(doce)		(sangue)	

c) verbo + verbo			
fak	+	*Ted*	→ *fakted* = concerne ao vadio
(desimpedir)		(deitar-se)	

d) nome + nome			
dâm	+	bûr	→ dâmbur = escravo do rei (primitivamente)
(escravo)		(rei)	homem livre (depois)

e) onomatopeia + verbo			
fak	=	ted	→ *fafalnâv* = avião
(-)		(voar)	

f) repetição de uma forma verbal			
amâna	+	*ñakâna*	= contingência, probabilidade
(pode existir)		(pode não existir)	

g) repetição de um radical verbal			
dog	+	*dog*	→ *dogdog* = corte
(cortar)		(cortar)	

h) forma imperativa substantivada			
na	+	dây	→ nadây = (que ele venda) = tio (orig., irmão da mãe)
(que ele)		(vender)	

i) demonstrativo + nome			
va	+	D*ur*	→ *vadur* = genitor, pai e mãe
(aqueles)		(engendrar)	*vay* = indivíduo (?) → *va*

j) advérbio + nome		
bari	+	*dolé* → *baridolé* = forte
(muito)		(força)

Todos estes termos, que se tornaram conceitos a ponto de já não se sentir seu caráter de palavra composta quando são empregados, provam que, se forem criadas outras palavras compostas com base nessas mesmas leis, sua concretização ocorrerá de maneira rápida, como as palavras *fafalnâv* (avião), *sahâr* (fumaça, trem), *fétal* (fuzil, de *fêt* = flecha).

Quanto aos termos ocidentais criados a partir de raízes greco-latinas, se nas línguas ocidentais eles se tornam conceitos mais rapidamente pelo fato de nossa ignorância não nos permitir compreender sua natureza de palavras compostas, apresentam o inconveniente de não nos sugerir grande coisa. É diferente quando se extraem as raízes de um vocabulário corrente. Assim, qualquer uolofe médio é capaz de compreender intuitivamente o sentido de *mbari-koñ* (polígono), assim como o termo alemão *Vieleckig* (polígono) seria compreensível para qualquer pessoa de seu povo.

Seria possível pensar que os conceitos científicos das línguas ocidentais exprimem ideias precisas, bem-delimitadas, mas não é isso que ocorre.

Os termos parábola (= que não é uma bola), hipérbole (= que ultrapassa uma bola), elipse (= a que falta algo para ser um círculo) etc. nada têm de particularmente preciso. Se apesar disso eles evocam uma ideia precisa em nossa mente, é porque nos habituaram, desde a escola e durante anos, a associar a esses termos, que em si não significam nada, definições convencionais precisas que lhes dão sentido.

Portanto, a precisão é criada pela definição que acompanha o conceito. Tais definições são possíveis em todas as línguas. Basta subentendê-las para todos os conceitos equivalentes que tivermos criado.

Não é necessário – muitas vezes é até impossível – que os conceitos se ajustem inteiramente. Seu sentido pode coincidir apenas parcialmente. Isso não significa que deixem de ser equivalentes. Por exemplo, a palavra uolofe *yab* (= pôr em ordem, no interior) conviria para expressar o conceito de estrutura atômica, a constituição interna do átomo. Mas seria um equívoco exigir que se pudesse empregá-la sempre que se usa a palavra "constituição". Em compensação, *yab* será aplicada num domínio diferente da realidade, mas igualmente importante, e no qual o termo "constituição" seria impróprio.

Há conceitos que é impossível tentar traduzir literalmente. É o caso de "cálculo" = pedrinha (etimologicamente), porque os latinos contavam com pedrinhas, e de "geometria" = medida da terra, porque essa ciência surgiu da medição praticada pelos egípcios.

Há conceitos cujo sentido está ultrapassado, mas que continuam sendo empregados. É o caso de "átomo" = indivisível, porque a filosofia antiga supunha a existência de um termo simples da divisibilidade da matéria. A noção de átomo deixou de ser uma hipótese filosófica para entrar na realidade com a física moderna. Sua cisão até foi realizada; e o termo, que foi inventado por Demócrito e que se tornou impróprio, continua sendo empregado com outro significado. A palavra uolofe que poderia resumir toda essa noção de átomo é o termo *haréfulvôn* = que foi indivisível.

Vê-se então que as línguas africanas estão longe de ter uma "pobreza natural", e que basta aplicar a elas um empenho comparável ao que se aplica às línguas ocidentais para que atendam às exigências da vida moderna.

Seria possível objetar que um conceito como campo eletromagnético, ou potência de um ponto em relação à circunferência etc., mesmo que adequadamente traduzido para o uolofe, nada evoca em mentes incultas. Diríamos que a mesma observação poderia ser feita com respeito ao Ocidente. O que se esquece é que os conceitos não são expressões naturais, mas termos de cultura, às vezes de grau muito elevado, que se apoiam uns nos outros. Forma-se então uma corrente intelectual de conceitos hierarquizados, de tal modo que se torna impossível compreender diretamente os termos superiores sem passar antes pelos termos inferiores, quer se trate de um negro da África ou de um europeu.

Tal desenvolvimento das línguas é inseparável de traduções de obras estrangeiras de todo tipo (poesia, canto, romance, peça de teatro, obra de filosofia, de matemática, de ciências, de história etc.).

Também é inseparável da criação de uma literatura africana moderna, que será então necessariamente educativa, militante e essencialmente destinada às massas. Mas implica, acima de tudo, a aquisição de uma disciplina intelectual que permita aceitar cada vez com menos resistência os neologismos indispensáveis.

II

Traduções

Este capítulo é dedicado à demonstração da possibilidade de traduzir para uma língua africana qualquer, e para o uolofe em particular, todos os aspectos da realidade do mundo moderno.

De conceitos matemáticos

Noções preliminares

Ponto, linha, plano = *tombe, red, mâsalé*

Superfície, volume = *yàtu-yâtu* (*ay*), *embka*

Eixo, sentido, semirreta = *digel, diohhañ, hâd, hâd-ndub*

Ângulo = *koñ*

Ângulo adjacente = *puhtel bokvet*

Ângulo reto = *puhtel dub*

Ângulo agudo = *puhtel hat*

Ângulo obtuso = *puhtel lañ*

Ângulo complementar = *motlénté*

Ângulo suplementar = *yôkalénté*

Triângulos: *Niatkoñ*

Lado: *vet*

Altura: *kavéay*

Ângulo: *puhtel*

Mediana: *dâr-dig*

Vértice: *pud*

Hipotenusa: *danokkoñdub*
Bissetriz: *sédalé puhtél*
Mediatriz: *makdigred*
Ortocentro: *tasébkavéây*

Tipos de triângulos: *Gîr i ñiatkoñ*
Triângulo isósceles: *yaarivetyam*
Triângulo retângulo: *koñdub*
Triângulo equilátero: *vetyam*
Triângulo escaleno: *yamadi*

Linhas retas e ângulos
Retas paralelas: *ndublang*
Ângulos alternos internos: *dialavlebir*
Alterno externo: *dialavlebiti*
Ângulos correspondentes: *bokdémé, and*
Quadrilátero: *ñiéntvet*
Paralelogramo retângulo: *vetlanglang*
Retângulo: *dubkoñ*
Losango: *carré doy*
Quadrado: *carré*
Trapézio: *ñiarivétlang*
Diagonal: *av galén*
Simetria: *safânô*
Simétrico com relação a um ponto: *safânô dékar lé'b tomb*
Simétrico com relação a uma reta: *safânô dékar lé'v red*
Simétrico com relação a um plano: *safânô dékar lé'g mâsalé*

Círculo, circunferência: *Mbege*
Círculo: *mbege*
Circunferência: *mbege gudây*
Centro: *dig*
Raio: *teñér*
Corda: *bum*

Diâmetro: *bumdig*
Arco: *hala*
Tangente: *félasu*

Medida dos ângulos: *Nat koñ*
Ângulo no centro: *puhtel digal*
Interceptar um arco: *dog hala*
Transferidor: *nattukaï*
Ângulo inscrito: *pud tîmbege, koñ bindu*
Ângulos opostos: *dekerlé*

Transformação: *Sopi*
Homotetia: *sopiîn*
Homotetia direta: *sopiîn dub*
Relação de homotetia: *demehin bi, sopihine*
Homotetia indireta: *sopihine dialarbiku*
Potência de um ponto com relação a um círculo: *Katten nug tomb dublu tigmbégé*

Geometria analítica: *Kanam déhu*
Número real: *lim amu*
Número imaginário: *lim dénêr*

Trinômio e equação do segundo grau: *Niat dog; dog niat; ya ma lè'g niarel bi a*d

Coeficiente	Ngung
Raiz	*Rén*
Sinal do trinômio	*Diohañ udbognia*
Coordenada cartesiana	*Hamèkây i Descarte (valla) hamèkây makârall*
Eixo	*Digel*
Origem	*Tosân*
Coordenada	*Nhamikây*
Abscissa	*Lall (gi)*
Ordenada	*Ad (gi)*
Projeção ortogonal	*Takandërall diub*

Projeção oblíqua	*Takandërall doy*
Declive	*Mbartal*
Coeficiente angular	*Ngungul puhtel*
Área de um triângulo	*Yatuyatu ñiatikoñ*
A curva e sua equação	*Ndeng'a kuk yamalèm*
Reta	*Red*
Cônica	*Ndurélugdank*
Elipse	*Mbegetapendâr*
Hipérbole	*Haladumôyônté*
Parábola	*Hala, hon*
Curva algébrica	*Ndeng alcébar, ndeng dohañu*
Curva transcendente	*Ndeng alcébarul*
Coordenadas polares	*Hamikây dotu*
Polo	*Dott*
Raio vetor	*Teñer dayobu demu*
Normal	*Mak* (av)
Tangente	*Félasu*
Subnormal	*Ron mak*
Subtangente	*Ron félasu*
Inversão	*Dialerbiku*
Polo de inversão	*Dott' ub dialarbi*
Potência	*Kattan, ngôra*
Vértice	*Pud*
Tangente ao vértice	*Felasu'k pud*
Hipérbole equilátera	*Hala dumôyumak*
Hipérboles conjugadas	*Hala dumôyuného*
Assíntota	*Nammlalût, nammdotul*
Secção cônica	*Dog nduru dank*
Diretriz	*Vomatgi*
Foco	*Tâlbi*
Excentricidade	*Moydig, tapndàral*
Polar	*Dotu*
Divisão harmônica	*Sédalé bu dégö*
Eixo radical	*Digall rênu*
Esfera	*Temb*
Elipsoide	*Domimbégétapandâr*

Coeficiente	Ngung
Hipérbole de uma folha	*Haladumôyônté ben lal, ven dall*
Coordenada esférica	*Hamikây tembu*
Coordenada semipolar	*Hamikâay dotugénvall*
Determinante	*Dêgkat*
Coluna	*Kénu, vaté*
Linha	*Red*
Ângulo de duas retas	*Koñ ub ñâri ndub*
Distância de um ponto a uma reta	*Soré'b tomb aku red*
Feixe de retas	*Tak'ub red, dum'ub red*
Quadrilátero completo	*Netñént mât*
Ponto no infinito	*Tomb ta gapôdiku*
Reta do infinito	*Red'u gapôdiku*
Ponto cíclico	*Tombidem délosi, tom tedu*
Reta isótropa	*Red makârlô gbopam*
Método de aproximação de Newton	*Verndombo u Newton*
Método das partes proporcionais	*Ter yu démantè yi*
Pontos múltiplos	*Tomb baril*
Ponto duplo	*Tomb ful*
Ponto de reversão	*Tomb dem dik, tomb démdéluginâv*
Teoria das envolventes	*Faramfaté'p embyi*
Curvatura	*Dengây, ndengîn*
Evoluta	*Embemak yi*
Retificação de uma curva	*Dubanti ndeng, hayma'v deng*
Área limitada por uma curva	*Yâtu gu ndeng dég*
Volume de uma superfície de revolução	*Kembakal yâtu'g dargandal*
Centro nas cônicas	*Dig ti durélu dank'yi*
Diâmetro nas cônicas	*Bumbiu ti durélu dank'yi*
Diâmetro singular	*Bumdigu vêt*
Redução da equação do segundo grau	*Folèt yamlél'g ñiarél bi ad*
Teorema de Rolle	*Vônévu'g Rolle*
Máximo relativo, local	*Maggi yék adu barabal, dendandô*
Mínimo relativo (local)	*Yes gi vat barabal, déndandô*
A derivada de uma constante é zero	*Selalu'g sa tus la*
Intervalo (A, B)	*Diganté (A, B)*
Derivada	*Sel, ses*

Hipótese	Vah dîtel; halât dîtal
Recíproca	Degsafânu
Função	Adu, sopiku
Função contínua	Sopiku (ag) dogul
Função descontínua	Sopiku (ag) dogna
Função primitiva	Sopiku (ag) dek
Corolário	Deg vétal
Função derivável	Sopiku sélu
Função crescente	Sopiku mag
Função decrescente	Sopiku vañiku
Estudo de uma função na vizinhança de um ponto	Ndang um sopiku ti vetu'b tomb
Posição da curva em relação à tangente em um de seus pontos	Tahavâyu'b ndengvi nam demè'g felasugi tuké ti benn ty tomb'am
Ponto de inflexão	Tomb'üb taddây
Ponto múltiplo	Tomb doh bari
Ponto duplo	Tomb dârat
Convexidade	Hugi, norèbîti
Concavidade	Dôh, norèbîti
Desenvolvimento limitado	Téhañi gapu
Coeficiente de desenvolvimento	Ngungûl téhañi bi
Função limitada	Sopiku paku
Derivada primeira, segunda, enésima	Sel bénél, ñarèl, nangamèl
Cosseno hiperbólico	Tedîn hala dumôyu
Seno hiperbólico	Tahavîn hala dimôyu
Função par	Sapiku tôlul
Função ímpar	Sopiku tôl
Tangente hiperbólica	Félasu hala dumôyônté
Função infinita	Sopiku gapôdiku
Ramo infinito	Banhâs gapôdiku
Busca de uma direção assintótica	Vutu'g dublu'g namm dotul
Assíntota oblíqua	Namm dotul dènga
Assíntota cúbica	Namm dotul ñatkâl
Curva definida parametricamente	Ndeng vi tohu kat bi dég
Arco seno	Hala tahavin
Infinitamente pequeno	Tûti gapôdiku
Infinitamente grande	Mak gapôdiku

369

Coeficiente	Ngung
Forma indeterminada	*Bind mânavôdiku*
Infinitamente pequeno principal	*Tûti gapôdiku fulavu*
Infinitamente pequeno comparável	*Tûti gapôdiku tolalovu*
Infinitamente pequeno de ordem P em relação à parte principal	*Tûti gapôdiku ker P ti ab démèm ag vall gi fulavu*
Ordem de um infinitamente pequeno ou grande	*Ker ug tûti gapôdiku valla mak gapôdiku*
Desenvolvimento de um infinitamente pequeno conforme as potências crescentes do infinitamente pequeno principal	*Téharñi'b tûti gapôdiku topâ kattan maggi tûti gapôdiku fulau bi*
Crescimento comparado das funções de potência x	*Magg tekelé'g sopiku i (A)x...*
Limite de uma função	*Gap up sôpiku*
Função de várias variáveis	*Sopiku bari sopikukat*
Notação de Lagrange	*Takînu Lagrange*
Crescimento infinito	*Yoku déhul*
Função multiforme	*Sôpiku barè binda*
Função implícita	*Sôpiku binduvâlé, luhu*
Cálculo vetorial	*Hayma'b demu*
Noção de vetor	*Manam demu*
Intensidade	*Tarây*
Direção	*Dublu*
Sentido	*Dem*
Vetores ligados	*Demu yu tahô*
Vetores deslizantes	*Demu yu barastiku*
Vetores livres	*Demu yu dâmbur*
Extremidade	*Tat*
Módulo	*Sèbrè*
Suporte	*Dastandiku-vi*
Linha de ação	*Ndefka vi*
Vetores equipolentes	*Demu leng safâno*
Relação de dois vetores paralelos	*Demè'b ñari demu langa*
Relação de Shall	*Doté b Shall*
Associação da adição geométrica	*Mbôtayô'g boolé kanam yi*
Componentes de um vetor	*Sosandô*
Vetor unitário	*Demu sèbrè, bennal*

Componentes internos, externos	*Nèkado v biral, bitil*
Propriedade do produto escalar	*Bâhu'b baril demuvul, limu*
Equação normal	*Yamalè dâdu*
Consideremos a função *m* = *m* (*u*); quando *u* varia, *m* descreve um arco de curva chamado indicatriz	*Donté sopèku m=m (u) dè sopèku m di di red hala'g ndeng gu tudd vonèkat*
Análise vetorial	*Yèbi'g demu*
Derivada vetorial de 1ª, 2ª, enésima ordem	*Sélal demu'b bénèl, ñarèl, nangamèli ker*
O vetor velocidade $dm/_{du}$ tem significado geométrico	*Demug hélal amna' tèki'b kanamal*
Geralmente a tangente se define por um vetor diretor unitário	*Li ti ep felasu gi ñung koy dégé demug vonékat bènnkésél*
O arco e a corda correspondente são equivalentes infinitamente pequenos	*Hala gé'g bum gi mu méngôl ay tûti gapodiku yu véti kô la ñu*
Cosseno diretor da tangente orientada	*Tedel vomatkat u félasu gu gindiku*
Plano normal	*Mâsalè makarâl*
Indicatriz das tangentes	*Vonékatu félasu yi*
Normal principal	*Makãral fayda vu*

De conceitos científicos: física e química

Vocabulário científico

Termodinâmica	*Tangedolel*
Unidade mecânica	*Bennkésèl dôlérandu*
Unidades	*Vennkésèl; natu(ay)*
Superfície	*Yâruvây*
Volume	*Kembây*
Velocidade	*Gavkésèl, hel*
Aceleração	*Hîrel*
Força	*Dôlé*
Trabalho	*Ligêy*
Potência	*Karanhéf, ngora*
Pressão atmosférica	*Nad ub ngélavli*
Temperatura	*Yègu tangây*
Condutibilidade calorífica	*Vomatînu tangây*
Termômetro	*(Ag) Nattangây*

Termodinâmica	Tangedolel
Temperatura absoluta	Yégutangây dendendôvul
Zero absoluto	Tus dendendôvul
Dilatação	Foki, Funki
Quantidade de calor	Dayo'b tangây
Calor específico	Tangâyu bopam
Calor de fusão	Tangây u ruy
Calor de evaporação	Tangây u tolôl
Calor latente	Tangây nélav, nebu
Radiação	Téñéral
Superfície isotérmica	Yâtuvây yemtangây
Regime permanente	Dohîn fav
Resistência térmica	Degerlu tangây
Calorífugo	Denttangây
Isolar termicamente	Ber ti'v tangây
Condição de um corpo	Nékîn u yarem
Corpo homogêneo	Yaram genngîr
Corpo heterogêneo	Yaram barigir
Equilíbrio termodinâmico	Dengadi'g tengedôlèl
Variável independente	Sopikukat aduvul
Adiabático	Dagôg biti, dchévulfabul
Equação do estado dos gases	Yamaleg nékînu gélavyi
Mistura dos gases perfeitos	Ndahasum gélav mutayup
Transformação infinitamente pequena	Binduvat tut gapôdiku
Trabalho das pressões numa transformação	Ligèyu'p nadyi ti'g binduvat
Reversível, irreversível, finita	Vangeṁikuvu, vangaṁikôdiku, déhu
Pressão de um gás	Nadu gîl
Gás	Ngëlav ou mais exatamente Gîl
Conservação do trabalho	Réredi'g ligèy
Máquina simples	Vutuloho vayafmbir
Polia, cabrestante	Siga, Sigagengelo
Energia potencial	Katan embu
Energia cinética	Katan imbiku
Força de atrito	Dôléy rîsu
Equivalência de calor e do trabalho	Vétikônté'g tangây ak ligèy

Variação da energia interna	*Sopiku'g katan bîral*
Energia calorífica	*Katan ditangây*
Calor total ou entalpia	*Tangây vép*
Calorímetro	*Natdayotangây*
Conservação da energia	*Réredi'g katan*
Coeficiente calorimétrico	*Ngungul tangâynatukay*
Transformação adiabática	*Binduvat dagôgbiti*
Rendimento de um motor térmico	*Délôb dohalkatup tangây*
Ciclo de Carnot	*Depnègup Carnot, tedu'g Carnot*
Entropia	*Manaamupdalahu*
Fluido homogêneo	*Davdavan géngîral*
Compressão adiabática de um líquido	*Nad dagôgbitig davdavan*
Teoria cinética dos gases	*Faramfaté imbikuvu'g gîlyi*
Hipótese molecular	*Fogdîtalu vèsoful*
Livre percurso médio	*Ngendabariv dohdadévul*
Velocidade eficaz	*Hél dikdara*
Estatística	*Limbaré*
Movimento browniano	*Daluhu'b Brown*
Equipartição de energia	*Sédéléyém'ub katan*
Viscosidade dos gases	*Ratahàyub gélèvyi*
Condutibilidade calorífica	*Vomatînutangâye*
Gases reais	*Gélèvedegdegyi*
Covolume	*Kembâylenn*
Estados metaestáveis	*Nékinehavatahavadi*
Pressões internas	*Nadubîr*
Calor específico	*Tangâyu bopom*
Fugacidade	*Rôyett*
Título	*Kôd*
Concentração em volume	*Farâye*
Molaridade	*Vésôfulem*
Relação molar	*Déméb vésôful*
Ebuliômetro	*Natbah*
Criometria	*Natsèd*
Pressão osmótica	*Nadmanh*
Calor de dissolução	*Tngâyu tasmbôtây*
Atividade	*Ndahlaf*

Termodinâmica	Tangedolel
Transformação alotrópica dos sólidos	Binduvât u birumélo'y deger yi
Evaporação	Tôlâl
Pressão de vapor	Nadub tolô
Sublimação	Sédtôlôl
Fenômenos capilares	Fêñféñtôlomal
Tensão superficial	Dendtondal
Irradiação térmica	Tangây ténêral
Poder emissor	Mammanâb yônêm
Densidade da energia	Raddu'g katan
Radiação	Témêral
Fluxo luminoso	Valu'm lêr
Intensidade	Tarây
Pirometria	Natsafara

Eletricidade	Mbed
Eletrização	Mbedel
Condutor elétrico	Vomatukây'u mbed
Isolante	Berkat
Atração e repulsão	Vôtal, bemeh
Eletricidade positiva e negativa	Mbedknamal, ganâval
Eletroscópio	Betub mbed
Carga elétrica	Sefu'b (yânu'b) mbed
Elétrons	Mbed pépal, mbed fépal
Campo elétrico	Tôlu mbed
Linha de forças	Redi dôlé
Potencial, fluxo de força	Embu, ad, valu'm dôlé
Trabalho de um deslocamento	Ligéyu randatu
Superfície equipotencial	Yâtu yem embad
Diagrama elétrico	Ndeng mbedel
Esfera eletrizada	Temb mbedu
Densidade superficial	Radu tonde
Máquina eletrostática	Vatuloho'b mbedtékêral
Capacidade elétrica	Dêfdéf mbedel
Condensador	Vayalkatgi
Tensão eletrostática	Dendu'g mbedtékêral

Meio dielétrico	Digenté lankmbed
Eletrômetro, montagem heterostática	Nat mbed, vé rahtékêral
Eletrômetro, montagem idiostática	Vé vènntékéral
Corrente elétrica permanente estacionária	Davâne mbedu, favu, tèkal
Intensidade de corrente	Taru'g davâne
Condutividade	Davalîn vi
Resistividade	Teyévîn vi
Sentido da corrente	Diublu'g davân gi
Correntes derivadas	Dvân sél
Resistência	Téyé
Ponte	Sala
Termômetro de resistência	Nattangây'ug teyé
Bolômetro	Tembnat
Método de oposição	Ligéyînu dékerlé
Potenciômetro	Nat embad
Efeito térmico da corrente	Sababtangu davân
Lei de Joule	Atêb Jul (Sûl)
Fusível	Rouyekatbi
Amperímetro	Nat Ampère, nat tarây
Voltímetro	Nat volt, nat vuté emad
Fotômetro	Nat lêr
Radiação	Ténêral
Fluxo	Val
Dissociação eletrolítica	Tassmbôtay mbedndohal
Íons	Harêfulvôn fépret
Equivalente eletroquímico	Vèt (mengô) mbedyaramal
Eletrólise	Mbedndohuvu
Polarização	Dotal
Condutibilidade equivalente	Vomâtîne vétikuvu
Mobilidade dos íons	Tahafadi'b (boyboyânu'b) Harêful fepret
Número de transporte	Limu'b yobu
Galvanoplastia	Hôb
Energia eletromagnética	Katan mbedhetu
Energia mútua	Katan yârivet
Relé	Av

Eletricidade	Mbed
Unidades	*Bène késsêl, bèn nên, vèn kessel, vén nénal*
Comprimento	*Guday*
Massa	*Laf*
Tempo	*Damano*
Dimensão	*Dayo yi*
Velocidade de movimento uniforme	*Hélu dohmâssé*
Centímetro, grama, segundo	*Témêrelu'b métar, grãm, sa*
Velocidade	*Hel*
Aceleração	*Hîral*
Força, dine	*Dôlé, dîne*
Trabalho	*Ligêy*
Potência	*Katansâ*
Carga elétrica	*Yann mbedlu*
Densidade superficial	*Rad tondel*
Motor de corrente contínua	*Dohalkat davânsafanavul*
Par motor	*Sêh safâno dohalkat*
Pulsação	*Ab véhh*
Frequência	*Barâly*
Alternador monofásico	*Safânkat vènvéhhin*
Indutor	*Durkatbi, dugalkat, diôkat bi*
Induzido	*Ndurêlgi, dugukat, diuki gi*
Rotor	*Vendêlukatbi*
Período	*Depnêg*
Correntes polifásicas	*Davân barivéhh, ravâté*
Corrente alternada	*Davân safânu*
Motor assíncrono	*Dohhol démandovul*
Transformador	*Sopîkat, bindâkat*
Circuito primário, secundário	*Ndombo dek, ndombo tégu*
Queda de tensão	*Yulu'b dend*
Vibração eletromagnética	*Sénd mbedhetal*
Propagação	*Daldalât*
Corrente de convecção	*Dâvan yêgvat*
Lâmpada tríade	*Léral niatal*
Corrente de saturação	*Davân tôh*
Ânodo, cátodo	*Yégu, vatu*

Retificador de corrente	*Diubanti davân*
Lâmpada de grelha	*Lampu giryâs*
Característica da placa	*Dikoy dallvi*
Amplificador de ressonância	*Yokekat sabandô*
Alta frequência	*Barây kavé*
Circuito oscilante	*Ndombo déngdéngân*
Telefone, microfone	*Vahsori, vahsufé*
Raios catódicos	*Ténêri vatukaybi*
Oscilógrafo catódico	*Iohkatu vatukaybi, bindloh*
Descarga nos tubos luminescentes	*Sipi tisolomyu hûy yi*
Arco elétrico	*Hala mbedu*
Força eletromotriz	*Dolé mbeddohal*
Pilha	*Ab tégélé*
Eletrodos de hidrogênio	*Mbed diaru dur ndohal*
Eletrodos calomelanos	*Mbed dâr'u calomel*
Atividade de um eletrólito	*Ndiahlaful mbednodohal*
Energia livre	*Katan tambâbalu*
Coeficiente de atividade	*Ngungum'g ndiahlaf*
Polarização das pilhas	*Dotu'b tégélé*
Acumuladores	*Dadalékat*
Ímãs permanentes	*Hetkat fâv*
Magnetostático	*Manêto tékêral*
Polo Norte, Polo Sul	*Dot bedganâr, dot bed sîne*
Atração e repulsão entre ímãs	*Niôdenté, bemehentéb, b hetkat*
Carga magnética	*Sefhetu*
Dubleto magnético	*Ful hetu*
Força magnética	*Dôle hetu*
Campo magnético	*Tolu'b hetu*
Momento magnético	*Dîkoy hetu*
Intensidade de imantação	*Tarâyu'b hetuvôm*
Ímã uniforme	*Hetkat mâssé*
Indução magnética	*Diô'g hetu*
Folheto magnético	*Hobus hetu*
Energia potencial de um folheto	*Katan embu'b as hob*
Solenoide	*Tahâr*
Autoindução	*Saktîbîr, diurtibîr, dioôtisabîr*

Eletricidade	Mbed
Permeabilidade	Sènn
Histerese	Dès
Circuito magnético	Ndombo hetu
Força magnetomotriz	Dôléyi hetdohal
Entreferro	Digéntevèñ
Eletroímã: • sensibilidade • sistema astático • shunt	Mbedhet: • (As) yeg • Yab tathravul • Têgi
Galvanômetro de bobina móvel	Nat tarây, nat galva kâdar vendélu
Oscilação da bobina	Dingdingân y kadar
Fluxômetro	Nat val
Amperímetro	Nat ampèr
Voltímetro	Nat volt

Química geral	Simidadal
Teoria atômica	Faramtê'b harêful yi
Lei da conservação das massas	Atébi yi dentulaf
A soma das massas dos corpos formados no decorrer de uma reação química é igual à soma das massas dos produtos da reação	Mbolême lafi yaram yi sosu ti dugunté'b yaramal mingi yama g mbolèn lafi yaram yi diâlbénga
Lei da conservação dos corpos simples	Atèb dentu'g yaram yi voyof solo
Lei das proporções definidas em peso	Atèb terterât dégu yi tib disây
A proporção segundo a qual dois corpos simples podem se unir formando uma espécie química não é suscetível de variação química	Terterâtbi ñâri yaram voyof solo di duganté ndah dur vanèn hèti yaramal manula sôpiku sôpiku bu dagôdiku
Lei das proporções múltiplas	Atèb terterât yi bari
Lei das combinações gasosas	Atèb gîl yi fonô
Descontinuidade da matéria	Dagug lambu dad
Hipótese molecular, átomos	Vahdîtalu'g véssôful, harêful
A molécula de um corpo simples ou de um corpo composto é a partícula última desse corpo suscetível de existir em estado isolado	Vèssôfulu yaram vayof solo vala yaram fonô móy ndagit su mud sa ti yaram vovo, vi manâ nek béru
O movimento browniano	Dalahu Brown

Símbolo químico, os equivalentes	Missâl yaramal, vétiko yi
Os números proporcionais	Lim yi terterâtal
Alotropia	Vûtékbîr
Pesos atômicos e moleculares	Dissâyu'b harèful, véssôful
Átomo-grama, molécula-grama	Haréful, véssôful
Volume molecular	Kembâyu'l véssôful
Tonometria, ebuliometria, criometria	Nat bes, nat bah, nat sèd
Os calores específicos	Tangâyu bopam
Isomorfismo	Bokdundâ
A teoria dos íons	Faramfatê harêful
A eletrovalência, a valência-grama	Mbedlonk, lonk gram
Grau de dissociação	Agub tassu'b mbotây
Eletrólitos fortes, fracos	Mbed ndohal dôlévu, nevdôlé
Elétrons negativos, elétrons positivos	Harêful féprêt, bemehgkat, côtalkat
Meio reacional, solubilidade	Barabu'bdugan, sôyin
Dupla decomposição	Fulu'b foniku
Neutralização das ações ácidas pelas bases	Damburalal honghal yi ag bahâl yi
Hidrólises	Tassag ndoh
Misturas heterogêneas	Diahas barigir
Misturas homogêneas	Diahas génegir
Emulsões	Fât
Corpos puros	Vèn yaram
Fracionamento, dissolução fracionada	Valâtal, sôyolu'b vâlâtal
Cristalização fracionada	Dundelu'b valâtal
Solidificação	Degerel
Esgotamento por solventes	Déhdel aki nãnkat, sôyalkat
Destilação fracionada	Tog, tôlal, valâtal, soyal
Misturas azeotrópicas	Ndiahas nâvando
Dissolução, adsorção, difusão	Sôyal, tagal, vutilfuné
Combinações moleculares	Fonô'b vésôful
Os complexos	Dîsmbir yi
Solubilidade, curva de solubilidade	Soyîn, ndengu, soyîn
Saturação de uma solução	Nânatulu'b sôyal
Solução supersaturada	Sôyal vèsnânatul
Cristalização de uma solução	Dundalu'b sôyal
Salina aquosa, eutética	Bu horamu ndohu, rafet binda, diékbinda
Hidratos salinos	Ndohal horamu

Química geral	Simidadal
Água de constituição, água de hidratação	Ndohu'm yab, ndohum ndohal
Teoria de Werner, índices de coordenação	Faramfaté'b Werner, dohañùb andlo
Símbolos moleculares, fórmulas planas	Mânam vésôful, tenka masalèl
Fórmulas brutas, fórmulas iônicas	Tenka ratahalèsuko, tenka ful, fepreta
Adição, substituição, radicais	Mbôlé, vutu, renal
Grupamentos funcionais	Dadalôyu sopikukatal yi
Valência dos elementos e dos radicais	Lonkùb déhîtyé'g rènal yi
Equivalentes	Mengô
Eletrovalência, coordenação	Mbedlonk, mbokfêp
Isomeria constitucional	Boktenk tig yab
Isomeria de posição	Boktenk tib tahavây
Tautomeria	Yaram tenkñâral
Migração de átomos, transposições	Mangu'bharéfulvôn, tohubarab
Refração molecular	Damu'g vésôful
Parachor	Embdenda
Poder rotatório magnético	Manmanu'b dargandal hetal
Diamagnetismo, momento elétrico	Safân-het, yangud mbed
Paramagnetismo	Dohañ het
Estereoquímica, representação tetraédrica	Davvyaramal, tahavalu'b ñinti mâsalé
Princípio da ligação móvel	Tampu'g takôb boydoyân
Polimorfismo molecular	Baribindu'b vésôful
Teoria das tensões, isomeria ciclânica	Faramfatéb déndu yi, boktenk tedu
Isomeria óptica, carbono assimétrico	Boktenk betal, lakku dékérlodi
Polarização rotatória	Dotal dargandalu
Dissimetria de estrutura	Dékérlôdi'b bindbîr
Impedimento estérico	Téré (fél) dugenté
Racêmico, desdobramento	Fulal
Isótopo	Vûté'b disãy; vûtéb sâl
Espectrógrafo de massa	Redhonu'g laf
Espectro atômico e molecular	Honu'g haréful, honu'g vésôful
Spin nuclear	Dublu'g sâl
Transmutação	Démét yi

Radioatividade	*Yebikul sa bop (tasal sa bop)*
Radiação radioativa, raios	*Ténéral tasobopal, ténèr*
Equilíbrio radioativo	*Déngadifen tassebopal*
Energia de desintegração	*Katannu'g yékibu*
Nêutron, dêuton, próton, fóton	*Yannuvul si, fepdis, fepsâlal, feplêr*
Materialização dos fótons: posição, negação	*Lambdadalu'b feplêr yi: kanamal, nganavalsî*
Raios cósmicos	*Ténêr dadnékal*
Radioatividade artificial	*Yékibul sabop dabla, gu ñu saka*
Eletrômetro	*Natmbed*
Espécie química, domínio de pureza	*Hêt yaramal, mômélu'k kôduvul*
Constantes físicas	*Sahsah y bitil*
Análise imediata	*Dèh budek (fisâsi)*
Análise qualitativa, quantitativa	*Dèhu'b diko yi, dèhu'b dayô*
Corpos compostos, corpos simples	*Yaram fonô, yaram vem*
Elemento	*Benal*
Elementos	*Vénal yi, déhît yi*

Os equilíbrios químicos	Dengadil i simi
Equilíbrio móvel	*Dengadi boybôyân (tahavul)*
Componentes independentes	*Yabyab aduvul*
Potenciais químicos	*Emad, yaramal yi*
Equação de equilíbrio de uma fase	*Yamalé'g dengadi'b tolutolu*
Variância de um sistema	*Sopikuvâtu'g tabah*
Lei das fases	*Atè'b tolutolu yi*
Sistemas de primeira ordem, segunda...	*Tabahu'g bénêlu ker, ñârélu*
Transformações alotrópicas	*Binduvâtu mélovbîr*
Soluções salinas	*Soyâm h Retas paralelas: ndublang* *Orom*
Curvas crioscópicas	*Ndeng sednat*
Ponto de eutética	*Tomb rafèt*
Ponto de transição	*Tombu'b dalu*
Misturas binárias: líquidos, sólidos	*Ndahas ñârâl: davdavânal, degerel*
Análise térmica	*Dêh tangâl*
Compostos isomorfos	*Fonô bakbind*

381

Os equilíbrios químicos	Dengadil i simi
Sais duplos, ligas ternárias	*Horom ñâral, rah ñâtal*
Deslocamento do equilíbrio: • por variação da pressão • por variação da concentração	*Randu'b dengédigi:* *• ag sopipku natbi* *• ag sopiku farâybi*
Lei de ação de massas	*Ate'b defi laf yi*
Constante de equilíbrio	*Sahsah dengadil*
Concentrações moleculares	*Farâyu'b vésôful yi*
Sistema homogêneo, heterogêneo	*Tabah, gène gir, tabah gir baré*
Força dos ácidos e das bases	*Doley honhal yi, doley bahâl*
Dissociação	*Tasmbôtay*
Constantes de dissociação	*Sahsahu'b tamsbôtây*
Produto iônico	*Barèlu'b harèful febret*
Hidrólise, grau de hidrólise	*Taséndoh, tolu'b tasénbdoh*
Cinética química	*Imbi'b yaramal*
Velocidade de reação	*Hélu duganté*
Energia de ativação	*Katanuk ndahlafal*
Reação em cadeia	*Duganté talalal*
Ordem da reação	*Keru'g dugantébi*
Ativação por choque fotoquímico	*Ndahlafablu'b finhé, léryaramal*
Catálise homogênea, catalisador	*Tuh gène gir, tuhkat*
Antidetonante, antioxigênio	*Téré tod, nôn dundal*
Catalisadores bioquímicos	*Tuhkat dundyaramal*

Constituição dos átomos	Bind u harêfulvôn
Descarga nos gases rarefeitos	*Sipiku ti bîrgélav yuñu tumurankêl*
Raios catódicos	*Ténêr vatal*
Os raios catódicos são as trajetórias das cargas elétricas em movimento	*Tenêrvatal yi, ñôy sâvôy sef mbedel yi dalahu*
Voltagem e potencial	*Vûté ad, embad*
Carga específica e massa do elétron	*Yanu'b bopom, lafu mbedfepal*
Raios positivos, raios canais	*Ténêr kanamal,ténêr hunti*
Modelo de Rutheford	*Rañiku'b Rutheford*
Mecânica quântica	*Dolèrandatu'b katan femient*
Movimento dos elétrons sobre órbitas privilegiadas formando uma série descontínua	*Dalahu'b mbedfépal yi ti sâvo yu tanuyi tofmu dagu la*

Quantum de energia	*Katân femientu katân*
Séries espectrais do hidrogênio	*Tof honalu dur ndoh*
Comprimento de onda	*Gudâyu'b gevèlu*
Número quântico	*Lim katan femiental*
Princípio de exclusão de Pauli	*Tampu'g bokadilu'g Pauli*
Mecânica relativista	*Dolé randatu dendandôl*
Inércia da energia	*Yengîralu'g katân*
Mecânica ondulatória	*Dolérandatu gevêlul*
Amplitude das ondas	*Bavânu'b gevêlu yi*
Probabilidade de presença	*Amânâ'b féké*
Lei de Moseley	*Ateb Moselé*
A raiz quadrada da frequência de um raio determinado é uma função linear do número eletrônico do átomo emissor	*Rèn ñarkâ'b barâyu'b ven hall sopiku'g ndubal la gog limu'b mbedfepolu'b harêfulvôn yônèkatba*
Número atômico	*Keru'g harêfulvôn*
Classificação periódica dos elementos	*Kerelé depnêgu'b vènal yi*
Constituição das nuvens eletrônicas	*Yabu'g top mbedfeplu yi*

Constituições moleculares	Bind u vésîful
Ligações iônicas, transferência de elétron	*Lonkôy harêful mbedfépal fepret, yobu*
Combinações heterogêneas	*Fonô vûté gîr*
Ligações por eletrovalência	*Lonko'b mbedvétikuvô*
Ligações covalentes; teoria do octeto	*Takô'b bokug lonku; ndurômñatsi (faramfatég)*
Transferência de próton	*Yobu'g fepsâlal*
Difração dos raios X	*Damu'g tener nangam (X)*
Altos polímeros macromoléculas	*Tégélésabop you mag yi, vésôful magé*
Análise	*Yébi, dêh*
Síntese	*Yabât*
Eletroafinidade	*Mbedsopanté*
Classificação eletroquímica dos elementos	*Kerelé'b mbedyaramalu'g vénal yi*
Cátodo, ânodo, reação catódica	*Yôtu, yêgu, duganté vatu*
Oxidação anódica	*Dundal yegu*
Redução, peroxidação	*Haññ, yokdundal*

Termoquímica	Simitangal
Efeitos térmicos, mecânicos	Sababu tangây, sababu dolé randatu
Equilíbrio químico, reação química	Dégadifênub yaramal, dugantep yaramal
Equilíbrio móvel	Dégadifêntahavul
Termostato, isoterma, monoterma	Tangaysôpikuvul, boktangay, vêntangay
Transformação adiabática	Biduvât tangayvétkovul
Isotropo	Dikodène
Equilíbrio metastável	Dégadi vêstahavay
Ação catalítica	Défi tuhh vi
Equivalência do calor e do trabalho	Vétég tangayag ligêye
Equivalente mecânico do calor	Mengodôlérandatuvug tangay
Ciclo fechado	Depnêg ted
Energia interna de um sistema	Katanbirolug yab
Conservação da energia	Dentu'b kâtan
Calor de reação	Tangaydugunté
Reação exotérmica, endotérmica	Dugunté durutangây, nânu tangây
Determinações calorimétricas	Natûb tangây
Afinidade química	Boklefu'b yaramal (namenté sôpenté)
Energia utilizável, energia livre	Katandariñôvu, katandénguvul
Potencial termodinâmico	Embad tangdohal
Trabalho máximo	Ligèyebaep
Ciclos ditérmicos, rendimento	Deonêg yâritangây, délô
Entropia	Amânaodalahu
Camada eletrônica	Dêléye mbedfépel
Microfísica	Nèktutil
Universo	Datnèk
Universo atômico	Datnèk harèfulvônal
Salto eletrônico	Tebum'b mbetfépel
Raios X	Ténêr X (nangam)
Radiação A.B.	Ténerâl A.B.
Radar	Diéh diavv diéhkat
Gravitação	Varangiku
Unidades	Ay natu
Nada se perde	Dara du rér
• Nada se cria	• Dara du saku
• Tudo se transforma	• Lep day sopiku
Tempo	Diamono, dîr
A matéria e o nada	Nèn gèg dara di
Máquina	Nopaldômâda ma, nopalmbindef vûtuloho

Princípio da relatividade de Einstein

O universo cinemático

A presença de uma porção de matéria, de um corpo móvel, por exemplo, em determinado lugar num determinado instante é um "evento".

Chamaremos de "evento" o fato de uma coisa, material ou não, porção de matéria ou onda eletromagnética, por exemplo, encontrar-se ou passar por um dado lugar num dado instante.

Chamaremos de "universo" o conjunto dos eventos. Para identificá-los podemos escolher diversos "sistemas de referências"; por exemplo, de eixos retangulares ligados a um dado grupo de observadores. Para estes, a situação de cada evento será caracterizada por quatro coordenadas, x, y, z, t, das quais três de espaço e uma de tempo.

Suponhamos que um mesmo evento seja identificado com relação a dois sistemas de eixos de coordenadas diferentes ligados a dois grupos de observadores diferentes. Suponhamos ainda que os dois sistemas se afastem numa velocidade v constante e segundo o eixo x, enquanto os dois outros eixos permanecem paralelos. O mesmo evento será definido por coordenadas diferentes para cada um dos grupos de observadores.

As coordenadas de espaço e de tempo serão x, y, z, t, para um dos sistemas, e x', y', z', t' para outro. Teremos, evidentemente, no caso particular, as seguintes relações entre essas coordenadas:

$$t = t' \quad z = z' \quad y = y' \quad x = x' + vt'$$

Estas fórmulas caracterizam uma transformação que faz parte do que chamaremos de "grupo de Galileu".

O exemplo precedente nos faz compreender que o intervalo de tempo entre dois eventos tem o mesmo valor em todos os sistemas de referência (tempo absoluto); assim, dois eventos simultâneos para um grupo de observadores são simultâneos para todos os outros, seja qual for seu movimento com relação aos primeiros.

A simultaneidade tem um sentido absoluto e o tempo é uma invariante do grupo de Galilleu.

Da mesma maneira, a distância no espaço de dois eventos simultâneos é a mesma para todos os observadores. O espaço, como o tempo, é o mesmo para todos os observadores.

Ao contrário, dois eventos sucessivos, separados por um intervalo de tempo t, têm uma distância no espaço variável de acordo com o sistema de referência. Isso resulta imediatamente das equações acima.

O exemplo citado anteriormente leva a compreendê-lo claramente. É evidente, com efeito, que a distância entre dois eventos é diferente para observadores ligados ao sistema de eixos que se supõe imóvel e para os observadores ligados ao sistema que, no intervalo de tempo que separa os dois eventos, terá percorrido um caminho suplementar de determinado comprimento.

O grupo de Galileu, que caracteriza a cinemática clássica introduz assim, entre a distância no espaço e o intervalo no tempo de dois eventos quaisquer, uma dissimetria que desaparece com a nova cinemática baseada na Teoria da Relatividade. Para esta última teoria, o intervalo de tempo varia, assim como a distância no espaço com o movimento do sistema de referência.

Com efeito, as equações da relatividade mostram que o intervalo de tempo entre dois eventos não é medido da mesma maneira por dois observadores em movimento um com relação ao outro.

A ideia profunda que parece ter guiado Einstein no desenvolvimento da Teoria da Relatividade pode ser depreendida da seguinte maneira: só no caso em que há coincidência dos eventos no espaço e no tempo é que a distância no espaço e o intervalo no tempo devem anular-se ao mesmo tempo para todos os grupos de observadores. Será necessariamente assim em relatividade generalizada, pois essa coincidência completa dos eventos tem um sentido absoluto, dado que disso pode resultar um fenômeno sobre o qual todos os observadores estarão necessariamente de acordo.

Por exemplo, os objetos podem se quebrar por choque mútuo, ao passar ao mesmo tempo pela mesma abertura.

Todas as sensações pelas quais percebemos o universo são determinadas por tais coincidências absolutas. As ligações causais que a memória e o hábito nos permitem estabelecer entre séries de coincidências semelhantes devem ter o mesmo caráter absoluto. Como toda a nossa ciência se baseia em tais constatações, as leis que regem o universo devem ter uma forma completamente independente do sistema de referência.

Muitas tentativas foram efetuadas para detectar experimentalmente uma influência das mudanças de velocidade de translação de conjunto sobre os fenômenos físicos. Diante dos resultados sempre negativos, pareceu natural enunciar um princípio de relatividade limitada sob a forma: "É impossível, por experiências de física internas a um sistema material, verificar um movimento de translação de conjunto do sistema". Pode-se dizer ainda: "As leis da física são as mesmas para todos os sistemas de referências em translação uniforme uns em relação aos outros".

A teoria das ondulações de Fresnel prevê que a velocidade aparente da luz deve variar com o deslocamento do observador em relação ao éter. A famosa experiência de Michelson deveria verificar uma tal variação por meio de medidas extremamente precisas. Ora, ao contrário do esperado, essa experiência deu um resultado constantemente negativo: nenhuma variação foi constatada.

A interpretação desse resultado só pode ser feita de duas maneiras:

1) Quando se quer conservar a cinemática usual, assim como a noção do tempo absoluto, é necessário introduzir em toda a física complicações consideráveis.

2) Para evitar essas complicações arbitrárias e manter apenas concepções que sejam expressão mais simples e imediata possível dos fatos, pareceu mais natural traduzir o resultado da experiência de Michelson sob a seguinte forma: "Para todos

os sistemas de referência em translação uniforme em relação uns aos outros, a velocidade da luz é a mesma em todas as direções".

Mas esta última afirmação, por suas consequências, obriga os físicos a abandonarem a noção de tempo absoluto. Além disso, ela está absolutamente de acordo com o princípio da relatividade e, assim, conduz à nova cinemática.

À nova cinemática corresponde uma nova dinâmica. De fato, é fácil mostrar que o princípio da relatividade e, junto, o princípio da conservação da energia fornecem todas as leis fundamentais da mecânica racional. Absolutamente notável é ela reunir, em um único princípio, o conjunto dos princípios de conservação da massa, da quantidade de movimento e da energia. A novidade é a noção de massa confundir-se, assim, com a de energia. A massa de um sistema material já não é uma constante, mas é uma quantidade proporcional à sua energia interna. O coeficiente de proporcionalidade é igual ao quadrado da velocidade da luz.

E, como a energia total de um sistema aumenta com a velocidade em uma quantidade igual à energia cinética, é fácil compreender de que modo, segundo a nova teoria, a massa de um sistema material aumenta com sua velocidade. Assim vem à luz uma noção inteiramente nova: a inércia da energia.

Essa variação da massa com a velocidade é imperceptível em nossa escala, em que as velocidades são relativamente reduzidas. Mas torna-se sensível para velocidades da mesma ordem que a da luz.

Numerosas verificações experimentais vieram confirmar a seguir esses resultados teóricos.

Por uma generalização mais aprofundada, Einstein, em seguida, desenvolveu mais amplamente as consequências do princípio da relatividade. Uma observação simples nos permitirá abordar a "relatividade generalizada": sabemos que o peso de um corpo é exatamente proporcional à sua massa e que a aceleração da gravidade é a mesma para todos os corpos. Se, portanto, a massa (inércia) muda com a energia interna, o peso deve mudar, também, exatamente na mesma razão. Pode-se concluir: se a energia é inerte, ela deve, ao mesmo tempo, ter peso.

Portanto, é plausível que a luz (energia radiante), que se comporta como inerte, deva comportar-se como tendo peso, daí a ideia de Einstein de que um raio luminoso deve curvar-se num campo gravitacional.

É o que foi verificado experimentalmente pela medida do desvio de um raio luminoso que passa próximo do sol.

Einstein mostrou, assim, que para observadores ligados à Terra a expressão imediata dos fatos que ocorrem perto deles é a de que a luz não se propaga em linha reta, tal como um móbil lançado e abandonado a si mesmo não se desloca com um movimento retilíneo e uniforme, uma vez que é desviado pela gravidade.

Vamos mostrar como a Teoria da Relatividade reduziu os fenômenos da gravitação a questões de geometria pura.

Chamamos de "linha de universo" o conjunto dos eventos representados pelas diversas posições sucessivas de um móbil (trajetória no espaço e o tempo).

Em geometria há uma linha que se distingue de todas as outras que passam pelos mesmos dois pontos: é a reta, que tem a propriedade de comprimento mínimo.

Um cálculo muito simples mostra que, no universo da relatividade, entre dois eventos dados há uma única linha de universo que tem as mesmas propriedades que a linha reta em geometria: é a linha de universo que corresponde a um movimento retilíneo e uniforme; ou seja, a um móbil que se move entre os dois eventos de acordo com a lei da inércia.

Mostramos anteriormente que nas proximidades das grandes massas a luz não se propaga em linha reta. Aqui, o caminho mais curto entre dois pontos (dois eventos) já não é a linha reta, mas uma curva.

Assim, foi possível dizer que o universo não é euclidiano; ou seja, que é impossível representá-lo pela geometria baseada no postulado de Euclides. Na proximidade das massas, o universo é curvo; muito longe de todas as massas não há nenhum desvio e o universo volta a se tornar "localmente" euclidiano.

Há outra maneira de encontrar um universo euclidiano, pelo menos localmente, por intermédio da bala de Júlio Verne. De fato, dentro de um projétil que se move em queda livre a gravidade não existe e o universo é euclidiano. Como todos os objetos que ele pode conter estão submetidos à gravidade – ou seja, à mesma aceleração de conjunto, caindo todos da mesma maneira e independentemente uns dos outros – não há nem em cima nem embaixo para observadores internos ao projétil; a gravidade desapareceu e dentro a luz se propaga em linha reta.

Vemos como o emprego de um sistema de referência adequado permite fazer desaparecer o campo gravitacional numa região limitada do universo.

Há, assim, a equivalência, como diz Einstein, entre campo gravitacional uniforme e uma aceleração de conjunto do sistema de referência.

Restava uma última etapa a ser transposta. Se a energia é sensível ao campo gravitacional, como a massa na teoria de Newton, ela também deve contribuir para produzi-lo ou modificá-lo.

Tratava-se de encontrar a relação que deveria substituir a lei clássica do quadrado da distância. Einstein conseguiu determinar exatamente a expressão analítica dessa lei.

Essa nova lei de gravitação completa e ultrapassa a Lei de Newton. Assim, para citar apenas um exemplo, o Planeta Mercúrio, depois de quase um século que Le Verrier estabeleceu a teoria, constitui o desespero dos astrônomos por causa de um desacordo entre o movimento observado e as previsões da mecânica celeste de Newton.

É absolutamente notável que, sem a introdução de nenhuma hipótese arbitrária, pelo desenvolvimento necessário da ideia fundamental, a Teoria da Relatividade generalizada traga a solução buscada por tanto tempo.

Aqui está, em linhas gerais, o princípio da Teoria da Relatividade que, pelo abandono de velhas noções devidas aos hábitos ancestrais de nossa linguagem e de nossos pensamentos, marcou o início de um desenvolvimento científico cada vez mais poderoso.

Ela traz ao homem um maior conhecimento do universo, tanto dos planetas quanto do mundo dos átomos.

* * *

Em francês

L'univers cinématique

La présence d'une portion de matière, d'um mobile par exemple, en un certain lieu à un certain instant est um "événement".

Nous appellerons "événement" le fait qu'une chose matérielle ou non, portion de matière ou onde électromagnétique par exemple, se trouve ou passe en un lieu donné à un instant donné.

Nous appellerons "Univers" l'ensemble des événements. Pour repérer ceux-ci, nous pouvons faire choix de divers "systèmes de références", par exemple d'axes rectangulaires liés à un grupe donné d'observateurs. Pour ceux-ci, la situation de chaque événement sera caractérisé par quatre coordonnées, x, y, z, t, dont trois d'espace et une de temps.

Supposons qu'un même événement soit repéré par rapport à deux systèmes d'axes de coordonnées différents, liés à deux groupes d'observateurs différents.

Supposons encore que les deux syistèmes s'éloignent l'un de l'autre avec une vitesse v constante et suivant l'axe x, tandis que les deux autres axes restent parallèles. Le même événement sera défini par des coordonnées différentes pour chacun des groupes d'observateurs.

Les coordonnées d'espace et de temps seront x, y, z, t, pour l'um des systèmes et x', y', z', t', por l'autre. On aura évidemment dans les cas particulier les relations suivantes entre ces coordonnées:

$$t = t' \quad z = z' \quad y = y' \quad x = x' + vt'$$

Ces formules caractérisent une transformation faisant partie de ce que nous appellerons le "groupe de Galilée".

Le exemple précédent nous fait comprendre que l'intervalle de temps entre deux événements a la même valeur dans tous les systèmes de référence (temps absolu); ainsi deux événements simultanés pour un grupe d'observateurs sont simultanés pour tous autres, quel que soit leur mouvement par rapport aux premiers. *La simultanéité a un sens absolu et le temps est um invariant du groupe de Galilée.*

De la même façon, la distance dans l'espace, de deux événements simultanés est la même pour tous les observateurs.

L'espace comme le temps est le même pour tous.

Au contraire, deux événements successifs, séparés par un intervale de temps t, ont une distance dans l'espace variable avec le système de référence. Cela resulte immédiatement des équations ci-dessus.

L'exemple cité plus haut le fait clairement comprendre. Il est evident en effet que la distance entre deux événements est différente pour des observateurs liés au système d'axes supposé immobile est pour les observateurs liés au système qui, dans l'intervalle de temps séparant les deux événements, aura parcouru un chemin supplémentaire de longueur donnée.

Le groupe de Galilée qui caractérise la cinématique classique introduit ainsi entre la distance dans l'espace et l'intervalle dans les temps de deux événements quelconques, une dissymétrie qui disparaît avec la cinématique nouvelle basée sua la théorie de la relativité.

Pour cette dernière théorie, l'intervalle de temps varie aussi bien que la distance dans l'espace avec le mouvement du système de reférence.

Em effet, les équations de la relativité montrent que l'intervalle de temps entre deux événements n'est pas mesuré de la même manière par deux observateurs em mouvement l'un par rapport à l'autre.

L'idée profonde qui semble avoir guidé M. Einstein dans le développement de la théorie de la relativité peut être dégagée de la manière suivante:

C'est seulement dans l ecas où il y aurait coïncidence des événements dans l'espace et dans le temps, que la distance dans l'espace et l'intervalle dans le temps doivent s'annuler à la fois pour tous les groupes d'observateurs. Il em sera necéssairement ainsi en relativité généralisée puisque cette coïncidence complete des événements a un sens absolu, étant donné qu'un phénomène peut en résulter sur lequel tous les observateurs seront nécessairement d'accord. Par exemple, les objets peuvent se briser par choc mutuel en passant en même temps par la même ouverture.

Toutes les sansations par lesquelles nous percevons l'Univers sont déterminées par de telles coïncidences absolues.

Les liasons causales que la mémoire et l'habitude nous permettent d'établir entre des séries de semblables coïncidences doivent avoir le même caractere absolu. Comme toute note science est fondée sur de telles constatations, les lois qui régissent l'Univers doivent avoir une forme complètement indépendante du système de référence.

De nombreuses tentatives furent effectuées pour déceler expérimentalement une influence des changements de vitesse de translation d'esemble sur les phénomènes physiques. En présence des résultats toujours négatifs, il a paru naturel d'énoncer un principe de relativité restreinte sous la forme: "Il est impossible, par des expériences de physique intérieures à un système matériel, de mettre en évidence un mouvement de translation d'esemble du système". Ou peut dire encore: "Les lois de la Physique sont les mêmes pour tous les 'systèmes de références em translation uniforme les uns par rapport aux autres'".

La théorie des ondulations de Fresnel prévoit que la vitesse aparente de la lumière doit varier avec le déplacement de l'observateur par rapport à l'Ether. La célèbre expérience de Michelson devait mettre en évidence une telle variation au Moyen de mesures extrêmement precises. Or, contrairement à ce que l'on attendait, cette expérience a donné un résultat constamment négatif: aucune variation n'a pu être décelée.

L'interprétation de ce résultat ne peut se faire que de deux manières possibles:

1) Si l'on tient à conserver la cinématique usuelle ainsi que la notion du temps absolu, il est nécessaire d'introduire dans tout ela physique des complications considérables.

2) Pour éviter ces complications arbitraires et ne garder que des conceptions qui soient l'expression aussi simple et immédiate que possible des faits, il a semblé plus naturel de traduire le résultat de l'expérience de Michelson sous la forme suivante: "Pour tous les systèmes de références en translation uniforme les uns par rapport aux autres, la vitesse de la lumière est la même dans toutes les directions".

Mais cette dernière affirmation oblige, par ses conséquences, les physiciens à abandonner la notion du temps absolu. Elle est em outre tout à fait conforme au princire de la relativité et conduit ainsi á la cinématique nouvelle.

A la nouvelle cinématique correspond une Dynamique nouvelle. En effet, il est facile de montrer que le principe de la relativité, joint au principe de conservation de l'energie, fournissent toutes les lois fondamentales de la mécanique rationnelle. Chose tout à fait remarquable, elle réunit en un seul l'ensemble des prínces de conservation de la masse, de la quantité de mouvement et de l'énergie. Chose nouvelle, la notion de masse se confond ainsi avec celle d'énergie. La masse d'un système matériel n'est plus une constante mais c'est une quantité proportionnelle à son énergie interne. Le coeficiente de proportionnalité est égal au carré de l vitesse de la lumière.

Et comme l'énergie totale d'un système aumente avec la vitesse d'une quantité égale à l'énergie cinétique, il est facile de comprendre comment, d'après la nouvelle théorie, la masse d'un système matériel aumente avec as vitesse. Une notion entièrement nouvelle voit ainsi le jour: c'est l'inertie de l'énergie.

Um telle variation de la masse avec la vitesse est imperceptible à notre échelle où les vitesses sont relativement faibles. Mais ele devient sensible pour des vitesses du même ordre que celle de la lumière.

Un grand nombre de vérifications expérimentales sont venues confirmer par la suíte ces résultats théoriques.

Par une généralisation plus poussée, M. Einstein a donné ensuite un plus large développement aux conséquences du principe de relativité. Une remarque simple va nous permettre d'aborder la "relativité généralisée":

Nous savons que le poids d'un corps est exactement proportionnel à sa masse et que l'accélération de la pensateur est la même pour tous les corps. Si donc la masse (inertie) change avec l'énergie interne, le poids doit changer aussi exactement dans le même rapport. On peut conclure: si l'énergie est inerte, ele doit être en même temps pesante.

Il est donc vraisemblable que la lumière (énergie rayonnante), qui se comporte comme inerte, doit se comporter comme pensante, d'où l'idée de M. Einstein qu'um rayon lumineux doit s'incurver dans un champ de gravitation.

C'est ce qui a été vérifié expérimentalement par la mesure de la déviation d'un Rayon lumineux passant au voisinage du soleil.

M. Einstein a montré ainsi que pour des observateurs liés à la Terre l'expression immédiate des faits qui se passent à leur voisinage est que la lumière ne se propage pas en ligne droite, pas plus qu'um mobile lancé et abandonné à lui-même ne se meut d'un mouvement rectiligne et uniforme, puisqu'il est dévié par la pasanteur.

Nous allons montrer comment la théorie de la relativité a ramené les phénomènes de la gravitation à des questions de géométrie purê.

Nous appelons "ligne d'univers" l'ensemble des événements que réprement les diverses positions successives d'un mobile (trajectoire dans l'espace et dans le temps).

Em gémétrie, il y a une ligne qui se distingue de toutes les autres passant par les deux mêmes points: c'est la droite, qui jouit de la propriété de longueur minimum.

Un calcull très simple montre que, dans l'Univers de la relativité, entre deux événements donnés il existe une seule ligne d'univers jouissant des mêmes propriétés que la ligne droite em géométrie: c'est la ligne d'univers qui correspond à un mouvement rectiligne et uniforme, c'est-à-dire à un mobile se mouvant entre les deux événements conformément à la loi d'inertie.

Nous avons montré plus haut qu'au voisinage des grandes masses la lumière ne se propage pas en ligne droite. Ici le chemin le plus court entre deux points (deux événements) n'est plus la ligne droite mais une courbe.

C'est ainsi que l'on a pu dire que l'Univers n'est pas euclidien, c'est-à-dire qu'il est impossible de le représenter par la géométrie basée sir le postulad d'Euclide. Au voisinage des masses l'Univers est courbe; très loin de toutes masses il n'y a aucune déviation et l'Univers redevient "localement" euclidien.

Il existe une autre façon de retrouver un univers euclidien du moins localement par l'intermédiaire du boulet de Jules Verne. Em effet, à l'intérieur d'une projectile se mouvant en chute libre, la pesanteur n'existe pas et l'Univers est euclidien. Tous les objets qu'il peut renfermer étant soumis à la pesanteur, c'est-à-dire à la même accélération d'ensemble, tombant tout de la même manière er indépendamment les uns des autres, il n'y a ni haut ni bas pour des observateurs intérieurs au projectile; la pensateur a disparu et à l'interieur la lumière se propage em ligne droite.

Nous voyons comment l'emploi d'um système de référence aproprie permet de faire disparaître le champ de gravitation dans une région limitée de l'univers.

Il y a ainsi équivalence comme dit M. Einstein, entre champ de gravitation uniforme et une accélération d'ensemble du système de référence.

Une dernière étape restait à franchir. Si l'énergie est sensible au champ de gravitation, comme la masse dans la théorie de Newton, elle doit aussi contribuer à le produire ou à de modifier.

Il s'agissait de trouver la relation qui doit remplacer la loi classique du carré de la distance. M. Einstein a pu déterminer exactement l'expression analytique de cette loi.

Cette nouvelle loi de gravitation complète et dépasse la loi de Newton. Ainsi, pour ne citer qu'un exemple, la planète Mercure, depuis bientôt um siècle que Le Verrier en a établi la théorie, fait le désespoir des astronomes par suíte d'un désaccord entre le mouvement observé et les prévisions de la mécanique céleste de Newton.

Il est tout à fait remarquable que, sans l'introduction d'aucune hypothèse arbitraire, par le développement nécessaire de l'idée fondamentale, la théorie de la relativité généralisée apport ela solution si longtemps cherchée.

Voici, dans ses grandes lignes, le principe de la théorie de la relativité qui, par l'abandon des vieilles notions dues aux habitudes ancestrales de notre langage et de nos pensées, marqua les débuts d'un essor Scientifique de plus en plus puissant.

Elle aporte à l'homme une plus grande connaissance de l'Univers, aussi bien du monde des planètes que du monde des atomes.

* * *

Em uolofe

Tampuk aduadu[74]

Datnek gi dohal

Tèvék dagît u lambda*t* gog ap a*d*irandtu *t*i mânam, *t*i bem barap ag sén sa, ap hévhév la.

Nô ngi tudé*d*i hévhév amam bi tah lef lu lambuda*d*u vala dét, dagîtu lambda*t* vala "genèlup mbe*t*he*t*", *t*i mânâm nek vala muy doh *t*i barap bu ñu tan *t*i vahtu vu ñu tan.

Nô ngi tudé*d*i da*t*nék mbôlèm hévhév yi.

Ngir top ñôñî, man manô tan "tabah i gindi" yu bari té vûté, *t*i, mânam "digel makârlo" takô k mbôlom sétânkat.

*T*i ñôñi tolup hévhév bu nek ñïnti nhambikay a ko mandargâl: (x, y, z, t) yoy ñat ñi da ñuy *d*aval, ben bi di *d*amonôl.

Nañu *d*el ñâri nda*d*é sétânkat yu vûté tuké *t*i nâri tabahi digel i hamikay yu vûté di topando bem hévhév, manu *d*apené yâri tabahyi ñu ngi sorianté ag hél vu sah té top digel ub (x), fék nâri digel ñi *t*i dés, dés lang.

Mbôloy *t*étankat yôyu um *t*i nék, da na dégé bem hévhév bi ag nhamikay yu vûté.

Nha mikây i davval ag yi *d*amonôl ñi ngi néki (x), (y), (z), (t) *t*i gén *t*i tabah yi, ag (x'), (y'), (z'), (t') *t*i gi *t*i dés. Buko défè amèf *t*i val vufédgèvu vovu *d*ote yî top *t*i déganté nhamikay yi:

$$t = t' \quad z = z' \quad y = y' \quad x = x' + vt'$$

Tenk yi ñi ngi mandargâl bindâtin bu bok *t*i linuy tudé*d*i "Nda*dém* GALILEE". Mâna mi nu vèsu hamlô na nu né digantép *d*amono bi ha*d*alé ñâri hévhév, ab dayôm bén la, *t*i tabahi gindi yep (*D*amono a*d*ôdiku); Kon, ñâri hévhév ñu amando *t*i beti men nda*dém* hôlkat da ñuy amandô *t*i beti ñi *t*i dés ñep ag ñu *d*alahup ñu mu*d* ñôñu

---

74. Gatalîn u Langevin

man di démèk bop ñu dek ñi. Ap amandô da fa am téki bu a*dôdiku* té *d*amono nék ap sopikôdi *t*i "Nda*dém* GALILEE".

Niki nônu, soriyâtép ñâri hévhév ñu amandô *t*i dava *d*i bén la *t*i beti hôlkat yep.

*D*avva niki *d*amono *dén* la *t*i ñep.

Safanup li, ñâri hévhév ñu toflanté, dégantép *d*amono (*d*) ha*dé* lèn, sènup soréanté *t*i *d*avva*d*i day sopikôk tabahu gindigi, Lilè ngi tukè *t*i yamaléy.

Mâna mi nu tana *t*i li gana kavé hamlô nako *t*i lu lèr.

Ndah birna né sorian*tépñâri* hévhév vûté na *t*i beti hôlkât yi takôk tabahu digel gi nu *d*ap né du randatu ag *t*i beti hôlkat yi takôk tabah gi doh yônu ndolant vub dayôm tanu *t*i digantép *d*amono bi ha*d*alé ñâri hévhév ñi.

"Nda*dém* GALILEE" mi dandargâl dohal bi fekbâh dugal nônu diganté sorivay up *d*avval ag sorivây up *d*amonôl yoy ñâri hévhév yu um man di dôn ap safânôdiku buy rèr ag dohal bu yés tukè *t*i faramfat*èp* a*d*uadu bi.

*T*I FARAMFATÉ BU MU*D* BÔBU, DIGANTÉP *D*AMONO BI NIKI SORÉYANTÉP *D*AVVA BI day sopikôndô ag *d*alahub tabahu gidingi. Ndah yamaléy a*d*uadu voné ni né diganté *d*amonôl bi ha*d*alé ñâri hévhév ñâri hôlkat ñoñ ku *t*i nék yâ ngi *d*alahu *t*i sa beti morôm boku ñu nuñu koy naté.

Nhalât lu hôt li mélné mô vomatôn gorgi einstein *t*i téhérñip faramfat*ék* a*d*uadu gi, manèf na ko génènî!

*T*i sâ yô hamè né rék am ti kôn na depôb hévhév *t*i *d*avva *dék* *d*amono *d*i la sorivâyup *d*avval ag digantép *d*amonôl vara tusalandô *t*i beti môlém nda*déy* hôlkat yi. Ni lay hala néki *t*i a*d*uadu da*d*al ndahté depô gu matu hévhév yi da fa am téki bu a*dôdiku*, ginâv nga ham né fèñféñ bob hôlkât yep da nañ *t*i andi na ñu mana déf, man na tè tuké. Niki ay yef man na ñuy to*t* ndah di ra*t*ra*t*lôndô *t*i bu ñuy dohandô *t*i bén vubikuvubiku.

Mbôlém yekyek yi ñuy gishamé da*t*am depô a*dôdiku* yu mé-lnônô lèn dék.

*D*otéy varal yi fatlikôk tam may nu man ko tahaval diganté tofi depô yu mél nî var na ño am *dén d*iko *d*u a*dôdiku*. Ginâv nga ham né sunu hamham béppe ngi di*d*u *t*i némiku yu démé nî, até yi yor da*d*nék da ño vara am bind bu a*d*uvul luy név ag bari.

Dèmèf na ba tayè féñal *t*i défgis *d*efi sopikuy hélu randtôndô gén vét *t*i féñfèñi bitil. Li lôlu lép *d*urul dará tah, gisèf ne manèf na tahaval *témpug* a*d*ua*d*u da*d*adi *t*i bind bî: aki défgis i bitil yu bîru tabah ug lambda*t* halèf na telé biral *d*alahôndob top gen vét u tabahgi. Manèf na né it atéy bitil yep bén la ñu *t*i tabah i gindi yep yoy ni yî démé ag yi *t*i dés randatug vén bindin.

Faramfe*tèb* FRESNEL sèntu vôn no né hélu feñug lèr da fay var di sopikôg tohub, hôlkat bi ni mu démèg "éther" (Diganté bi temb yi). Déf*d*is bu sîv up MICHELSON ba vôn varôn na biral sopiku gu ni démé ngir natt yu tembé. Vâyé safânub li ñu fôgôn déf*d*is gôgu *d*urul dará: *d*iséful dontikon gén sopiku.

Manèfula *d*apé n*d*udu momû ludul na ñari yôn yî:

1) Sèf bagè *d*afandû *t*i dohal ub naka*dèk* bi ag *t*i halâtul *d*amono a*dôdiku* dèfa hala dugel *t*i bîr bitil bép ay *d*afé*d*afé yu dém dayo.

2) Ngir moytu *d*afé*d*afé yu yônuvul yôyu té téyé *d*isin yoy nôy démînu *d*ef yi *t*a na ñu gena yombé ag gâva hamé, défèf na né *t*i li gana *d*â*d*u môdi nu téki sababuk déf*d*is uk MICHELSON: *t*i mbôlèm tabah i gidin yi nga ham né ni yî démék yi *t*i dés randatuk vén bind la, helu lèr vén la *t*i n*d*uplu yep.

Vayé vah *d*u mu*d dôd*u ag li *t*i vara tuké fep, môdi bitilkat yi bayi halâtul *d*amono a*dôdiku*. And na yi tam ag *t*ampuk a*d*ua ba tah muy vomat ba *t*i dohalin vu yès vi.

Dohal gu yès gi da fa andak dôlèl gu yès. Ndahté yomb na voné né *t*ampug a*d*ua*d*u bolèk *t*ampuk réredig kantan *d*ohé na ñu mbôlèm até yi lal dolérandatu héhal. Li *t*i gene rañiku mô di da*d*alé na *t*i lèn mbolèm *t*ampi i réredik laf, gog dayob *d*alahu ag kantan. Li *t*i yès, mô di halâtul laf day dal di nèk bén ag lol kantan. Lafu tabahug lambada*d* dônatul ab sahsah, vâyé day dal di nék dayo bu démé né kantanug bîram. Ngungul démédémé bi mi ngi yamag ñârkag hélu lèr.

Té ginâv katanug tabah gép day Yoko ag hel vi yokugog dayôm ba ngi yamag katan imbiku gi yomba na ham naka la *t*i faramfa*té* bu yès bi la lafu tabahug lambada*d* di yokuku hélam. Halât lu yès péh dal di *dudu*: moy yengîrelu katan.

Sopikug laf gu démé nônu ak u hél gisuvul *t*i li tolôg sunub dayo ndah hél yi da ño yéh, yèh gu a*d*u. Vayé nu ngi koy tamblé yeg *t*i hel yu bok ker ag vov lèr.

Sétat i lambda*t* yu bari ñev na ñu *t*a ginav ba biral si sabab i faramfa*té* yi. *Té* bénèn da*d*al bu gana sori, Gorgi EINSTEIN *d*ohna ginâv bibénèn téharñi bu gana yâtu n*d*uduy *t*ampug a*d*ua*d*u yi. Bén rañi bu fôyôy da na nu may nunu lérô "a*d*ua*d*u da*d*al".

Ham na nu né disây u yaram am na démédémé bu témbé ak u lafam té hîral up ñodisûf bén la *t*i yaram yep. Bon su mânâm (yeng gi) di sopiku ak katan uk bîr gi dîsay bi var na sopiku yi tam témbé *t*i bén démédémé. Manèf na kon a mu*d*el : Su katan né yeng, var na yi tam dîsalé.

Yanu na mâna kon lèr ki nga ham né katan téñeral la té tahavé név yeng am up dîsay; *t*i lôlu la halâtul Gorgi EINSTEIN tuké né: *t*éñéru lèr var na lemb *t*i bîr tôlup dîsñodi.

Moy li ñu sètât *t*ip défdis *t*i natug *d*adu téñèrug lèr gu romb *t*i vétu *d*ant bi.

Gorgi EINSTEIN voné na nônu né *t*i hôlkat yu takô ak sûf tudub *d*ef yiy hév *t*i lilèn ver bi gana tèv, môdi lèr gi yôn vi muy doh duv n*d*up, ni nga hamé né ni randtu bô sani mu bayikôl bopam ab *d*alahôm duv n*d*up ag vén bindin, ndahté sufha*t* *d*adlo na ko.

Nô ngi *d*issi ni faramfa*té* a*d*ua*d*u di andé féñféñ i dîsñodi *t*i yefi *k*anamalup késé. Nô ngi tudé *d*i redu da*d*am mbôlèm hévhév yi da*d*alo nék tahavâyu toflanté yoy bén randatu (savok davval ag *d*amonôl).

*T*ip kanamal, am na red vu vûték yi *t*i dés yep yi dohandô *t*i ñâri tomb, mô div n*d*up gi hévlô *d*ikoy ngen*d*â gatub gudây.

Hayma bu yamây da na voné ni *ti* da*d*amuk a*d*ua*d*u, diganté ñari hévhév yu ñu tan, vén red da*d*nek kép a am vu hévlô *d*ikoy n*d*up *t*iy kanamal: môy redu da*d*nék vi méngô ak *d*alahug n*d*ubal ak vén bindîn, *ti* mânâm ak up randatu bu nék diganté ñâri hévhév ñi ni ko atèp yengal lâ*dé*.

*D*is na nu *ti* li fété kav né *ti* vétu u laf yu mag yi yôn u lèr duv n*d*up. Fî yon vi gana gat diganté ñâri tomb, diganté ñâri hévhév dônatul u n*d*up av ndenge la.

Lôlo tah ba nèf da*d*nék euclidelul, ndah kén manu ko tahavalé kanamal gi lalô ña*n*ug Euclide. *T*i vétu laf yi da*d*nék de la lembu; bô soré mbôlém laf amatul bén *d*ad bu ko défé da*d*nék délu euclîdel *ti* barap bôbu.

Am na vanén yôn vu nu ma na ñevé *ti* da*d*nék vu euclidel bu dul dara yit di *ti* barap ak tembus JULES VERNE. Ndah, *ti* bîr fitahu buy rotal bopam sûfhe*t* néku fa bu ko défé da*d*nék délu euclîdel. Mbôlém yef yi man nék *ti* bîr fitahu gôgu, gén sûfhet gé lèn di ñodi, mânâm gén hîralandô gi; nôm nep a bok av rotin té lâlô vu ñu; amul kav ag sûf *ti* bet i hôlkat bu nék *ti* bîr fitahu gi; sûfrha*t* gi rèr na ba tah na *ti* bîr yôn u lèr gi da fa délu div n*d*up.

*D*is na nu nônu ni tan tabahu gindi gu dégo man na tahé ba tôlub dîsñodi délu rèr *ti* bîr barabbu dégu *ti* da*d*nék.

Ni ko Gorgi EINSTEIN vahé da fa amub méngô diganté tôlub dîsñodi vénbindal ag hîralug mbôlô gog tabahug gindi gi.

Bén *dégo* réka désôna séhi. Su fékénténé katan yegu na *ti* tôlub disñodi né laf *ti* farmafa*té* NEWTON, var na bak *ti* ñi koy sak mbâ um di ko sopi.

Mi ngi désôn rék nu *d*is *d*oté bi vara vûtu até nakadiék nârkap soriây bi. Gorgi EINSTEIN féhé na bé dèktémbé mélov *dèhâtalub* até bôbu.

Até bu yès dîsñodi bôbi motli na té vèsu atèb NEWTON. Tembub Mercure be le VERRIER tahavalé faramfa*té* ba'g tay dânaka témèr i at la, térévul tas na yâkar i bidivkat yi ndah andali gi *d*alahôm bi nu *d*is andadi ag séntuy dôlérandatul asamânal i newton.

Rañikunané *t*i lu andulak dugal vah*dh*îtal danèn *d*u mu man di dôn, *t*i téha*r*nib késé halâtul lal li faramfa*t*ép a*d*ua*d*u da*d*al andina li*d*anti gi ñu dôn vut bu yag.

Tenk ub a*d*ua*d*u ngi nî.

Andil na nit hamham bu rav ba um amôn *t*i da*d*nék, muy *t*i adinas temb niki *t*i adinas harèfulvôn vi.

Tradução literária e integração de ritmos: excertos

Horácio[75]

A sorte que da honra nos abre a barreira

Oferece à nossa constância uma ilustre matéria;

Ela exaure sua força formando uma desgraça

Para melhor comparar-se com nosso valor;

E como vê em nós almas pouco comuns,

Fora da ordem comum nos faz fortunas.

Combater um inimigo pela salvação de todos

E contra um desconhecido expor-se aos golpes
    sozinho,

De uma simples virtude é o efeito ordinário:

Mil já o fizeram, mil poderiam fazê-lo;

Morrer pelo país é tão digno de sorte

Que se desejaria em massa tão bela morte;

Mas querer em público imolar quem se ama,

Apegar-se ao combate contra outro si mesmo,

Atacar um partido que toma por defensor

O irmão de uma mulher e o amante de uma irmã,

---

75. Corneille. Excerto de *Horace (ato II, cena III)*.

E, rompendo todos esses nós, armar-se pela pátria

Contra um sangue que se queira resgatar pela vida,

Tal virtude só a nós pertencia;

O brilho de seu grande nome lhe faz poucos invejosos,

E poucos homens no coração o gravaram o suficiente

Para ousar aspirar a tanta fama.

* * *

Em francês

Le sort qui de l'honneur nous ouvre la barrière

Offre à notre constance une ilustre matière;

Il épuise as force à former un malheur

Pour mieux se mesurer avec notre valeur;

Et comme il voit en nous des âmes peu communes,

Hors de l'ordre commun il nous fait des fortunes.

Combattre un ennemi pour le salut de tous,

Et contre un inconnu s'exposer seul aux coups,

D'une simple vertu c'est l'effet ordinaire:

Mille déjà l'ont fait, mille pourraient le faire;

Mourir pour le pays est un si digne sort

Qu'on briguerait en foule une si belle mort;

Mais vouloir au public immoler ceux qu'on aime,

S'attacher au combat contre un autre soi-même,

Attaquer un parti qui prend pour défenseur

Le frère d'une Femme et l'amant d'une soeur,

Et, rompant tous ces noeuds, s'armer pour la patrie

Contre un sang qu'on voudrait racheter de as vie,

Une telle vertu n'appartenait qu'à nous;

L'éclat de son grand nom lui fait peu de jaloux,

Et peu d'hommes au coeur l'ont assez imprimée

Pour ouser aspirer à tant de renommée.

* * *

Em uolofe

Avlu gi nuvubil buntub ngor

Dohna sunub degerây libéy bu rafét;

Mingi ñédd dolèm ti sakuv nahar

Ndah gen fè mana natok sunub dayo;

Vâyé um dis ti nun fit yu tumuranké,

Ba tah mu sakul nu natu yu vésub dayo.

Rôfokub nôn ndah hétali ñep,

Fékub dohandèm yav rèk nga ger as ngang iy soham,

Ndambâr gu yamây kép la tolôl;

Duni défna ko, duni déftikon na ko;

Dèal révmi démin vu rafét la

Ba nbôlô sakudikon na dè g uni rafété;

Vâyé fasyéné ñaddal aduma say sopé

Dangkalikô tib hèh ak sa manèn yav,

Song vét gog ka lèn di fayul

Sa tamiñal dabar la délu di beg sab digen b

Tod bok gôgu gép, ganâyul révmi

Nara tûr dérét dô dotédikon as bakan,

Ndambâr gu mél nî nun rék ako yayô;

Târub turam vu reyvi tah na ba ñu nèv ako sènén,

Tûti tiv nit la matt bu doy ti sènub hol

Ba tah ñu ñémè ñodiku tîvté l uni day

Integração de novos ritmos

A marselhesa

Em frente, filhos da pátria

O dia de glória chegou.

Contra nós, da tirania,

O estandarte sangrento se ergueu (bis)

Ouvis nos campos

Rugir os soldados ferozes?

Eles vêm até nossos braços

Degolar nossos filhos, nossas companheiras.

Às armas, cidadãos, formai vossos batalhões

Marchemos, marchemos, que um sangue impuro re-
gue nossos sulcos!

* * *

Em francês

Allons, enfants de la Patrie

Le jour de gloire est arrivé.

Contre nous, de la tyrannie,

L'entendard sanglant est levé (bis)

Entendez-vous dans les campagnes

Mugir ces féroces soldats?

Ils viennent jusque dans nos bras

Engorger nos fils, nos compagnes.

Aux armes, citoyens, formez vos bataillons

Marchons, marchons, qu'un sang impur abreuve
nos sillons!

***

Em uolofe

Ay*t*a lèn ñu *d*ok dômi rèv mi

B*e*sub *d*alôré aksi na.

Ses nañu nu râyav mbugel mi,

Râyav dérét va tahav (ñârel)

Hanâ dégulèn *t*i bîr alle bi

Ndavharé yu nèg yiy yûhu?

Da ñuy ñev ba *t*i sun kanam

Réndi sunuy dôm, sunuy *d*abar.

Na nu lèn ganâyu, déf lén sèni haré

Nañ doh, nañ doh, dérêt *d*u gali mandal sâvo yi!

Exemplo de poesia uolofe sobre um tema laico

Ada bari bokul

Do*d* tubâb *d*â ngi ni

Sol sa bubi loho

Saytu as tôrtôr

Dohal mbâ nga dug

Kongkong né fá ték

N*d*ûtây li *t*i dey bi

Tîb*r*îb *d*i né fatahi marèm

Ku*d*ug nahsahandang

Bô râyul vund-vi

Té gan kô vûf

Mu di la sébén

Nga di ko fôn

Ay di buruy sarah

Ngèn véy *ti* nônu

*D*emé sâsu tahav

Té dô ñémè tohi.

Nun nak sunu *d*os

Dép *d*i nga ha*m*

Seria inútil tentar traduzir adequadamente para uma língua ocidental esse poema trivial; é esse elemento intraduzível de uma língua para outra, sem o qual não há literatura nacional própria, que sempre sacrificamos ao "optarmos" por uma expressão estrangeira.

III

Remate

Estudo comparativo do uolofe e do serere

Formas verbais

Serere	Uolofe	Francês	Português
Infinitivo			
Bug	*Beg*	Aimer	Amar, gostar
Fad	*Fad*	Frapper, abattre	Bater, abater
Fet	*Fet*	Danser	Dançar
Mag	*Mag*	Grandir	Crescer
Bug-ik	*Beg-i*	Aller aimer	Ir amar, gostar
Fad-ik	*Fad-i*	Aller frapper, abbattre	Ir bater, abater
Fet-if	*Fet-i*	Aller danser	Ir dançar

O *k* oclusivo no final absoluto do sufixo *ik* da língua-mãe cai na língua-filha, que seria o uolofe.

Mak-ik	*Mag-i*	Aller grandir	Ir crescer

Sufixo -*até*	Sufixo -*atul*		
(Parar de fazer)			
Bug-até	*Beg-atul*	Ne plus aimer	Não mais amar, gostar
Fad-até	*Fad-atul*	Ne plus frapper, abattre	Não mais bater, abater
Fet-até	*Fet-atul*	Ne plus danser	Não mais dançar
Mak-até	*Mag-atul*	Ne plus grandir	Não mais crescer

Sufixo -*alé*	Sufixo -*alé*		
(Realizar uma ação secundária ao mesmo tempo que uma principal)			
Bug-alé	*Beg-alé*	Aimer en même temps que...	Amar ao mesmo tempo que...

Fad-alé	Fad-alé	Frapper, abattre en même temps que...	Bater, abater ao mesmo tempo que...
Fet-alé	Fet-alé	Danser en même temps que...	Dançar ao mesmo tempo que...
Mak-alé	Mag-alé	Grandir en même temps que...	Crescer ao mesmo tempo que...
Sufixo -andor	Sufixo -ando		
(Dois ou vários sujeitos executando simultaneamente uma ação)			
Bug-andor	Beg-ando	Aimer simultanément, ensemble	Amar, gostar simultaneamente, juntos
Fad-andor	Fad-ando	Frapper, abattre simultanément, ensemble	Bater, abater simultaneamente, juntos
Fet-andor	Fet-ando	Danser simultanément, ensemble	Dançar simultaneamente, juntos
Mag-andor	Mag-ando	Grandir simultanément, ensemble	Crescer simultaneamente, juntos
Sufixo -atin	Sufixo -ati		
(Fazer de novo)			
Bug-atin	Beg-ati	Aimer de nouveau	Amar de novo
Fad-atin	Fad-ati	Frapper, abattre de nouveau	Bater, bater de novo
Fet-atin	Fet-ati	Danser de nouveau	Dançar de novo
Mag-atin	Mag-ati	Grandir de nouveau	Crescer de novo
Sufixo -adhar	Sufixo -adi		
(Não fazer de modo algum)			
Bug-adhar	Beg-adi	Ne pas aimer du tout	Não amar, gostar de modo nenhum
Fad-adhar	Fad-adi	Ne pas frapper, abattre du tout	Não bater, abater de modo algum
Fet-adhar	Fet-adi	Ne pas danser du tout	Não dançar de modo nenhum
Mag-adhar	Mag-adi	Ne pas grandir du tout	Não crescer de modo nenhum
Verbo + a + verbo			
(Fazer até fartar)			
Bug-a-bug	Beg-a-beg	Aimer énormément	Amar muitíssimo

Fad-a-fad	*Fad-a-fad*	Frapper énormément	Bater muitíssimo
Fet-a-fet	*Fet-a-fet*	Danser énormément	Dançar muitíssimo
Mag-a-mag	*Mag-a-mag*	Grandir énormément	Crescer mutíssimo

Sufixo -*é* (Não fazer)	Sufixo -*é* (Fazer efetivamente)		
Bug-é	Beg-é!		Estas expressões significam, em serere, "eu não amo etc.", ao passo que em uolofe significam "eu me recuso a não amar de acordo com a ordem que me é dada etc." Não confundir com as outras terminações em (*é*)
Fad-é	*Fad-é!*		
Fet-é	*Fet-é!*		
Mag-é	*Mag-é!*		
daí *Pah-é* = não circunciso, que não se conformou à tradição; ao *m-bah;* cf. *Mbah* – parte egípcia (p. 69)			

Sufixos -*ay* e -*e* (Nome verbal)			
Mbug-ay	*Mbeg-ay*	Amour, volonté	Amor, vontade
Mbug-el	*Mbeg-el*	-	-

Sufixo -*hoh of* = cabeça sua (Fazer sobre si)	Sufixo -*sa bop* = sua cabeça		
Bug-hoh of = *Bug-oh*	*Beg-sa bop*	S'aimer	Amar-se

Sufixo -*nu* (Mandar fazer)	Sufixo -*lu*		
Bug-nu	*Beg-lu*	Faire aimer	Mandar amar

Sufixo: repetição + -*nu* (Fingir)	Sufixo: repetição + -*lu*		
Bug-bug-nu	*Beg-beg-lu*	Faire semblant d'aimer	Fingir amar
Fad-fad-nu	*Fad-fad-lu*	Faire semblant de frapper, d'abattre	Fingir bater, abater

411

Sufixo -*ann*	Sufixo -*all*		
(Fazer por alguém)			
Bug-*ann*	Beg-*all*	Aimer pour quelqu'un	Amar, gostar por alguém
Fad-*ann*	Fad-*all*	Frapper, abattre pour quelqu'un	Bater, abater por alguém
Sufixo -*natin*	Sufixo -*latil*		
(Fazer novamente por alguém)			
Bug-*natin*	Beg-*latil*	Aller aimer de nouveau pour quelqu'un	Ir amar, gostar novamente por alguém
Fad-*natin*	Fad-*latil*	Aller frapper, abattre de nouveau pour quelqu'un	Ir bater, abater novamente por alguém
De maneira geral, todo verbo terminado em *and*, em serere do Salum, ou em *ind*, em serere do Sine, corresponde a verbos uolofes terminados em *al* ou *il*			
Mokand Mokind	Mokal	Réduire à poudre, réciter	Reduzir a pó, recitar
Sotand Sotind	Sotal	Achever etc.	Completar etc.

Artigos definidos

Em uolofe, o artigo é uma das sete consoantes seguintes (*d*, k, b, v, s, m), conforme a estrutura fonética da palavra. Acrescenta-se *i, é, a, ilé* segundo a posição do objeto. Exemplo:

- *bi*: designa o objeto próximo;
- *bé*: objeto afastado, mas à vista;
- *ba*: objeto distante;
- *bilé*: sinônimo de *bi;*
- *balé:* sinônimo de *ba*.

Poderíamos fazer uma permutação circular das sete consoantes citadas.

Em serere, também, o artigo definido é formado de consoantes variáveis segundo a estrutura fonética das palavras: *r, k, n, h, f, l*. Tal como em uolofe, acrescenta-se *é* para um objeto próximo ou pouco afastado e *a* para um objeto distante. Exemplo:

- *Ndok alé*: essa choupana (à vista);
- *Ndok ala*: aquela choupana.

A evolução deve ter criado certa confusão; as formas uolofes *bilé, balé* não são mais do que a justaposição dos dois artigos das duas línguas. Exemplo:

- *Bi* (uolofe) + *alé* (serere) = *bilé*, artigo uolofe sinônimo de *bi*;
- *Ba* (uolofe) + *alé* (serere) = *balé*, sinônimo de *ba*.

Do mesmo modo, por permutação circular tem-se em uolofe: *milé, malé, vilé, valé, gilé, galé, silé, salé,* dilé, dalé, kilé, kalé.

A atribuição

O artigo indefinido em uolofe é o artigo definido com os fonemas invertidos e colocado antes da palavra. Exemplo:

- *Av nak* = um boi;
- *Nak va* = o boi.

Para indicar a atribuição em uolofe coloca-se o artigo indefinido entre o nome da coisa possuída e o nome de quem a possui: Exemplo:

- *Av nak* = um boi;
- *Nak av dix*: o boi de fulano;
- *Nag uv div*: o boi de fulano.

O segundo exemplo mostra que, nesse papel de artigo, o *a* de este tende a se tornar *u*; além disso, *v* tende a cair e a forma *nav av div* evolui para *nag u div*. Portanto, o que devemos registrar é que mesmo esta última forma provém de uma modificação do artigo definido.

O artigo serere pode ter o mesmo papel. Exemplo:

- *Suman ala/n*déy *na* = o quarto do sol.
  (art.)

Entretanto, veremos que é os artigos uolofe, do ponto de vista da forma, são idênticos sobretudo aos artigos d*ola*.

Demonstrativos

Em serere, forma-se o demonstrativo pelo acréscimo de *né, na, agana* ao artigo definido, conforme o objeto esteja próximo, afastado ou muito distante. Exemplo:

• *Ndok alé* = a choupana;

• *Ndok alé-né* = essa choupana.

• *Ndok ala* = a choupana (ali);

• *Ndok ala-na* = aquela choupana lá;

• *Ndok ala-gana* = aquela choupana bem longe.

Os mesmos sufixos *né, na, ngané, ngana* servem como demonstrativo em uolofe, com o mesmo sentido que em serere.

• *Né* = demonstrativo do objeto próximo subentendido;

• *Na* = demonstrativo do objeto distante subentendido.

Os outros demonstrativos uolofes parecem resultar de uma ligeira modificação de *agané* e *agana* (serere). Para constatá-lo basta comparar os termos uolofes – *manga-né*: aqui está ele (um pouco distante); *manga-na*: lá está ele – com as expressões sereres: artigos + *agané* = designa objeto afastado.

Interrogativos

O artigo definido serere com suas modificações "eufônicas" + *um... té* produz a interrogação. Exemplo:

• *K-um lotombadidu té?* = Quais pirogas chegaram?

A regra é idêntica em uolofe:

• *Nit ki* = o homem, sendo *ki* o artigo definido.

Para interrogar, segue-se a regra serere:

• *Nit (k-) umu ti* = Qual desses homens é?

• *(K)-umu ti?* = Qual é?

• *(K)-um ti?* = Qual é? (por contração)

Da mesma maneira se diz, fazendo o artigo que rege a palavra seguir a consoante: *(v)-umuti, (b)-umu ti, (d)-umu ti, (s)-umu ti etc.*

414

O relativo

O pronome relativo com função de objeto direto é o mesmo.
Exemplo:

Serere	Uolofe
Uma = que eu tenho	*Vu ma* = que eu tenho
	Vi ma = que eu tenho
Pis na var uma = o cavalo que eu matei	*Fas vu ma ray* = o cavalo que eu matei
	Fas vi ma ray = o cavalo que eu matei
Nak a lam uma = o boi que eu herdei	-

Observação: Para compreender a nuança que há entre *i-ma*
e *u-ma* é necessário lembrar o papel que *i* e *u* desempenham no
artigo definido: *i* indica uma ideia precisa, *u* traduz uma ideia mais
vaga e uma certa proximidade.

Na verdade, não se trata de um pronome relativo propriamente dito, mas da fusão gradual de um artigo definido com um
pronome pessoal.

Pronomes pessoais

Serere	Lebu	Uolofe	Francês	Português
Mé	-	*Man*	Moi	me, mim
Uo	*Av*	*Yav*	Toi	te, ti
tén, hé	-	*Mom*	Lui	lhe
In	*In*	*an, nun, kenu*	Nous	nos
Nun	-	*Yèn*	Vous	vos
Dèn	-	*Ñôm*	Eux	lhes
Va	-	*va*	ceux de	os de

Formação dos nomes abstratos e dos diminutivos por mu-
dança da inicial

Em uolofe só é possível formar um diminutivo com ajuda destas
cinco consoantes: *k, m, n, p, t*. Forma-se o diminutivo substituindo
por elas a consoante inicial da palavra ou sufixando-as à vogal
inicial da palavra e seguindo a palavra assim formada por *si*.

415

Formação de um diminutivo por substituição da consoante inicial por *k* ou por prefixação inicial

K é essencialmente utilizada para todas as palavras iniciadas por vogal. Trata-se de um verbo qualificativo ao qual a prefixação de *k* confere valor de substantivo, que se torna diminutivo quando a ele se acrescenta *si*. O que vale para *k* vale também para as outras quatro consoantes quanto à formação dos substantivos abstratos a partir dos verbos qualificativos. A formação dos diminutivos, portanto, supõe a formação dos nomes abstratos. Por isso, o estudo dessas duas questões se faz num mesmo capítulo.

Os diminutivos formados por *k* têm acentuado valor pejorativo. Quando se trata de um verbo iniciado por vogal é normal que antes se faça dele um nome para que depois se possa torná-lo um diminutivo. Ora, para tais verbos, como acabamos de dizer, forma-se o nome abstrato correspondente por acréscimo do prefixo *k*. Exemplo: *añân* = invejoso; *kanân* = inveja, sem ideia de diminutivo; *kanân* = a invejinha (sentido pejorativo muito acentuado); *ep* = ultrapassar, *kepél* = a ultrapassagem, sem ideia de diminutivo. Para tornar a palavra um diminutivo será preciso acrescentar *si*: *képel-si*. Portanto, *si* é o elemento fundamental de formação do diminutivo; a consoante inicial interfere apenas para fazer do verbo um nome ao qual *si* vai conferir sentido de diminutivo.

Entretanto, o espírito de generalização não deixa de ter seu efeito. Assim, palavras que são substantivos iniciados por vogal mesmo assim recebem o prefixo *k*, como se fossem um verbo do qual se forma um substantivo, quando são empregadas com valor de diminutivo. Exemplo: *andar* = instrumento de medida; *kandar* = diminutivo de *andar*, sem introdução de *si*, elemento fundamental para a formação do diminutivo.

O que está dito aqui a respeito dos nomes e dos verbos regidos por *k* é válido também para os nomes e os verbos regidos pelas quatro outras consoantes de que trataremos nos parágrafos seguintes; portanto, isto estará subentendido.

416

Além das palavras iniciadas por vogais e por semivogais (*a, e, i, y, v = w, é* etc.), emprega-se *k* igualmente com outras consoantes para formar o diminutivo de palavras iniciadas por consoantes. É o caso das palavras iniciadas por *b,* cujo diminutivo pode ser formado ou por substituição ou por prefixação de *k* ou *m.*

- *Bant* = bastão;
- *Mbant-si* = bastãozinho (uso corrente);
- *Kant-si* = bastãozinho bem pequeno (quase incorreto).

Neste último caso o diminutivo com *k* é menos usado. Tem valor pejorativo tão marcado que cabe perguntar se não se trata de gíria. Em todo caso, estamos aqui no limite da linguagem correta. Essa forma serve para expressar uma ideia de revolta ou de inveja, de rancor. Não pode servir para desprezar, pois quem a utilizasse se rebaixaria aos olhos de seu interlocutor, sem dúvida. Também nas palavras iniciadas por *f, k* serve para formar o diminutivo:

- *Fas* = cavalo;
- *Pas-si* = o cavalinho (uso corrente);
- *Kas-si* = cavalinho (diminutivo pejorativo).

Neste ponto impõe-se uma observação: a formação lógica dos diminutivos por substituição da consoante inicial é limitada, na prática, pelo fato de que é possível, assim, formar uma palavra já existente na língua mas com um sentido usual que nada tem em comum com a ideia do diminutivo que se pretendia formar. Com isso, o sentido deste último se altera:

- *Far* = amante.

Normalmente deveríamos ter:

- *Par-si* e *Kar-si* como diminutivos,

mas, ao passar de *f* para *p*, cai-se em *par*, que designa uma categoria de cavalos; como a segunda forma, *kar-si*, é quase uma gíria, a única utilizável torna-se o diminutivo comum:

- *Far-si* = o pequeno amante,

que nos resignamos a usar. A perfectibilidade da língua – ou seja, sua aptidão a se matizar –, neste caso particular vê-se limitada por essas considerações práticas.

417

Quando uma palavra começa com uma das cinco consoantes citadas anteriormente, estas permanecem invariáveis, seja na formação da palavra abstrata, seja na formação do diminutivo, exceto quanto à possibilidade de formar, para essas mesmas palavras, diminutivos pejorativos de segunda ordem. Exemplo:

• *Pitah-mi* = o pombo;
• *Pitah-si* (diminutivo normal) = o pombinho;
• *Kitah-si* = o pombinho (diminutivo pejorativo).

• *Mbegèl-gi* = o amor;
• *Mbegèl-si* e *Kegèl-si* = o amorzinho (pejorativo).

Formação dos nomes abstratos e dos diminutivos com *n*

Os verbos iniciados por *d,* d, *g, h* recebem um *n* como prefixo para se tornarem nomes abstratos. É essencial observar que *n* não substitui a consoante inicial, mas é prefixado a ela. O que dissemos a respeito de *k* está subentendido aqui; ou seja, o diminutivo de todos esses verbos é formado com *n*:

• *Dèm-gi* = árvores espinhosas (espécie tropical);
• *Ndém-si* = arvorezinha espinhosa.

• *Dân-di* = a serpente;
• *Ndân-si* = a serpentezinha.

• *Gavar-bi* = o cavaleiro;
• *Ngavar-si* = diminutivo de cavaleiro.

• *Harit-bi* = o amigo;
• *Nharit-si* = diminutivo de amigo.

Os nomes iniciados por *n* permanecem invariáveis. Têm-se:

- *Nag-vi* = o boi;
- *Nag-si* = diminutivo de boi: vitelo.

Formação dos nomes abstratos e dos diminutivos com *m*

Esta regra se aplica às palavras iniciadas por *b* e, naturalmente, por *m*:

- *Beg*: amar;
- *Mbegèl-gi*: o amor;
- *Mbegèl-si*: diminutivo.

E, por extensão:

- *Bant-bi*: o bastão;
- *Mbant-si*: diminutivo.

Formação dos nomes abstratos e dos diminutivos por substituição da consoante inicial por *p*

Esta regra se aplica aos nomes iniciados por *f* e, naturalmente, por *p*:

- *Fas-vi*: o cavalo;
- *Pas-si*: o cavalinho.

- *Pitah-mi*: o pombo;
- *Pitah-si*: diminutivo.

Formação dos nomes abstratos e dos diminutivos a partir de *t*

Esta regra se aplica aos nomes iniciados por *s,* por t e *t,* de acordo com o que foi dito anteriormente:

- *Sant*: agradecer;
- T*ant*: agradecimento.

- *Seriñ*: marabuto;
- T*eriñ*: condição de marabuto;
- T*eriñ-si*: o pequeno marabuto.

É na relação dos fonemas que devemos buscar a razão de ser dessas regras. Não se deve subestimar o papel da "eufonia" na morfologia das línguas negras. Seja como for, não esqueçamos que se trata de comparar o uolofe com o serere. Mostraremos, portanto, que essas regras fundamentais são comuns às duas línguas.

O serere forma seus nomes abstratos e seus diminutivos pelo mesmo procedimento que o uolofe e, também, pelos mesmos fonemas:

Serere	Uolofe
(M)	
Badôlé: homem do povo	*Bâdolo*: homem do povo
Mbadôlé-né: estado do homem do povo	*Mbâdolo*: estado do homem do povo
O mbadôlé onhé: o homenzinho do povo	*Mbâdolo-si*: o homenzinho do povo
Bug: querer	*Beg*: querer
Mbugèl: vontade, amor	*Mbegèl*: vontade, amor
O mbugèl onhé: o amorzinho etc.	*Mbegèl-si*: o amorzinho etc.
(T)	
Seriñ: o marabuto	*Seriñ*: o marabuto
T*iriñ*: a condição de marabuto	T*eriñ*: a condição de marabuto
O ndiriñ onhé: o marabuto pequeno	T*eriñ-si*: o marabuto pequeno

O último exemplo referente ao diminutivo não constitui uma diferença. Concebe-se que *N*d em serere = t em uolofe; *Ndobèn*, berço, cidade dos Diop = T*obèn* em uolofe.

Serere	Uolofe
Sohot: mau	*Sohot, sohor*: mau
T*ohot*: maldade	T*ohot*: maldade
Ndohot onhé: a maldadezinha	T*ohot-si*: a maldadezinha

Tal como em serere, em uolofe o *n* serve para formar os nomes abstratos e os diminutivos dos nomes iniciados por *h, g,* d, *d* (exceto *dh*):

Serere	Uolofe
(N)	
Hérit: amigo	*Harit*: amigo
Nharit: amizade	*Nharit*: a amizade
Nharit onhé: a amizade pequena	*Nharit-si*: a amizade pequena
Gak: mancha	*Gak*: mancha
Ngak-onhé: a manchinha	*Ngak-si*: a manchinha
Dèm: sal	*Dân*: serpente
Ndèm onhé: a pitada de sal	*Ndân-si*: a serpentezinha
Dam: capturar	*Dap*: recapturar
Ndam onhé: a captura pequena	*Ndabèl-gi*: o fato de recapturar

Por outro lado, tem-se em serere:

• *Dhan*: dormir;

• *O dhan*: o sono.

Além disso, o serere utiliza *nd* para formar o diminutivo dos nomes iniciados por *t*:

• *Tèv*: mulher;

• *O ndév onhé*: a mulherzinha.

Ndav existe em uolofe com o mesmo significado que em serere; por outro lado, a forma da qual ele é diminutivo está ausente do serere. As palavras iniciadas por *t, l, r, m* e *n, p, k* mantêm sua consoante inicial nas formas correspondentes a nomes abstratos ou diminutivos.

Formação dos nomes abstratos e dos diminutivos com *k*

Na verdade, o serere não prefixa *k*, e sim *ng* às vogais iniciais das palavras:

Serere	Uolofe
Arèr: amendoim	*Arèn*: amendoim
O ngarèr onhé: o pequeno campo de amendoins	*Karèn-si*: o pequeno campo de amendoins

421

Observe-se também que, quando o *b* é aspirado, ele permanece invariável em serere:

- *O bhak onhé*: cordinha.

O serere também substitui *f* por *mb* e *p*:

Serere	Uolofe
Fodoh: ácido	*Forah*: ácido
Podohté: acidez	*Porohté*: acidez
Fân: burro	
O mbâm-onhé: o burrinho	

Esta última variação explicaria que a palavra serere *Fo* dèm (o sal) possa dar *Mbidèm* (cidade do sal, perto do lago salgado = *tan* em serere), de *Tan-ma*.

Observação: Encontramos essas mesmas regras em tuculor e em peúle. Os exemplos seguintes mostram que o tuculor e o peúle, tal como o serere, utilizam *g* ou *ng* quando o uolofe usa *k* para a formação dos nomes abstratos.

Tuculor	Peúle
Nomes abstratos com *g*	
Añân: mau	*Nganu*: maldade
Adu: trazer	*Gadugol*: aporte (o que é trazido)
Andûdé: conhecer	*Gandal*: conhecimento
Yidé: amar	*Gidgol*: amor
Nomes abstratos com *m*	
Vadâdé: montar	*Mbadu*: equitação
Bilgol: ensinamento	*Mbilé*: ensinar
Balugol: ajuda	*Mbalé*: ajudar
Nome abstrato com *n*	
Démal: cultivar	*Ndémré*: cultura
Nomes abstratos com *t*	
Sadu: passar uma rasteira	*Tadé*: a rasteira
Salmine: cumprimentar	*Talmingol*: o cumprimento
Salaré: recusar	*Talagol*: a recusa

Formação do plural por modificação da consoante inicial

Quando uma palavra uolofe começa com duas consoantes, sendo a primeira *n* ou *m*, estas caem no plural e a segunda consoante da palavra no singular torna-se a primeira no plural. Além disso, *m* só pode preceder *b* e *n* só pode preceder *d, g* ou *h*.

Mber: o campeão	*Ber-yi*: os campeões
Ndâma-li: o cortesão	*Dâma-yi*: os cortesãos
Ngunu-li: o galinheiro	*Gunu-yi*: os galinheiros

O serere forma o plural de modo análogo, mas na maioria das vezes trocando *b* por *p* e *nd* por *t*:

Banda: o pântano	*Panda*: os pântanos
Badole: o homem do povo	*Padolé*: os homens do povo
Mbir: o campeão	*Pir*: os campeões
Mbus: o odre	*Bus*: os odres
Ndâma: o cortesão	*Tâma*: os cortesãos
Ndobèn: um Diop	*Tobèn*: os Diop (plural)
Ngus: o anão	*Kus*: os anões

O uolofe forma o plural dos nomes iniciados por *p* substituindo essa consoante por *f*. O serere faz o inverso.

Uolofe	Serere
Pitah um Marème: a rola	*O fam*: o burro.
Fath i Marème: as rolas	*Pâm*: os burros
	A feta: a dança
	A peta: as danças

Há regras análogas em tuculor e peúle. O quadro seguinte, para a formação do plural em tuculor e peúle por substituição das consoantes iniciais, mostra o parentesco serere-uolofe-peúle. Reproduzir esse quadro, com as diferenças que nele figuram com relação ao uolofe e ao serere, não é mais do que uma maneira de insistir na importância que se deve dar a essas variações de consoantes iniciais, ora para formar nomes abstratos, ora para formar o plural dos nomes. Constataremos que em tuculor e em peúle a regra com frequência é recíproca, ou seja: se *r* se torna *d* no plural, *d* no singular se tornará *r* no plural:

Tuculor	Peúle
Ravandu: o cão	*Hôdéré*: a estrela
Davadi: os cães	*Kodé*: as estrelas
Rimbéré: espécie de peixe	*Kosam*: o leite
Dimbédé: espécies de peixe	*Koté*: muito leite
Débo: a mulher	*Nefru*: a orelha
Révbé: as mulheres	*Nopi*: as orelhas
Mbâlu: o carneiro	*Savru*: o bastão
Bâli: os carneiros	*Tabi*: os bastões
Fôndu: a rola	*Sondu*: o pássaro
Pôli: as rolinhas	*Tôli*: os pássaros
Pulo: o peúle	*Vandu*: o macaco
Fulbé: os peúles	*Bâdi*: os macacos
Lambo: o chefe	*Vândé*: o cupinzeiro
Lambé: os chefes	*Bâdé*: os cupinzeiros
Gorko: o homem	*Vâlo*: o campo
Vorbé: os homens	*Bâlé*: os campos
Gertugal: a galinha	*Bambâdo*: o quimbanda
Gertodé: as galinhas	*Vambâdé*: os quimbandas
Gavlo: o quimbanda	
Avlubé: os quimbandas	
Gudo: o ladrão	
Vuybé: os ladrões	

Nota: certas palavras uolofes, como T*è*li (gavião), *Nop* (ore-lha), *Kat* (leite), correspondem à forma plural da palavra tuculor ou peúle.

Advérbios

Há em uolofe uma infinidade de antigos verbos em desuso, de diferentes proveniências, que desempenham cada vez mais o papel de advérbios. Isso ocorre sempre que um termo de origem estrangeira coexiste na língua com seu sinônimo. Quando se trata de dois verbos qualificativos, um tende a se tornar advérbio com relação ao outro. Esses advérbios modificam adjetivos de todos os tipos. Certos adjetivos só podem ser modificados por um único advérbio. Outros podem sê-lo por vários ao mesmo tempo. Tal expressão composta por um advérbio e um verbo corresponde a um superlativo absoluto:

Foroh (farah): ácido	*Foroh tol*: muito ácido
Vov: duro, seco	*Vov kong*: muito duro, muito seco
Vèh: branco	*Vèh furr* ou *Vèh tall*: muito branco
Bâh: bom	*Bâh lôl*: muito bom
Lévét: doce	*Lévét dom*: muito doce
Ntom: doce (em copta)	

O serere traduz da mesma maneira o superlativo absoluto. Mais do que isso, os advérbios são quase os mesmos nas duas línguas:

Fodoh: ácido	*Fodoh tolok*: muito ácido
Ver: duro	*Ver kong*: muito duro
Rang: branco	*Fang furr*: muito branco
Fâh: branco	*Fâh lôl*: muito branco

Os outros advérbios como *kep* (apenas), *rek, kut, kot, késé* (somente) também são os mesmos.

Há advérbios do mesmo tipo que modificam verbos de ação que são idênticos nas duas línguas e lembram onomatopeias mais ou menos em desuso:

- *Hapit*: diz-se do que se quebra com os dentes ou do que se racha;
- *Har hapit*: rachar completamente.

- *Korol*: diz-se do que se encarquilha;
- *Karol banku*: enrolar-se completamente.

Esses advérbios, *hapit* e *korol*, e muitos outros são comuns ao uolofe e ao serere, sendo empregados nas mesmas condições.

Depois destas observações percebe-se a profunda unidade que há entre o uolofe, o serere, o tuculor e o peúle.

Entretanto, seria um erro se basear nesse parentesco para achar que uolofe, serere, peúle e tuculor se compreendem mutuamente.

Evolução das vogais

Passando do serere ao uolofe, vogais estiradas e arredondadas são substituídas por vogais situadas na direção do vértice inferior do triângulo das vogais; percorrem-se os lados do triângulo no sentido indicado pelas flechas.

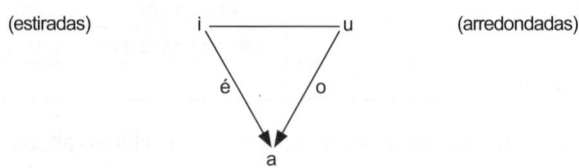

Serere	Uolofe
Pîh: frescor	*Pèh*: frescor
Mbir: campeão (lutador)	*Mber*: campeão (lutador)
Hit: anel	*Hét*: anel
Fit: agulha, flecha	*Fét* (fit): flecha
Da*mbit*: queixar-se de alguém	Da*mbat*: queixar-se de alguém
Hiré: exército	*Haré*: exército
Yèg-li: avisar	*Yég-lé*: avisar
Ilar: hilário	*Elér*: hilário
Bôtil: cuidador dos circuncisos	*Bôtal*: cuidador dos circuncisos
Pîtu: zarolho	*Pat*: zarolho
Dil: pegar	*Del:* prendre
Gim: acreditar	*Gem*: acreditar
Sih: galo	*Séh*: galo
Inu: carregar	*Enu*: carregar
	Yanu: carregar
Entretanto, encontram-se exceções, como	
Héh: ter fome	*Hif*: ter fome
Dad-ra: arbusto espinhoso	*Déd*: arbuto espinhoso, matagal
Arredondadas (u, o)	
Bug: querer	*Beg*: querer
Mbuknég: camareiro	*Beknég*: camareiro
Ul: sapataria	*Ev*: sapataria
Sohot: mau	*Sohar, sohot*: mau
Fodoh: ácido	*Foroh, forah, farah*: ácido

Estes últimos exemplos – a coexistência de várias formas para uma mesma palavra – são prova evidente dessa evolução das vogais no sentido indicado anteriormente.

Tanto quanto o serere é saturado de vogais como *i* e *u*, o uolofe é saturado de vogais como *a, e, é*.

Também as palavras sereres que contêm essas vogais – ou seja, as que estão próximas do vértice inferior do triângulo – são as que sofrem menos alteração quando se passa para o uolofe. Exemplo:

Serere	Uolofe
Lahas: bastante afastado, que se alcança depois de uma pequena curva	*Lahas*: bastante afastado, que se alcança depois de uma pequena curva
Sadah: caridade	*Sarah*: caridade
Hasab: côvado	*Hasab*: côvado
Dah: caçar	*Dah*: caçar
Sohla: necessitar	*Sahla*: necessitar
Tandarma: tâmara, tamareira	*Tandarma*: tâmara, tamareira
Mélo: cor	*Mélo*: cor
Pémé: cornalina	*Pémé*: cornalina

Fenômenos de assimilação e de dissimilação

O feiticeiro em serere é *Nah oha*. Trata-se de mostrar por qual mecanismo evolutivo *Nah oha* levou a *Nohor* em uolofe. *Nah oha* → *Nâh oh* → *Nâhoh*. Uma dissimilação progressiva e uma assimilação regressiva transformando *a* em *o* resultam em *Nohor*[76].

---

76. No Senegal, assim como em Uganda, acredita-se (como se fosse uma lembrança de antropofagia ritual ou "econômica") em feiticeiros "devoradores de homens". Na imaginação popular, esse feiticeiro tem o poder de provocar milagrosamente a morte de um indivíduo, de desenterrar seu cadáver, de reanimá-lo para matá-lo realmente, a fim de consumir sua carne e de constituir reservas de gorduras com as partes adiposas da vítima. Diz-se que esse feiticeiro tem olhos invisíveis na nuca, diametralmente opostos aos olhos comuns, conferindo-lhe, assim, a faculdade de enxergar por trás sem voltar a cabeça. Ele tem bocas intensamente dentadas nas articulações dos braços e dos antebraços. Se é uma mulher, seu sexo pode transformar-se em boca dentada. O poder de feitiçaria vem-lhe periodicamente sob forma de crise. Para ser um feiticeiro completo, dotado de todas as aptidões, é indispensável que venha de mãe feiticeira. Detectamos aqui, de passagem, uma sobrevivência do matriarcado paleonigrítico. Essa feitiçaria é hereditária. Não se transmite por iniciação, como determinadas práticas ocultas, erroneamente

Transformação por metátese

Serere	Uolofe
Râdu: aquecer-se ao fogo	*Daru*: aquecer-se ao fogo
Dav: cozinhar	*Vad*: cozinhar
Entretanto, *Dav* também existe em uolofe e significa o mesmo que em serere	
Tem-se também	
Huy: gritar	*Yuh*: gritar

Comparação de algumas palavras invariáveis

Serere	Uolofe
Né, ná: assim, como	*Né, na*: assim, como
Mba: ou	*Mba*: ou
Ndah: porque	*Ndah*: porque
Fop: em muito	*Fop*: em muito

Comparação de alguns idiotismos

Serere	Uolofe
Dam fadam: adeus	*Dam ag dam*: adeus
Ba mos: para sempre	*Ba môs*: para sempre
Kumba sûp: espécie de pássaro	*Mâm sûp*: espécie de pássaro, de indigo
Fâp fa mak: o verdadeiro pai	*Bây bu mak*: o verdadeiro pai
Fâp fa ndèv: tio (irmão do pai)	*Bây bu ndav*: tio (irmão do pai)
Tay a tay: hoje mesmo	*Tay-tay*: hoje mesmo
Gis a mbâh: ver o que é costumeiro	*Gis bâh*: ver o que é costumeiro
Hôl a hôl: muito seguro	*Vôr a vôr*: muito seguro
Urus o, hâlis o: seja ouro, seja prata	*Uruso, hâliso*: seja ouro, seja prata
Ndeg né fo did né: nome de constelação	*Ndeg mèg ndog-mi*: nome de constelação

Assim, portanto, só os adjetivos numerais e alguns nomes das partes do corpo apresentam diferenças sensíveis quando se passa do serere para o uolofe.

---

denominadas "feitiçarias". Se só o pai é feiticeiro, o filho é dotado de uma "visão sobrenatural", mas será incapaz de provocar a morte miraculosa de um indivíduo; ou seja, ele é incapaz de praticar realmente a feitiçaria. Pode pegar à vontade as vísceras, as entranhas de seus convivas, mas só isso. Este último feiticeiro é dito *Nohor* em uolofe, e o primeiro *Demm*.

Evolução das consoantes, das vogais e transformação das palavras de uma língua para outra

Seria interessante estudar de maneira sistemática, por meios experimentais, a relação dos fonemas. No entanto, em nossa análise nos limitaremos aos meios disponíveis.

1º) Transformação de n em l

A questão já foi estudada anteriormente. Essa evolução permitiu compreender a passagem dos verbos em *and* em serere para os verbos em *al* em uolofe. Permitiu compreender a correspondência dos sufixos:

Serere	Uolofe
Nu	*Lu*
Anâtin	*Alâtil*
Nn	*Ll*

2º) Transformação de d em r

D no fim de um radical ou no interior de uma palavra transforma-se frequentemente em *r* ao passar do serere para o uolofe:

Serere	Uolofe
Kid: abrigar	*Yîr*: abrigar
Fad-lu: ativo	*Far-lu*: ativo
Sadah: caridade	*Sarah*: caridade
Sohod: mau	*Sohar* (*sohat*): mau
Témèd: cem	*Témèr*: cem
Lèdé: massa de ferro para forjar (Esse instrumento torna-se brilhante pelo uso; daí seu nome)	*Léré*: maça de ferro
Hod: trair	*Vor*: trair
Did: visar	*Dir*: visar

3º) Transformação de r em l ou substituição de líquidas

Serere	Uolofe
Arhémès	Halhémés
Arhurân	Alhurân
Esta regra não é geral	

4º) Transformação de f em b

Serere	Uolofe
Fâp: pai	*Bây*: pai
Fâh: ser bom	*Bâh*: ser bom
Néhéf: arbusto cujo fruto contém tanino	
Nénéb: arbusto cujo fruto contém tanino	
Sâfu: sabão	*Sâbu*: sabão

5º) Transformação de p em f

Serere	Uolofe
Pis: cavalo	*Fas*: cavalo
Ou de *f* em *p*	
Fal: cabaça	*Pal*: cabaça

Relações do sara com o uolofe

Como os saracolês eram saras miscigenados, conforme parece indicar seu nome, e vivem ainda hoje com os uolofes, começaremos por sua língua. Encontramos em saracolê, assim como em uolofe e em egípcio, o auxiliar *"da"*, mas com sentido de passado. Exemplo: conjugações em:

Saracolê	Uolofe
N da katu: eu comi	*Da nâ lék*: eu comerei
An da katu: tu comeste	*Da nga lék*: tu comerás
A da katu: ele comeu	*Da na lék*: ele comerá
O da katu: nós comemos	*Da na nu lék*: nós comeremos
Oha da katu: vós comestes	*Da ngèn lék*: vós comereis
I da katu: eles comeram	*Da na ñu lék*: eles comerão

Formação do plural

O saracolê tem vários plurais de importância desigual quanto a seu uso:

a) Um plural em *u*, como no egípcio, do qual encontram-se vestígios nos adjetivos numerais uolofes. Esse plural é o mais utilizado em saracolê, regendo a maioria dos nomes:

Kompé: a choupana	*Kompu*: as choupanas
Yaharé: a mulher	*Yaharu*: as mulheres

b) Um plural em *ni* que se aplica sobretudo aos nomes em *i*.

Si: o cavalo	*Sini*: os cavalos (cf. Faidherbe, 1887)
Bêdi: a rola	*Bédini*: as rolas

Encontramos estes últimos plurais em uolofe com uma ligeira modificação:

Nit-ki: o homem	*Nit-ñi*: os homens
Mak-mi: o adulto	*Mak-ñi*: os adultos.

Essa formação do plural com *n* remontaria ao egípcio. *Ni* não é a classe do plural dos seres animados ou dos homens segundo uma distribuição misteriosa dos seres, mas um morfema do plural cuja aparição em uolofe foi condicionada pelas circunstâncias históricas que engendraram a língua e o povo uolofe.

Os demonstrativos

Saracolê	Uolofe
Ké: este	*Ki, ké*: este, aquele
Kétéré: aquele	*Kélé*: aquele
Kû: estes	*Kû*: aquele (muito próximo)
-	*Nû*: estes

Esta comparação permitiria entender o histórico da formação da classe *k* em uolofe. O saracolê não tem artigo definido. Seus demonstrativos ainda não começaram a ter esse papel. Por outro lado, eles podem ser associados a todos os nomes da língua, ao contrário dos artigos definidos das línguas como o uolofe. Também, o demonstrativo *ké* pode estar relacionado a qualquer nome da língua saracolê. Em uolofe, o emprego de *ké* é claramente limitado; ele só se aplica a duas palavras: o homem e a coisa. Compreendem-se as razões históricas dessa especialização do uso de *k* ao lembrar que *kuy* = o outro em egípcio; *kuy* = o outro em sara e em baguirmiano; *ké* = este em saracolê; *kî* = este em uolofe. Sendo assim, não surpreende que o uolofe e o saracolê interroguem por meio do mesmo pronome *k-an*:

Saracolê	Uolofe
K-an uigu illî?: Quais homens vieram?	*K-an mô nev?*: Quem veio?

431

Comparação de algumas palavras saracolês e uolofes

Saracolê	Uolofe
Minindé: dar de beber	*Mandal*: dar de beber
Démayé: ajudar	*Dimli*: ajudar
Dokindé: acrescentar	*Dok*: acrescentar
Doroma: anel	*Daro*: anel
Gerté: amendoim	*Gerté*: amendoim
Botoha: lama	*Botoh*: lama
Ritindé: levar	*Indi*: levar
Ngâga: baleia	*Ngâka, ngâga*: baleia
Budu: pão	*Mburu*: pão
Bobondé: estragar	*Bonal*: estragar
Bonon: mau	*Bon*: mau
Hémé: cinzas de palha de sorgo destinadas ao tingimento	*Hémé*: cinzas de palha de sorgo destinadas ao tingimento
Savta: machadinho	*Savta*: machadinho
Labanté: próprio	*Lâb*: próprio
Hurande: provar	*Vôral*: provar
Dongé: telhado	*Dank*: telhado
Dambâyé: trair, mudar de campo	*Dambu*: trair, mudar de campo
Débé: cidade	*Dek*: cidade
Mama: antepassado	*Mâm*: antepassado
Yaharangharé: engenhoso	*Harañ*: engenhoso
Nopa: acocorar-se	(*Nop*), *donbkan*: acocorar-se
Nangé: mau	*Añan*: mau

Saracolê	Serere	Uolofe (cf. Faidherbe, 1887).
ande	*and*	*al*
indé	*ind*	*il*

Relações do uolofe e do baguirmiano

Deve-se notar que, segundo Delafosse, o baguirmiano e o sara constituem duas variantes de uma mesma língua.

Determinativos

Na é um determinativo baguirmiano:

* *Sinda*: cavalo;
* *Sinda-na*: o cavalo.

* *Gaz-éna*: esta coisa.

Na serve para indicar o que está diante, em baguirmiano. Já encontramos o determinativo *na* em uolofe e em serere. *Na* existe em serere sob a forma de artigo definido:

* *Ndét-na*: o sol.

Né e *na* também servem como demonstrativos em uolofe e em serere:

* *Ndôk ala-na*: aquela choupana; lá em serere;
* *Manga-na*: o véu, lá.

Em baguirmiano, com o pronome sujeito, *na* às vezes é empregado para insistir.

* *Ma na*: eu (insistindo, em baguirmiano).

Ma é o pronome pessoal sujeito; primeira pessoa, em baguirmiano.

Temos igualmente em uolofe:

* *Ma na*: sou eu (com insistência).

O pronome *na* também é pronome pessoal, primeira pessoa, em uolofe.

Pronomes possessivos

O pronome possessivo é formado intercalando-se o pronome pessoal entre *a* e *na*:

* *a-ma-na*: meu.

Este pronome possessivo parece ser introduzido em uolofe com certa confusão, pois *a-ma-na* = eu tenho, em uolofe.

Pronomes interrogativos

Baguirmiano	Uolofe
Na nga?: Quem?	*Na nga*: Que você... ao passo que...
En nanga?: Quem? Aquele que...?	*Ana nga?*: Onde você está?

Uso da partícula *ka* em sara

A partícula *ka* é sempre empregada na segunda pessoa do singular e do plural no futuro, e na terceira pessoa quando se quer expressar uma certeza futura:

- *I mala katada*: Você mesmo fará;
- *Sé mala katadki*: Vocês mesmos farão;
- *Né ka tada*: Ele fará com certeza.

Ora, o serere forma o futuro com a mesma partícula *ka*, assim como o egípcio, em determinados casos:

Serere

- *Ten na magin-ka*: É ele que será forte;
- *In o na sadik-ka*: Nós é que seremos firmes;
- *Num o nâ sohot-ka*: Vocês é que serão maus etc.

Quanto aos exemplos egípcios, cf. p. 213ss.

K também é um sufixo locativo e dativo em sara:

- *Adin bang ki*: Dá-o para o sultão.

Acabamos de ver que *ki* também desempenha um papel de determinação em uolofe:

- *Nit-ki*: o homem, este homem.

Alguns verbos particulares do baguirmiano

- *Kor* é empregado como intensivo:
  - – *Lat gas koro*: quebrar algo completamente;
  - – *Gor vir*: em uolofe é empregado também como intensivo;
  - – *Gor gor-lu*: trabalhar corajosamente.

- *Dek* expressa uma ideia de possibilidade, de tornar-se:

  – *Lawsé an tébré ma ka* dék *diré balé*: suas palavras de ontem decerto se tornarão verdadeiras.

- Em uolofe, *dik*: acontecer, tornar-se:

  – *Dik-si nangam*: tornar-se algo.

- *Kod*: tirar (cortar em sara).

- *Gor*: abater (corte em uolofe).

- *Kaw*: colocado depois de uma palavra marca insistência, dá mais força à expressão (em sara):

  – *Né kaw nébang kaw gal be in ki*: ele é o chefe em sua choupana (sara);

- *Kav*: serve para marcar a dominação, estar acima (uolofe).

- *Do*: tem sentido reflexivo:

  – *Tadkumdo*: façam-me...

- *Do*: em uolofe tem um sentido ao mesmo tempo reflexivo e interrogativo:

  – *Do ma may*: você me dá?...

- *Do* é uma variante do auxiliar *di* ou *da*, já encontrado em uolofe, em saracolê e em egípcio.

- A ausência de algo se expressa por *goto*, como em tuculor:

  – *Soko in goto*: ele não tem pudor nenhum.

- Que, o que, são expressos por *di* em sara. Mas, como acabamos de ver, os auxiliares *di, do, da* também servem, em uolofe, para interrogar:

  – *Gas en di*: esta coisa, o quê (em sara);

  – *Di nga ligêy*: você trabalha?

- *Géla*: expressa a ideia de beleza, de bondade, em sara; é usado adverbialmente em:

  – *Géla*: bem.

- E verbalmente em:

  – *Géla ga*: está inteiramente bem.

- Em uolofe: *gen, gena*: melhor que...:
  - *Gena bâh*: melhor.

Vocabulário baguirmiano

Baguirmiano	Uolofe
Grusu: prata, dinheiro	*Vurus*: ouro
And: argila	*And*: canarinho de argila queimada
Bu: avestruz	*Bâ*: avestruz
Kuyu: outro	*Kû*: este
Ku: serve de elemento de ligação na frase	*Ku*: serve de elemento de ligação na frase
Dap tultul: muito branco	*Vèh tal-tal*: muito branco
Bay: campo	*Bay*: cultivar
Nirma: roncar	*Haran*: roncar
Kao: palmeira	*Kao*: em cima; alto
Giré: arrotar	*Dèh*: arrotar
Sâbun: sabão	*Sâbu*: sabão
But: furar	*Bet*: furar
Gon: criança, filho • *Né*: mulher, fêmea • *Gon-né*: menina, filha	*Goné*: criança, filho
Baba: pai	*Bây*: pai
Yí; ik: tu	*Yav*: tu (*Ek*: 2ª pessoa do singular em egípcio)
Dug: comprar	*Dug*: ir ao mercado
Hatak: libertar	*Tak*: amarrar • *Téki*: desamarrar, libertar (de certo modo)

Vocabulário sara

Sara	Uolofe
Né: diante de	*Né*: serve para indicar o que está em frente, demonstrativo
Koyom: morte • *Débé koyom*: homem morto, cadáver	*Koyom*: verbo morrer, morto • *Koyom*: advérbio, serve para reforçar a ideia de morte
Marta: oito	*Mata*: quarenta unidades
Ba: Será quê?	*Mba*: Será quê?
Ava: sim	*Vav*: sim

Mâ mbat: eu recuso	*Mâ bañ*: eu recuso
Buya: pai	*Bây*: pai
Yana: mãe	*Yây*: mãe
Dim: barba	*Sikim*: barba
Gañga: dente	*Beñ*: dente
Kend: música	*Kend*: festa de casamento
Sinda: cavalo	*Si*: cavalo (saracolê)
Nga: traduz a forma pronominal	*Nga*: tu
Y: (isto, isso, aquilo) é	*I*: (isto, isso, aquilo) é
Yi mané: (isto) é água	*I ndoh-la*: (isto) é água (lebu)
Na nga: Quem? O quê?	*Na nga*: Que você? Como?
	Na nga: quem (serere)
Rô: corpo (em baguirmiano)	*Rôm*: corpo (em egípcio)
	Yaram: corpo (em uolofe)
Kem: quanto	*Yém; kém*: igual
Dan: outrora	*Dân; dâ na*: ele tinha o hábito de...
Désé: levar	*Désé*: ter um resto
Koto: muito	*Kot*: só isso!
Tul: corcova (baguirmiano e sara)	*Tul*: invulnerável; os golpes só produzem assim corcovas devidas à coagulação do sangue
Gâv: caçador	*Gâv*: rápido
Dang: escrever	*Dang*: aprender, ensinar, informar
Der: duro por natureza	*Der*: camada de cimento ou de argila endurecidos
Kurkudava: tinteiro	(*Keruk*)-*dâ*: tinteiro
Tadvadisa: espirrar	*Tisôli*: espirrar
Bitiki: estômago	*Bîr*: estômago
Nad: estender ao sol	*Nad*: sol
Dôna: força física	*Dôlé*: força física
Gâ: estrangeiro, hóspede	*Gan*: estrangeiro, hóspede
Sâda: insultar	*Sâga*: insultar
Angal: inteligência	*Hél*: intelilgência
Gos: nuca	*Lôs*: nuca
Taskiba: pobre	*Toskaré*: pobre
Sabur: paciência	*Sago*: sangue-frio
Tuba: pedir perdão	*Tûb*: pedir perdão
Lao: palavra (fala)	*Lay*: palavras (falas), justificação
Lia: provérbio	*Liar*: explicar com gestos
Tap: lástima, lastimar	*Dap*: recapturar
	• *Dabu*: recuperar-se
Toko: responder	*Toñtu*: responder
Bât: recusar	*Bañ*: recusar
Kugô: parecer-se	*Nurô*: parecer-se

437

Gan mandâgé: rim	Gadâm: baço
Até: vermelho	Até: julgar, desempatar, ainda que seja a ferro em brasa (vermelho)
• Até tal-tal: muito, muito vermelho (tal-tal aplica-se ao que é muito branco em uolofe)	
Boro: saliva	Lor: saliva
Budo: sujo	Bud: injúria
Kasker: sabre	Ngaska: lâmina de ferro curvo que serve para escavar o solo
Tô: se	Sô: se
Sîtî: suor	Sît: suar gotejando
Séyda: testemunha	Sédé, séré: testemunha
Dér: rola	Ndér: pássaro considerado o mais valente, embora o menor de todos
Dugu: torto	Deng: torto
Kag: árvore	Kad: espécie de árvore
Dar: arrastar	Diri: arrastar
	• Dâr: passar por
Lida: trabalhar	Legéy: trabalhar
Gas: achar	Gis: ver, achar
• Mâ ngas: eu achei	• Mâ gis: eu vi, eu achei
Golko: mais valer	Gen-ko: mais valer
Dîré: verdade	Dîr: advérbio afirmativo da verdade
Bon: velho falando de objetos	Bon: ruim
Kamo: rosto	Har-kanam: rosto
Mbata: carneiro	Mboté: cordeiro
Ngâga: animal aquático	Ngâka: animal aquático
Béni: rinoceronte	Ben: dente, presa
Adi: dar	Andi: levar
	• Adu: dar (em tuculor e peúle)
Lôto: piroga	Lôto: piroga
Tu: ter	Saytu: possuir

Pronomes pessoais

Sara-baguirmiano	Uolofe
Ma, kam: eu	Ma: eu
	kâm: eu (em serere)
Yi: tu	Yov: tu
Né: ele	Na: ele, lhe

Comparação da conjugação sara-baguirmiana, saracolê, uolofe

Sara-baguirmiana	Saracolê	Uolofe
M ak usa: eu estou comendo	N ké: eu... me, mim...	Ma ngi lèk: eu estou comendo

Ik ak usa: tu estás comendo	*An ke*: tu... te, ti...	*Yâ ngi lèk*: tu estás comendo
N ak usa: ele está comendo	*A ké*: o, lhe... ele...	*Mi ngi lèk*: ele está comendo
Zé ak usa: nós estamos comendo	*O ku*: nós...	*Nô ngi lèk*: nós estamos comendo
Sé ak usa: vós estais comendo	*A ha ku*: vós...	*Yèn angi lèk*: vós estais comendo
Z ak usa: eles estão comendo	*Ihun ga*: eles...	*Ni ngi lèk*: eles estão comendo.

Assim, o uolofe resultaria de uma transformação de um fundo serere, por um aporte congolês essencialmente sara, de que o saracolê seria apenas uma variante. Mas, sendo assim, o lebu, que é uma variante do uolofe, também vem do serere. Todas as palavras que habitualmente consideramos tipicamente lebus são encontradas também em serere:

Lebu	Serere
Mèb: isca	*Mèb*: isca
Téfés: costa	*Téfés*: costa
Tof: espécie de peixe	*Tof*: espécie diferente de peixe
• *Hayây*: espécie de peixe	• *Hayây*: espécie diferente de peixe
• *Fanta*: espécie de peixe	• *Fanta*: espécie diferente de peixe
• *Vâs*: espécie de peixe	• *Vâs*: espécie diferente de peixe
Yôs: cardume de peixinhos	*Yôs*: cardume de peixinhos
Dah: diz-se de um lugar piscoso	*Dah*: diz-se de um lugar piscoso
Pâñ: tipo de concha	*Pâñ*: tipo de concha
Hor: concha	*Hor*: concha
Simb: enxota-moscas	*Simb*: enxota-moscas
Dusu: chique	*Dusu*: chique
Ndamlu: puxar a rede	*Ndavlu*: puxar a rede

O lebu só se distingue do uolofe por este vocabulário especial, por um certo sotaque denominado lebu e pelo uso de alguns elementos gramaticais sereres que já não são usados no uolofe:

• *In*: nós em lebu, em serere e em egípcio;

• *Av*: te, ti em lebu e em *dôlâ* etc.

Ao passo que em uolofe diz-se:

• *Nun*: nós; *yav*: te, ti.

O vocabulário que acaba de ser citado é comum ao lebu e ao uolofe. Mas costuma-se considerá-lo tipicamente lebu, talvez pelo fato de se tratar unicamente de palavras referentes à vida marítima e de os lebus serem litorâneos.

Da língua da Barbária (São Luís do Senegal) à Petite Côte, passa-se por todas as transições de pronúncia do uolofe ao serere. A complexidade é cada vez maior; a pronúncia evolui e tende para o serere. É assim que o lebu de Kayard já não é o da Península de Cabo Verde, sendo que este último é mais compreensível para o uolofe do que o de Barñy. Para além, chega-se à região dos sereres "Ndut", do Baol, depois ao Sine-Saloum, onde se fala o serere "Kéguèm", e, finalmente, a Casamansa, onde se encontram o *dôlâ* e o *sôsé*, falados por populações que parecem ter sido empurradas para essas regiões pela últimas ondas de emigração do leste.

A origem serere dos nomes geográficos das regiões habitadas pelos lebus ainda é evidente. Mostramos anteriormente que *Fodem*, que significa sal em serere, resultou em *Mbidem*, pequena cidade lebu da região do Kayard situada perto de um lago salgado que os lebus denominam *Tan*, palavra que significa salina em serere. Vimos que a palavra *lebu* era empregada pelos egípcios e que, para eles, devia constituir um termo genérico aplicado a populações que praticavam a caça.

Os lebus têm os mesmos nomes totêmicos que os sereres:

- Faye;
- Diagne;
- Diouf;
- Sar;
- Ndav;
- Ndoye;
- Paye etc.

Se um lebu tivesse um nome totêmico que não esses e outros que lhes são próprios, sua ascendência estrangeira seria evidente;

isso chocaria os ouvidos dos outros lebus. Os lebus e os sereres têm o mesmo culto, as mesmas práticas rituais, quase os mesmos costumes. Todos têm *Hamb* e *Tûr*; ou seja, praticam libações sobre um altar dos ancestrais e dedicam um semiculto a uma serpente de grossura exagerada considerada a encarnação de um espírito ancestral, protetor da família, parente consanguíneo ao qual é proibido fazer mal, sob pena de morrer ou de apenas sofrer uma catástrofe, quando se tem muita "força vital".

Se os presidentes da República lebu sempre levaram o nome *D*op, que não é um nome lebu, é porque seus ancestrais vêm de Kobi, berço dos marabutos *D*op da dinastia "Dorobé" do Cayor.

Origem do povo uolofe

Depois deste estudo comparativo que revela o parentesco entre o uolofe e o serere, pode-se indagar se as duas línguas vêm de uma mesma origem ou se uma vem da outra.

Uma análise etnológica nos permite dizer que o uolofe viria do serere. De fato, na medida em que se possa falar em raça, os sereres apresentam mais características de uma raça.

Na África, os nomes de clãs totêmicos constituem, em certa medida, um indicador étnico; os nomes totêmicos *Fall, Diagne, Diouf, Faye, Sâr* etc. são tipicamente sereres. Se um serere tem um nome totêmico diferente desses sua ascendência estrangeira é indubitável aos olhos de seus concidadãos.

Os tuculores, embora miscigenados, também têm nomes totêmicos característicos: *Wane, Kane, Diallo, Sy, Ly* etc.

Os nomes peúles são essencialmente *Ka* e *Ba*; *Sow* é, antes, um nome laobé; *Touré* é um nome songhai; *Cissé*, um nome saracolê...

Ora, os uolofes só têm esses nomes totêmicos, reconhecendo que se trata dos nomes clânicos dos povos citados. Além desses nomes, os uolofes têm outros, que são de origem sara e congolesa.

Congo do Sul	Senegal: uolofe
Balla	*Balla*: prenome de homem
Dia	*Dia*
Pende	*Pende*
Mbengue	*Mbengue*
N'Goma	*N'Goma*
N'Gom	*N'Gom*
Bemba	*Bamba*: prenome de homem
Ngumbu	*Ngumb*
Chila	*Sylla*
Salla	*Salla*
Lua	*Lo*
Suku	*Sugu*
Bas	*Bâs*
Chil	*Syll*
Sog	*Sôg*
M'Backé	*M'Backé*

Congo do Norte	Senegal: uolofe
M'Backa-Waka	*M'Backé-Waké*
Bassa	*Bassa*
Mbo	*Mbow*
Maka	*Maha*: nome de cidade
Rama	*Rama*: prenome de mulher
Ndumbo	*Mandumbé*: prenome de homem
Kandé	*Kandé*
Ngumba	*Ngumba*: nome de cidade

Sudão Oriental	Senegal: uolofe
Wadda	*Wadd*
	Wadda: prenome de homem
Gabu	*Ngabu*: nome de cidadezinha do Baol
M'Baï	*M'Baï*
N'Dam	*N'Dam*: nome de cidadezinha, lembrança do nome clânico
Bousso	*Bousso*
Guirmi	*Guermi*: nobre, membro da dinastia reinante

442

Banda	Banda: prenome de homem
Goulaï	Guilaï: prenome de homem

Sara	Senegal: uolofe
M'Baï	M'Baï
Laï	Laï
N'Dam	N'Dam
Kaba	Kaba
Bua	Ba
Bousso	Bousso
Babuas	Babu
M'Backa-Waka	M'Backé-Waké

África do Nordeste	Senegal: uolofe
Sungor (do Senaar)	Singor-Sidar

Sudão Central	Senegal: uolofe
Keba	Kebé
Mandara	Mangara
Falli	Fall
M'Bum	M'Boub
Karé	Karé
Kano: nome de cidade	Kane
Doukon	Douk
Dien	Dieng

Chade	Senegal: uolofe
So: povo lendário dos saos	Sow (laobé)

Costa do Marfim	Senegal: uolofe
Lo	Lo

Serra Leoa	Senegal: uolofe
Mende	Mendi

Os nomes da coluna da esquerda são extraídos de Baumann e Westerman (1948a).

O *habitat* primitivo do qual esses clãs emigraram é a Bacia do Nilo. De fato, lá encontramos os mesmos nomes próprios que acabam de ser citados. Os nomes totêmicos do quadro a seguir são extraídos de Radcliff-Brown e Daryll-Forde (eds., 1950).

Lembremos que os *nuers* vivem no Sudão Anglo-egípcio, na própria Bacia do Alto Nilo. As palavras da coluna da esquerda devem ser lidas de acordo com a pronúncia inglesa.

Duai	N'Diay	Senegal: o que volta a questionar a autenticidade da lenda de N'Diadian N'Diay
Tiop	Diop	
Duob		
Nyang	Nyang	Nomes próprio totêmicos uolofes
Yan	Yan	
Lam	Lam	
Gik	Gik	
Puok	Pouy	
Poic		
Tai	Taï	
Nyanyali	Nyangyali	
Mar	Mar	
Lou	Lo	Nomes totêmicos comuns aos saras, congoleses e uolofes
Gom	N'Gom	
Deng	Dieng	
Gak	Djak	
Gai	Gaï	
Bath	Bâs	
Banyge	M'Banygue = nome próprio uolofe (de homem)	
Ngony	N'goné = nome próprio de mulher em uolofe	
Garang	Garang = nome próprio de homem em uolofe	
Lath	Lât = nome totêmico uolofe	
Fajok	Fay = nome totêmico serere e lebu	
Lathjor	Latdjor = nome próprio de homem em uolofe	
Thiep	Thiep = nome de uma aldeia do Baol	
Tul	Tul = nome de aldeia em uolofe	
Nyagen	Nyangen = aldeia dos Nyang	
Dar	N'Dar = nome de cidade	
Thon	Thioun = nome totêmico em uolofe	
Kan	Kane	Nomes totêmicos tuculores
Ci	Sy	
Wan	Wann	
Lith	Ly	

Estes últimos dois quadros comparativos de nomes próprios são mais elucidativos do que muitas páginas de literatura; embora incompletos, dão uma ideia muito clara da maneira pela qual o continente africano foi povoado. Partindo da Bacia do Nilo em grupos sucessivos, as populações se irradiaram em todas as direções. Alguns povos, como os *sereres* e os *tuculores*, teriam ido diretamente até o Oceano Atlântico, ao passo que outros se fixavam na Bacia do Congo e na região do Chade; os zulus, por sua vez, iam até o Cabo e os traorés até Madagascar.

As populações congolesas, particularmente os *saras*, os *saracolês* (que não seriam mais que uma tribo miscigenada dos saras) deviam emigrar em seguida na direção do oeste, por ocasião da penetração muçulmana, para se dispersarem pelas planícies do Cayor e do Baol, ocupadas pelos sereres, e sobretudo no Djoloff, região que teria dado nome à língua e ao povo que nasceria dessa mestiçagem. De fato, é notável que, se o termo evoluiu em uolofe, em peúle permaneceu invariável, sendo que os peúles ainda chamam os uolofes de djolfubé.

O uolofe teria nascido da deformação do serere por todos estes elementos estrangeiros: saras, congoleses, tuculores, peúles, laobés, saracolês etc., o que explica que os uolofes possam levar os nomes totêmicos característicos de qualquer um desses povos sem chocar os ouvidos dos outros uolofes, não revelando ascendência estrangeira.

O fato de que na África Ocidental Francesa (AOF) o nome do clã totêmico primitivo seja mantido atualmente por indivíduos isolados, perdidos numa massa heterogênea, corresponde a uma emancipação relativa do indivíduo com respeito à comunidade primitiva. As sucessivas migrações acabaram por desintegrar a fração do clã que havia se separado do estrato original. A lembrança do clã só sobrevive no nome totêmico do indivíduo, que agora é transmitido segundo a descendência patrilinear, ao passo que os direitos políticos se transmitem, no Senegal, por via matrilinear. Não existiria nome totêmico, no sentido individual assim definido, em

445

outro lugar que não a AOF. Nas outras regiões em que a fusão dos clãs é menor, os indivíduos só têm prenomes; não têm sobrenome, pois ainda não levam de modo preciso e individual o nome do clã.

Como o nome totêmico de clã é um indicador étnico, na África negra, essa ampla identidade de nomes próprios já não deixa dúvidas quanto ao parentesco clânico entre uolofes, sereres, populações do Congo – em particular os saras – e povos nilóticos.

O fato de a região do Senegal – por um lado, a Bacia do Congo e o Chade, por outro – formarem duas ilhas em que se encontram nomes próprios idênticos – ao passo que não são encontrados em outro lugar – prova que houve efetivamente uma emigração, que dizemos ter ocorrido do leste para o oeste.

Mas, se isso é verdade, a influência congolesa e sara não deve se limitar a uma simples concordância de nomes de clãs; deve ser possível detectá-la no seio da sociedade uolofe atual. O estudo das duas sociedades decerto traz uma confirmação.

No plano linguístico, acabamos de ver nas páginas precedentes o parentesco do sara, do baguirmiano e do uolofe. O mesmo acontece no plano etnológico.

Primeiramente destacamos duas crenças características dos saras. Segundo Muraz (1928), os saras creem na existência de um espírito malfazejo que viaja com o vento e que gosta de penetrar nas mulheres pela vagina. Eles o chamam de *Koï*. Ora, o *Koï*, em uolofe, designa as partes genitais do homem.

O caráter fálico desse espírito não deixa nenhuma dúvida, pois as mulheres, para se protegerem dele, levam em torno dos quadris bastões talhados em forma de falo; isso implica que o semelhante deve expulsar o semelhante. As mulheres saras levam, pelas mesmas razões de proteção, segundo Muraz, uma tanga chamada *kanfu*, que lembra foneticamente a palavra uolofe *kumba* = tanga.

Os saras coabitam com uma multidão de pequenas tribos, cada uma falando sua própria língua e que, por essa razão, eles consideram formar uma verdadeira Torre de Babel. Eles as designam

446

pelo termo geral *laka*, que em uolofe significa falar uma linguagem incompreensível e, por extensão, falar uma língua estrangeira. Ao se acrescentar à palavra a terminação *kat*, que serve para formar o agente, tem-se *laka-kat*, que significa, com certo sentido pejorativo, aquele ou aqueles que falam línguas estrangeiras. O sentido de *laka* poderia ser sugerido pelo barbarismo "alogenar".

Os saras acreditam que a alma do avô se reencarna no neto: eles a chamam *djekodie*, que em uolofe designa a soma dos traços de personalidade, o caráter. Poderíamos alegar uma coincidência fonética; mas tudo o que foi dito antes parece atestar que não é possível tratar-se de um fato casual. Além do mais, na sociedade uolofe há resquícios de uma crença na reencarnação.

Segundo Baumann e Westermann (1948a), entre os bandas, *tere* designa um ser farsante, meio humano meio animal, de caráter astral muito nítido, sobretudo solar. Esse mesmo ser brincalhão chama-se *tule* entre os banziris, e *thole* entre os pigmeus bingas.

Tere, em uolofe, significa amuleto, talismã que protege contra a má sorte, e, por extensão, significa o que está escrito, livro sagrado ou profano. *Tôlé* designa a última das castas de farsantes e de pedintes isentos de toda disciplina social.

Os saras constroem suas casas como os uolofes e a cerca dessa casa chama-se *seko*. Em uolofe, *seko* significa o cercado dentro do qual se empilham os amendoins ou as colheitas.

Enfim, os saras, afora os nilotas e os laobés, talvez sejam os mais altos e mais fortes de todos os negros. Além disso, eles têm orelhas pequenas. Assim, é possível compreender por que no berço dos uolofes (Djolof) a altura, mesmo das mulheres, raramente é inferior a 1,80m, embora se trate de uma região de planície. Isso explicaria a coexistência de dois tipos uolofes nitidamente distintos: o tipo serere, frequentemente atarracado, e o tipo sara, alto, largo, de orelhas pequenas. E entre esses dois extremos há uma gama de indivíduos e de feitios diferentes, resultante de sua fusão ainda incompleta.

Ente os uolofes, nenhuma das sete dinastias reinantes é originária da região. Os *Sogon* são *socés*, que teriam sido ainda numerosos na época de *N'Diadian N'Dian*, antes de serem empurrados
para Casamansa. Os *guélvar* são sereres do Sine-Saloum. A mãe
de *Détié Fou Ndiogou*, príncipe que fundou a primeira dinastia de
Damel, era originária de Vagadou[77].

A dinastia dos *Guedj* é de origem popular: nasceu depois
do único golpe de Estado que o Cayor conheceu, o de *Damelrat
Soukabé*, cuja mãe era uma mulher do povo e vinha, dizia-se, do
lado do mar, *Guedj* (em uolofe).

A dinastia dos *Bey* é uma família "talismã" – segundo a opinião
popular –, na qual os príncipes aspirantes ao trono tinham o hábito
de escolher suas mulheres, temporariamente. Os *Dorobé*, em nossa
opinião, provêm da casta ou da famosa ordem dos *Torobé*, que
eram peúles. Aliás, os *Dorobé* do Senegal sabem, no fundo, que
são mais ou menos de origem peúle. Às vezes falam, com desdém
e discrição, de seus "parentes inferiores", mas não lhes agrada
que os quimbandas revelem sua árvore genealógica em público a
partir dessa origem primitiva.

Os membros dessas diversas dinastias – ou seja, os nobres –
levam o nome genérico *Guermi*, palavra que comparamos com
Guirmi ou *Ba Guirmi*. Esta última designa um reino na África
Equatorial nas vizinhanças dos saras; reino desmembrado no século XVI e parte dos membros da família reinante teve de emigrar.

---

77. Este fato apresenta duplo interesse: revela, mais uma vez o matriarcado
negro – provavelmente proveniente de Gana –, no sentido de que a dinastia
de Détié-Fou-Ndiogou levará o nome do país de sua mãe. Por outro lado,
esse país é o Uagadu, antiga localização de Gana. A seca consumou o deslocamento do império por volta dos séculos XI e XII, época que coincide com
o desenvolvimento e a prosperidade do Movimento Almorávida, que partiu da
embocadura do Senegal. Desse movimento resultou a islamização da África
Ocidental, particularmente do Tekrur (Abu-Dardai, cuja lenda repercutirá até
o Djolof). Os ministros de Gana tinham o título de Farba – função serere atual.
Todo o atual Senegal era um país vassalo. Então, consecutivamente à seca do
território de Gana, gradualmente teriam se destacado as diferentes regiões do
Senegal para formar estados autônomos: Tekrur, Djolof, Cayor, Baol. *Gana*
poderia ter dado *Ghanar*, que designa a atual Mauritânia entre os uolofes.

Os saras – ou seja, o povo das negras de botoque – foram, durante muito tempo, vítimas dos árabes, que vinham roubar suas mulheres à noite para vendê-las nos mercados do Oriente. Os árabes eram inatingíveis; agiam individualmente ou em pequenos grupos, protegidos pela escuridão, contra pessoas isoladas, tal como em outros tempos os mouros roubavam os bebês às margens do Senegal. Os árabes não travavam batalhas campais. Assim, os chefes saras só encontraram uma solução diante do inimigo invisível: deformar terrivelmente as mulheres (daí o costume conhecido como das mulheres de botoque); essa deformação tinha o objetivo de baixar o valor comercial das vítimas a ponto de desestimular seu roubo.

É provável que, em decorrência dessas incursões árabes, os saras tenham se deslocado de leste para oeste, até o Senegal, para escapar do perigo.

Este estudo mostra que o sangue que corre em nossas veias [*sic*] é uma mistura de sangue serere, tuculor, peúle, laobé, congolês, saracolê e sara: povo de negras de botoque. Sendo assim, o que resta do mito de uma raça pura, dotada de uma superioridade que a incita a tratar as outras de *lakakat*?

A recíproca, aliás, é verdadeira nas outras regiões. Um estudo similar que abrangesse toda a África levaria a resultados análogos. Então, qual deve ser o comportamento de um africano consciente? Ele deve desvencilhar-se de todo preconceito étnico e adquirir uma nova forma de orgulho; o orgulho de ser uolofe, tuculor, bambara etc. deve dar lugar ao orgulho de ser africano. O fato é que essas barreiras étnicas só existem por ignorância nossa.

Poderíamos até avançar mais e dizer que atualmente um casamento entre pessoas de origem étnica diferente é, na África, um fator de progresso, no sentido de que contribui para a fusão de grupos que devem formar um povo único, indivisível, para escapar à destruição.

Um estudo análogo a este deve ser feito nas outras regiões da África, a fim de mostrar a cada um a nulidade de nossos preconceitos. Certamente não queremos exagerar o papel que esse estudo poderia ter; estamos dizendo apenas que não se deve menosprezar sua importância. Não existe chave-mestra ou uma pedra filosofal; o segredo do sucesso está no uso judicioso e coordenado de todos os fatores, sem deixar nenhum de lado.

A importância de um trabalho como este no plano da história africana é inegável. Até então, esta não era mais do que um tecido de probabilidades, mas eis que nele a certeza se introduz. Sabíamos vagamente, por termos recolhido as tradições de nossos ancestrais, que vínhamos do leste, do lado da Grande Água. E, a partir dessas lendas, os especialistas (Delafosse) postularam, sem prova alguma, que a "Grande Água" é o Oceano Índico.

O estudo dos nomes próprios – entre outros –, aliado à comparação linguística, estabelece com certeza que, na verdade, a Grande Água é o Nilo, prometendo elaborar um quadro exato de uma parte dessas migrações (cf. ilustr. 53).

Devido à falta de documentos escritos e outros testemunhos históricos probatórios, tão raros na África negra, o método de investigação que parece impor-se como o mais bem-adaptado ao continente em questão é a comparação linguística aliada ao estudo dos nomes próprios, e, em segundo lugar, a qualquer outro fato etnológico.

Esse estudo nos permitiria conhecermos cada vez melhor a sociedade africana e suas origens, compreendermos os problemas concretos suscitados por sua transformação no sentido de um futuro melhor, termos condições de resolvê-los e, por conseguinte, sermos capazes de assumir o destino de nosso país.

Portanto, cabe multiplicarmos as pesquisas, cada um em sua região. Vamos salvar do esquecimento tudo o que possa ser coletado e que nos permita, a partir de hoje, nos conhecermos melhor. Com frequência encontramos retalhos de nossa tradição, que nem mesmo nos damos o trabalho de conservar; supomos, *a priori,* por ignorância, que isso não nos levará a nada. Não suspeitamos que, se os seguíssemos, esses fragmentos de pensamento se revelariam coerentes e nos levariam a um sistema, a uma filosofia, a uma representação do universo não apenas tão válida quanto a de Hesíodo, mas à qual esta deve sua existência.

Complemento de gramática da língua estudada

Problema suscitado pelas línguas chamadas classes

Trata-se da distribuição dos substantivos incluídos numa dada língua entre um número variável de artigos conforme a língua considerada. Decretou-se que esses artigos correspondiam a classes misteriosas entre as quais a mentalidade negra pré-lógica *sui generis* distribuía os seres e as coisas. Houve um empenho, assim, em distinguir classes de animados, de inanimados, de seres inteligentes, do sexo feminino, de noções abstratas etc.

Nossa intenção é provar nas linhas abaixo que essas ideias não têm qualquer fundamento e que, no máximo, refletem a riqueza de imaginação dos espíritos que as engendraram. Primeiramente abordaremos a questão por um estudo específico dos artigos uolofes que corresponderiam a essas classes; depois examinaremos duas línguas africanas, como o serere e o *dôlâ*, antes de chegar a uma conclusão.

Para determinar o nome emprega-se, conforme o caso, uma das oito consoantes-artigos: (k), (b), (*d*), (g), (l), (m), (s), (v). Por que oito, em vez de todas as consoantes do alfabeto uolofe? Seria preciso buscar a razão disso nas próprias circunstâncias históricas que engendraram a língua. Indicaremos, sempre que possível, a origem dessas consoantes, mas a questão que nos preocupa agora é a determinação das leis exatas de seu uso, uma vez que elas existem. Começaremos por mostrar que os nomes regidos por uma mesma consoante-artigo, seja qual for o ângulo sob o qual os examinemos, não apresentam qualquer afinidade lógica ou pré-lógica de denominador comum que lhes seria específico com respeito a uma outra "categoria" ou "classe" e que justificaria, assim, tal classificação. Dizer que essas classes são do âmbito de uma mentalidade impenetrável pelo espírito ocidental não é mais do que uma maneira de bloquear as pesquisas por meio de fórmulas ainda mais impenetráveis pelo espírito humano. As listas que se seguem não deixam dúvida alguma quanto à heterogeneidade dessas classes.

Nomes regidos pela consoante *k*

Origem de (*k*)

* *Ki*: o outro, em egípcio;
* *Ki*: o outro, em sara;
* *Kî*: este, em saracolê;
* *Kî*: este, em uolofe;
* *Kî*; o, em uolofe.

Emprego de k

* *Nit ki*: o homem, ser dotado de inteligência;

Kef ki: coisa-aqui, a coisa, matéria inerte.

K só é utilizado para esses dois nomes na língua uolofe; duas palavras de essência diametralmente oposta.

O interrogativo, o demonstrativo, o relativo, o possessivo, referindo-se a um nome regido por *k*, terão sempre esta letra como inicial, ao passo que o artigo independente é formado prefixando-se *a* à consoante que rege o nome e fazendo-se que este seja precedido pelo artigo indefinido assim formado, ao contrário do artigo definido que é posposto:

* *Kî*: este – *Kilé*: sinônimo de *kî*;
* *Kû*: este (bem próximo) – *Kulé*: sinônimo de *kû*;
* *Kè*: aquele – *Kelé*: sinônimo de *kè*;
* *Kâ*: aquele (ali) – *Kelé*: sinônimo de *kû*;
* *Kan:* Qual, Quem?;
* *Kumu:* Quem é?;
* *Ki*: que (pronome relativo sujeito);
* *Ku*: que (pronome relativo objeto);
* *Kôkî, kôkû, kôké, kôka*;

- *Kôkilé, kôkulé, kôkelé;*
- *Kôku?*: Quem é?;
- *Ak*: um – *Ak nit*: um homem;
- *Kèn*: o um, ninguém – *Ken ki*: o um aqui.

Nomes regidos por *g*

Emprego de (*g*)

- *Golo gi*: o macaco;
- *Goné gi*: a criança;
- *Gan gi*: o hóspede;
- *Gand gi*: o cepo;
- *Gayndé gi*: o leão;
- *Ngoro gi*: o noivado;
- *Ngôn gi*: a noitada;
- *Gôr gi*: o homem, o *vir*;
- *Gelèm gi*: o camelo;
- *Gad gi*: a caravana;
- *Ganâr ga*: a Mauritânia;
- *Gadalma gi*: uma vagem de amendoim contendo três grãos;
- *Ngor gi*: a honra;
- *Gumbé gi*: uma dança noturna do Senegal;
- *Gumba gi*: o cego;
- *Ganâr gi*: a galinha, o frango;
- *Gudumbe gi*: tinta preta do sapateiro;
- *Gom gi*: o amido;
- *Gongo gi*: pó perfumado que a mulheres negras usam;
- *Gong gi*: o chimpanzé;
- *Ngavây gi*: a rapidez;
- *Gatah gi*: o colmo de sorgo etc.;
- *Gén gi*: o um aqui.

Por permutação circular tem-se, como há pouco: *gi, gu, ga, gilé, gulé, gelé, gelé-hel, gan, gumu* ti, *gi, gu, gog, gam* ti, *gôgi, gôgû, gôga, gôgilé, gôgulé, gôgalé.* São partículas que se referem aos nomes regidos pelo artigo *gi.* Se buscarmos o que os nomes que constam na lista acima e regidos por *gi* apresentam como afinidade, nada encontraremos além de sua consoante inicial. O fato de nessa lista haver nomes iniciados por *n, ng* nada tem de surpreendente, primeiro porque a pronúncia de *n* antes de *g* é muito fraca, e também porque *n* não existe como artigo-consoante em uolofe. Por conseguinte, os nomes que começam com essa letra são distribuídos entre as diferentes categorias de artigos foneticamente próximas. Vimos na comparação entre o uolofe e o serere, no nível da formação dos nomes abstratos a partir dos verbos, que *n* está entre as cinco consoantes que servem para formar esses nomes. Portanto, vemos aqui que as aparências poderiam levar, como já aconteceu, a concluir que *g* é a classe dos nomes abstratos em uolofe. Certamente existem, por razões foneticamente muito complexas, nomes regidos por *g* e que não começam com esta letra, como *till gi* = o chacal.

Abordaremos esses casos a seguir.

Nomes regidos por *d*

Em geral são os nomes iniciados por *d*, d:

- D*ân* d*i*: a serpente;
- D*ît* d*i*: o escorpião;
- D*igén* d*i*: a mulher;
- D*èm* d*i*: a jujubeira;
- D*am* d*i*: a paz;
- D*ongamm* d*i*: a bela;
- D*iko* d*i:* o caráter.
- D*od* d*i*: iodo;
- D*od* d*i*: o fato de estar em pé;
- D*aka* d*i*: a mesquita;

- D*aker* d*i*: cavalo castanho;

- D*ôm* d*i*: sentimento de honra, bravura etc.;

- D*abâr* d*i*: a esposa;

- D*â* d*i*: o tinteiro;

- D*âg-dâg* d*i*: mexer-se ostensivamente: onomatopeia;

- D*alav-dalav* d*i*: movimento; turbilhão e rápido (onomatopeia);

- D*âri* d*i*: a circunspecção dos fiéis ou dos alunos (árabe: *Dar*: casa);

- D*araf* d*i*: ministro.

D rege outros nomes que não começam com d ou *d*, mas que contêm essa consoante em sua estrutura. Trata-se então de uma palavra longa cujo acento tônico recai sobre a sílaba que contém d ou *d*:

- *Na*d*ay* d*i*: o tio; de *na*: que ele; d*ay*: venda (daí a importância do tio na sociedade negra matriarcal);

- *Fa*d*ar* d*i*: a aurora.

- *Mbarka-N*d*aye* d*i*: tipo de dança.

Di serve também para formar o plural coletivo:

- *Nangam-nangam* d*i*: tal e tal coisa.

Singular	Plural
Gumbé gi: tipo de dança	*Gumbé-di*: plural de *Gumbé*
Nday-olèñ li	*Nday-holèñ di*
	Mbârka-ndây di
	Tanna bér di
	Yâba di
(Estes nomes significam danças e não parecem ter singular)	
	Ribidong di: deformação de *réveillon*
	Dèm di: jujuba (fruta)
	Dahar di: frutos do tamarindeiro
	Tandarma di: as tâmaras
Dahn bi: a menina	*Dahn di*: as meninas
Dèk bi: a jovem senhora	*Dèk di*: as jovens senhoras

Esse plural coletivo aplica-se a nomes de manifestações, de frutas, a quantidades essencialmente não numeráveis. Por exemplo, se não quiséssemos falar das meninas em geral, mas de várias meninas bem-determinadas, diríamos:

• D*anh yî*: as meninas (bem-determinadas)

Teríamos também por permutação circular, pelas razões fonéticas citadas anteriormente: d*i*, d*a*, d*é*... d*elé*... d*ôd*u, d*ôd*a... d*an*... d*od*... d*u*, d*i* etc. d*en*, d*en* d*i*, *a*d: um (artigo indefinido).

Nomes regidos por *m*

Geralmente são os nomes que começam com *m* ou que contêm uma sílaba acentuada que contém *m*:

• *Mômin mi*: o ser que não fala (o animal);

• *Men mi*: o um;

• *Mûr mi*: a sorte;

• *Mâm mi*: o antepassado;

• *Mang mi*: a transumância;

• *Mamo mi*: uma multidão de rebanhos;

• *Man mî*: eu mesmo;

• *Mbub mi*: o bubu;

• *Mbahana mi*: o toucado;

• *Mâna mi*: o significado, o exemplo;

• *Mer mi*: o desagrado;

• *Mbot mi*: a rã;

• *Mbet mi*: o varano;

• *Mbar mi*: a bainha;

• *Mbas mi*: a peste;

• *Mbad mi*: a capa;

• *Mbôtu mi*: o pano para amarrar o bebê às costas da mãe;

- *Mbay mi*: a cultura (das plantações);
- *Mber mi*: o campeão lutador;
- *Mburu mi*: o pão;
- *Mbéd mi*: a rua;
- *Murâké mi*: espécie de cuscuz doce;
- *Mandarga mi*: a característica, a marca;
- etc.

Tem-se por permutação circular: *mi, mé, ma... mom, mos... mu*: que; *mômu, man...*

Nomes regidos por *v*

São, em geral, os nomes que começam com *v* ou que contêm uma sílaba acentuada que contém *v*:

- *Venn vi*: o único;
- *Vèn vi*: a mama;
- *Var vi*: o setor;
- *Vâné vi*: o farsante;
- *Vud vi*: a rival;
- *Vôr vi*: a sêmola;
- *Vundu vi*: o gato;
- *Vahandé vi*: o baú;
- *Vâñ*: a cozinha;
- *Véñ*: a mosca;
- *Versek vi*: a sorte;
- *Vanak vi*: o pátio interno;
- *Vago vi*: o vagão.

Tem-se, por permutação circular: *vi, vé, vu, va, vélé, vov*: o de; *vi*: quem; *van?*: qual; *vû* etc.

Nomes regidos por *s*

De um modo geral são os nomes que começam com *s* ou que contêm uma sílaba acentuada que contém *s*.

Entretanto, em uolofe o *s* tem três papéis; além de sua função de artigo, é elemento fundamental do diminutivo e também serve para formar determinados plurais coletivos.

- *Sén si*: o um;
- *Sohna si*: a velha;
- *Sâfun si*: o pó de espirro;
- *Sâño si*: variedade de sorgo;
- *Sûne si*: variedade de sorgo;
- *Safara si*: o fogo;
- *Sâtu si*: a faca;
- *Sunguf si*: a farinha;
- *Sâfara si*: líquido que tem a virtude de curar;
- *Sâlañ si*: a areia;
- *Sâlañ si*: o fato de deixar crescer demais os cabelos sem os raspar;
- *Solo si*: o negócio, o caso.

S utilizado como plural coletivo:

- *Sam bi*: o pastor;
- *Sam si* ou *sam yi*: os pastores;
- *Sump si*: os frutos de uma espécie de árvore (*sump yi*: as árvores que produzem esses frutos);
- *Seriñ si* ou *seriñ yi*: os marabutos;
- *Sôn si*: os frutos de uma espécie de árvore (*sôn yi*: as árvores que produzem esses frutos).

Nomes regidos por *b*

São os mais numerosos da língua.

Origem de (*b*)

Egípcio	Uolofe
Pu: este	*Bû:* este
Puy: este, isto	*Bî:* isto, este
Péf: aquilo, aquele	*Bè:* aquilo, aquele
Pâ: este, esse	*Bâ:* aquele, ali

Os demonstrativos egípcios são extraídos de Déron, 1948, p. 30.

Essa semelhança leva a crer que, na realidade, é o demonstrativo egípcio – que deu origem ao artigo uolofe – que deveria ser considerado do ponto de vista de seu significado – ou seja, da ideia que ele invoca – como a síntese do artigo e do demonstrativo. Com efeito, o que se convencionou chamar de artigo definido em uolofe serve tanto para determinar quanto para indicar a posição bem próxima, distante, muito distante.

Se *b* é o resultado da evolução do demonstrativo egípcio, isso nos permitiria compreender que ele seja o artigo que rege mais nomes em uolofe.

Os nomes regidos por *b* estão na origem dos que começam com esse fonema, que o contêm numa sílaba acentuada. Também podem ser palavras terminadas em *b*.

- *Buki bi*: a hiena;
- *Bet bi*: o olho;
- *Balafong bi*: o instrumento musical;
- *Bant bi*: o bastão;
- *Bannèh bi*: o prazer;
- *Bakâr bi*: o pecado;
- *Bunt bi*: a porta;
- *Bor bi*: o crédito;
- *Bang bi*: o banco;
- *Bal bi*: a bola;
- *Borôm bi*: o proprietário;

459

- *Bahav bi*: a vegetação;
- *Barôm bi*: o veado;
- *Bâg bi*: o instrumento para tirar água;
- *Boyét bi*: a caixa;
- *Béden bi*: o chifre;
- *Batang bi*: o batente;
- *Basi bi*: o sorgo graúdo;
- *Bahar bi*: o covarde;
- *Bufé bi*: o bufê;
- *Bôtal bi*: o cuidador dos circuncisos;
- *Bamèl bi*: o túmulo;
- *Bâsé bi*: molho ao creme de amendoins;
- *Bétèh bi*: o chumbo;
- *Beré bi*: a luta;
- *Bato bi*: o barco;
- *Basanté bi*: a berinjela;
- *Bumi-bi*: o vice-rei;
- *Bakéñ bi*: o nariz;
- *Bây bi*: o pai.

Nomes regidos por *l*

Deviam ser originalmente os nomes que começam com *l*, embora a regra seja menos clara com respeito a esta última categoria:

- *Lef li*: a coisa, o sexo;
- *Loho li, loho bi*: a mão;
- *Lambây li*: o pano em que a pessoa se envolve.

L tende a ser eliminado, talvez porque seu uso como artigo indefinido é muito pouco harmonioso. Além disso, mesmo quando é empregado como artigo definido simultaneamente com outra consoante, o *l* dá lugar a esta no artigo indefinido:

- *Loho li, loho bi*: a mão.

Neste caso, geralmente se diz:

- *Ab loho*: uma mão, e quase nunca *al loho*.

Também se diz:

- *Lef li*: a coisa relativamente abstrata;
- *Kef ki*: a coisa, o objeto.

Ou ainda:

- *Lef ki* e *lef li*: a coisa material; a coisa abstrata.

Estes são casos raros, talvez os únicos, em que *l* será mantido na formação do artigo indefinido:

- *Al lef*: a coisa abstrata;
- *Ak lef*: a coisa objeto, instrumento.

Nomes regidos por *ñ*

O *ñ* rege, no plural, os nomes de seres inteligentes das diferentes classes citadas anteriormente; *ñ* é, pois, o equivalente de os, as (artigos definidos), estes, estas, esses, essas, aqueles, aquelas (demonstrativos) etc., conforme o caso. O emprego de *ñ* no uolofe explica-se não por uma distinção dos seres em seres inteligentes, dotados de vontade, de um lado, e seres não inteligentes, de outro, mas pelo papel preciso que essa partícula desempenhava no egípcio antigo. Com efeito, *ñ* era o demonstrativo do plural em egípcio e seu emprego restringiu-se em uolofe aos seres dotados de vontade, às pessoas:

Uolofe	Egípcio
Nî, ñû: estes, esses etc.	Nu: estes, esses etc.
Nè: aqueles, aquelas etc.	Nef: aqueles, aquelas etc.
Nâ: aqueles, ali etc.	Nâ: aqueles, esses
Mag ñi: os adultos	-
Gor ñi: os homens	-
Nit ñi: as pessoas	-

O plural dos outros nomes em uolofe é formado com *yi*:

- *Sohna yi*: as mulheres velhas;
- *Goné yi*: as crianças;
- *Garab yi*: as árvores;
- *Yef yi*: as coisas etc.

Tal como acima, tem-se:

- *ñi, ñé, ña, ñu, ñilé, ñelé, ñôña, ñoñalé, ñañ? ñu;*
- *yi, yé, ya, yu, yilé, ydlé, yôya, yôyalé yan?*, *yu*: que.

O adjetivo numeral também concorda, conforme o caso:

Nâr ñi: os dois	Yâr yi: os dois

Observação: às vezes *bi* pode ter valor de plural coletivo:

Salân gi: nome de uma planta tropical	Salân bi: (forma plural)
Déd gi: arbusto espinhoso	Déd bi: matagal
Fïl gi: o fio	Fïl bi: um feixe de fios

O conceito da unidade (*bén*: um) é construído com *b*, que rege o maior número de palavras na língua.

Cabe repetir que entre os homens que pertencem a uma determinada classe existe apenas um denominador de ordem fonética, e seria inútil buscar qualquer outra base de classificação. É o que tentamos demonstrar no que se segue:

Suponhamos, conforme os teóricos das "línguas de classes", que as palavras dessas línguas sejam classificadas de acordo com critérios pertencentes a uma mentalidade primitiva *sui generis*, impenetrável pela mentalidade moderna. Se é que há classificação, pode-se esperar encontrar na mesma categoria as palavras que não são – no que se refere a essa mentalidade primitiva *sui generis* – sinônimos, mas pleonasmos na atual condição de nossas línguas. Ora, não é isso o que ocorre.

Os pleonasmos pertencerão a categorias diferentes, de acordo com a regra da concordância com a consoante inicial ou à estrutura fonética da palavra em geral:

Mus mi: o gato	Vund vi: o gato	Dânâb di: o gato

Repito que essas três palavras são *absolutamente* pleonasmos para um uolofe. Ora, elas pertencem a categorias diferentes de consoantes, exatamente as que são exigidas por suas consoantes iniciais quando não há nenhuma complicação fonética interna da palavra. Não se trata de espécie de gato tigre, de gato macho, de gato fêmea nem de outro tipo. Para dizer gato selvagem seria empregada a palavra *sîru si*, cuja categoria ainda está de acordo com a lei fonética. A origem desses pleonasmos foi explicada em outra parte; ela decorre do fato de o vocabulário ser de proveniência diferente. Às vezes têm-se lado a lado uma palavra egípcia ou copta, uma palavra árabe, uma palavra francesa, sem que se tenha produzido ainda uma diferenciação semântica.

Vamos dar outro exemplo de pleonasmo pertencente a categorias que confirmam a lei fonética que foi inferida:

• *Mûr mi*: a sorte	*Versek vi*: a sorte

Outro exemplo:

Goné gi: a crinça	*Halé bi*: a criança

Neste último exemplo, *halé bi* não é uma violação da lei fonética, pelas três seguintes razões: a palavra começa com uma consoante (*h*) que não faz parte das consoantes-artigos entre as quais se distribuem todas as palavras da língua. Será preciso então, *a priori*, que ela pertença a uma categoria que não corresponda à consoante inicial; segunda razão: *b* é a consoante que rege o maior número de nomes; terceira razão: *halé bi* não revela nenhuma discordância fonética segundo o sentido musical dos uolofes.

A lei fonética é confirmada pela introdução de palavras estrangeiras na língua. Uma palavra estrangeira introduzida na língua é classificada de acordo com sua consoante inicial ou sua estrutura fonética:

• *Dâ di*: o tinteiro (árabe);
• *Boyét bi*: a caixa (francês, *la boîte*);
• *Vago vi*: o vagão (francês, *le wagon*);
• *Dâra di*: a morada dos discípulos (árabe: *dâr*);

- *Dâmar di*: quadrúpede (árabe);
- *Batang bi*: o batente (francês, *le battant*);
- *Sûker si*: o açúcar (francês, *le sucre*).

Quando duas palavras estrangeiras sinônimas são introduzidas na língua, sua classificação se faz de acordo com a lei fonética:

- *Boyét bi*: a caixa (francês, *la boîte*);
- *Kès gi*: a caixa (francês, *la caisse*).

Kès gi não é uma violação da lei fonética pelas razões citadas anteriormente. Os nomes iniciados com *k* são, em sua maioria, regidos por *g*, o que é normal quando se sabe do parentesco fonético que há entre essas duas consoantes e quando se sabe que, em egípcio, a primeira evoluiu para resultar na segunda no demonstrativo *ki, ké* = ao outro e *gé* = o outro. Se pedirmos a um uolofe que atribua um artigo a uma palavra estrangeira cujo significado ele desconhece – o que exclui qualquer classificação a partir do sentido dela – ele o fará de acordo com a lei fonética. Isto não é particular dos uolofes; aconteceu-me de pedir a um serere, que nunca aprendera o alemão, que atribuísse à palavra *Freiheit* o artigo serere que lhe parecesse conveniente. Sem compreender seu sentido, ele me respondeu *Freiheit fana*, sendo o último termo um artigo serere.

A lei fonética é confirmada por flutuações consonânticas no interior de determinadas palavras, como *safara* = o fogo. Há duas variantes dessa palavra:

- *Safara si, savara vi*: o fogo (igualmente).

Assiste-se, assim, a uma mudança de categoria (*s* para *v*) devido à transformação no interior de uma palavra longa no início de uma sílaba acentuada, de *f* em *v*.

Dissimulação da lei fonética

A lei fonética pode ser dissimulada no caso das palavras relativamente longas:

- *Fadar di*: a aurora (árabe).

Aqui, o acordo fonético se estabelece com o d inicial da segunda sílaba acentuada, tanto mais que a palavra começa com a consoante *f*, que não está entre as oito consoantes-artigos. *Fadar* é, portanto, uma palavra de origem árabe, cuja classificação se faz a partir de suas propriedades fonéticas.

Flutuações eufônicas

Há palavras que por sua estrutura fonética podem pertencer a várias categorias ao mesmo tempo, uma vez que nenhuma das exigências eufônicas que se apresentam prevalece sobre a outra:

Loho *li*: a mão	Loho *bi*: a mão

Aqui, o fato de se poder empregar indiferentemente *b* ou *l*, embora esta última seja inicial da palavra, seria explicado pela importância da categoria de *b* e pelo caráter restrito do emprego de *l*, cujo domínio seria invadido pelas outras consoantes.

Discriminação dos homônimos

Ela se faz pela mudança da consoante-artigo. Num caso como esse pode acontecer que o artigo escolhido gere uma discordância fonética proposital com o objetivo de marcar a diferença de sentido. Em certos casos, ao que parece, a palavra mais antiga na língua é portadora do acordo eufônico com seu artigo, o que é normal:

Véñ *vi*: a mosca	Véñ *gi*: o ferro
Vér *vi*: a lua	Vér *bi*: o copo

Para esses dois exemplos, a palavra cuja inicial concorda com o artigo é visivelmente a mais antiga, e quando a segunda surgiu, seja por evolução ou por um empréstimo, como é o caso de *vér* (francês, *verre*), o lugar, por assim dizer, já estava ocupado; era preciso escolher outra consoante-artigo segundo as leis eufônicas secundárias.

Entretanto, diz-se:

Den *vi*: o peixe	Den *vi*: o esteio
Mbot *mi*: a rã	Mbot *mi*: a carteira

Não há mudança de artigo, e isso parece provir do fato de que a segunda palavra não seria mais do que o sentido estendido da primeira: den (esteio) parece provir de uma assimilação com a cauda do peixe, e mbot (carteira) de uma assimilação com a forma da rã.

Sempre que uma mesma palavra pode significar o instrumento e o lugar de trabalho, usa-se gi no primeiro caso e bi no segundo. Tem-se assim:

Ligèyukay gi: o instrumento de trabalho	Ligèyukai bi: o lugar de trabalho

A distribuição dos nomes entre diferentes consoantes-artigos não corresponde absolutamente, em nossas línguas, a uma maneira de expressar o gênero. Não se deve ver nisso alguma forma de expressão do gênero. Tudo o que precede prova-o amplamente, daí a necessidade de insistir.

Essas regras eufônicas não são de modo algum específicas do uolofe. Nós as encontraremos em serere, em dôla e, de modo geral, em todas as línguas negras:

Serere

Os diferentes artigos sereres são:

âlé, ôlé, lé, ohé, gé, fané, né (no singular)	ké e vé (no plural)

Basta citar os exemplos seguintes para mostrar a conjugação eufônica em serere:

Nhol né: o dedo	Ndôl né: a lebre
Ndogoy né: o leão	Ndét né: o sol
Nâdloh né: o passeio	Mburu né: o pão
Mbin né: a casa	Ndong né: a cama
Ndid né: o pássaro	Ndahar né: a árvore
Ndoki né: o traje	Mbud né: o tam-tam
Nal né: o dia	Mbad né: a cobertura
Vin vé: as pessoas	Réu vé: as mulheres

Dôla

Em dôla, a repetição inicial depois do nome com função de artigo não comporta nenhuma exceção, ao contrário do uolofe e do serere. Nestas línguas e em outras línguas africanas há exceções devidas a acidentes de evolução que seria preciso explicar; é por isso que começamos por esses casos que implicavam problemas. Em d*ôla* o problema não existe; a regra é rigorosa, absoluta: o artigo que rege o nome é a consoante inicial deste intercalada entre *a* e *u*.

Consoante *k*

Kangén aku: a mão	*Ken aku*: o galo
Kunyol aku: os filhos	*Kadak aku*: os bons
Kasâken aku: a palavra falada	*Kangitama aku*: a escada
Kaful aku: o traje	*Kadakût aku*: os maus
Kayit aku: a folha	

Consoante *d*

Dinil adu: o bebê	*Dibom adu*: a dança
Dibékel adu: a palmeira	

Consoante *m*

Mugit amu: a palha	*Môf amu*: a terra
Mapint amu: a beleza	*Madakut amu*: o mal
Makul amu: os prantos	*Musis amu*: o sal
Mutop amu: a gordura	*Mulukai amu*: a semente

Consoante *b*

Busana abu: a sumaúma	*Balay abu*: o sol
Bagam abu: o julgamento	*Bakéter abu*: a mortalidade
Bakíter abu: a escrita	-

Consoante *f*

Fayd afu: as abelhas	*Futéy afu*: a fuga
Fudoyd afu: a reunião	*Fahlét afu*: o rancor

Um dos parentescos mais evidentes do uolofe e do d*ôla* está no domínio dos demonstrativos. Ora, esses demonstrativos são formados, evidentemente, com a inicial da palavra que se intercala entre *u* e *é* para uma coisa próxima, *u* e *a* (distante), *u* e *u* (vaga). Os seguintes demonstrativos do d*ôla* existem em uolofe, de forma absolutamente idêntica:

- *Yoyé, fofé, sosé, koké* etc.;
- *Yoya, yoyu, fofu, sosu* etc.[78]

Portanto, nunca seria demais insistir na participação da eufonia no nascimento da morfologia das línguas africanas. A forma de todos os termos de ligação – artigos, demonstrativos, interrogativos, relativos etc. – decorre diretamente dela. Por isso convém distinguir na estrutura das gramáticas africanas dois aspectos principais: 1°) uma sintaxe lógica; 2°) uma morfologia engendrada em boa parte por exigências eufônicas. Esta distinção, embora artificial, não deixa de ser digna de interesse, mesmo que sirva apenas como plano de trabalho. Já dissemos que esta distinção também devia ser válida para o egípcio. Certamente é possível considerar que a parte da morfologia das línguas africanas de que se trata aqui – ou seja, que os artigos, os demonstrativos, os pronomes etc. – são de formação recente e decorrem de uma evolução do egípcio antigo, e que seria um erro esperar encontrar nessa língua algo semelhante. Acreditamos que um raciocínio como esse não seria totalmente correto. O domínio da eufonia poderia ser, no máximo, mais restrito. Não se evidenciou sua existência no nível dos demonstrativos, dos relativos e outros, mas foi completamente

---

78. Encontram-se as mesmas regras fonéticas e os mesmos demonstrativos em ronga (língua banto da África do Sul). Ex.: lichaka l*edi ou lolu: esta espécie; lichaka ledo ou lolo: esta espécie.*

Formas repetidas	doledi ou lololu	doledo ou lololo	dolediya ou lololwiya
Formas abreviadas	dodi	dodo	dodiya
(Djonga)	roleri ou reri	rolero ou rero	roleriya ou roriya
Classe b			
byanyi	lebyî (este capim)	lebyo	le byiya
	byolebyi	byolebyo	byolebyiya
(Djonga)	byebyi	byebyo	bye byia
Classe chi-chi			
chidîlo	o *chi* (este gemido)	cholecho (chocho)	cholechiya (chochiya)
cholechi	(chochi)	lecho	lechiya

Chi serve também, como em uolofe, para formar o diminutivo da palavra, mas é prefixado (cf. Junod, 1896, p. 94).

diferente quando se tratou da formação dos nomes por prefixação de consoantes a verbos iniciados com vogal. Essa questão foi abordada anteriormente. Basta lembrar aqui que, em egípcio, como nas línguas africanas, formam-se nomes a partir de verbos por prefixação das consoantes:

Egípcio	Uolofe
Inu: carregar	*Yénu:* carregar
Kénu: pilar	*Kénu:* pilar

Também, segundo Gardiner (1927), *i* e *u* iniciais são omitidas nas formas derivadas e se prefixa *m*:

• *u ne*h: vestir-se;

• *m ne*ht: o vestuário;

Os esforços para relacionar as línguas africanas e o egípcio são limitados pela incerteza que reina a respeito dos trabalhos dos egiptólogos, sobretudo em matéria linguística. Mas é possível esperar, sem risco de decepção, pelo estabelecimento de um parentesco maior no dia em que as gramáticas completas dessas línguas forem escritas pelos autóctones que as falam bem e que têm a formação intelectual necessária para um trabalho como esse.

IV

OS PROBLEMAS DA ARTE AFRICANA

Não é possível falar de arte sem mencionar as tentativas de negá-la à África. Diante da extrema riqueza da arte africana, de seu poder de invenção, muitos especialistas europeus tentam atribuir-lhe uma origem externa. Pode-se dizer de maneira geral que todos os estudos dos ocidentais sobre a África são determinados por um duplo ponto de vista:

1°) Afirmar dogmaticamente que todas as civilizações africanas são recentes, pois nada pode ser antigo na África negra.

2°) Que a origem de todas as civilizações africanas – cuja existência é impossível negar – deve ser atribuída a herdeiros míticos de raças brancas (camitas orientais e ocidentais, árabes, líbio-cretenses, colonos gregos e romanos, artistas errantes da Renascença etc.). Basta citar os seguintes autores para ilustrar essa observação:

Leo Frobenius

Ele tentou considerar que tudo partiu do mundo mediterrâneo e da África do Norte, mas se esqueceu que a África do Norte nunca foi ponto de partida de nenhuma civilização.

Frans M. Olbrechts

Afirmava que a arte dos balubas do leste (Ouroua, Maniema...), representada pelas grandes figuras mendicantes ou figuras cariátides, é de origem camita. Ou seja, dando às palavras seu significado exato, os autores dessas obras seriam brancos, embora sejam negros da cabeça aos pés.

Hermann Baumann

Em seu livro dedicado aos povos e civilizações da África, que mais justamente se poderia intitular "invasão da África pelos camitas orientais", explica os mínimos aspectos dignos de interesse da vida africana pela intervenção dos camitas. É difícil acreditar que o mesmo autor, no mesmo livro, nos dê o que se sabe de mais tangível sobre esses camitas:

> Os gallas (il Norma, filho de Orma ou Oromo) habitavam, antes do século XVI, o sudeste de Ouébi, de onde emigraram para a Abissínia e para Sidamo. Originalmente eram pastores que não conheciam os metais; teriam empregado chifres de boi à guisa de sabres! Chegando ao oeste, ao centro da Abissínia, foram submetidos a influências cristãs e adotaram a agricultura, até mesmo o cultivo abissínio com uso do arado. A tribo dos Borana, no sul, entre o Lago Stéphanie e Djuba, é a que se manteve mais pura. Os gallas têm grande valor para a história da civilização, pois representam o único grupo de camitas orientais puros que conservaram em grande medida uma religião pagã, o que faz que sejam a fonte principal para o estudo da religião dos camitas (BAUMANN; WESTERMANN, 1948a, p. 276).

Cabe indagar então o que, na condição atrasada das populações assim descritas, em sua pobreza cultural original, poderia explicar os elevados graus de civilização que a África conheceu. Além disso, nos capítulos precedentes insisti no fato de que a noção de *camita* é uma invenção cômoda dos especialistas ocidentais, com o objetivo de nos despojar do benefício moral de todas as civilizações africanas e especialmente o da civilização egípcia.

Também insisti no fato de que não é possível estabelecer seriamente uma correspondência entre essa noção e qualquer realidade histórica, geográfica, étnica ou linguística; e os camitas puros de Baumann (os gallas) não são mais do que os resíduos dos beduínos que o Egito, ao longo de toda a sua história, manteve fora de suas fronteiras. A noção de camita, seja qual for o ângulo sob o qual seja examinada, é absurda; e particularmente do ponto de vista histórico, quando se sabe que Cam, segundo a Bíblia, é o ancestral dos negros. Cabe indagar como foi possível que o nome acabasse por designar *raça branca*.

Longe de se estancar, essa deformação da história africana se amplia de acordo com uma progressão geométrica. É assim que, a cada nova descoberta arqueológica que traz à luz aspectos estarrecedores de riqueza e de invenção da cultura africana, corresponde uma nova onda de teorias cujo objetivo é nos espoliar dessas riquezas, atribuindo-lhes um hipotético berço exterior. As sondagens feitas na Nigéria durante a guerra para encontrar estanho levaram à descoberta acidental de grandes esculturas de terracota, de bronze e de pedra, de equilíbrio e serenidade que desafiam as obras da época grega arcaica. A questão que mais naturalmente ocorreu à mente dos especialistas foi sobre a origem dessas obras, independentemente do lugar em que tivessem sido encontradas, como se ali tivessem caído do céu.

William Fagg

Assim ele se expressa em *Présence Africaine*:

> Alguns supuseram, sobretudo depois da descoberta das cabeças de Ifé, que as deformações da escultura são produto degenerado de um naturalismo puro transmitido aos negros por uma civilização mais elevada; qualquer hipótese desse tipo é invalidada pelas descobertas de Nok [...] (Fagg, 1951, p. 95).

Mais à frente diz:

> Entretanto, com os antecedentes de Ifé, tocamos no enigma crucial da arte da África Ocidental, a cujo respeito artistas e etnólogos emitem ainda opiniões muito divergentes. Foi dito com frequência que esses bronzes eram obra de egípcios, de um artesão ambulante romano ou grego, ou até de um italiano da Renascença ou de jesuítas portugueses [...] (Fagg, 1951, p. 114).

Mas, algumas linhas adiante, acrescenta:

> Os que supõem que um único artesão possa ter vagueado pelo deserto até Ifé e lá reproduzido, em bronze, a nobre expressão dos chefes de suas famílias, num estilo que superava em muito a imaginação africana, devem explicar determinados fatos importantes da arte de Ifé. E primeiro será possível conceber que esse hipotético mestre na arte de fundir o bronze (do qual nenhuma obra foi identificada na Europa) tenha sido mestre igualmente grande e fecundo na modelagem da argila?

Essas refutações sucessivas não impedem que o autor conclua do seguinte modo:

> Por enquanto, a hipótese de trabalho que me parece mais válida é a seguinte: ao longo dos primeiros séculos da era cristã os iorubas vindos do Oriente (talvez das margens do Nilo Superior) já possuíam, antes dessa migração, técnicas de fundição do bronze por cera, bem conhecidas no Egito dos faraós e pela última civilização greco-núbia de Meroé (embora suas moldagens fossem em escala bem mais reduzida do que as de Ifé e de outras indústrias do bronze similares), e em germe, por assim dizer, do realismo decadente próprio da arte grega subsistiu, por menor que fosse, da Odisseia dos iorubas e viveu seu renascimento e um desenvolvimento considerável depois de sua instalação no Golfo da Guiné.

Essa hipótese de trabalho proposta por William Fagg é claramente formulada para que não subsista nenhuma dúvida a respeito do desejo do autor de encontrar um berço grego para a civilização antiga dos iorubas. A despeito de todos os fatos objetivos que traz em favor das características africanas da arte de Ifé, ele conclui por uma origem grega a ser buscada, e cabe indagar o que o impeliu a tirar essa conclusão, tanto mais que ele diz no mesmo artigo: "Se Frobenius não estivesse em busca da Atlântida de Platão quando descobriu, em 1910, algumas das esculturas de Ifé, é provável que menos escritores tivessem julgado necessário sustentar que elas eram de origem europeia, e não africana" (Fagg, 1951, p. 112).

Essa opinião sobre a origem mediterrânea é a de muitos outros teóricos da arte africana; o próprio Fagg cita Léon Underwood: "Meu amigo Léon Underwood sugeriu, em diferentes oportunidades, que tal grau de realismo, quase mensuracional, poderia muito bem ser apenas uma importação direta da Europa ou dos países mediterrâneos" (FAGG, 1951, p. 105).

Henri Alfred Lavachery

Esta é a opinião deste autor:

> [...] Lá, a estatuária é saturada de influências europeias [...]. Desde que sabemos que a arte do Benim é apenas um rebento, e decadente, daquela de Ifé, e que não é o único, a hipótese já frágil de uma técnica e de um estilo importados pelos portugueses deixa de ser defensável. Frobenius, que descobriu as primeiras obras antigas do Ioruba, as atribuía a um artista vindo de Cartago. Também foi aventada uma origem egípcia [...]. Considerando-se seu estilo, as cabeças de Ifé lembram determinados bronzes romanos cuja exiguidade documentária seria engrandecida por esse gênio, ao mesmo tempo sintético e voluptuoso, que é o da estatuária negra. Por que não imaginar algum artesão provindo dos estabelecimentos romanos da

África do Norte, que possuísse um bom ofício de escultor e bronzista? Ele transmite seus conhecimentos a alunos negros, e um deles (ou vários) seria o criador cujas obras admiramos [...]. Seja como for, as estátuas da região atlântica trazem a marca de um realismo inteiramente mediterrâneo [...] (*apud* Fagg, 1951, p. 51).

Lavachery diz: "Por que não imaginar algum artesão provindo dos estabelecimentos romanos da África do Norte [...]". Pela imaginação é possível resolver todos os problemas. Não se compreende por que esses artistas ambulantes não se detiveram no caminho para beneficiar com seu gênio as populações intermediárias (menos estrangeiras), tal como os berberes e outras populações do deserto. Restam duas hipóteses: supor que tenham vindo pelo ar (numa época pré-aeronáutica) ou que tenham vindo pelo Oceano Atlântico, hipótese que esbarra em enormes dificuldades.

Jean-Paul Leboeuf

Depois de Marcel Griaule, Leboeuf prossegue as escavações junto ao Lago Chade, local da antiga civilização dos sãos. Ele teria sido tentado a pensar num Mediterrâneo pré-helênico ao citar uma máscara descoberta em Kadaba (Camarões) que "lembra estranhamente uma terracota do Monte Filacos (Creta)" (Fagg, 1951, p. 99).

A meu ver, Creta se explica pelo Egito – ou seja, pelo mundo negro –, mas o inverso é inverossímil. Creta, ilha isolada dos continentes, só conheceu suas primeiras formas de civilização no fim do Império Menfita (por volta de 2000 a.C.). Não se concebe como, sem a influência do Egito, ela teria criado uma civilização a partir do nada[79.]

---

79. No Paleolítico, Creta era desértica. Lá não se encontram homens fósseis. Foi povoada tardiamente a partir dos continentes próximos (Pittard, 1924).

Denise Paulme – A propósito da arte do bronze da Gold Coast (os "kuduo"), escreve: "É certo que a forma de alguns recipientes e a decoração de quase todos evocam outras lembranças que não as de uma arte puramente africana" (*apud* Fagg, 1951, p. 157).

Ela invoca influências portuguesas, da idade média norte-africana e até mesmo moura, da Espanha, e conclui: "Em resumo, os artistas ashantis terão se inspirado em formas e motivos exteriores, mas repensados, integrados em sua civilização para fundir peças que, sem hesitar, podemos classificar entre suas obras-primas [...]" (*apud* Fagg, 1951).

Jean Van den Bossche

Em relação à arte dos ba-pendes, ele escreve:

> Segundo o R.P. Bittremieux, os ancestrais dos ba-pendes teriam vindo do leste, repelidos por homens "de pele branca", como consequência de disputas. É possível [...] que se trata de árabes. Veremos que essa tese é defensável quando nos couber falar das máscaras pendes de marfim [...] (*apud* Fagg, 1951, p. 167).

O autor observa que frequentemente essas máscaras contêm um motivo que lhes é particular – o ponto-círculo – e que as regiões em que esse motivo decorativo é usado foram objeto de uma ocupação ou de uma influência árabe, de onde ele deduz que o fato de o ponto-círculo só se encontrar em objetos de marfim "leva-nos a crer que o próprio trabalho de marfim constituiria uma importação árabe no Congo Belga".

Chegamos aqui ao ponto culminante dessas tentativas de destruição da nossa cultura; a África Central, berço do elefante, não terá nem mesmo o benefício moral do trabalho do marfim; será preciso que essa técnica seja importada do Deserto da Arábia.

Todas essas teorias têm em comum os seguintes pontos: 1) São construídas sobre uma base puramente imaginativa, conforme provam as muitas citações precedentes. 2) Nenhuma constatação objetiva válida as apoia; ao contrário, é assustadora a precariedade dos argumentos, quando os autores se dignam a citá-los. 3) Sua característica temerária e sua absoluta gratuidade são atestadas por sua fragilidade; só é possível compreendê-las invocando uma educação ocidental falseada na base pelo ensinamento milenar da Bíblia.

Consciente ou inconscientemente, todas elas tendem a destruir nossa cultura – a verdade é que para destruir um povo é preciso destruir sua cultura –, a nos retirar o benefício moral dessa cultura fazendo-nos acreditar que não somos responsáveis por ela. Em suma, se nos deixássemos enganar por essas teorias ficaríamos esvaziados de todo o potencial moral que traz a um povo a consciência de sua tradição cultural.

Descrição dos estilos de escultura negra

O que é, afinal, essa arte que faz correr tanta tinta, que suscita tanta cobiça? Qual é seu valor misterioso que impele o Ocidente a reivindicar acirradamente sua paternidade por vias indiretas?

O que caracteriza a arte negra em seu conjunto é a liberdade do artista na criação plástica; ele tem certeza de seu gênio, da autenticidade de suas invenções. Por isso, suas obras são executadas com impressionante simplicidade.

Liberdade audaciosa, ritmos potentes, invenção plástica sempre ótima, estas são as características gerais da arte negra. Estes três fatores estão sempre intimamente ligados, seja qual for o estilo considerado; fato ainda mais notável quando se sabe que a arte pela arte nunca existiu na África, desde o Egito até a África Ocidental. Ao contrário, a arte sempre esteve a serviço do culto religioso e da realeza. De um extremo a outro da África negra, passando pelo Egito, as estátuas tinham como objetivo, primitivamente, ser o suporte do "duplo imortal" do ancestral depois de sua morte terrestre. Colocada em lugar sagrado, a estátua era objeto de oferendas e de libações; este fato, mal-interpretado pelos ocidentais, criou a falsa ideia do fetichismo. Na realidade, só há tendência ao fetichismo – ou seja, à idolatria – quando o significado do culto é esquecido por uma ruptura da tradição.

A arte africana, portanto, sempre esteve a serviço de uma causa social, como deve se manter. Assim, o artista africano sempre atingiu o belo, a estética através do útil. A partir dessa consideração compreende-se melhor, agora, a razão de ser do cânone negro, a ausência de anatomia e de proporção no sentido ocidental da palavra, em geral. Na verdade, como o objetivo primordial da estátua era o de suportar o "duplo do ancestral", a missão social do artista era cumprida, em princípio, uma vez que ele tivesse extraído do bloco informe da matéria um ser humano suficientemente reconhecível como tal. Pouco importava que as pernas fossem curtas demais, o tronco longo demais, o rosto impessoal, pois tratava-se apenas de um símbolo; o símbolo do ancestral de volta entre os vivos. Isso explica, ao mesmo tempo, a atitude convencional e frequentemente hierática, desde o Congo até o Egito. Se os gregos descobriram a anatomia e realizaram tantas obras conformes à proporção áurea, é porque tinham mais do que ninguém o culto à natureza e o senso do materialismo. Para eles, tudo estava na terra e gravitava em torno do homem que, senhor de si mesmo e de seu destino, sendo o centro do mundo, era o deus neste mundo. Realizar sua imagem com perfeição constituía, portanto, o mais alto sonho, o ideal último do artista. E eis-nos no início dessa corrente de humanismo que ainda rege o Ocidente. Assim, cabe constatar de passagem que antropomorfismo, materialismo e, por conseguinte, desenvolvimento da técnica (com despojamento de toda atmosfera religiosa que o cercava entre os egípcios que transmitiram a civilização aos gregos) constituirão a contribuição essencial do Ocidente à civilização do mundo.

Em contrapartida, toda a África negra, inclusive o Egito, será tradicionalmente o domínio por excelência de um vitalismo que, minimizando o modesto poder do homem, buscará sempre ganhar por meios religiosos adequados a intervenção de forças extra-humanas.

Por isso, todas as descobertas, todos os progressos materiais, sociais, todas as criações artísticas serão como que afetadas por um coeficiente, envolvidas por uma atmosfera de religiosidade, de espiritualidade estranha ao espírito ocidental, mais inclinado ao materialismo. Quando o Egito tiver transmitido uma civilização impregnada de sagrado para o resto do mundo, e para a Grécia em particular, este só poderá aproveitar esse legado reduzindo a religiosidade que o envolve à escala do homem e da natureza; e essa integração antropomórfica da religiosidade constitui o único fato palpável que se pode reter do mito do milagre grego.

Assim, ao contrário dos ocidentais, o africano, para garantir uma vida material razoável, achará sempre que o meio mais seguro será se dedicar a práticas rituais. Uma vez que toda essa conduta é inspirada pela necessidade de conservar e de transmitir a vida nas melhores condições de sua época, no fundo é um instinto materialista que também está na base da vida africana; mas um materialismo malcompreendido, errôneo, metafísico, no sentido de que o africano acredita poder agir sobre seu destino apoiando-se em alavancas imateriais. A correção desse erro deve vir a ele do Ocidente, e essa é a maior vantagem que pode obter de seu contato com este último. É claro que esta análise só é válida para o africano não islamizado ou não cristianizado. Por todas estas razões, a anatomia humana raramente deterá a atenção do artista africano.

Entretanto, o fator religioso não é suficiente para explicar a essência da arte africana. Se apenas ele operasse, as criações dos artistas africanos seriam comparáveis a objetos fabricados. O fator religioso age em interferência com a personalidade do artista que, inconscientemente, sempre deposita uma parte de si mesmo em sua obra, que aparece sob forma de liberdade de invenção de ritmo plástico sempre diversificado. Captamos essa diversidade ao estudar os diversos estilos plásticos africanos.

É possível, *grosso modo*, distinguir na África duas grandes correntes de arte plástica: uma corrente realista e uma corrente expressionista.

A arte realista

Arte clássica pré-colonialista

A escola realista mais típica na África, pelo que nos é dado saber atualmente (excluindo o Egito), é a Escola de Ifé, que deu origem à Escola do Benim. Ela é conhecida por obras de terracota, de pedra e de bronze (ilustr. 31 e 32). Caracteriza-se por um realismo, uma serenidade, um equilíbrio que desafiam a arte da época arcaica grega do século VI. Entretanto, ela jamais conhecerá o naturalismo extremo da arte da época grega clássica. Essa observação nos permite refutar mais uma vez a ideia de que essa arte de Ifé seria tributária da arte grega. Na verdade, se os iorubas se instalaram no Golfo da Guiné por volta dos primeiros séculos da era cristã, conforme supõe William Fagg, ou seja, numa época em que o próprio período helenístico já se encerrara, em plena época de naturalismo romano, não se concebe como – já que tinham se inspirado na arte mediterrânea – poderiam ter feito outra arte que não a naturalista.

A Escola do Benim é conhecida sobretudo por suas figuras de bronze: guerreiros armados, retratos de reis com gargantilhas de coral e de membros da família real (ilustr. 27); e também por suas esculturas de marfim, presas esculpidas relatando a história do rei, ou máscaras.

Um realismo tão puro quanto o do Benim e de Ifé também caracteriza as obras de madeira da escola ouroua e bakuba no Congo Central.

Estilo pongwe

É caracterizado por obras de realismo delicado, com toucado especial e figuras pintadas de branco numa época relativamente recente. O fato de essas obras terem supostamente, às vezes, olhos oblíquos levou, em determinado momento, a se pensar numa influência chinesa (ilustr. 28 e 29).

480

Estilo guro

Caracterizado por obras de rosto estreito com traços extremamente finos e agudos (ilustr. 54). A cabeça, às vezes, é encimada por um pássaro. Entre as obras encontram-se máscaras, polias de teares e, mais raramente, estátuas.

* * *

Poderíamos também citar e nos estender na descrição de outros estilos realistas, tais como: baúle (Costa do Marfim), ekoi (Cross River de Camarões), bidiagos (Ilhas Bissagos), sao, azande e mangbetu, kuyu, bateke, maniema, baluba.

Poderíamos ainda classificar na rubrica realista, mas com tendência expressionista (forma do nariz), a arte dos bagas (da Guiné) e a dos bamuns (Camarões).

A arte expressionista ou geométrica

Opõe-se à arte realista por sua maior liberdade e audácia. O grande mérito desta arte é o de conseguir representar a figura humana de maneira legítima, apesar de isenta de toda verdade anatômica. Esta corrente inclui três grandes grupos de estilos, que podem ser classificados do seguinte modo:

1º) Forma côncava

Compreende o estilo bakota, cujas obras são feitas de cobre martelado sobre uma escultura de madeira. Verdadeira máscara em duas dimensões, por assim dizer, apesar da forma côncava do rosto. Entretanto, é impossível classificar uma arte tão rica em grupos tão definidos, como nossa classificação parece fazer. Na verdade, é preciso observar que há várias tendências dentro de cada escola.

Assim, encontram-se bakotas mais ou menos realistas, com testa saliente etc.

A esse grupo pertencem os estilos m'bete, bakuele (Congo), makonde (leste da África) e machona (Zambeze).

2°) Forma plana

O estilo mais típico é o dos dogons (da Falésia de Bandiagara, Sudão), cujas máscaras são de forma retangular, com o nariz saliente no plano vertical do rosto, o cabelo indicado por um volume arredondado na testa.

Pode-se ligar a este grupo a arte dos fangs do Gabão, embora esta última escola mostre com frequência tendências realistas. É possível ligar-lhe também o estilo senufo (Costa do Marfim) e o de Ubangui-Chari.

3°) Forma cubista

Este grupo inclui dois estilos principais: o dan (Costa do Marfim) e o basonge (Congo). Estas duas escolas se caracterizam por um expressionismo cubista muito acentuado. Os olhos, a boca, o nariz, e até mesmo as maçãs do rosto são frequentemente expressos por volumes geométricos regulares salientes (ilustr. 50).

Foi sobretudo o aspecto geométrico dessas obras que influenciou a arte ocidental atual desde o cubismo de 1907.

Aqui estão brevemente resumidos, e de maneira muito incompleta, os diferentes aspectos da arte africana. Para ser capaz de apreciar realmente o valor dessa arte seria preciso considerar apenas a pureza das linhas, a força dos ritmos e seu valor plástico, sem se apegar à falta de aperfeiçoamento técnico. É preciso ter em mente que o artista africano sempre trabalhou uma matéria indócil, com instrumentos precários; para melhor apreciar o valor inventivo dessa arte seria preciso comparar o pouco que conhecemos dela com toda a arte ocidental, desde a Antiguidade até os nossos dias.

O que encontramos ao examinar a arte ocidental? De Fídias a Maillol, passando pela arte gótica, Michelângelo e Rodin, a anatomia muscular é revelada, esquecida (na época românica), reencontrada (arte gótica), desenvolvida (renascentismo) e explorada (academismo). Durante 25 séculos de escultura ocidental não houve invenção plástica no sentido próprio da palavra. No máximo, ocorreram nuanças esculturais ligadas à época e ao coeficiente individual do artista. Percorrendo a série de obras produzidas durante esses 25 séculos, deixando-se impregnar intimamente por sua monotonia, percebe-se facilmente que todo esse período contém menos invenção plástica do que é possível encontrar passando de uma máscara dogon a uma máscara dan, guro, baga etc.

Significa que devemos nos deter nisso e repetir essas formas perpetuamente? Certamente não, pois a arte sempre deve ser a arte de sua época; ou seja, estar a serviço das necessidades da sociedade que a engendrou. Portanto, é da análise das necessidades mais prementes do povo africano no estado atual que deverá decorrer, queiramos ou não, a nova orientação de nossa arte.

Ora, do que temos necessidade? Temos necessidade de uma sociedade africana livre e perfeitamente organizada; temos necessidade de abrir mais os olhos para a natureza exterior, de possuir o real no mesmo grau que os ocidentais, de alcançar seu nível de eficácia; em suma, de descobrir a natureza em sua totalidade.

É a essa dupla exigência social e intelectual, portanto, que nossa arte deverá se submeter para ser válida a nossos olhos. Assim, o artista africano que escrevesse unicamente pelo prazer de cantar a beleza das nuvens, que fizesse descrições por puro deleite e exibição de virtuosismo, ou que esculpisse formas por elas mesmas viveria fora das necessidades de sua época. O mesmo vale para o artista que voltasse os olhos deliberadamente para o passado, comprazendo-se em sua pura e simples evocação; pois, ao fazê-lo, ele estaria esquecendo que a tradição bem-compreendida não deve nos aprisionar numa rotina, mas nos servir de trampolim para elevar nosso mundo à altura da época moderna. Em contrapartida, um artista que coloque o problema social em sua arte, sem ambiguidade, incitando a consciência letárgica; um artista que se coloque no centro da realidade para ajudar seu povo a descobri-la; um artista que saiba executar obras nobres com o objetivo de inspirar a seu povo um ideal de grandeza, seja ele poeta, músico, escultor, pintor ou arquiteto – é o homem que responde, na medida de seus dons, às necessidades de sua época e aos problemas que se colocam no seio de seu povo.

Entretanto, para que a função social do artista assim se realizasse seria preciso que o meio fosse propício. A arte nem sempre nutre seu homem, menos ainda na África nas atuais circunstâncias. Com frequência faltou ao artista africano um *status* social digno dele, estímulos como prêmios de arte, concursos etc., museus em que ele pudesse ampliar seu campo de experiência, exposições em que pudesse fazer contato com o público, a possibilidade de viajar regularmente, clubes etc. Em suma, faltou-lhe todo o aparato de seu colega ocidental. Isso significa que todas essas coisas são necessárias para produzir obras modernas válidas, para chegar a uma época de classicismo moderno, no sentido em que entendemos o termo; ou seja, à existência de uma tradição artística consciente e, sendo assim, ininterrupta? Certamente não. E se fosse preciso esperar a realização dessas condições para produzir obras que respondessem às necessidades que nos preocupam melhor seria nada esperarmos dos artistas africanos como contribuição à causa comum.

Teatro

O teatro folclórico da Escola William Ponty não pode, de modo algum, ser considerado teatro africano autêntico quando se pensa nas condições especiais que o engendraram[80]. Ele poderia, no máximo, constituir uma fonte de documentação para um teatro africano futuro. Também no domínio do teatro a expressão indígena deverá, aos poucos, sobrepor-se à expressão europeia.

Se devemos traduzir nossas obras autênticas para nos comunicar com os outros, para lhes transmitir alguma coisa, para nos apresentar a eles, mostrar à sua consciência os problemas que nos preocupam, também deve haver o inverso: devemos pensar em

---

80. Falta de liberdade e de formação técnica dos alunos, pelo menos sob Béard.

traduzir para a língua africana o teatro ocidental, e seria interessante verificar o resultado dessas tentativas. Em todo caso, esperamos poder oferecer em breve essas experiências ao povo africano por meio de traduções adequadas.

Escultura

Já insisti bastante na escultura para que não seja necessário, aqui, voltar a ela. Apenas acrescentarei a tudo o que eu disse que as obras escultóricas, para terem mais possibilidade de perdurar, deverão ser executadas em materiais mais duros do que a madeira comum, tais como: madeira de ébano, granito, diorito, argila, marfim, metal, liga de metais ou sicômoro, que, embora leve, é uma madeira imputrescível.

Pintura

A pintura africana é essencialmente uma pintura de movimento. A mais típica, por sua composição, seus gestos atléticos graciosos, seu frescor primitivo, é a dos bosquímanos da África do Sul, identificada e estudada sobretudo pelo Instituto Frobenius na Alemanha e pelo Abade Breuil na França.

Seja o que for que se tenha dito dos bosquímanos, sua pintura é para nós autenticamente negra. Mesmo que eles tenham sido originalmente amarelos, isso não alteraria muito o problema, dado o seu atual grau de negrificação. Mas, sobretudo, digamos que para nós não haveria amarelos autênticos: os amarelos seriam antigos mestiços de negros e brancos (mestiçagem pré-histórica). Sabe-se que essas duas raças coexistiram por toda parte, particularmente no sul da França (grimaldi, negra; cromagnon, branca); o que há de mais razoável do que supor que seu contato tenha dado origem a uma raça mestiça que bem poderia ser o homem de Chancelade, uma vez que este é realmente o ancestral dos amarelos?

Mas voltemos à pintura. Certamente no dia em que o africano dispuser de uma técnica e de uma paleta tão variada quanto a dos europeus, ele não tardará em dar mais provas de sua capacidade também nesse domínio artístico. Aliás, é o que começa a acontecer no Congo Belga com os jovens pintores negros.

Arquitetura

Entre os muitos estilos de arquitetura africana, dois me parecem particularmente típicos e mais fáceis de se adaptarem às necessidades de uma arquitetura monumental, religiosa ou civil: o estilo de Djenné, que já inspirou construções religiosas, como mesquitas; o civil, como a Policlínica de Dakar, o Instituto de Arte de Paris etc., assim como numerosas residências privadas.

As linhas curvas da choupana, habilmente exploradas, também poderiam levar a resultados análogos.

Música

A África talvez seja a terra do ritmo. Entretanto, as condições sociais ainda não permitiram a existência de uma música sinfônica africana. A ignorância não permitiu ao africano analisar cientificamente os sons musicais, dissecá-los, compreender suas relações harmônicas para reuni-los numa hábil síntese arquitetônica a partir de sua sensibilidade. Entretanto, isso não pode tardar, e a sinfonia da miséria social, dos sofrimentos de todos os tipos de um povo que luta árdua e corajosamente por sua liberdade não poderá deixar de retumbar em nossos ouvidos.

Não posso terminar este parágrafo sobre a música sem dar uma explicação. Ouve-se dizer com frequência que a África é a mãe distante do *jazz*; mas estou convencido de que, quando se puser a compor música de acordo com os métodos ocidentais, o africano facilmente chegará a uma expressão que, sem deixar de ter algo em comum com o *jazz*, no domínio da sensibilidade, terá também algo de mais altivo, de mais majestoso, de mais completo, de mais nacional. A música africana deverá exprimir o canto da floresta, a força das trevas e da natureza, a nobreza no sofrimento com toda a dignidade humana.

Enquanto isso, os africanos deveriam, sempre que possível, coletar e registrar todos os cantos e ritmos que encontrassem, sem deixar de lado a menor melodia.

Poesia

Frequentemente ignorou-se a existência de uma poesia escrita em língua local segundo regras bem-definidas de uma arte poética. Assim é, por exemplo, toda a poesia religiosa dos uolofes, que constitui os primeiros monumentos literários de nossa língua e, por conseguinte, os primeiros fundamentos de nossa cultura nacional no Senegal. A poesia uolofe atual nada fica a dever à poesia épica da Idade Média ocidental; como ela, é marcada por espírito religioso, misticismo, de frescor ingênuo; reflete uma língua ainda concreta, mas encerra possibilidades. A poesia uolofe, no entanto, apresenta o que se poderia considerar uma superioridade de forma sobre a da Idade Média, porque pôde inspirar-se na arte poética árabe já existente.

Apresentamos abaixo suas regras pelo excerto de um texto inédito de um primo.

Arte poética uolofe

Há oito categorias de versos na poesia uolofe. Em geral as regras são calcadas nas da poesia árabe.

Os versos devem ser cortados em hemistíquios absolutamente iguais. Todos os versos que compõem um poema devem ser da mesma medida e da mesma categoria. Os versos de cada poema terminam com a mesma letra, exceto os de categorias 4 e 7, cujos dois hemistíquios se seguem e têm sempre a mesma terminação.

Categoria 1: 14 pés em cada hemistíquio; categoria 2: 14 pés em cada hemistíquio; categoria 3: 13 pés...; categoria 4: 12 pés...; categoria 5: 16 pés...; categoria 6: 10 pés...; categoria 7: 12 pés; categoria 8: 8 pés...

Tradução de alguns versos uolofes

Târùb Valaf bob yôram ag vah yi yépa yam.
Lu *dog* ngir Rassôlu lâ*hy* bâtin ba am horam.

Em francês

La langue valaf, l'arabe e toute autre langue sont iden-
tiques au point de vue valeur.

Toute expression est belle qui a pour but le Prophète.

Em português

A língua uolofe, o árabe e qualquer outra língua são
idênticas do ponto de vista valor.

É bela toda expressão que tem o Profeta por alvo.

Moussa Ka

* * *

Lô hé*d* he*d* du tà, dè déf sa gan di la Vut,

Té lôko bérndèl lu dul Sag rû du génna sa ker.

Em francês

Bien que vous soyez um grand favori [de Dieu],

la morte sera un jour votre hôte que ne se contentera
d'autre chose que de votre âme.

Em português

Embora sejais um grande favorito [de Deus],

a morte será um dia vosso hospedeiro e não se conten-
tará com outra coisa que não vossa própria alma.

Moussa Ka[81]

---

81. A atitude do poeta popular diante da crise econômica (os anos terríveis
de 29, 33 e 34) que se seguiu à morte de Amadou Bamba em 29 é típica.
Moussa Ka se dirige ao espírito de *Hubtu du Harnu* (= chefe espiritual do
século) e pede-lhe que dê remédio à situação que ele lhe expõe: 1) Ku Massa
am yari vata, tay ming ne siv ñâri mata, té men la am menn mata, sarah nu
nâtal harnu bi. 2) Sônu *dohôn* la nu yorôn dôtu nu déf na nu défôn hanâ
hamôné yaru nann, sarah nu nâtal harnu bé. • Em francês: 1) Qui possédait
deux voitures, voudrait aujourd'hui deux *mata* sans être capable d'en trouver

Tudo o que antecede a respeito da arte poética uolofe nos foi comunicado, numa carta inédita, por um primo.

Nomes de alguns poetas uolofes

- Massamba Diara
- Moussa Ka
- Aliou Thioune
- Moustapha Mbaye Kéré
- M'Backé Fall
- Cheikh Diaw
- Assise Mbaye
- Cheikh Seye (El Hâdj)
- Mbaye Diakhaté
- Med Lamine Diop
- Med Sow Wedjam (?)
- Massamba N'Diaye Thieye
- Mor Tâla Fall
- Cheikh Fal (atirador)
- Tâla Touré
- Mbaye Boye Mbengue
- Sérigne Ndam Sougou
- Mor Kayré

---

un, de grâce rend le siècle prospère (verdoyant). 2) Si tu nous restituais notre niveau de vie d'autrefois, nous ne commettrions plus les mêmes erreurs, sache que le temps nous a éduqués, de grâce rends au siècle sa prospérité. • Em português: 1) Quem possuía dois carros quer hoje dois *mata* sem ser capaz de encontrar um, por favor torna o século próspero (verdejante) (*Mata* é uma grande unidade composta de quarenta pequenas unidades de medida de cereais. Um grande chefe de família utiliza um *mata* em sua refeição.) 2) Se nos restituísses nosso nível de vida de outrora, já não cometeríamos os mesmos erros. Fica sabendo que o tempo nos educou; por favor, devolve ao século sua prosperidade. – Seja como for, o ensinamento de Amadou Bamba continua, mais do que nunca, válido no plano nacional.

- Moustapha Diop
- Med Diop Levna

Sua poesia deverá ser objeto de nosso maior cuidado, se não as quisermos perder algum dia. Na verdade, as condições em que ela nasceu e se desenvolveu infelizmente são muito favoráveis à perda. Em geral, são poemas escritos e cantados por um grupo de pessoas que passeiam em praça pública ou durante festas religiosas; são quase todos destinados a glorificar os méritos, a santidade e a generosidade de um marabuto. São cantados segundo ritmos tão ricos quanto variados, mas que, tornando-se ultrapassados com o tempo, correm o risco de cair no esquecimento. Tais são os primeiros ritmos fortes e simples da época de Samba Diâra, que poderiam se salvar graças às lembranças que ainda temos. Entretanto, essa poesia também é abundante em versos satíricos (Aliou Thioune), em polêmicas sob forma de epístolas (Mor Tâla Fall), em versos de conteúdo psicológico e moral (Mbaye Diakhaté), em descrições pitorescas da vida da corte e dos costumes marabúticos nos primeiros tempos do muridismo; em descrições angustiantes do além (Mor Kayré); em poesia curiosa que passa alternadamente do mais ingênuo gracejo ao exame de consciência de profundidade e seriedade assustadoras (Serin Ngeyngey). Para apreciar uma poesia como essa em seu justo valor seria indispensável conhecer a sociedade muride até seus mínimos aspectos, as crenças e seus usos que reinam nela. Na falta desse conhecimento corre-se o risco de, no futuro, encontrar termos que nossa ignorância qualificará como absurdo.

Entretanto, não foram apenas os murides que escreveram uma poesia válida entre os uolofes. Há uma poesia igualmente válida entre os tidjanes, da qual El Hadj Cheikh Seye é um dos principais criadores. Lamento não poder falar nela tanto quanto na poesia muride, pois a conheço menos. Se fosse para distingui--la em linhas gerais da poesia muride, eu diria que ela é menos variada. O sentido instintivo do ritmo por parte do africano seria nela menos marcante. No entanto, seria injusto considerar essas palavras uma apreciação tendente a colocar a poesia tidjane abaixo da poesia dos murides; quero apenas dizer que, dado o modo de vida sereno, uniforme dos tidjanes, sua poesia é mais depurada de musicalidade. Em contrapartida, entre os murides, dado o modo de vida, sente-se, até através da expressão religiosa, as pulsações negras sempre diversificadas, engendrando a arte. Ambas as poesias deveriam, desde que possível, ser transcritas em caracteres latinos, para fins de divulgação e para serem mais conserváveis. Nós nos propomos a salvá-las o mais possível do esquecimento; porém, esse esforço seria ainda mais eficaz caso fosse consentido pelos serviços oficiais; no caso, pelo Ifan.

Entretanto, ao lado dessa poesia religiosa popular que traduz a condição psicológica atual da massa, deveria existir, nas circunstâncias atuais, uma poesia educativa em língua africana. Essa poesia seria obra de africanos que, tendo adquirido uma mentalidade moderna e eficaz na Europa e percebendo que o meio mais seguro de adaptar seu povo às condições da vida moderna é aclimatar a ele tal mentalidade, atuassem dessa maneira.

Assim eles introduziriam, por meio da língua materna – ou seja, pelo meio mais indicado – os sistemas de pensamento que até agora constituem o segredo da pretensa superioridade intelectual do Ocidente. Poderiam, por esse caminho, colocar a mentalidade africana inteiramente à altura de todos os problemas intelectuais agitados pelo espírito ocidental moderno. Isso seria ainda mais indicado e eficaz se fosse no formato de prosa em língua africana.

A África necessita de uma literatura completa, dotada de monumentos, tanto em prosa quanto em verso.

V

Estrutura social e política

Decorrente das condições econômicas e materiais

O período de nossa história ao qual aqui se faz alusão é o que começa por volta do século III d.C., *Império de Gana*, e vai até a destruição do *Reino do Cayor*, sob Napoleão III, por Faidherbe.

Em toda a África, organizada em estados, a estrutura política e social da época parece apresentar diferenças apenas de detalhes; assim, as conclusões que tiraremos do estudo da sociedade cayoriana da época neossudanesa são válidas, em certa medida, para as outras regiões da África até os dias atuais.

Expandindo-se por migrações sucessivas do Vale do Nilo, os negros fundaram estados autônomos no interior do continente. Encontraram então novas condições materiais de existência às quais tiveram de se adaptar. Devido às exigências dessas adaptações é que se pode explicar adequadamente a ordem social e moral dessas civilizações locais.

A sociedade africana é estratificada em *castas*; estas resultam de uma divisão do trabalho no período pré-colonialista. Em consequência da fragmentação política, nessa época a função militar era a que comportava mais riscos; ela garantia a segurança coletiva. Assim, os guerreiros se tornaram rapidamente uma classe de nobres detentores do poder, força e consideração. Qualquer outra forma de trabalho era aviltante para eles; só podiam e deviam trabalhar os homens de castas; isto é, os que praticavam os diferentes ofícios da época: sapataria, ourivesaria, metalurgia (ferreiro), tecelagem etc. A casta não é mais do que uma profissão considerada em suas relações dialéticas com a sociedade; uma profissão com o conjunto das vantagens e dos inconvenientes que seu exercício comporta.

A estabilidade interna do sistema de castas devia-se a diferentes razões, sendo a principal o perfeito equilíbrio das vantagens e dos inconvenientes implicados pelo pertencimento a uma casta. A profissão era hereditária; isso significava, entre outras coisas, que o exercício de uma profissão não podia ser eficaz se não se pertencesse à casta correspondente. Particularmente, não se podia curar uma doença se não se pertencesse à família de "sacerdotes" que conhecia, de pai para filho, os métodos de cura. Se esses métodos fossem usurpados, se não fossem aplicados conforme as regras, não seria possível, segundo a crença popular, obter resultado eficaz. Eliminava-se, assim, qualquer concorrência interprofissional.

Os objetos fabricados não eram de luxo, mas indispensáveis à vida social; por isso, o homem de ofício raramente ficava sem trabalho, pois a demanda era facilmente superior à oferta. Ele tinha, portanto, a garantia da proteção do nobre, estando seguro de não passar fome. Ao contrário do que era regra no tempo do feudalismo ocidental, o nobre não podia exigir, sem se aviltar, nenhum tributo do homem de castas. A exploração do homem de castas pelo nobre não existia no plano material, mas no plano moral, por assim dizer; de fato, o homem de castas (*ñéño*) devia abdicar de toda a sua personalidade diante do nobre (*garmi*) ou diante do *ger* (burguês em geral). Em compensação, podia despojar estes últimos de todos os bens por meio de "solicitações", às quais o privilegiado, no plano moral, não podia subtrair-se sem também se rebaixar.

Em resumo, era a classe laboriosa que podia acumular todas as riquezas. Assim, não era possível ela estar insatisfeita com sua sorte numa determinada sociedade, e a derrubada do regime não poderia provir dela. Pôde-se constatar, várias vezes, que o homem de castas não trocaria sua condição pela do *ger*. O ódio de classe do operário ocidental lhe é estranho; a exploração se dá aqui em sentido inverso ao do que ocorre no Ocidente.

Por isso, com a colonização, são os *ger,* privados de recursos, que se tornarão homens de ofício nas cidades, assim rompendo a tradição, ainda mais facilmente porque as profissões introduzidas pelo Ocidente, dadas as condições em que são praticadas, de certo modo escapam ao interdito da tradição. Por todas essas razões – entre outras –, a classe dos nobres tenderá a desaparecer, ao passo que a dos trabalhadores das castas se desenvolverá.

Antes de prosseguir esta análise da estrutura social e dos germes de transformação que ela pudesse conter, é necessário fazer a distinção entre dois tipos de reis na África neossudanesa. Há um rei sacrossanto ligado a uma tradição cuja origem se perde na noite dos tempos, rei aceito pelo povo e considerado indispensável à realização regular dos fenômenos naturais de que a vida do povo depende. Por isso, quando deixava de haver rei, por uma razão qualquer, o povo pensava imediatamente num sucessor legítimo, em vez de considerar abster-se definitivamente de um rei. Cada membro da coletividade considerava normal entregar uma fração de sua colheita anual, de seus produtos, a esse rei, a fim de que ele vivesse e pudesse viver os seus e sua corte pela prosperidade de todos. Enquanto tal rei mantinha uma concepção sagrada de suas funções e as cumpria ritualmente, o benefício material que disso resultava para ele era legítimo aos olhos do povo, pois não podia ser considerado fruto de exploração. Ao contrário, aos olhos do povo era o mínimo que ele devia dar para que os ancestrais lhe fossem favoráveis; ou seja, para que a terra fosse fértil, as colheitas fossem boas etc. Num tal sistema, só uma corrente laica podia engendrar uma ruptura da qual decorreria uma transformação do regime. Mas a existência de uma tradição religiosa, de uma cosmogonia que explicava o universo inteiro e a razão de cada coisa pouco possibilitava o surgimento de um pensamento laico como tal; seria preciso que ele viesse do exterior.

As grandes distâncias desérticas, os múltiplos acidentes geográficos constituíram um obstáculo permanente a esses aportes desde que a pátria primitiva, o Egito, deixou de poder irradiar-se livremente através do continente, por causa da ocupação estrangeira; o Egito – assim como, mais tarde, o resto da África – já era uma colônia romana no século III.

Quando o rei abusava de seus poderes, tornava-se injusto e deixava de proteger os fracos, quando o povo se via esmagado sob o peso de uma administração corrupta, seguia-se o surgimento de uma consciência de classe e a transformação do regime. Foi o que aconteceu no Egito na época da 6ª dinastia, por ocasião da revolução proletária que permitiu ao povo adquirir, entre outras, a igualdade diante da morte; ele passou a ter o direito de ir para o céu, como o rei, após julgamento no Tribunal de Osíris.

As transformações sociais análogas a essa engendraram desordem e emigrações de povos e de famílias inteiras de diferentes condições sociais. Essa é a origem da segunda categoria de reis que reinou na África, particularmente no último período da independência do continente. Trata-se do rei que chamo de "rei emigrado". Não o é por direito divino, porque não é conhecido; acaba de chegar do exterior e impõe-se pela força graças à anarquia interna ou ao poder fraco. É o caso das sete dinastias que reinaram no Senegal no Cayor-Baol. Como a ideia de um rei tradicional não desapareceu totalmente do espírito do povo, mesmo nos períodos de anarquia esses reis conseguiram legitimar rapidamente sua situação, por meio de conduta e habilidade. Com frequência, introduziram costumes estrangeiros, eram dados à arbitrariedade. Isso chegou a gerar indignação popular; porém, isso não se fez por mudança de regime, mas de indivíduo; razões que serão indicadas adiante.

Os saques que uma autoridade sacrossanta podia fazer em período normal em nada se comparavam à exploração dos servos pelo feudalismo ocidental. O trabalhador africano nada tinha de animal subjugado; sempre se beneficiou do fruto de seu trabalho. A fração de que ele se privava era ritualmente cedida num regime tradicional: não será um revolucionário, mas um conservador. Sua tendência sempre foi a de devolver as coisas à ordem que permitia voltar à produtividade normal; ordem essa que tinha o significado de "cada casta em seus privilégios tradicionais".

O regime que se impunha nessas condições era a monarquia constitucional, que se realizou desde a instauração das primeiras dinastias do Cayor. O rei era assistido por um conselho composto pelos representantes de cada casta (sapateiros etc.), pelo representante dos homens livres (*diaraf ndiambour* ou primeiro-ministro) e pelo representante dos escravos (*diaraf bount ker* ou general de exército), pois as tropas eram constituídas essencialmente de escravos[82]. O rei era investido pelo primeiro-ministro e o general de exército, sem os quais ele nada era. Portanto, estava longe de ser um rei absoluto. Lembremos que se trata do "rei emigrado".

As reclamações dos homens de castas eram transmitidas por seus representantes, e as do povo em geral, pelo primeiro-ministro.

O rei devia reunir esse conselho antes de tomar uma decisão importante. Se ele agisse contra uma recomendação do primeiro--ministro, deixava de ter o apoio do povo. Nesse caso, via-se diante de uma deserção popular na primeira oportunidade; por exemplo, quando da volta do exílio de um príncipe herdeiro de uma das sete dinastias rivais, que também tinham direito ao trono do Cayor.

O primeiro-ministro – tradicionalmente escolhido numa família burguesa – era quem aconselhava o retorno do príncipe exilado, garantindo-lhe, assim, de certo modo, o acesso ao trono.

---

82. Aqui está a lista completa do conselho que devia eleger o rei:

Diawérigne M'Boul ou *Diaraff N'Diambour*	Presidente
Le Lamane Diamatil	
	Representantes da população livre
Le Botaloupe N'Diobé	
Le Badié Gateigne	
	Representantes dos marabutos
L'Eliman de M'Balle	
Le Sérigne du village de Cobe	
Le Diawérigne M'Boul Galla	Representantes dos *tiédos* e dos cativos da coroa
Le Diaraff Boîne Tékeur	

Antes da instalação desses reis emigrados no Cayor-Baol, o país ficava ocupado por proprietários de terra sereres; chamados *lamann* em uolofe. *Lamman* vem da palavra serere *lam* = herdeiro, herdar, que significa bracelete, símbolo da transmissão do poder político régio. A palavra tuculor e peúle *lam toro* significa herdeiro da região do Toro, ou chefe.

Esses proprietários de terras nada tinham em comum com os senhores feudais da Idade Média ocidental; não "tiravam o sangue" dos camponeses que cultivavam as terras.

Depois de termos analisado os dois sistemas de realeza existentes na África temos mais condições de enxergar seus pontos fracos e pelos quais teriam sido extintos. Qual poderia ter sido a causa? Em que nível das camadas sociais isso teria se produzido? As rivalidades entre vassalos, entre vassalo e rei, entre diferentes dinastias e entre os membros de uma mesma dinastia só podiam acarretar guerras intestinas que, embora violentas, apenas indiretamente teriam gerado transformações radicais. Elas levaram a contradições mais profundas que geraram a eclosão.

O mesmo teria ocorrido em relação aos ataques de reis vizinhos, pois a responsabilidade não recaía sobre indivíduos ou a uma classe da sociedade atacada; no máximo, o povo estaria inquieto e insatisfeito e, por conseguinte, disposto a se reunir em torno do rei, se este quisesse se vingar. Para o rei, seria até uma oportunidade de reforçar seu poder, apresentando a empreitada como uma vingança legítima de seu povo.

Com certeza, as grandes conquistas com o estabelecimento dos grandes reinos, em que a unidade linguística já aparecia, teriam, por força das circunstâncias, gerado transformações radicais.

A África, em sua estrutura política de estados justapostos, já era comparável à Europa. O imperialismo, nivelando essas individualidades e introduzindo o denominador comum do colonialismo, paradoxalmente introduziu, ao mesmo tempo, a unidade política que pôde permitir a realização de uma federação africana em escala do continente.

Seria de esperar uma mescla de povos em virtude das migrações, com todas as felizes consequências que pudessem decorrer dela para a unificação do povo e a evolução dos problemas sociais. Mas a importância desse fator deve ter sido limitada pelas considerações de castas. Houve, certamente, mestiçagem étnica, casamentos entre pessoas de mesma casta e de raças diferentes; portanto, também houve mescla linguística. Mas a julgar pela preponderância do espírito de castas na sociedade africana atual, outrora este deve ter sido ainda mais intenso e constituído um obstáculo quase intransponível à fusão das castas.

Acrescente-se a isso que, com o sistema de compensação ligado a cada casta, nos casos comuns não se tinha tanto interesse em renegar a própria casta, numa região a que se acabava de chegar, para tentar introduzir numa casta superior.

Acaso uma transformação social poderia vir dos camponeses sazonais? Acaso eles teriam condições de constituir uma classe ambulante de camponeses pobres suscetíveis de insatisfação e, assim, suscetíveis de se organizarem para se tornarem uma classe revolucionária?

Não, pois seu número devia ser relativamente limitado. Por outro lado, essa condição era apenas transitória na vida de um homem, cessando com o casamento.

Enfim, o camponês ambulante tinha a possibilidade de mudar de patrão no ano seguinte, caso o tratamento recebido tivesse sido duro ou caso lhe sejam oferecidas condições mais vantajosas. Nenhum contrato especial o vinculava ao seu patrão. Geralmente ele trabalhava para o patrão de manhã, e à tarde trabalhava para si mesmo num lote de terra cedido temporariamente pelo mesmo patrão, que, além do mais, o alimentava. Um contrato como esse terminava com a estação; nada era assentado diante de alguma autoridade. Só se pensava em recorrer a ela em caso de desacordo.

Assim, o camponês ambulante não era objeto de exploração sistemática e contínua por parte de um patrão que ele considerava responsável por sua miséria. Ele não tinha razão para se organizar em base coletiva nem possibilidade de fazê-lo. Por isso, a camponês ambulante não podia dar origem a uma transformação do regime.

Em que nível, então, encontrava-se a contradição dessa sociedade que parecia tão harmoniosa? Que classe devereria romper o equilíbrio social para resolver sua própria contradição de classe? Ela precisaria ser composta por uma categoria de indivíduos alienados e sem compensação. Ora, esse era o caso de uma certa categoria de escravos, e não de todos eles, como seria de acreditar.

Vejamos, antes, como o indivíduo se tornava escravo e se, nesse processo, não havia uma alienação psicológica irremediável. Distinguiremos, em seguida, as três categorias de escravos, com seu respectivo potencial revolucionário.

Depois de uma batalha, todos os prisioneiros de guerra eram automaticamente escravos, independentemente de sua situação social anterior. Em determinados casos, um resgate se fazia possível, dependendo da boa vontade do vencedor. Era possível ao *gor*, homem livre (*ger* + *ñéño*), resgatar sua liberdade dando um número variável de escravos que tivesse em domicílio, desde que estes tivessem escapado das apreensões que podiam se seguir à vitória. Um tio materno tinha o direito de oferecer o sobrinho em seu lugar; daí os termos já analisados na parte linguística:

- *na dây* = que ele venda = tio;
- e d*ar* = custar; *bâ* = o pescoço;
- daí, d*ar bât* = que serve para resgatar sua vida = sobrinho.

O escravo assim capturado era, fora o gado, a verdadeira moeda de troca[83]; servia como dote por ocasião de casamento. Seu corpo não lhe pertencia; por isso, não podia reivindicar a mínima fração do fruto de seu trabalho. Mal se vestia e mal se alimentava, trabalhando em condições atrozes; era o bode expiatório da família e não recebia nenhuma compensação. Da sociedade africana era o único que constituía objeto de alienação sem indenização de

---

83. Ouro e cauris também serviam como moedas. Segundo Léon o Africano, os cauris vinham da Pérsia. Só são encontrados no Oceano Índico e sua raridade os tornou uma moeda na África. Também a raridade do ouro faz dele um metal precioso suscetível de ser empregado como moeda.

nenhum tipo. Era cotidianamente ferido em sua dignidade de homem, o que era extremamente grave, pois até há pouco era uma pessoa livre; passava, assim, da mais alta esfera da sociedade, a mais desenvolvida, para a mais alienada. Em seu antigo meio, nada o destinava a tal sorte; ele era, por excelência, o agente insatisfeito da sociedade, o primeiro elemento revolucionário, por ser o mais alienado de todos. Mas a vigilância sob a qual era colocado, a baixa densidade da população distribuída em cidades dispersas, os múltiplos preconceitos que levavam as pessoas a se ignorarem mais do que a entrarem em contato, o isolamento relativo de cada escravo no interior de uma família estrangeira e hostil, e, no mínimo, disposta a castigá-lo, e tantas outras razões tornaram o antigo escravo um ser quase messiânico que foi se alienando cada vez mais, sem pensar concretamente num levante concertado de todos os escravos para transformar o regime opressor. No máximo ele fugia para recuperar sua liberdade ou se suicidar, em desespero de causa, quando já não conseguia suportar os sofrimentos morais.

Já dissemos que eram os guerreiros que capturavam os escravos; entretanto, por meio das trocas, dos presentes etc., todos os *gor* (homens livres + homens de castas) acabavam por possuí-los. É como a moeda, cuja emissão é feita pelo Estado, mas que acaba chegando às mãos de todos.

Se os nobres e os homens livres puderam viver desprezando o trabalho manual foi porque, garantindo a segurança coletiva por meio da guerra, eles conseguiram, em troca, obter uma mão de obra escrava gratuita que lhes permitia viver desse modo.

Assim, os escravos odiavam não apenas os nobres que os capturavam, mas também todos aqueles que, na sociedade, eram suscetíveis de possuir escravos. Por isso, a oposição individual *diam/sang* (escravo/senhor) baseia-se na oposição coletiva *diam/gor* (escravo/homem livre), que é uma verdadeira oposição de classes, no sentido marxista do termo.

Geralmente se distinguem três categorias de escravos:

1ª) O *diam bûr*, escravo do rei. Em geral, ele é escravo apenas de nome. Os *diam bûr* são os escravos de origens diferentes colocados sob dependência direta do rei, do qual constituem as tropas de choque integradas pela nobreza e por alguns homens livres: Cayor, Baol, Djolof. No Cayor, o general de exército era um escravo, o *Diaraf Bunt Ker.* Era escolhido entre os mais fiéis escravos do rei; portanto, entre os da "casa de sua mãe". O exército do rei era o grupo mais importante de escravos do país: bem nutridos, bem treinados para a guerra, os que tinham mais condições de fazer a revolução; sua concentração o permitia. Entretanto, o fato só se produzirá excepcionalmente na história do Cayor, sob Faidherbe, entre *Lat Djor* (o rei do Cayor-Baol) e *Demba War* (seu general de exército).

Faidherbe, que soubera explorar essa contradição da sociedade africana, não parou por aí: soube transformar a Ilha de São Luís, tanto mais facilmente defensável quanto os cayorianos não são marinheiros, num centro de atração aonde foram se refugiar todos os escravos insatisfeitos do interior, sendo utilizados por Faidherbe para constituir o exército que lhe permitiu conquistar o país.

No entanto, esses escravos militarizados do rei eram, em geral, cumulados de benefícios e raramente insatisfeitos. Tornavam-se pseudo-*gor*, que era "dado" a todos os homens de castas – lembremos que é sempre a casta superior que "dá" à casta inferior.

O *Diaraf Bunt Ker*, de origem escrava e chefe do exército no Cayor, e o *Farba Mbin Kam*, no Sine Salum, eram pseudopríncipes que podiam reinar sobre feudos habitados por *gor* (no interior do domínio real). Assistimos aqui a uma revisão das ideias sociais determinada por necessidades materiais. Cabe destacar, no entanto, para evitar qualquer equívoco, que naquela época de monarquia aristocrática só os soldados-escravos deviam ser comandados por um general escolhido entre eles, ao passo que a nobreza ia ao ataque livremente e se sentiria humilhada em submeter-se a um comando. Essa é uma das razões pelas quais o general de exército era um escravo.

2ª) Outra categoria de escravos era composta pelo conjunto dos escravos que o povo possuía e que podiam ser classificados segundo dois critérios independentes, o que leva às quatro subcategorias seguintes:

Os escravos das famílias *ger* são socialmente situados acima dos escravos dos homens de castas; são os primeiros que "dão" aos segundos. O *ger* é, por definição, o que não exerce um ofício manual fora da cultura, que pode ser praticada por todo o povo, com exceção dos nobres[84]; a condição de camponês é designada pelo termo geral *badolo*, que não implica um sentido de casta.

As duas outras subcategorias são os escravos ligados ou à "casa da mãe", seja qual for a casta dela, ou à "casa paternal", seja qual for a casta do pai. Os primeiros *diam négub nday* são muito fiéis; de certo modo eles são assimilados a membros da família. Seus filhos são *diam ndudu*; ou seja, escravos nascidos em casa. Os idosos pertencentes a essa categoria de escravos tornam-se os censores dos costumes da família, guardiães incorruptíveis da velha tradição familiar. Todos os membros da família lhes demonstram respeito; as crianças não ousariam deixar de dar ouvidos a seus conselhos.

Os *diam ker bây*, ou escravos da "casa paterna", formam a categoria mais desenraizada de escravos. Não é possível ter certeza de sua fidelidade; por conseguinte, não é possível contar com eles numa situação trágica, ao contrário dos escravos da "casa materna". Isso não é mais do que o reflexo da estrutura da família africana, sobre a qual não podemos nos estender aqui.

Contudo, cabe notar que uma das consequências da poligamia é a rivalidade entre as mães, que recai sobre os filhos de mães diferentes. Esses filhos são rivais sociais que, exatamente por essa razão, empenham-se em tornar suas relações o mais corretas possível. Assim, é preferível ficar no campo de batalha a deixar nele o irmão paterno. Mas a pessoa sente-se mais parente e mais íntima do irmão que tem a mesma mãe: as relações são instintivas,

---

84. Para esses reis emigrados, a agricultura era menos sagrada do que para o povo. Eles perderam seu caráter sacrossanto: são os semilaicos, os *tieddo*. Para os reis tradicionais, a agricultura era tão sagrada quanto para o povo; por isso lhes era reservado, em certas regiões, semear os primeiros grãos. No Egito, vê-se o faraó representado com uma enxada, inaugurando a escavação de um canal. Cailliaud nos informa que o rei do Senaar tinha um campo que ele cultivava com as próprias mãos. "O costume determina que o rei, durante seu reinado, cultive e semeie seu campo inteiro com sua mão; esse trabalho lhe vale o aposto de homem dos campos" (Cailliaud, 1826, p. 277).

sinceras e isentas de qualquer convenção social, a não ser o direito de progenitura.

As relações com o irmão paterno geralmente são uma hipocrisia disfarçada de correção e de lealdade superficial que resultam, pelo menos, de um esforço que a sociedade obriga a fazer. Os filhos são, portanto, mais próximos da mãe do que do pai; sentem cotidianamente que a mãe é só deles, por assim dizer, ao passo que o pai é, de certo modo, de todo mundo. Não se deve confundir esses fatores de aproximação – resultantes da estrutura da família – entre mãe e filhos com as noções de matriarcado em que se baseia a sociedade africana.

Essas são as razões profundas que fazem do escravo da "casa paterna" um ser que não se apega a ninguém, mas que, embora perpetuamente insatisfeito, nunca reuniu as condições necessárias que lhe teriam permitido transformar o regime.

3ª) Entretanto, entre os homens livres, havia toda uma categoria de pobres, sem renda, formando uma classe camponesa miserável que, se fosse concentrada, teria se organizado para derrubar o regime, como aconteceu no Egito por ocasião da revolução denominada osiriana.

Em suma, uma vez que ninguém queria mudar de condição, não havia forças revolucionárias; só os escravos teriam desejado fazê-lo, mas a estrutura econômica daquela sociedade pré-industrial não lhes permitia.

O sistema de compensação das castas parece, portanto, explicar a aparente imobilidade das sociedades negras desde a origem dos tempos: Egito, África, Arábia sabeia, Índia dravidiana.

Assim, é quase inútil acrescentar que preconceitos étnicos e sociais são igualmente nefastos para o futuro do país. Para elevar a sociedade africana ao nível do mundo moderno é necessário virarmos as costas resolutamente para o sistema de castas.

Por esta análise vê-se que o primado da superestrutura numa sociedade de castas é apenas aparente. A sociedade deve sua coesão e sua estabilidade à salvaguarda dos interesses materiais da classe trabalhadora.

Moral engendrada por essas condições

Como a função de guerreiro provocava o desenvolvimento do sentimento da honra militar até seu grau mais elevado, a temeridade era um dos mais altos valores morais, se não o mais alto, da sociedade africana. No Cayor, em especial, um *evasivo* que sobrevivia a uma derrota era destituído de seu título de nobreza. Foi esse o caso de Damel Madiodio, que, vencido por Lat Dior (na época de Faidherbe), não se suicidou. Esse período da cavalaria africana é chamado, na tradição senegalesa, de *lag-ya*.

A generosidade também era considerada um valor moral essencial, a tal ponto que a tradição conta que um *lag* não podia comer sozinho uma noz-de-cola sem se degradar: no caso de se estar sozinho, quando não há ninguém com quem se possa compartilhar, deve-se jogar fora o outro pedaço.

No nível do povo, a generosidade assumia a forma prática da hospitalidade. Esta era a melhor forma de adaptação às condições de vida da época. Permitia a todo indivíduo viajar por uma região ou um país onde fosse completamente desconhecido sem se preocupar com alimento ou alijamento (numa época em que não existia hotel, banco...).

Contudo, de um indivíduo para outro, o grau de generosidade era variável, de acordo com o temperamento, a fortuna etc. Como as razões econômicas dessa regra de hospitalidade e de generosidade estão desaparecendo, tende-se hoje a ver nesses traços morais o reflexo de uma natureza moral específica do negro. Esse erro idealista, que consiste em erigir valores relativos em qualidades absolutas, só foi possível com o desaparecimento e o esquecimento das causas econômicas – portanto, materiais – que haviam engendrado esses valores.

A veneração dos velhos e o respeito aos primogênitos – em outras palavras, o respeito à idade – provinham do fato de que a sabedoria – soma de experiência vivida e de conhecimentos adquiridos – era função da idade. No Ocidente moderno – em que a instrução pode conferir, já em tenra idade, conhecimentos que superam os de muitas pessoas idosas – a infalibilidade já não é função da idade e, também, a velhice já não é sagrada.

Apêndice

Vocabulário comparado do uolofe e do serere (resumo)

Serere	Uolofe	Francês	Português
Hâdo	Ado	Attention, égard	Atenção, consideração
Adu	Adu	Répondre	Responder
Adna	Aduna	Monde (arabe)	Mundo (árabe)
Hâh	Ah	Droit issu du labeur, de la peine, péché	Direito resultante do trabalho, da dificuldade, pecado
Ahakañ	Ahakañ	Si (dans le sens affirmatif)	Sim (resposta afirmativa a uma pergunta)
Ak	Ak	Stigmate d'une plaie	Marca de uma chaga
Al	Ag-ak	Avec	Com
Ala	Alla	Brousse	Mato
Halal	Alal	Biens	Bens
Ilor	Alèr	Hilaire, ancre	Hilário, âncora
Alku	Alku	Réprouvé, maudit	Reprovado, maldito
Ham	Am	Avoir	Ter
Hañân	Añân	Jalousie	Inveja, ciúme
Andâr	Andâr	Calebasse de mesure	Cabaça de medida
Andi	Andi	Apporter	Levar, trazer
Aha	Anhha	Oui	Sim
Ba	Bâ	Autruche	Avestruz
Bo	Ba	Jusqu'à	Até
Vas	Ba	Laisser	Deixar
Ba Bandoli	Bâ Bandoli	Autruche	Avestruz
Bado	Bado	Fils unique	Filho único
Badolé	Badolo	Un du peuple	Indivíduo do povo
Padi	Bag	Récipient servant à tirer l'eau du puits	Recipiente que serve para tirar água do poço
Vagan	Bagan	Grand récipient	Recipiente grande
Fah	Bah	Bonté	Bondade

505

Serere	Uolofe	Francês	Português
Mbah	Bah	Coutume, tradition, ce que a été établi avant nous etc., menstrue etc.	Costume, tradição, o que foi estabelecido antes de nós etc., mênstruo etc.
Dâ	Dâ	Encre, encrier	Tinta, tinteiro
Dab	Dab	Atteindre	Atingir
Daba	Daba	Instrument agricole	Instrumento agrícola
Dabu	Dabu	Se ressaisir	Recompor-se
Rad	Dad	Enfoncer	Cravar
Dat	Dad	Dériver, s'écarter du chemin	Desviar, afastar-se do caminho
Dahit	Dadi	Défoncer	Desfundar
Dafeñ	Dafé Daféñ	Difficile	Difícil
Dag	Dag	Courtisan	Cortesão
Dag	Dag	Arrangé	Arranjado
Hup	Ep	Surpasser	Ultrapassar
Ul	Ev	Damasquiner	Damasquinar
Fab	Fab	Prendre	Pegar
Fad	Fad	Abattre	Abater, derrubar
Fad	Fad	Soigner	Cuidar de
Fah	Fahla	Arracher	Arrancar
Faktan	Faktal	Arriérer	Atrasar
Falari	Falaré	Croupe	Garupa
Falé	Falay	Coton non filé	Algodão não fiado
Falé	Fâlé	S'intéresser	Interessar-se
Fadit	Falit	Se dit de ce qui est brisé	Diz-se do que está quebrado
Faladoh	Falu	Se dit en pilant à coups doublés	Diz-se esmagando com força
Gah	Ga	Forcer	Forçar
Gad fana	Gad gi	Caravane de Maures	Caravana de mouros
Ngad	Gad	Saignée	Sangria
Gad	Gad	Vilenie	Vilania
Gidgin	Gadafal	Humecter	Umedecer
Odam	Gadam	Rate	Baço
Ndaian	Gadây	Exil	Exílio
Gado	Gâdo	Danse nègre	Dança negra

Gadoh	Gadu	Porter sur l'épaule, assumer	Carregar ao ombro, assumir
Gafaka	Gafaka	Sac servant à donner les céréales aix chavaux	Saco que serve para dar cereais aos cavalos
Hid	Had	Toiture	Telhado
Had	Had	Laver une partie d'un vêtement	Lavar uma parte de uma vestimenta
Had	Hâd	Moitié	Metade
Hed	Had, hed	Qui peut être contenu	Que pode ser contido
Hadalé	Hadalé	Séparer	Separar
Hadloh	Hadi	Chasser	Expulsar
Heda	Hadna	Peut-être	Talvez
Haf	Haf	Coudre des bandelettes	Costurar faixas
Huh	Hâh	Cracher	Cuspir
Hali	Hala	Arc	Arco
Yindé	Indé	Vase en terre cuite percé de plusieurs trous au fond, servant à chauffer le couscous sur la marmite	Vaso de terracota com vários furos no fundo, que serve para aquecer o cuscuz na panela
Bisid	Isi	Amener, apporter	Levar, trazer
It itam	It itam	Aussi	Também
Kabab	Kâbâb	Mâchoire	Queixo
Kabus	Kabus	Pistolet	Pistola
Kandang	Kadang	Donner des coups rythmés en pilant	Dar golpes ritmados no pilar
Kaf	Kaf	Plaisanterie	Brincadeira
Kaït	Kaït	Papier	Papel
Kamb Gamb	Kamb	Excavation	Escavação
An	Kan	Qui	Quem
Kañân	Kâñan	Jalousie	Inveja, ciúme
Kani	Kâni	Piment	Pimenta
Karoh	Karu	Une manière de piler	Um modo de pilar
Laab ala	Laab	Harnais	Arreio
Lâb	Lâb	Le mors	O freio
Lahab	Lâb Lahab	Mors	Freio
Labatin	Lâbal	Rendre propre	Tornar limpo
Lad	Lâd	Demander	Pedir

507

Serere	Uolofe	Francês	Português
Haf Rola Naf	Laf	Aile, plume d'oiseau	Asa, pena de pássaro
Lalad	Lafañ	Paralysie des membres inférieurs	Paralisia dos membros inferiores
Baf	Laff	Cesser le travail	Cessar o trabalho
Ladi	Lagi	Infirme	Doente
Lago	Lâgo	Infirmité	Doença
Maf	Maf	Oiseau carnassier	Ave carniceira
Mag	Mag	Grand, âgé	Grande, idoso
Makit	Magg	Grandir, croître	Crescer
Mah	Mah	Térmitas	Termites
Mahtumé	Mahtumé Mahtumbé	Petit sac en cuir servant à la fois de parure et à mettre des gris-gris	Pequena bolsa de couro que serve ao mesmo tempo como enfeite e para guardar talismãs
Maï	Maï	Don	Doação
Mâka	Mâka	Chapeau, coiffure	Chapéu, penteado
Malaka	Malaka	Ange (arabe)	Anjo (árabe)
Malo	Malo Tep	Riz	Arroz
Mam	Mamm	S'emballer	Acelerar-se
Na Nén	Na Né	Comme	Como
Nab	Nab	Epiderme corné des reptiles	Epiderme córnea dos répteis
Dad	Nad	Fourrage	Forragem, forro
Nded	Nad	Soleil	Sol
Sole Gedi	Nad	Soleil	Sol
Nad	Nad	Presser	Apertar
Nad	Nad	Défoncer	Desfundar
Nado	Nâdo	Citrouille	Abóbora
Nafa	Nafa	Espèce de portefeuille de femme	Espécie de carteira de mulher
Naga	Nag	Ainsi	Assim
Padin	Pad	Soin	Cuidados
Pâka	Pâka	Couteau	Faca
Fal	Pal	Gourde, outre à long cou	Cantil, odre de gargalo longo
Pal	Pâl	Attentions, égards	Cuidados, atenções
Pan	Pân	Coquillage	Concha
Dapantin	Pantit	Bavure de...	Mancha de...
Papayo	Papaya	Papaye	Mamão

Parah	Parah	Entrer rapidement	Entrar rapidamente
Pos	Pas-Pas	Noeud	Nó
Pitu	Pat	Borgne	Zarolho
Tirab	Rab	Tisserand	Tecelão
Rabad	Rabad	Confusion	Confusão
Sadar	Ragal	Avoir peur, poltron	Ter medo, covarde
Refa Rog	Ragal Yalla	Craint Dieu	Temor a Deus
Lahadoh	Rahasu	Se laver les mains	Lavar as mãos
Ndimbad	Rambad	Mouchard	Delator
Rinoh	Randu	S'éloigner, s'écarter	Distanciar-se, afastar-se
Konit ola	Rangon	Larme	Lágrima
Ranit	Rani	Discerner	Discernir
Ratatutin	Ratatati	Onomatopée passée verbe crépiter	Onomatopeia, passado do verbo crepitar
Saso	Sâ	Instant (arabe)	Instante (árabe)
Sabap	Sabap	Calamité	Calamidade
Safu	Sâbu	Savon	Sabão
Sad	Sadda	Frapper violemment	Bater com violência
Safand	Safal	Assaisonner, épicer	Temperar, condimentar
Safandu	Sâfându	Panthère	Pantera
Salaanoh	Saf né	Du sens inverse	No sentido inverso
Safara	Safara, savara	Feu	Fogo
Safe	Sâfara	Eau donné par le marabout, à laquelle on accorde une vertu curative	Àgua dada pelo marabuto, à qual se atribui virtude curativa
Sagé	Sâga	Injure	Injúria
Ta	Ta	Dans	Em
Tafah	Tabah	Construction	Construção
Utad na	Tâd	Poser	Colocar
Ntefar	Tafâr	Bagarre	Briga
Tog	Tah	Outre	Odre
Tâh	Tâh	Bâtiment	Edifício
Tah	Tah	Poser un enigme	Colocar um enigma
Tadan	Tahan	Ramasser du bois à brûler dans la fôret	Catar madeira na floresta para queimar
Tâhân	Tâhân	Blaguer	Gracejar

Serere	Uolofe	Francês	Português
Tahad	Tahat	Espèce de plante rampante	Espécie de planta rasteira
Vadloh	Vad	Cuire dans de l'eau	Cozer em água
Vadan	Vadan	Jument	Égua
Davu	Vadi	Bouillir	Ferver
Vah	Vâh	Jetée	Arremesso
Teh	Vahha	Cheville	Tornozelo
Vahit	Vahi	Tirer du sable d'un trou pour l'approfondir	Tirar areia de um buraco para aprofundá-lo
Vahtan	Vahtan	Causer	Conversar
Vahtu	Vahtu	Heure	Hora
Val	Val	Couler	Escorrer
Valit	Vali	Décharger, transférer	Descarregar, transferir
Yada	Ya	Large	Largo
Yadel	Yâay	Ampleur	Amplitude
Yub	Yab	Charger	Carregar, encarregar
Héboh	Yabu	Être disposé à...	Estar disposto a...
Yad	Yadda	Rester bouche bée...	Ficar boquiaberto...
Yaf	Yâf	Tumeur du nez	Tumor no nariz
Yag	Yag	Durer	Perdurar
Yegal	Yagal	Faire durer	Fazer perdurar
Yagan	Yagan	Marcher en écartant les jambés	Andar abrindo as pernas
Yagéyag	Yagyagi	Onomatopée indiquant le tremblement, la frousse molle	Onomatopeia que indica tremor, tremor de medo
Yah	Yah	Gaspiller	Desperdiçar

Notas sobre os termos arqueológicos utilizados no texto

Embora vários destes termos sejam explicados no texto, agrupamos todos aqui para facilitar a leitura. Eles provêm de fontes diversas, especialmente das seguintes:

BRAY, W.; TRUMP, D. *A Dictionary of Archaeology*. Londres: Penguin, 1970.

DAY, M.H. *Guide to Fossil Man*: a handbook of human palaeontology. Cleveland/Nova York: World Publishing, 1968.

LEAKEY, L.S.B.; GOODALL, V.M. *Unveiling Man's Origins* – Ten Decades of Thought About Human Evolution. Cambridge: Schenkman Publishing, 1969.

PALMER, G.; LLOYD, N. *Archaeology A to Z* – A Simplified Guide and Dictionary. Londres/Nova York: Fredericke Warne, 1968.

WINICK, C. *Dictionary of Anthropology*. Nova York: Philosophical Library, 1956.

* * *

Amraciano: "Cultura primitiva pré-dinástica do Egito caracterizada por utensílios de osso e de pedra finamente trabalhados" (cf. Winick, 1956).

Aurignaciano: "Cultura muito desenvolvida do Paleolítico superior que deve seu nome à gruta de Aurignac (França), onde se encontraram objetos trabalhados [...]. O homem de Cromagnon, o homem de Combe-Capelle e o homem de Grimaldi contribuíram para a cultura aurignaciana" (cf. Palmer; Lloyd, 1968).

Badariano: Cultura primitiva egípcia célebre por sua cerâmica que se encontra abaixo daquela da idade amraciana e das idades posteriores.

Cultura natufiana: "A principal cultura mesolítica da Palestina" (cf. Coon, 1965).

Datação absoluta: "Geralmente é usado apenas um método de datação absoluta. O azoto da alta atmosfera é bombardeado por nêutrons produzidos pela radiação cósmica. Disso resulta a formação de uma dose contínua de carbono radioativo que se incorpora ao anidrido carbônico. Este é absorvido pela vegetação e, portanto, penetra nos tecidos animais. Quando os ossos estão enterrados, o carbono radioativo (C^{14}) se degrada a uma taxa conhecida. As medidas do conteúdo de C^{14} das matérias orgânicas enterradas podem ser traduzidas matematicamente para estabelecer a idade relativa da amostra. Não é possível remontar além do limite teórico de 60 a 70 mil anos, pois a quantidade restante de C^{14} é muito pequena para ser calculada. Outro método radiométrico (o do potássio/argônio) depende do fato de o potássio natural conter um isótopo radiativo; este se degrada a uma taxa constante, produzindo argônio, que é contido nos cristais de determinados minerais potássicos. O cálculo do conteúdo de argônio de uma amostra desses minerais derivada de uma camada de ossos fossilizados que os datará indiretamente [...]" (Day, 1968, p. 12).

Eneolítico: Pertencente ao Calcolítico ou à Idade do Bronze.

Gambliano: O segundo dos grandes períodos pluviais reconhecidos do estrato geológico do Quênia (cf. Winick, 1956).

Garganta de Olduvai: Encontra-se na Tanzânia, onde Leakey e seus companheiros de equipe descobriram os restos do Zinjantropo, do *Homo habilis* etc.

Gerzeano: "Cultura pré-dinástica do Egito que se desenvolveu a partir da cultura amraciana, em 3600 a.C. Deve seu nome ao sítio de El Gerza (ou Gereh) no Faium (Egito) e é bem-representada no Cemitério de Naqada, no Alto Egito" (Bray; Trump, 1970).

Gruta de Lascaux: Gruta pré-histórica no sudoeste da França (Dordogne), notável por suas pinturas do Paleolítico Superior.

Homem de Asselar: Descoberto no Saara por Théodore Monod.

Homem de Chancelade: Protótipo da raça amarela cujos esqueletos se parecem com os dos esquimós modernos.

Homem de Combe-Capelle: Esqueleto aurignaciano descoberto na Dordogne (França) em 1910. Encontra-se no Museu de Berlim (cf. Day, 1968).

Homem de Cromagnon: Homem do Paleolítico Superior que habitou a Europa durante o período Aurignaciano-madaleniano. Descrito da seguinte maneira: "alto e forte, fronte ampla e alta e queixo que denota firmeza". A Ásia é provavelmente seu foco de origem. Seu nome deve-se à gruta situada na cidade de Eyzies (França) (cf. Palmer; Lloyd, 1968).

Homem de Fontéchevade: Descoberto 25km a leste de Angoulême (França) em 1947. O Homem de Fontéchevade e o Homem de Swanscombe estão classificados sob a rubrica "hominídeos pré-sapiens" (cf. Day, 1968).

Homem de Swanscombe: "Uma parte de um crânio humano e machadinhas de pedra foram descobertas em Swanscombe (Condado de Kent, Inglaterra) em 1934 [...]. Remontam ao 2º período interglacial do Pleistoceno Médio. Outra parte do crânio foi descoberta em 1955 [...]. Constituem os restos mortais mais antigos descobertos na Inglaterra até agora e são mais velhos do que o Homem de Neandertal" (cf. Palmer; Lloyd, 1968).

Madaleniano: Cultura do Paleolítico Superior que começou na Europa em 15000 a.C., deve seu nome à gruta Madeleine (na Dordogne, perto do Rio Vézère), onde foram encontrados restos mortais.

Merimde: Sítio nas fronteiras do deserto da Líbia. V.G. Childe (1935) considera-o "um exemplo típico da cultura neolítica".

Mesolítico: Diz-se do período intermediário entre o Paleolítico e Neolítico.

Negroides de Grimaldi: Raça de homens pré-históricos cujos restos mortais foram encontrados numa gruta em Grimaldi (Itália), perto de Menton (França). Seus despojos encontram-se nas camadas inferiores às do Homem de Cromagnon; portanto, os negroides o precederam. Segundo Verneau, os negroides eram altos e tinham o crânio altíssimo. Seus esqueletos foram encontrados na Europa Ocidental e na Europa Central; mas eles são, provavelmente, de origem africana. São famosos por suas estatuetas realistas esteatopígias (cf. Verneau, 1906).

Neolítico: A nova Idade da Pedra: "A agricultura substituiu a coleta, e a caça e a pesca tornaram-se menos importantes. O homem neolítico foi o primeiro a semear e a fazer a colheita, a praticar a pecuária, a fiar e a tecer, a fazer cerâmica [...]" (Palmer; Lloyd, 1968).

Paleolítico: "No início do estudo da pré-história, a Idade da Pedra foi dividida em duas partes: o Paleolítico (*Old Stone Age*) e o Neolítico (*New Stone Age*). Mais tarde percebeu-se que o Paleolítico abrangeu um período de tempo muito longo. Por isso, foi dividido em três: o Paleolítico Inferior, o Paleolítico Médio e o Paleolítico Superior. Cada uma dessas divisões culturais corresponde aproximadamente às divisões temporais admitidas na época: o Pleistoceno Inferior, o Pleistoceno Médio e o Pleistoceno Superior. Em seguida, o termo 'Eolítico' foi introduzido para descrever algumas culturas pretensamente primitivas da Idade da Pedra que se supôs remontarem ao Plioceno. Este termo foi gradualmente abandonado e as mais velhas culturas conhecidas, como a olduviana (encontrada nas camadas mais baixas da Garganta de Olduvai), passaram a ser classificadas ao lado do Paleolítico Inferior" (Leakey; Goodall, 1969).

Períodos glaciais: Os quatro períodos glaciais do Pleistoceno foram: Glaciação Günz (há 790 mil anos; durou 250 mil anos); Glaciação Mindel (há 480 mil anos; durou 50 mil anos); Glaciação Riss (há 240 mil anos; durou 65 mil anos); Glaciação Würm (há 115 mil anos; durou 90 mil anos) (cf. Palmer; Lloyd, 1968).

Pitecantropo: Gênero desaparecido de homens semelhantes a macacos, mais especialmente *Pithecanthropus erectus* do Pleistoceno de Java.

Pleistoceno: Divisão temporal. "Outrora, situava-se no início do Pleistoceno em cerca de 500 mil anos. Agora é situado em 3 milhões de anos" (Leakey; Goodall, 1969).

Quaternário: A era geológica (seguindo-se ao Terciário) que atravessamos atualmente. É dividida em duas épocas: o Pleistoceno e o Holoceno, este abrangendo os 10 mil últimos anos (cf. Palmer; Lloyd, 1968).

Sinantropo: "Nome genérico que se dava a um grupo de hominídeos do Pleistoceno Médio, encontrados nos arredores de Pequim" (Day, 1968).

Tasiana: "Cultura que deve seu nome ao sítio de Deir Tasa, no Alto Egito, que abrigou uma colônia de agricultores primitivos. Atualmente é considerada, na melhor das hipóteses, uma variante da cultura badariana" (Bray; Trump, 1970).

Zinjantropo: Também Chamado de "Homem Quebra-nozes" por causa do tamanho dos dentes, no crânio descoberto pela Sra. Leakey em julho de 1959, em Olduvai (Tanzânia). Segundo Leakey, o Zinjantropo tem mais de 1,5 milhão de anos.

Notas biográficas

Apresentamos algumas notas biográficas dirigidas ao leitor não especializado:

Amélineau, Abade Emile (1850-1915): Arqueólogo francês e professor de História das Religiões na École Pratique des Hautes

Études, Paris. Empreendeu escavações em Abidos e atribui-se a ele a descoberta da tumba de Osíris.

Arambourg, Camille (1885-1969): Paleontólogo e antropólogo francês. Professor no Museum National d'Histoire Naturelle em Paris.

Bachofen, Johann Jakob (1815-1887): Jurista e "filósofo da história" suíço.

Battuta, Ibn (1304-1377): Escritor e viajante muçulmano nascido em Tanger. Visitou o antigo império de Mali em 1352. Segundo Davidson (1964, p. 80), "sua narrativa continua sendo a melhor do gênero".

Baumann, Hermann (1902-1972): Antropólogo alemão.

Bory de Saint-Vincent, Barão Jean-Baptiste-Marcelin (1778-1846): Naturalista francês, um dos colaboradores do *Dictionnaire Classique d'Histoire Naturelle* (Paris, 1822-1831).

Boule, Marcellin (1861-1942): Cientista francês. Diretor do Institut de Paléontologie Humaine. Professor do Museum National d'Histoire Naturelle.

Breasted, James Henry (1865-1935): Egiptólogo estadunidense. Professor de Egiptologia na Universidade de Chicago a partir de 1895. Diretor do Oriental Institute a partir de 1919. Escritor prolífico.

Breuil, Abade Henri (1877-1961): Arqueólogo francês, especialista do Paleolítico. "Estudou cada gruta importante da Europa, foi ao Saara para lá descobrir outras e explorou as pedras decoradas do Corno da África [...]" (Meyer, 1971, p. 37).

Brion, Marcel (1895-1984): Crítico de arte e romancista francês. Autor de livros sobre arqueologia, pintura alemã, arte romântica etc. Membro da Académie Française (1964).

Brugsch, Karl Heinrich (1827-1894): Egiptólogo alemão. Diretor da Escola de Egiptologia no Cairo (1870-1879). Professor em Göttingen (1868). Publicou, entre outras obras, *Hieroglyphisch--demotisches Wörterbuch* (Leipzig, 1879-1880).

Budge, Sir Ernest Alfred Wallis (1857-1934): Cientista britânico. Colecionador de antiguidades para o British Museum. Funcionário de museu.

Cailliaud, Frédéric (1787-1869): Mineralogista e viajante francês. Visitou o Egito pela primeira vez em 1815 e foi contratado para descobrir as minas de esmeralda descritas pelos historiadores árabes. Voltou a visitar o país em 1819. Em 1821 explorou o Alto Nilo e descobriu as ruínas de Meroé.

Capart, Jean (1877-1947): Egiptólogo belga, especialista em arte egípcia. Diretor do Musée Royal em Bruxelas. Conselheiro do Brooklyn Museum.

Champollion, Jean-François (chamado "O Jovem" (1790-1869): É considerado "o fundador da egiptologia" por ter sido o primeiro a conseguir decifrar os hieróglifos. Linguista precoce e bem-dotado, dominava seis línguas orientais, assim como o grego e o latim, aos 16 anos. Primeiramente deu aulas em Grenoble e foi nomeado para o Collège de France em 1831.

Champollion-Figeac, Jacques-Joseph (1778-1867): Filólogo francês. Interessado pela arqueologia egípcia, educou o famoso irmão mais novo. Professor de Grego e bibliotecário em Grenoble, foi nomeado diretor do Departamento de Manuscritos na Bibliothèque Nationale de Paris.

Cherubini, Salvatore (1797-1869): Artista italiano, filho de compositor. Acompanhou Champollion ao Egito em 1828. Naturalizou-se francês e foi nomeado Inspecteur de Beaux-Arts.

Childe, V. Gordon (1892-1957): Historiador britânico. Especialista em pré-história. Professor de Arqueologia Pré-histórica na Universidade de Edimburgo. Diretor do Instituto de Arqueologia da Universidade de Londres (1946-1956). Entre suas obras estão *Man Makes Himself* (1951) e *What Happened in History* (1954).

Contenau, Georges (1877-1964): Orientalista francês. Especialista em estudos persas e babilônicos. Funcionário do Museu do Louvre.

Delafosse, Maurice (1870-1926): Africanista francês. Autor de uma obra sobre os negros da África e de outras obras relacionadas à África Ocidental francesa.

Desplagnes, Louis (1878-1914): Arqueólogo francês.

Dieulafoy, Marcel-Auguste (1844-1920): Arqueólogo francês, realizou escavações em Susa.

Diodoro da Sicília: Historiador grego (100 a.C.). Originário da Sicília, viveu em Alexandria e em Roma.

Frazer, Sir James George (1854-1941): Antropólogo escocês. Historiador das religiões primitivas e de mitologia. Autor de *O ramo de ouro*.

Frobenius, Leo (1873-1938): Etnólogo alemão, realizou doze expedições à África entre 1904 e 1935.

Furon, Raymond (1898-1986): Geólogo francês. Foi presidente do Institut Géographique National. Professor na Universidade de Paris. Autor de várias obras sobre geologia da África, paleontologia, Irã, o problema da água etc.

Gobineau (Conde de), Joseph-Arthur (1816-1882): Autor e diplomata francês, cujas teses influenciaram os nazistas.

Griaule, Marcel (1898-1956): Etnólogo francês, cujas pesquisas foram, em sua maioria, sobre os dogons.

Haddon, Alfred Cort (1855-1940): Antropólogo britânico. Professor de Zoologia em Dublin (1880). Em 1895 foi nomeado mestre de conferências de Antropologia Física em Cambridge. "A vida de Haddon é, em grande medida, a história da antropologia moderna" (Quiggin, 1942).

Hamy, Ernest-Théodore (1842-1908): Antropólogo francês. Professor no Museum National d'Histoire Naturelle, Paris. Escreveu sobre a Idade da Pedra no Egito e sobre as raças humanas vistas nos monumentos. Membro do Institut de France.

Hartmann, Eduard von (1842-1906): Filósofo e cientista alemão.

Heródoto (484?-425? a.C.): Historiador grego alcunhado "O pai da história".

Hoefer, Ferdinand (1811-1878): Cientista francês. Autor de várias obras relacionadas à Caldeia, à Assíria, à Média, à Babilônia, à Mesopotâmia e à Fenícia. Além disso, escreveu obras sobre a África Austral, sobre química, botânica e matemática.

Houssaye, Frédéric-Arsène (1860-1920): Naturalista francês.

Jeffreys, Mervyn David Waldegrave (1890-1970): Ex-comandante de Círculo ou Província em Bemenda (Camarões britânico).

A partir de 1944 trabalhou durante 25 anos com os negros da África Ocidental.

Kâti, Mahmud (1468-1593): Cientista sononké ou saracolê que trabalhou com Askia Muhammad. Autor do *Tarikh el Fettach.*

Khaldun, Ibn (1332-1406): Historiador árabe do século XIV.

Larrey (Barão), Dominique-Jean (1766-1842): Médico militar francês. Acompanhou Napoleão ao Egito.

Leakey, Louis Seymour Bazett (1903-1972): Arqueólogo britânico nascido em Kabete (Quênia). Filho de missionários ingleses. Conservador do Coryndon Memorial Museum, em Nairóbi (1945-1961). Célebre por suas escavações importantes, descobriu o Zinjantropo no Quênia (Olduvai). Membro da British Academy. Titular da Royal Medal, pertencente à Royal Geographical Society.

Lenormant, François (1837-1933): Arqueólogo francês. Membro da Academie des Incriptions et des Belles-lettres. Professor na Bibliothèque Nationale. Fundou a *Gazette Archéologique* em 1875.

Lepsius, Karl Richard (1810-1884): Egiptólogo alemão. Conservador das coleções egípcias em Berlim a partir de 1865.

Lévy-Brühl, Lucien (1857-1939): Sociólogo francês. Publicou obras sobre a mentalidade e a alma primitivas.

Linné (Lineu), Carl von (1707-1778): Naturalista sueco.

Lloyd, Seton (1902-1996): Arqueólogo britânico. Realizou escavações no Egito (1929-1930), no Iraque (1930-1937) e na Turquia (1930-1937). Diretor do British Institute em Ankara (1949-1961). Professor de Arqueologia do Oeste Asiático na Universidade de Londres (1962-1969), e posteriormente professor honorário.

Maes, Joseph.: Etnólogo belga. Publicou, dentre outros, vários estudos sobre as etnias do ex-Congo Belga e os sereres.

Maneton de Sebenito: Sacerdote egípcio (300 a.C.). Escreveu uma crônica em grego sobre o Egito.

Maspéro, Sir Gaston-Camille Charles (1846-1916): Egiptólogo francês. Diretor do Serviço de Antiguidades no Egito (1881-1886, 1899-1914). Professor de Egiptologia em Paris a partir de 1869. Autor prolífico. Foi feito cavaleiro por Eduardo VII. Membro da Academia Francesa.

Monod, Théodore (1902-2000): Geólogo francês. Foi diretor do Ifan e um dos primeiros exploradores do Saara. Membro do Comité de Patronage de Présence Africaine por ocasião de sua criação. Dirigiu um número especial da revista *Le monde Noir*.

Moret, Alexandre (1868-1938): Egiptólogo francês, foi aluno de Maspéro. Diretor da École Pratique des Hautes Études (1899-1938). Professor no Collège de France (1923). Membro da Academia Francesa (1927).

Naville, Henri-Edouard (1844-1926): Arqueólogo suíço. Realizou escavações no Egito (1883-1913).

Pédrals, Denis-Pierre de (1911-1972): Arqueólogo francês.

Pétrie, Sir William Matthew Flinders (1853-1942): Egiptólogo inglês. Autor prolífico, começou seus trabalhos no Egito em 1880. Diretor da British School of Archeology no Egito e na Palestina. Professor de Egiptologia na Universidade de Londres.

Quatrefages de Bréau, Jean-Louis Armand de (1810-1892): Naturalista francês. Professor do Museum National d'Histoire Naturelle (Paris). Membro do Institut de France.

Quibbel, James Edward (1867-1935): Arqueólogo britânico. Célebre por suas escavações em Sacara. Trabalhou no Departamento de Antiguidades e no Museu do Cairo. Assistente de Pétrie (1894), descobriu a Paleta de Narmer.

Reisner, George Andrew (1867-1942): Egiptólogo estadunidense, era chamado de "O melhor dos escavadores". A partir de 1910 foi conservador das antiguidades egípcias no Boston Museum of Fine Arts. Professor de Egiptologia em Harvard (1914). Diretor do Harvard Camp nas Pirâmides.

Schuré, Èdouard (1841-1929): Estudante de Direito, deixou os estudos e tornou-se historiador e crítico de Música. Sua obra *Les grands initiés* (1908) trata das teorias ocultas dos fundadores de diversas religiões.

Seligman, Charles Gabriel (1873-1940): Antropólogo britânico. Participou da expedição de Haddon ao Estreito de Torres, na Nova Guiné (1898). Em 1909 foi nomeado pelo governo sudanês para fazer um levantamento etnológico.

Sergi, Giuseppe (1841-1936): Antropólogo italiano.

Siegfried, André (1875-1959): Economista e professor francês. Autor de obras sobre os países estrangeiros, inclusive os Estados Unidos. Por ocasião de uma conferência que proferiu em 1952 sobre o africano, afirmou que "o negro poderia ser um bom subalterno, mas [seria] um mau diretor".

Smith, Sir Grafton Elliot (1871-1937): Anatomista britânico. Professor de Anatomia na Escola de Medicina do Cairo (1900-1909). Especialista em mumificação.

Tempels, Padre Placide (1906-1977): Missionário belga no Congo. Sua famosa obra *La philosophie bantoue* foi publicada em Antuérpia em 1946.

Vallois, Henri-Victor (1889-1981): Antropólogo francês. Diretor do Institut de Paléontologie Humaine (Musée de l'Homme), em Paris.

Vendreys, Joseph (1875-1960): Professor francês de Linguística que destacou a importância dessa disciplina como "uma introdução à história". Redigiu *Études Celtiques*.

Volney (conde), Constantin-François de Chasseboeuf (1757-1820): Intelectual francês. Representante do Terceiro Estado, membro da Assembleia (1790), da Académie Française e da Société des Amis des Noirs. Seu *Voyage en Egypte et en Syrie* foi considerado uma "obra-prima do gênero". Redigiu sua obra mais conhecida, *Les ruines ou méditations sur les révolutions des empires*, em 1791. Preso no Período de Terror (1793-1794). Professor de História na École Normale de Paris. Visitou os Estados Unidos em 1795 e foi recebido calorosamente pelo Presidente George Washington. Voltou à França em 1789 e foi denunciado por John Adams como agente secreto para recuperar a Louisiana. Em 1803 publicou seu *Tableau du climat et du sol des Etats-Unis*. Foi feito conde em 1808 por Napoleão. Em 1814 foi condecorado por Luís XVIII.

Woolley, Sir Leonard (1880-1960): Arqueólogo britânico que realizou escavações no Egito, no Iraque e na Síria. Durante a Primeira Guerra Mundial foi preso pelos turcos. Redigiu um volume sobre o Antigo Oriente para a *Histoire du Monde* (Unesco).

Referências

AMÉLINEAU, E. *Les nouvelles fouilles d'Abydos*. Paris: Leroux, 1899.

AMÉLINEAU, E. *Prolegomènes à l'étude de la religion égyptienne*. Paris: Leroux, 1916.

ASTER, E. *Histoire de la philosophie*. Paris: Payot, 1952.

BACHOFEN, J.J. *Pages choisis par Adrien Türel – "Du règne de la mère au patriarcat"*. Paris: F. Alcan, 1938.

BAUMANN, H.; WESTERMANN, D. *Les peuples et les civilizations de l'Afrique*. Paris: Payot, 1948a.

BAUMANN, H.; WESTERMANN, D. *Les langues et l'éducation*. Paris: Payot, 1948b.

BREASTED, J.H. *La conquête de la civilization*. Paris: Payot, 1945.

BREUIL, H. (abade): L'Afrique du Sud, berceau de l'homme? *Les Nouvelles Littéraires*, 05/04/1951.

BRION, M. *La résurrection des villes mortes*. Paris: Payot, 1948.

CAILLIAUD, F. *Voyage à Méroé*. Tomo III. Paris: [s.e.], 1826.

CAPART, J. *Les débuts de l'art en Egypte*. Bruxelas: Vromant, 1904.

CAPPART, D. *Reflet du Monde*, 1956.

CÉSAIRE, A. *Soleil cou coupé*. Paris: K éditeur, 1948.

CHAMPOLLION-FIGEAC, J.-J. *Egypte ancienne*. Paris: Didot, 1839.

CHÉRUBINI. *La nubie*. Paris: [s.e.], 1847.

CHILDE, V.G. *L'Orient préhistorique*. Paris: Payot, 1935.

CHOLLEY, A. *Géographie, classe de 5ᵉ*. Paris: Baillère et Fils, 1950.

CONTENAU, G. *La civilization des Hittites et des Mitanniens*. T. I. Paris: Payot, 1934.

CONTENAU, G. *L'Épopée de Gilgamesh*. Paris: L'Artisan du Livre, 1939.

CONTENAU, G. *Manuel d'archéologie orientale*. Paris: Picard; tomo I, 1927; tomo III, 1943; tomo IV, 1947.

CONTENAU, G. *La civilisation phénicienne*. Paris: Payot, 1949.

COON, C.S. *The Living races of Man*. Nova York: Knopf, 1965.

D'AVEZAC, M. *Afrique ancienne*. Paris: Didot, 1842.

DAVIDSON, B. *The African Past*. Londres: Longmans, 1964.

DELAFOSSE, M. *Les noirs d'Afrique*. Paris: Payot, 1922.

DÉRON, R. *L'Egyptien sans désespoir*. [s.l.]: [s.e.], 1948.

DESROCHES-NOBLECOURT, C. *Sciences et Avenir*, n. 56, out./1951.

DIODORO DA SICÍLIA. *Histoire universelle*. Trad. do Abade Terrasson. Paris: [s.l.], 1758.

DIOP, C.A. *Antériorité des civilizations nègres: mythe ou vérité historique*. Paris: Présence Africaine, 1967.

DUMOULIN DE LAPLANTE, P. *Histoire générale synchronique*. Paris: Gallimard, 1947.

Encyclopédie Mensuelle d'Outre-mer, Paris, v. I, fasc. 20.

ESTRABÃO. *Géographie*. [s.l.]: [s.e.], [s.d.].

FAGG, W. *Présence Africaine,* vol. 10-11, 1951.

FAGG, W. *Nigerian Images: The Splendor of African Sculpture*. Berkeley: Praeger, [s.d.].

FAIDHERBE, L.L.C. *Langues sénégalaises*. Paris: Leroux, 1887.

FONTANES, M. *Les Egyptes: de 5000 à 715 av. J.-C*. Paris: Lemerre, [s.d.].

FREUD, S. Moisés e o monoteísmo. *In: Obras Psicológicas Completas de Sigmund Freud*. V. 23. Rio de Janeiro: Imago, 1990, p. 11-161.

FROBENIUS, L. *Histoire de la civilization africaine*. 5. ed. Paris: Gallimard, 1938.

FROBENIUS, L. *Mythologie de l'Atlantide*. Paris: Payot, 1949.

FURON, R. *Manuel d'archéologie préhistorique*. [s.l.]: [s.e.], 1943.

GARDINER, A. *Egyptian Grammar*. Londres: Clarendon, 1927.

GESSAIN, R. *Les esquimaux du Goenland à l'Alaska*. Paris: Bourrelier, 1949.

GHYKA, M.C. *Esthétique des proportions dans la nature et dans les arts*. Paris: Gallimard, 1927.

GOBINEAU, A. *Essai sur l'inégalité des races humaines*. Vol. II. Paris: Firmin Didot Frères, 1853-1854.

GRIAULE, M. *Dieu d'eau*. Paris: Du Chêne, 1948.

HALPHEN, L. *Les Barbares*. Paris: Alcan, 1930.

HARDY, G. *Vue générale de l'Histoire d'Afrique*. [s.l]: [s.e.], [s.d.].

HERÓDOTO. *Historiae*. [s.l.]: [s.e.], [s.d.].

HOEFER, F. *Chaldée, Babylonie*. Paris: Didot Frères, 1852.

HOMBURGER, L. *Les Langues négro-africaines*. Paris: Payot, 1941.

HUBAC, P. *Carthage*. Paris: Bellenand, 1952.

IBN BATTUTA. *Voyage au Soudan*. [s.l.]: [s.e.], [s.d.].

IBN KALDUN. *Tarikh es Soudan*. Trad. de O. Houdas. Paris: [s.e.], 1900.

JULES CÉSAR. *La Guerre des Gaules*. [s.l.]: [s.e.], 1926.

JUNOD, H.A. *Grammaire Ronga*. Lausanne: Georges Bridell, 1896.

LAROUSSE, P. *Nouveau Larousse ilustre – Dictionnaire Universel Encyclopédique*. Paris: Larousse, 1905.

LENORMANT, F. *Histoire ancienne des phéniciens*. Paris: Lévy, 1890.

LENORMANT, F. *Histoire ancienne de l'Égypte*. T. II. Paris; Beaux Arts, [s.d.].

LUCAS, J.O. *The religion of the Yorubas*. Lagos: Bookshop, 1948.

MAÇOUDI. *Les prairies d'or*. Paris: l'Imprimerie Nationale, 1873.

MAES, J. Pierres levées de Tundi-Daro. *Bulletin du Comité d'Études Historiques et Scientifiques de l'Afrique Occidentale Française*, 1924.

MAHMUD KÂTI. *Tarikh el Fettah*. Paris: [s.e.], 1913.

MARLÈS, M. *Histoire générale de l'Inde ancienne et moderne*. Tomo I. Paris: Emler Frères, 1828.

MASPÉRO, G. *Histoire ancienne des peuples de l'Orient*. Paris: Hachette, 1917.

MASSON-OURSEL, P. *La philosophie en Orient*. Paris: PUF, 1941.

MASSOULARD, E. *Préhistoire et protohistoire d'Egypte*. Paris: Institut d'Ethnologie, 1949.

MER, A. *Mémoire sur le Périple de Hannon*. Paris: E. Perrin, 1885.

MEYER, K.E. *The Pleasures of Archeology*. Nova York: Atheneum, 1971.

MONOD, T. *Méharées, exploration au vrai Sahara*. Paris: Je Sers, 1937.

MORET, A. *Des clans aux empires*. Paris: La Renaissance du Livre, 1923.

MORET, A. *Le Nil et la civilization egyptienne*. Paris: La Renaissance du Livre, 1926.

MURAZ. *Bulletin de la Recherche Congolaise*, Brazavile, n. 9, 1928.

NAVILLE, E. L'origine africaine de la civilisation égyptienne. *Revue Archéologique*, Paris, 1913.

NAVILLE, E. *L'évolution de la langue égyptienne et des langues sémitiques*. Paris: Paul Geuthner, 1920.

PAW, M. *Recherches philosophiques sur les Egyptiens et les Chinois*. Tomo II. Berlim: [s.e.], 1773.

PÉDRALS, D.-P. *Manuel scientifique de l'Afrique noire – Anthropologie, préhistoire, archéologie, cultures et arts, institutions sociales et politiques, histoire*. Paris: Payot, 1948.

PÉDRALS, D.-P. *Manuel scientifique de l'Afrique Noire*. Paris: Payot, 1949.

PÉDRALS, D.-P. *Archéologie de l'Afrique noire*. Paris: Payot, 1950.

PÉDRALS, D.-P. *Encyclopédie de La France d'Outremer*, dez./1951.

PÉTRIE, F. *The Making of Ancient Egypt*. [s.l.]: Sheldon, 1939.

PÉTRIE, W.M.F. *Arts et métiers de L'Ancienne Égypte*. Bruxelas: Vromant, 1915.

PIERRET, P. *Dictionnaire Archéologie Égyptienne*. Paris: Nationale, 1885.

PITTARD, E. *Les races et l'histoire*. Paris: Renaissance du Livre, 1924.

PUCCIONI, N. Richerche antropometriche sui Somali. *Archivio per l'antropologia*, [s.l.]: [s.e.], 1911.

QUIGGIN, A.H. *Haddon the Head-Hunter*. Cambridge: Cambridge University Press, 1942.

RADCLIFF-BROWN, A.R.; DARYLL-FORDE, C. (eds.). *African System of kinship and marriage*. Oxford: Oxford University Press, 1950.

RIENZI, G.L.D. *L'Océanie* – Tomo I. [s.l.]: [s.e.], 1836.

RIFFERT, G.R. *Great Pyramid*. Londres: [s.e.], 1932.

ROUGET, E. *Recherches sur les monuments qu'on peut attribuer aux six premières dynasties de Manéthon*. [s.l.]: [s.e.], [s.d.].

SAINT VINCENT, B. *Histoire et description des iles del'Océan*. Paris: Didot, 1839.

SCHURÉ, È. *Les grands initiés*. Paris: [s.e.], 1908.

SELIGMAN, C.G. *Egypt and Negro Africa: a study in divine kingship*. Londres: Routledge, 1934.

SELIGMAN, C.G. *Les races de l'Afrique*. Paris: Payot, 1935.

TÁCITO, C. *Moeurs des Germains*. [s.l.]: [s.e.], [s.d.].

TEMPELS, P. *La Philosophie bantoue*. Elisabethville: Lovania, 1945.

TITO LÍVIO. *Histoire romaine* – Livro 34: *Discours de Caton pour le maintien de la loi Oppia contre le luxe des femmes, 195 a.C.* [s.l.]: [s.e.], [s.d.].

VENDYES, J. *Les religions des Celtes, des Germains e des anciens Slaves*. Paris: PUF, 1948.

VERNEAU, R. *Les grottes de Grimaldi*. Vol. I. Mônaco: [s.e.], 1906.

VOLNEY, M.C.-F. *Voyages em Syrie et em Egypte*. Tomo I. Paris: [s.e.], 1797.

VON WARTBURG, W. *Problèmes et méthodes de la linguistique*. Paris: PUF, 1946.

WEULERSSE, J. *L'Afrique noire*. Paris: Fayard, 1934.

ZERVOS, C. *L'Art en Mésopotamie*. Paris: Cahiers d'Art, 1935.

Crédito das ilustrações

Os clichês das ilustr. 2, 3, 4, 5, 6, 8, 11, 12, 13, 14, 15, 27, 34, 35, 38a, 38b e 39 foram cedidos pela Editora Lawrence Hill & Company. Nova York.

Conecte-se conosco:

f facebook.com/editoravozes

⊙ @editoravozes

𝕏 @editora_vozes

▶ youtube.com/editoravozes

☏ +55 24 2233-9033

www.vozes.com.br

Conheça nossas lojas:

www.livrariavozes.com.br

Belo Horizonte – Brasília – Campinas – Cuiabá – Curitiba
Fortaleza – Juiz de Fora – Petrópolis – Recife – São Paulo

  *Vozes de Bolso*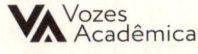

EDITORA VOZES LTDA.
Rua Frei Luís, 100 – Centro – Cep 25689-900 – Petrópolis, RJ
Tel.: (24) 2233-9000 – E-mail: vendas@vozes.com.br